未完成的审判：
震惊美国的凯西案

IMPERFECT JUSTICE：PROSECUTING CASEY ANTHONY

［美］ 杰夫·阿什顿（Jeff Ashton）
莉萨·普利策（Lisa Pulitzer ） 著
刘春园 译

中国人民大学出版社
·北京·

代译者序

新闻自由与公正审判

不知道你为何挑选了这本书。但可以肯定的是，你既是此书的读者，也就不能回避阅读本书之后，可能直面的问题之一：新闻报道与公正审判是怎样的关系？

“凯西·安东尼杀女案”，是一起在全美范围内引起强烈反响的刑事案件。案发后三年，该案陪审团经审议后做出裁决，驳回控方的三项重罪指控，仅认定被告向警方虚假陈述等四项轻罪。案件宣判后，全美舆论哗然。不少媒体将此案称为“新世纪的 O. J. 辛普森案”或者“O. J. 辛普森案”之翻版，并将其视为美国司法史上又一个具有较大争议的“悬案”。回顾此案，受害女童凯莉·玛丽·安东尼从失踪伊始，便牵动着全美公众的目光，随后引发了全美历史上最大规模的搜救行动；几个月后，幼童尸体在沼泽地出现，公众的情绪由期待转向愤怒，安东尼住宅前不分昼夜地聚集着示威者；而媒体对舆论的强大干预，导致法庭不得不飞赴异地遴选陪审团；该案的审判在全美范围内进行直播，最终的判决结果更是引起了轩然大波，至今热议难平。

本书作者杰夫·阿什顿，系“凯西·安东尼杀女案”的主控检察官，具有近三十年的刑事办案经验，该案亦是其职业生涯的收官之作。阿什顿自始至终参与了案件的办理，因此掌握着丰富、翔实的第一手资料。本书中，阿什顿以检察官的独特视角回顾了此案的来龙去脉，并以日志的形式忠实地记录了案件在侦查、起诉、审理等阶段中发生的事实，包括台前幕后发生的各种趣事，以尽可能客观、中立的态度，严谨、细腻的语言为读者还原了“凯西·安东尼杀女案”的所有关键性场景。因此，本书可以被称作是一部纪实文学，但就更严谨的意义而言，这是一部美国检察官的办案札记。该书已经被改编为电影，于 2013 年在全美上映，片名即为《起诉凯西·安东尼》。

就我看来，本案的侦查、起诉和审判，是在媒体的充分报道形成相应舆论的背景之下，以及媒体与受众的互动过程中完成的。从一定意义上讲，本书以及根据本书改编的电影，是对本案媒体报道和公众舆论的真实再现与部分回应。其实，在美国，类似的情形不断因典型案例的发生而进入公众视野。近期的触动美国社会敏感神经的“齐默尔曼案”就是一例。

依照美国大众传播理论界的共识，在美国宪法中得以提名享受特别保护的产业只有一个，就是新闻业。其根据是美国宪法第一修正案的规定：国会不应制定任何法律……限制言论自由或新闻自由。然而，就刑事案件的新闻报道而言，又必须面对如何协调新闻自由与公正审判的关系。换言之，新闻自由与公正审判之间，实质上是存在冲突的。在美国，这源于宪法第一修正案规定的新闻自由与宪法第六修正案规定的公正审判之间的冲突。为了消解两者之间的冲突或者协调两者之间的关系，在美国生成了许多细化的司法规则。而所有这些细化规则的精髓，正如汤姆·克拉克（Tom Clark）大法官所言：

新闻自由向来是唤起公众对政府事务的兴趣、暴露政府官员的腐败、向公民提供包括法庭审判程序的有关公共事件信息的有效催化剂。在民主社会的新闻界必须允许最大限度的自由来执行这一重要功能的同时，它的实际操作必须保证司法过程中的绝对公正。

观察我们所处的现实社会，具有特定影响的刑事案件往往被媒体所关注，针对其做出的各种报道或客观或主观，但毫无疑问均会对公众舆论产生较大干预、引导，继而对处于司法进程中的案件施加影响，甚至在一定程度上会左右案件的司法判决结果。这种情况屡见不鲜。司法的公开、媒体的自律、受众的成熟等，无疑是促成新闻报道、公众舆论与公正审判关系良性互动、协调发展的必备要素。

黄京平

2013年8月3日

序

漫长的刑事审判过程中，最令人头痛的是判决宣告前的片刻，那种紧张的气氛实在令人窒息。事实上，这种游戏规则制定得并不公平，在场的某些人已经知道了裁判结果，作为公诉人的我却还完全被蒙在鼓里。1981 年，我从佛罗里达州立大学法学院毕业，直接进入州检察署工作。迄今为止，我在佛罗里达州刑事司法界已经摸爬滚打了将近三十年，其间历经了三百多场真枪实弹的考验，也亲眼目睹了判决宣布后的各种戏剧性场面。即便如此，每逢陪审团向法官递交决议书，坐在公诉人席上的我还是会如坐针毡，感觉颇不自在。这次也不例外。北卡罗来纳州奥兰治郡法院 23A 法庭内，我坐在两名搭档中间，百无聊赖地打量着一个个陪审员鱼贯而入，静候凯西·安东尼一案的裁决。一名、两名、三名……一共 12 名。好了，他们都已经落座，最后的时刻就要到来了。

过去的两天内，这个由 7 名女士与 5 名男士组成的陪审团对凯西·安东尼一案进行了例行审查，并迅速做出了裁决，整个评议过程没有超过 13 个小时。不得不承认，他们的工作效率确实很高。但是，依据以往的经验，有件事一直令我迷惑不解——整个评议期间，陪审团成员似乎对我们向法庭提交的诸多证据并不感兴趣，他们关着门对案件进行讨论，却没有要求调取任何一项涉案证据，更不必说围绕着某项证据对控辩双方的争议焦点进行裁夺。这种做法可是不太寻常。要知道，他们手里掌握的是一桩涉嫌一级谋杀罪的重案，被告可能面临着死刑判决。无论是支持检察官的指控意见，还是同情被告一方的答辩理由，陪审团所做出的每一项决定都应当建立在客观确凿的证据的基础之上。很显然，这个陪审团对控辩双方在质证阶段反复争论的话题并不关心。是他们的心中早已做出判断了吗？我不得而知。另外，庭审过程中发生的一些状况也令我倍感蹊跷。一般而言，由于陪审员并非法律专业人士，当他们对某项法律规定不理解，或者对某项程序设置不明白时，总是喜欢频频向法官提问，要求法官提供专业详尽的解释。而这些情景在本次审判中却从未出现过。总而言之，我们的陪审员太过安静、太过理智了，他们作风简洁、惜时如金，从来不曾给法庭制造过任何“麻烦”。在将近三十年的职业生涯中，我向来不愿对陪审团的最终裁决做出所谓的“预测”。原因很简单，对于大多数刑事案件，只要最终判决没有做出，控辩双方就均有翻盘的可能。针对此案，我倒是情愿破例一次，对判决结果做个预测。该案陪审团如此高效、简洁的作风似乎给了大家某种暗示，不仅是我，我想在场的大多数人均抱着这样的想法——被告的一级谋杀罪毫无疑问应当成立。综合考虑量刑等其他因素，如果以避免死刑判决为底线，至少也会认定控方对被告过失杀人的指控成立，对这一点我有足够的把握。

我记得很清楚，这一天是 2011 年 7 月 5 日，星期二。中午时分，我与同事们一起用了工作餐。大约 1 点时，我们接到法庭秘书处的电话，通知公诉人立刻赶赴法庭，判决结果已经下来了。公诉人席上，检察官琳达・布尔迪克与弗兰克・乔治分坐在我的左右，我们三人聊着些颇为轻松的话题。案件似乎进行得挺顺利，在长达三年的紧张工作之后，我们终于可以松口气了。

辩护律师团的其他成员已经等候在辩护席上，但主辩律师何塞·贝兹还没有出现。琳达猜测贝兹此刻也许正陪着被告，与她进行着最后的谈话。说着，琳达用手指指楼下——被告羁押室位于奥兰多市中心这座23层高的法庭的地下一层。我点点头，将目光转向旁听席。这是一桩引起全美强烈反响的“恶母杀子”案，法官已经将该案的宣判时间与地点通知了各大媒体，并许诺预留给他们半个钟头的时间安置工作器材。在佛罗里达州的酷暑中煎熬了数天的民众也终于有50人取得了旁听证，他们将一起见证此案最后的判决。时间一到，大家争相涌入法庭，记者们在法庭指定的席位上调整摄影机镜头，民众们则在旁听席上匆匆就座，静待本案被告凯西·安东尼小姐与其主辩律师何塞·贝兹的出现。

不一会儿，贝兹身着一套深棕色西服、打着同色涡纹图案的领带快步进入法庭。而我当天则选择了深灰色套装与杰瑞·加西亚风格的领带。就是这条并不显山露水的领带使得我成为媒体关注的目标，他们居然试图从我的穿着上推断出本案的胜诉概率。这一切真是太令人无奈了。本案的被害人是一位十分可爱的两岁女童——凯莉·玛丽·安东尼。她的莫名失踪曾经牵动着全美民众的视线，志愿者们在全美境内发起了大规模的搜寻活动；随后，沼泽地里发现的那具幼小的尸骸更是令每一位关心她的民众伤心落泪。面对凯莉的惨死，大家怒不可遏，声称一定要追寻真凶，为这个有着一双漂亮大眼睛的小姑娘讨回公道。三年来，在公众的高度关注以及各大媒体的推波助澜下，关于本案进程的各种新闻占据了全美报刊的大幅版面，民众们对庭审时发生的每一个细节津津乐道，这一切都成为大家在茶余饭后的重要话题。每个人都热切地关注着案件的进展，每个人都迫不及待地发表着自己的看法，大家对最后的判决结果充满期待。

被告凯西·安东尼出现了。在两名法警押解下，她缓步踏上被告席。凯西今天穿得像个中规中矩的女教师，她紧绷着脸，表情阴郁，目光始终盯着地面。事实上，不仅是凯西表现出严峻的神态，她的整个辩护团队看起来都十分沮丧。我转头寻找凯西的双亲乔治·安东尼与辛迪·安东尼，却并没有发现他们。也许这两人已经悄声溜入大厅的最后一排就座——与以往一样，他们总是竭力希望摆脱公众探寻的目光。

宣布陪审团成员入庭时，琳达碰碰弗兰克，要他注意那名拿着裁决意见书的陪审团主席。弗兰克点点头嘟囔道："呃，又是那位教练。"这位陪审团主席来自匹兹堡的一所高中，是一名体育教练。陪审团成员遴选阶段，琳达一直对他颇有好感，只因他来自于她的家乡——宾夕法尼亚州的匹兹堡市。说话间，我注意到贝尔文·佩里法官缓步迈向审判席，立刻冲着琳达与弗兰克眨眨眼，暗示他们安静。我深深地吸了一口气——整整三年了，我们在这桩案件上花费了太多的时间、付出了太多的心血，又有多少警探辛苦奔波于各个案发现场、采集着第一手证据，而各个法医学领域的专家们则严谨细致地对涉案物证进行着屡次勘验与鉴定，正是大家的通力配合为该案的公诉工作奠定了坚实牢固的基础。如今，最后的时刻终于到来了，结果即将揭晓。

"诸位，我知道你们已经达成了最后的决议。"佩里法官向陪审团主席点头示意。

那位体育教练迅速起身，将裁决书递给法庭副理，副理将其折叠后呈交给法官。早些时候，在那张条子交到法官手中之前，我们是有机会获知其中内容的——当副理从陪审团手中接过裁决，再转身呈递给法官时，我们从一定的观察角度可能辨别出"有罪"或"无罪"的字迹。但后来这个法子不灵了，为了彰显陪审团决议的

“神圣性”，裁决书被法庭副理向里折叠两次后再交给法官。这种所谓的革新更是延长了折磨人的过程。

这个时刻于我而言真是太过敏感，那种噩梦般的感觉又弥漫开来。说实话，我挺喜欢检察官这个职业。作为代表佛罗里达州出庭支持起诉的公诉人，我们在各种刑事案件的诉讼过程中必须做到随机应变，通过制订不同的策略、采取不同的方法与被告斗智斗勇。因此，法庭上经常可以看到一幕幕戏剧般的情景出现。我很享受这个过程，享受着每一个庭审细节，也必须接受这个职业所带给我的所有成功与失败。案件审理过程中，我的感觉挺像在导演着一场戏，无论是与法官周旋，还是提请证人出庭，都需要熟稔地综合运用各种艺术，包括涉案证人的挑选、询问方式的策划、提问环节的设计等。当然，我们还必须明了特定的公诉词将会对陪审团产生怎样的影响，以及如何对辩方律师的答辩进行迅速有力的回应。总之，一切外在与内在的言行举止都会对最后的判决产生难以估量的影响，这一点我深有体会。

如前所述，刑事案件的庭审过程是异象万千、精彩纷呈的，其中涌动着各种不确定因素，未到判决宣布的最后一刻，任谁也不敢掉以轻心。正是这种充满着矛盾与刺激的气息深深吸引着我。证人会出庭吗？他们会如我期待般冷静地提供证言吗？说实话，每一桩案子中，我都不得不花费数个小时将质证环节可能出现的各种情形在脑海中一一排演，包括己方证人的证词可能招致的交叉质证、对方必然或可能产生的反应等。同时，也必须尽量精确地估计到法庭对质证进度的掌控以及对证据的最终采信。当然，我的意思并不是说我可以对法庭审理的每一个环节都预先做出详细的设计，没有人能够这样做。我不过是未雨绸缪，尽最大努力估摸着可能出现的各种状况，并提前准备应对措施，避免临事时手忙脚乱。这种感觉有些像下棋，但你手里掌握着的是一堆活起来的棋子，它们有着自己的思维意识与活动能力，因此可能按照你的部署落子儿，也可能对你的命令完全置之不理。话又说回来，在所有的刑事审判中，没有什么稳操胜券的案件，也没有什么不可翻盘的绝境。就我个人而言，有一句话使我受用匪浅——“一切皆有可能，一切均为未知”。

好在每当审判程序启动，陪审员涌入法庭循序落座时，我的这种焦虑与恐惧就荡然无存。我会很快镇定下来，集中精力投入即将开始的战斗。开庭的前戏于我而言就像一名运动员决赛前的热身，此刻的我只全神贯注于一件事：希望自己能够遇见一位技巧纯熟、经验丰富、深谙法律规定与人情世故的对手。只有他们与我的经验与能力旗鼓相当，这场戏才会上演得更加精彩。顺便说一句，我们的法官如今手中不再握有古老的法槌，在开庭时重重地砸下去。他们坐在法官席上只是轻描淡写地提示一句“请大家起立，向陪审团致意”。于我而言，这句话无非意味着“准备开工了啊，诸位老兄”。

12 位陪审员入席时，我一个个打量着他们的表情。但是不一会儿，我就放弃了从他们的脸上捕获任何信息的念头。坦白说，我对自己与搭档们在这场演出中的表现非常满意，因此认为没有必要再花费精力对这群人察言观色。根据以往经验，我已经开始考虑如何应对几天后即将启动的此案的量刑程序——如果对凯西的犯罪指控成立的话，本周四将会安排一场针对被告量刑建议的听证会，事前会留给辩方律师 36 个小时的时间，对被告具有的从轻、减轻量刑情节的辩护意见做准备工作。当然，鉴于公诉方已经对此案提交了死刑建议，我个人认为，留给这些伙计们的时间应当更多点。

我将视线转到法官席。从佩里法官的脸上我也读不出什么蛛丝马迹。但看起来似乎裁决书里的一些内容令他不快，或者说他对裁决书中的某些内容颇感意外。裁决书一共九页，前七页是陪审团对凯西涉嫌三项重罪、四项轻罪的认定意见，后两页则是特别陈述。当阅读到第三页时，佩里法官做了个很奇怪的手势：他将这页纸放下后，摇摇头，又将它拿起来快速浏览了一遍，接着重重地拍到那一沓裁决书上。这个法庭上出现的不同寻常的细节，我当时虽然注意到了，却并未过多考虑，因为时间已经不允许了——按照程序，庭审结果马上就要揭晓。说实话，我对本案的裁判结果并不担心，在前面数周的质证环节中，我们已经提交了多项不容置疑的物证与人证，联想到随后的陪审团评议程序也进行得简洁利落，决议结果应当是毫无疑问的。

佩里法官将裁决书交给法庭书记员，随即要求被告凯西起立聆听判决。我的目光从凯西脸上匆匆转向书记员。多年的经验告诉我，可以通过书记员对裁决书的浏览方式对裁判结果推断个八九不离十：一般而言，如果书记员的目光停留在裁决书首部，被告有罪；如果停留在裁决书的底部，则被告无罪。但是这次，天哪，她的目光一路下行，最后滑落到裁决书底部，情况不妙啊。

"针对被告凯西·安东尼小姐的指控，第一项罪名——一级谋杀罪——不成立。"

我当时惊得目瞪口呆，就像刚刚经历了一场惨烈的车祸，大脑瞬间一片空白。这项判决远远超出了我的预计，令人难以置信。更糟糕的还在后面，"第二项罪名——重度虐童罪——不成立"，"第三项罪名——加重过失杀人罪——不成立"。我彻底崩溃了，好吧，如果陪审团认为凯西的行为连虐童罪都够不上的话，那么她就是世上最清白无辜的羔羊了。

上帝啊。

我知道自己当时一定是一脸苦相，想要开口抗议，却动动嘴唇发不出声音。我下意识地想摇摇头对此结果表示遗憾，却又猛然醒悟，提醒自己绝不能表现出任何怀疑与不满的神情。我深知，作为一名检察官，对于陪审团做出的任何裁决都必须表示出足够的尊重，这是刑事法庭上最神圣不可亵渎的一条规则。

法庭里传来一片唏嘘声、惋惜声甚至抗议声，但当时的我已经完全丧失了思维能力，那些声音像是从遥远的天际缓缓传来。我甚至没有听到随后陪审团对凯西四项轻罪指控的认定。我与琳达、弗兰克就那样静静地坐在公诉席上，已然石化。琳达是一名十分优秀的检控官，具有极强的专业素质与良好的情绪掌控力，但此时的她也完全不知所措，像一座冰雕般毫无表情地望着前方。

我最终拿到了裁决书，但对其宣判过程的记忆却一片模糊。无论如何，我都无法相信那 12 位陪审员竟然能够在如此短暂的评议周期中驳回了全部重罪指控。庭审阶段，我们花了将近一个月的时间向法庭提交了多达数十项证据，每一项证据均显示凯莉之死与被告有着千丝万缕的联系，他们居然连看都没看一眼就全部驳回了！退一步说，即使陪审团认为凯西故意谋杀亲生女儿的证据不足，但依照每个普通人的常识来判断，她对小凯莉的死亡也负有不可推卸的责任，根据此点，陪审团至少应当认定被告犯有二级谋杀或者过失杀人的罪行。遗憾的是，他们最终抛出了一个“无罪”判决，这着实令人震惊。

目录 Contents

第一部分

第二部分

第三部分

第一部分

第一章　加入专案组

奥兰多的“每日新闻”咖啡馆真是个再理想不过的聚餐场所。一推开大厅的旋转门，便可听见人声鼎沸，顾客们毫无顾忌地扯着嗓门点餐，吆喝声此起彼伏。这里的招牌货——“四季三明治”真是绝顶美味，吧台前总是挤满了人，大家三五成群地聊着天，心满意足地等待着三明治的新鲜出炉。无论春夏秋冬，无论繁忙的工作日还是美妙的假日，它的味道永远不会令你失望。位于曼格诺拉大街的郡法院与这家咖啡馆只有一个半街区的距离，步行不超过五分钟。占着这样的地理优势，多少年来，这里已经成为奥兰多的律师们约会议事的固定场所。当然，这里也是在州检察署办公的我和同事们经常光顾的地方。2008 年 8 月的一天，天气闷得令人透不过气。我的老友兼搭档——州检察官琳达·德林·布尔迪克约我中午在这里碰头，说是要与我谈一桩近期在法律界被炒得沸沸扬扬的案件：奥兰治郡一名两岁多的可爱女童失踪了，小家伙名叫凯莉·玛丽·安东尼。

午餐时的咖啡馆人头攒动。点好餐后，我们穿过人流挤到咖啡馆角落的一张咖啡桌，此刻我的衬衫已经湿透了。刚坐下来，琳达就迫不及待地打开文件袋，掏出一大沓资料摊在桌上，这是迄今为止她手中搜集到的所有涉案信息。作为联邦性犯罪与虐童犯罪事务部的负责人，凯莉失踪案从一开始就进入琳达的视野，因此她对案情十分熟悉。而我呢，正如佛罗里达州奥兰治郡的其他人一样，只是从当地的媒体报道中零星了解到一些概况，对于案件的具体细节却一无所知。

确切地说，琳达从2008年7月16日起便开始接触该案。此前，这名女童的外祖母辛迪·安东尼拨通911报案，声称自己的外孙女失踪了。后来经过调查得知，报案当天为止，小凯莉已经失踪了整整31天。凯莉的母亲凯西·安东尼则向警方解释，自己在当地一家环球影城的主题公园工作，因而不得不拜托亲朋好友与保姆轮番照看自己的孩子。大部分时间里，孩子是由一位名叫塞奈达·费尔南德斯·冈萨雷斯的保姆照料着——这是一名来自纽约州的年轻女人，是黑人与波多黎各人的混血儿，年龄在25岁上下。一天早晨，凯西在上班前照例将凯莉送到塞奈达的住处，但是当她傍晚去接孩子时，发现二人已不知去向。凯西立刻试着给塞奈达打电话，却发现这个号码已经销号了。孩子失踪的31天中，凯西并未向警方报案，她一直私下里打探着女儿的下落。当然，这只是凯西的一面之词。警方介入后的调查资料显示，凯西对警方撒了谎，那位名叫塞奈达的女人根本就不存在。不仅如此，警方还在凯西的车里发现了一系列证据，证实她极有可能就是本案的嫌疑人。

琳达竭力邀请我参与此案的公诉工作，我想她是经过深思熟虑的。近30年的职业生涯中，我负责过70多件涉嫌谋杀罪案件的公诉任务，其中只有两起指控被陪审团驳回；另外，我还承担了12桩提交死刑建议的一级谋杀罪案件的起诉工作，被告人最终均被定罪并得以执行。坦率地说，我的工作能力与办案业绩有目共睹。但这仅仅是琳达邀请我参办此案的原因之一，另一个原因，我想大概涉及证据方面。说来奇怪，从接手第一桩刑事案件开始，我就对证据科学产生了浓厚兴趣，无论是理论探讨还是实务操作，我都乐于一探究竟。这么多年下来，我已经养成一种本能——面对诸多涉案证据，我可以一眼挑拣出最具说服力的部分，然后对它们进行分析、排列、组合，使其以最合理的状态呈现在陪审团面前，继而有力地说服他们。我在证据方面花费了大量的精力与心血，它们也对我回报颇丰。事实证明，这些办案技巧与应变能力往往在案件最终的判决中起了关键性作用，我也因此在刑事证据学界享有薄誉，成为所谓的专家。我与琳达同事多年，她对我办案时的思考角度颇为欣赏，同时也十分看重我的实践经验。鉴于上述两点，这次她毫不犹豫地找到我，要求我尽力帮助她。

作为一名州检察官，同时，我也是奔波于案发现场进行调查的一线办案人员。多年的经验告诉我，确凿扎实的证据是办理所有刑事案件的基础，没有证据，一切都是空谈。多年养成的职业习惯使得我对现代前沿科技的发展倍加关注，它们的每一项进步都将引起证据科学理论的重大变革。每当接手一个新案件，我总是乐于尝试将最新的科技手段运用其中，希望借助它们来提高控方证据的精确性与客观性。1987 年，我成功地将 DNA 技术运用于一桩故意伤害、强奸案件的取证与质证过程，这成为世界首个利用该前沿技术指控犯罪的案例。该案的被告是一名叫作汤米·李·安德鲁的男子。作案过程中，安德鲁尾随受害人抵达住所后，翻窗而入，使用一把美工刀连续捅刺受害人，继而对其实施了数次强奸。安德鲁翻窗而入时将一枚指纹留在受害人住宅的窗纱上，这本是一桩对认定其罪行十分有利的证据，但由于该枚指纹印于窗纱的外侧，因而很难确定其就是罪犯留下的。为了确定被告的身份，我们从安德鲁身上提取了血液样本，与受害人体内遗留的罪犯精液样本进行对比，结果证实二者的 DNA 构成完全匹配。陪审团认可了这项新技术在刑事证据中的证明力，一致裁决对安德鲁的指控成立，最终他被判处终身监禁。类似上述情况，大胆合理地运用前沿技术来提取证据，继而证实犯罪，这是我多年来一直躬身践行的办案手段。我想，这一点也正是琳达办理此案所迫切需要的。

现在回想起来，早在我们碰头前数周，琳达就已经通过种种渠道向我暗示了她的期待。琳达是在 1989 年调到州检察署的，刚开始时一直跟着我办案，我也对她颇为照顾。二十多年来，琳达已经形成了独特的办案风格。她在同事们的眼中作风强硬、谨慎细致，却又大大咧咧、不拘小节，大家都喜欢开玩笑称她作“裹着棉花糖的小钢炮”。独立办案后，琳达与我又合作过多次，其中包括对一桩谋杀重案的起诉。此案的被告是一名专门袭击独行女童的冷血杀手。我们也是借用 DNA 技术鉴定作为证据，最终成功地将其送进监狱。这次见面中，琳达还向我透露，她已经与弗兰克·乔治先生取得联系，后者被她成功说服，答应加入该案的公诉组。弗兰克是我的同事，我们曾经一起共过事。在我的印象中，他是一名经验丰富、谨慎细致的检察官。鉴于此案很可能会涉及对被告一级谋杀罪的指控，琳达热切地邀请我加入公诉组，三个人合力将案子办得漂漂亮亮。她向我分析道，这桩案件中，控方目前掌握的大多是间接证据，因而证据提交阶段的法庭陈述与辩论就显得尤为重要，而我对证据的采集、挑选与运用业务非常熟悉，琳达希望关键时刻我能够助她一臂之力。

闻言，我翻了翻琳达放在咖啡桌上的案件资料。目前，控方手中的证据主要包括两项：其一是凯西父母的庞蒂克牌（骄阳系列）轿车后备箱中令人作呕的尸臭，其二是在同一辆车的后备箱中发现的一小缕长约 9 英寸的柔软毛发。这辆车最后一次的使用者是凯西，有人目睹她当时带着小凯莉一起上了车。案件调查过程中，轿车的后备箱一经打开，警探手中牵着的寻尸犬就往上猛扑，反应的强烈程度超乎人们的预料——毫无疑问，车子的后备箱内藏匿过类似尸体的可疑物。相对于凯西关于小凯莉被绑架的说辞，这案子看起来更像是一起故意谋杀案。

看着我犹豫不决的样子，琳达抿了口咖啡，接着向我推荐了阿帕德·维斯博士——一位法医人类学专家。维斯博士正在对一项前沿课题进行研究——人体腐败组织气味的分解分析。琳达介绍，维斯博士已经对涉案轿车后备箱中的相关证据进行了提取，因而建议我抽空给他去个电话，看看他是否发现了什么有价值的线索，如果可能，再与他探讨一下他的新型技术是否可以用于刑事领域的采证与质证。听到这里，我望着琳达咧嘴笑了：为了说服我加入她的团队，这个姑娘可谓费尽心机。她了解我，知道我对什么感兴趣，因此以维斯博士的研究课题来吸引我。好吧，我不得不承认，自己开始动心了。

琳达已经向我交了底牌。她耸耸肩，将餐巾铺在腿上，开始专心地用餐，等待我的回应。对于加入这个团队，坦白说，我确实很感兴趣。但在我们正式开工之前，还有一些人事调动方面的问题需要协调。我于 2002 年被任命为州检察署未成年人犯罪事务部的负责人，看起来是升职了，但是我并不领情。相比而言，我更喜欢接手那些能够出庭支持公诉的案子。接下来的日子里，我一次次打报告要求回到重案组工作。要知道，州检察署的重罪谋杀组是我于 1990 年一手组建的，这些年来，我在其中付出了大量心血，因此对它的感情很深。遗憾的是，我一直未能如愿以偿，看来在退休前也没有指望回到我的老本行了。说实话，这些年来我在检察署的工作并不顺利。不知从何时开始，我就被一种无形的力量所排斥，始终游离于承办具体案件的围墙之外。我有着 28 年的检控经验，业务记录清白完好，并且保持着令人羡慕的、近乎完美的胜诉率，但这些似乎都无法成为我承接重案的充足理由。在与上司发生了数次龃龉后，我收到了免附入档案的私下训斥。同时，他们明确告知我，我将不再可能返回重案组。原因是什么？上帝才知道。如今的我纯粹成了检察署办公室的摆设，百无聊赖地应付着一些我根本不愿做也不屑于做的琐事，混日子等退休。

陷入如此尴尬的局面，我也曾静下心来对自己的言行举止进行了反思与检讨。我个人认为，某些人之所以不能容纳我，部分原因在于大家的办案理念不同。目前，针对检察官的职能，州检察署的同事们已经很明显地分成了两派：一派非常激进，是“犯罪控制模式”的倡导者，主张对所有落入手中的案件提起公诉，不遗余力地将被告送进监狱；另一派却较为保守，是“程序优先模式”的维护者，强调有所甄别地对待不同的案件，在获得确凿的证据之前保持客观中立的立场。我支持后一种观点。我始终认为，一名检察官的基本职责是将起诉前的工作做到极致，确保每一桩被起诉的案件都成为铁案，很难被陪审团驳回。我们要谨慎地审视每一桩案件，关注问题的实质，准确判断该罪行是否在我们对其提起公诉前已经客观存在。同时，一旦决定对某桩案件提起公诉，就必须严格遵循法律，坚定地行使检控权，决不能屈服于任何外界尤其是媒体舆论的压力。站在法庭上的检察官不应当像个橡皮人似的人云亦云，更不应在庭审过程中表里不一，当众陈述着某种观点，心中却确信着相反的结论。幸运的是，我们的大老板劳森·拉玛尔检察长是站在我这一边的，但是他手下的人却对所谓的“起诉一切嫌疑人”的法哲学深信不疑。

也许是我的见解太过保守，也许是我处理问题的方式太过直白，因而工作方面树敌颇多，导致自己良好的工作业绩也因此蒙尘。我知道，州检察署的某些人希望我立即消失，我也乐得如其所愿。聊以宽慰的是，检察署的一百二十余名出庭律师始终将我看作他们最为敬重的同事。他们总是愿意接近我，与我探讨一些业务上的难题，向我征求意见，其中就包括琳达·德林·布尔迪克。

据父母回忆，当我还是个八岁大的孩子的时候，似乎就已经具备了成为一名律师的潜质。四年级时，我的祖母与希尔玛姑婆去圣彼得堡看望我们。一段饶有趣味的对话过后，希尔玛姑婆爱抚地摸着我的头，断言我将来会成为一名优秀的律师。

“我很喜欢这个职业呢，希尔玛姑婆。”年幼的我不假思索地回答。佛罗里达州根本没有牛仔的生存空间，我的许多朋友都放弃了横跨马背、匡扶正义的梦想，长大后做了消防员或者警察。而我的理想则是做一名法官，身披法袍，威严地立于法庭之上。

我是一名土生土长的佛罗里达州男孩。1957 年 10 月 3 日，我出生在这片阳光充沛、民风淳朴的土地上。父亲理查德·阿什顿是一名注册会计师，母亲芭芭拉·阿什顿则是一位快乐善良的家庭主妇。他们相识在位于代顿市北部十公里左右的赖特·帕特森空军基地，当时母亲在基地的办公室做秘书，而父亲恰好是空军中尉。我们一家居住在圣彼得堡，这是美国西海岸的一个小镇，位于塔帕湾与墨西哥湾之间的半岛上。当时的圣彼得堡是美国中西部教民心中的圣地，但这种以禁欲为原则的生活模式并不适合我们一家。

我的童年时期在典型的中产阶层氛围中度过——我们家坐落于广阔的农场之上，周围环绕着众多湖泊，风光旖旎。我有三个姐妹，姐姐辛迪比我大一岁九个月，妹妹朱迪比我小三岁，幺妹柏布比我小六岁。在学校时，我曾经是个问题儿童，也是班里的后进生，大家都嘲笑我是个闷葫芦。但是上帝保佑，最终我顺利通过了公立学校的所有课程考核。我觉得自己不应当被简单地划为闷葫芦一类，我是闷葫芦中的极品——学校里所有的体育活动与戏剧演出均与我无缘，我既不喜欢体育运动，也不情愿加入任何戏剧社团。好笑的是，我唯一一次尝试着在学校排演的戏剧中扮演角色，搭档竟是安吉拉·贝塞特——没错，就是当今这位在好莱坞能够独当一面的大牌女星。她也在博卡市高级中学就读，比我低一年级，当时真是个甜美的姑娘。如果这个遭遇还不算奇特，那么后来我还做过更令人大跌眼镜的事情。高中时，我心血来潮，曾带领着学校所谓的“高智商小组”闯入了当地电视台的智力秀节目。当时总共有 32 个代表队进行角逐，我们这一组在单循环赛中表现优异，一举拿下了年度总冠军。忆起当年，真是风光无限啊。

1975 年，我以中等偏上的成绩从高中毕业，继而进入圣彼得堡专科学校就读。其间，我对哲学与逻辑学产生了浓厚的兴趣，拼命阅读了大量著作，最终成为该专业的助教，赚得有生以来第一笔收入。三年级时，我转入盖恩斯维尔的佛罗里达州立大学，并于 1978 年获取了哲学学士学位。我的父亲——那名会计师——经常在我耳边唠叨，要求我选修商业课程与财务管理专业，但我对他的建议置若罔闻——我对数字丝毫不敏感，商务理财也根本引不起我的兴趣；相比较而言，我更喜欢充满着智慧与理性的辩论，并且沉醉于逻辑严谨、层次分明的演讲——我当时的愿望是成为一名思想者。后来，我成了家族中唯一一位没有涉足金融领域的子裔。

三年后，我于夏季顺利通过了不分专业类别的统一入学考试，攻读博士学位。刚开始，我并不知道大学期间可以过得如此享受，父亲也从来没有告诉过我他在大学中是怎样大玩特玩，日子过得丰富多彩——酗酒斗殴、玩牌赌钱，除了不用功学习，他什么都尝试过了。入学许久，我才开始步他的后尘。但显而易见，我与年轻时的他相比简直是小巫见大巫。当我开始品味到其中的趣味时，已经太晚了。最终，我只花了两年半的时间就获取了佛罗里达州立大学法学院的法学博士学位。直到那时，我才恍然大悟，懊悔不该如此匆匆地结束自己的求学生涯。在这段时间里，我的感情生活也发展得异常顺利，博士在读期间，我就与高中的同班同学、大学时的恋人艾米·勃朗特曼喜结连理，并生育了两个活泼的小家伙——亚当与乔纳森。遗憾的是，这段婚姻并未延续多久，婚后第八年，我与艾米黯然分手。

法学院毕业后，我顺利进入位于奥兰多的州检察署，被分配到交通事故部打杂。业内人士都知晓，这是一个十分重要的部门，许多成功的检察官都是从这里开始他们的职业生涯的。当时我的搭档是特德·库罕，他与我分享着一间办公室。那是坐落在联邦地方法院的一座旧楼，与州检察署距离一个街区，因此平时根本没有人对我们的工作进行监督。我与特德并不是天性好闹、喜欢恶作剧的人，但由于那时还年轻，所以免不了相互打趣着做一些荒唐的事情。例如，我们最喜欢干的活儿就是事先将自己的接待词录在磁带中，当报警电话打进来时，直接对着听筒播放我们的录音。这样，我们就可以不再一次次地重复那些该死的部门名称与电话了。当然，那时的我也不是没有做过一点儿正经事，在部门负责人的监督下，我曾经参与了多起涉及醉驾案件的公诉工作。现在回想起来，正是那个时期对酒精测量器的频繁运用，激发了我对证据科学的兴趣，奠定了日后运用客观证据支持公诉的办案模式的基础。

11 个月后，我被调到地处奥兰治郡西部的轻罪事务部，7 个月后，我又被调到重罪公诉组。当我开始进入法学院学习时，父亲多少有些失落，但当他看到我成为一名检察官时，逐渐开始接受了这个事实，并引以为豪。他和母亲经常驱车两小时赶到我的工作地点，饶有兴致地端坐一旁聆听我的案子。

1983 年，我对一桩故意谋杀案提起公诉，并且取得了胜诉。两年后，我接手了职业生涯中的第一起死刑案件。受害者是一位商人，遇害时正与妻子和孩子们一起外出度假。途中，一家人借宿于当地一家叫作“国会大厦”的同性恋旅馆。这名商人成功地勾搭上一名年轻貌美的男子，并将他带回房内寻乐。不幸的是，这位情人在完事后将他的喉咙割断，并将他的钱财洗劫一空。陪审团最终一致裁定被告的一级谋杀罪成立，建议法官对被告判处死刑。执行前夕，被告将自己吊死在监禁室里。

1987 年，因为首次将 DNA 技术引入刑事证据领域，汤米·李·安德鲁一案使我在证据界获得了极大声誉。此后，我又经办了一系列对谋杀案件的起诉，均获得胜诉。1990 年，我创建了州检察署的第一个谋杀重案组。这段时间，我可谓春风得意，情感生活也有了新的变化——我与第二任妻子乔伊结婚，并很快有了两个可爱的孩子，丽贝卡和阿历克斯。很遗憾，与第一次婚姻相似，这段感情也未能坚持到最后。

20 世纪 90 年代初期，佛罗里达州的法律频道开始运行，通过屏幕向公众连续二十四小时不间断报道法庭审判实况。当时，我出庭支持公诉的一些案件也在电视中同步播出。父亲对此非常感兴趣，甚至在工作时也千方百计抽出空隙来关注案件的进展，绝不会遗漏每一个我出庭支持公诉的镜头。20 世纪 90 年代末，我的一桩案件被移送到派内拉斯郡审理，那里正是我父母居住的地方。整个庭审期间，父亲几乎每天都早早地来到法院，老人家西装革履、端端正正地坐在旁听席上，认真聆听案件的审理。

虽然琳达执意要我接手凯西·安东尼一案，但是严格意义上而言，这并不是她一句话就可以做得了主的。要知道，在凯西以涉嫌“疏于照顾儿童”、“向警察虚假陈述”、“妨碍刑事调查”等罪名被羁押之后，琳达才开始接手此案。如今，此案既然涉嫌谋杀重罪，州检察官劳森·拉玛尔完全有理由将它移送给重案组，由罗宾·威尔金森先生全权负责。当然，运气好的话，劳森也可以将此案留给琳达继续承办。

那天中午，在咖啡馆里，我明确地告诉琳达，自己对这个案子感兴趣。另外，我也对琳达坦言自己当时的处境：我的州检察官的使命已近结束，所以并不需要凭借某个案子获取更多的职业声誉乃至职位提升；我已经做了 28 年的检控工作，养老金已经攒得足够了，因而打算在从业 30 年时退休。事实上，我当时已经开始考虑退休的事宜了。观察到琳达明显的失望之情，我一边将剩余的汉堡和薯条塞进嘴里，一边继续向她解释，即使出于某种压力，她不得不放弃我，代之以重案谋杀组的罗宾，她也没有必要担心忧虑，我一直站在她一边。至于那些所谓的专业知识与应对技巧，她可以随时联系我，我将会倾力相助。

琳达冷冷地盯着我，丝毫不肯妥协，她不喜欢我这种模棱两可的搪塞之词。事情明摆着，她急需得力人手参办此案。琳达用餐巾擦擦嘴，说她将亲自去找劳森，向他点名要我，并正式办理调动手续，说完就丢下我一个人匆匆离开了咖啡馆。

令我惊讶的是，琳达的申请居然顺利获得了上级的批准，整个过程要比我们预计的容易得多。事实上，劳森对我为证据界做出的贡献颇为赏识，对我的出庭指控能力也相当器重——毕竟，我的办案业绩在整个佛罗里达州数一数二，那接近百分之百的胜诉率不是每个人随随便便可以取得的。

几天后，琳达步履轻盈地走进我的办公室。“我已经与劳森谈过了，”琳达道，“他希望你能接手这个案子，我也很希望。”她冲我眨眨眼，递给我阿帕德·维斯博士——那位法医人类学专家的电话号码。一个小时后，我已经与田纳西州的这位知名学者取得联络，开始对我颇感兴趣的话题进行探讨。

第二章　二十四个小时

加入专案组后，我迫不及待地开始研读案卷、了解案件的最新进展，以便使自己在最短的时间内进入状态。整桩案件由一通 911 的报警电话引发。2008 年 7 月 15 日，辛西娅（辛迪）·安东尼，也就是凯西的母亲，致电奥兰多警署 911 专线，声称女儿凯西偷了自己的轿车（庞蒂克骄阳系列，1998 年产），而且未经许可从她的信用卡中提取了大量现金。电话中，她说女儿当时就坐在自己身边，希望警方立刻逮捕她。

鉴于该案涉及家庭成员间的盗窃行为，同时辛迪已经取回了她的轿车，911 对于这些因家庭矛盾引起的纠纷并未予以过多关注。我目前需要确定的是凯西在何时偷偷开走了母亲的车。调查显示，凯西抱着女儿开走那辆轿车的时间是在 2008 年 6 月 16 日，也就是在辛迪报案前的一个月。当时凯西告诉父母她与小凯莉将在凯莉的保姆家过夜，一两天后就回家。但是，接下来的 31 天中，无论是凯西还是小凯莉都了无踪迹。电话中，凯西多次寻找借口向父母解释着她们母女俩无法回家的原因——有时是因为出差，有时是因为陪女儿玩耍，其中还有 12 天在杰克逊维尔（佛罗里达州东北部港口城市）与凯西的男友住在一起。电话中，凯西反复向母亲保证，自己与女儿过得开心舒适，请母亲不必担心。

7 月 13 日，辛迪的丈夫乔治发现自家院落的前门上贴着一张便笺，提示邮局有一封待取挂号信。因为他们平日很少走前门，这张便笺已经在那里挂了多日。安东尼夫妇去邮局取回挂号信后，得知那辆丢失的轿车已经被找到，它被人遗弃在位于东科洛尼亚路与金麒麟路交界处的商务停车场，路人随即报了警。6 月 30 日，该车作为无主车辆由警方从纳考西公路拖至约翰逊汽车修理站。此后，它就一直停在丢失车辆管理中心，至今已经半个月了。

辛迪与乔治驱车前往拖车场取车。一路上辛迪焦躁不安——凯西明明说过自己与凯莉是在杰克逊维尔，而现在轿车却在奥兰多被发现。现场记录显示，取车的过程中辛迪难以控制自己的情绪，一度与车辆管理员发生争执，厉声质问其车辆被发现的确切地址。乔治忙着安抚妻子，让妻子在接待处安心等候，自己则跟着管理员前去办理取车手续。当他走向那辆庞蒂克轿车时，一股强烈的臭味迎面扑来。走近后，乔治发现这股气味来源于轿车后备箱，他当时大吃一惊，作为一名退休警官，他对这股气味再熟悉不过了——这是一种尸体腐烂后特有的臭味。

乔治事后向警方承认，后备箱打开的一瞬间，他确实十分紧张，不停地在胸口画着十字祈祷，希望自己的女儿和外孙女不要出事。后备箱打开后，里面并无异常，只放着一个深色的垃圾袋，上面叮满了苍蝇，还有一只只蛆虫在蠕动。拖车场的管理员一把将袋子拽出，扔到附近的垃圾箱中。随后，乔治与辛迪分别开着两辆车回家。但是这辆庞蒂克车中的气味太过强烈了，乔治不得不将车子的全部窗户打开透风，并把这辆车暂时停在距离住宅七英里处的小路上。

两天后，乔治将车开回家。辛迪着手收拾车中的物品，在前座的包里发现了一张便笺，上面写着凯西的朋友艾米·休伊曾迦的电话。辛迪拨通艾米的电话，向她打听凯西的去向，两人约好在佛罗里达购物中心见面。这是佛罗里达州最大的购物中心，二百六十多家商铺鳞次栉比。见面后，艾米告诉辛迪，凯西有一个在网上认识的男友，名叫安东尼（托尼）·拉冉罗，21 岁，是从纽约长岛来此地的移民。安东尼是歌星托尼·拉冉罗的忠实崇拜者，渴望成立一家自己的俱乐部，他白天在一家叫作富鲜的日本寿司店打工，晚上则在夜总会演出。艾米还告诉辛迪，这些天来，凯西一直与托尼在一起，他们二人就住在托尼租赁的公寓里。

从购物中心载上艾米后，在她的指引下，辛迪驱车前往托尼的公寓。抵达后，辛迪让艾米站在门前摁门铃，自己则躲在隐蔽处。凯西开门后，惊讶地发现妈妈满脸怒容地从门后拐角处走出来。辛迪一句话不说就将凯西推上车，并命令她立刻把凯莉抱出来。凯西推说自己也不知道凯莉在哪里。辛迪勃然大怒，为了给女儿点儿厉害瞧瞧，她在将艾米送回家后，径直将车开往珀欣大街东南社区警署的电话支局报警。当时是晚上 8 点多，而社区警署一般在下午 5 点就已经下班。看着身边的女儿表现出一副无所谓的样子，辛迪铁青着脸拨通了 911。

辛迪·安东尼：你好！我现在在珀欣大街警察局门前，但里面没有值班警察。听着，我有人要交给你们，请告诉我最近的警署在哪里。

接线员：您好，夫人，请问您向警察局举报的是什么人？他做了什么事情？

辛迪·安东尼：一名 22 岁的小偷，犯了严重盗窃罪，现在就坐在我的车里。

接线员：夫人，他偷了您的东西吗？

辛迪·安东尼：是的。

接线员：他是您的亲属吗？

辛迪·安东尼：是的。

接线员：他从什么地方偷了您的东西？

辛迪·安东尼：她偷了我的车，还有我的钱。

接线员：夫人，他是您的儿子吗？

辛迪·安东尼：女儿。

接线员：您的女儿从您的车里偷了钱，是这样吗，夫人？

辛迪·安东尼：不完全是。我的车被偷了，前两天才在停车场里找回来，这是她偷走后扔在那里的。而且，我银行账户里的钱也被人动过了。这些都是她干的。我要求你们立刻逮捕她，我要起诉她。

这段报警的电话记录给了我一个强烈的印象，那就是辛迪有意向警方遗漏了一些重要细节，诸如后备箱中的异味以及为何过了许久才报告这桩车辆丢失的“严重盗窃案”，她只字未提。在我看来，辛迪的此次报警，更像是一位恼羞成怒的母亲对付任性乖张的女儿的撒手锏——她其实是想借警察来吓唬自己的女儿，使其就范。正如辛迪所述，她要起诉的人就坐在她的身边，接线员不得不向辛迪询问盗窃案的准确发生地，以便确定案件的受理管辖。辛迪说车是从家里被偷走的，接着向接线员提供了位于奥兰多东南部霍普斯布茵大道的家庭住址。

接线员随后耐心地向辛迪解释道，根据案件管辖规则，她应当与奥兰治郡的治安警署取得联系，并帮她将电话转接到警署办公室。电话转接期间，911 自动录音系统记录下了辛迪与女儿的断断续续的对话片段：

辛迪·安东尼：……你就瞧着好了，看看我下一步会做什么……凯莉还没有找到……我会让法庭判决你把她还给我。你胆敢和我耍花招，好吧，你想玩，我就奉陪到底。

凯西对母亲说了些什么，但是录音里听不清。

辛迪·安东尼：……见鬼去吧！还好意思再要求我给你一天的时间！我已经等了你整整一个月！你现在最好给我闭嘴！

奥兰治郡警署指示辛迪先驱车回家，然后从家里给他们拨打电话，他们会立刻出警——既然被盗物已经找回，嫌疑犯也并非“在逃”，警方建议辛迪冷静下来，从容应对此事。稍后，辛迪确实回了电话，但那时她所报告案情的严重性似乎已经迅速发酵，远远超出某个人未经许可偷偷开走她的轿车的范围。这次，辛迪终于向警方提到了失踪的凯莉。

辛迪·安东尼：我家里有嫌疑犯，请求你们立刻逮捕她。

接线员：夫人，他们此刻就在你的住所吗？

辛迪·安东尼：是的。而且，我还要报告一起幼童失踪案。一个三岁左右的孩子已经失踪了一个月了。（辛迪告诉警方凯莉已经三岁，事实上案发时凯莉只有两岁多，在当年的8月上旬，凯莉才过三岁生日。——作者注）

接线员：三岁的孩子？夫人，您之前报过警吗？

辛迪·安东尼：我现在正式报案。

我估计，辛迪此时向911报告凯莉的失踪，并不是预感到了孩子会遭遇什么不幸或者正处于危险境况中。她之所以这样做，仍然是为了警告凯西，她这次是动真格的了。她想见自己的外孙女，因此不得不借助其他事情来惊动警方向女儿施压，事情就这么简单。在向警方详细提供了关于凯莉的身份细节后，辛迪重申了最初的要求：凯西偷了她的车和钱，希望警方迅速出警。两个小时后，第三个紧急电话从安东尼家打到警署。这一次，辛迪是真的发疯了。

辛迪·安东尼：你们的人去了哪里？天哪，该死！我之前打过报警电话，我的外孙女失踪了。现在我确定，她是被人偷走了，时间已经过去了一个月！孩子的母亲刚刚承认，孩子真的失踪了！

接线员：夫人，你刚才报警的地点？

辛迪·安东尼：我现在说的是一个三岁的孩子。现在她的母亲承认保姆将她偷走了，我要求你们的帮助！

接线员：您的女儿说孩子现在在哪里？

辛迪·安东尼：她说保姆一个月前将孩子偷走，这一个月来她一直在寻找孩子的下落。对了，我女儿也失踪了一个月，今天我才把她找回来，但是我找不到我的外孙女了。我女儿对我说她一直在找孩子。另外，我今天发现我女儿的车里有该死的气味，闻起来像是尸体的味道。这该死的车！哦，不，天哪，我的小凯莉一定是出事了！这该死的气味！这该死的车！

接线员：请告诉我失踪孩子的姓名。

辛迪·安东尼：凯莉·安东尼。

接线员：她失踪多久了？

辛迪·安东尼：6月7号以后我就没有再见过她。

通话录音变得模糊起来，辛迪捂住话筒对凯西喊叫着什么。接线员不得不提醒她继续通话。

接线员：夫人，请您保持冷静。我需要知道事情的详细经过。您的女儿在身边吗？我可以与她直接通话吗？您不介意我与她通话吧？

凯西接过电话。她的声音听起来异常冷静，甚至可以说是冷漠。“你好？”低沉的声音传出，这句普通的问候语带着更多的质疑，像是对别人未经允许打扰她后不耐烦的回应。这一点令我大为惊讶。她的声音听起来没有丝毫的焦虑不安，她慵懒而谨慎地回答着接线员的询问，就好像丢失的不是自己的女儿，而是一盒美甲用具。当然，虽然凯西的语气中毫无一名母亲应有的焦灼悲恸，我还是从中捕获了少许恐惧与恼怒的味道。

凯西·安东尼：你好？

接线员：你好！你能够给我们提供进一步的详细情况吗？

凯西·安东尼：我女儿已经失踪了 31 天。

接线员：你是否知道是谁带走了她？

凯西·安东尼：我知道，是孩子的保姆。我一直试图与她联系，而且我今天确实接到了一个电话，那是用一个早就停止使用的号码打来的，我还设法与自己的女儿通了电话，讲了大约一分多钟。

接线员：是你们报告了轿车失窃案吗？

凯西·安东尼：对，是我母亲。

接线员：也就是说你们家同时还丢了一辆轿车？

凯西·安东尼：不对，可能有误会，那本来就是我的车。

接线员：那是一辆什么样的车？

凯西·安东尼：1998 年产的庞蒂克车，骄阳系列。

接线员：好的。我们的警员已经出警，正在路上，请稍等。再确认一下，你的女儿失踪了，对吗——她的名字叫凯莉·安东尼？

凯西·安东尼：是的。

接线员：一个月前你把她丢了？

凯西·安东尼：31 天前。

接线员：是谁带走了她？你知道他的姓名吗？

凯西·安东尼：塞奈达·费尔南德斯·冈萨雷斯。

接线员：她是孩子的保姆吗？

凯西·安东尼：对，她做我孩子的保姆已经一年半，或许已经两年了。

接线员：为什么现在才想到报警？31天前你在做什么？

凯西·安东尼：我一直在通过其他渠道寻找孩子，现在才知道自己的行为有多愚蠢。

正在此时，警官到达了安东尼家，911通话录音到此结束。以上三段通话通过911录音系统与接线员的警情记录得以保存，其中存在着大量的疑点。最令人迷惑不解的是凯西临事时的镇静与冷漠，而几乎所有家长在孩子失踪后都会表现得歇斯底里、无法理智应对。我有六个孩子（我于2005年迈入第三次婚姻，婚后与妻子丽塔领养了两个孩子，分别是戴维与埃玛），如果我的任何一个孩子消失五分钟，我都会立刻变得焦虑不安，更不必说要我忍受31天了。曾经有一次，我带着儿子约翰在夏季的沙滩上玩耍，当时人潮汹涌，我也尽职尽责地看着他。虽然如此，小家伙还是在一眨眼的工夫就跑得无影无踪。我当时的紧张与焦躁真是无法形容，那一刻，关于丢失孩童的可怕传闻与景象一股脑地涌现在我的眼前。好在不多久孩子就被警察带回我们身边，但是那几分钟里的软弱无助与焦虑难耐的感觉深深烙印在我的脑海中，噩梦般挥之不去。

作为一名检察官，更是作为一位父亲，我认为凯西在孩子失踪后的反应确实令人怀疑。即便如她所述，凯莉是被保姆所绑架，如果她是一位称职的母亲，何以会在孩子失踪后如此长的时间里不向警方报告并寻求救助？在我看来，凯西偷拿母亲信用卡中的钱可以理解为是对家长式权威的一种反叛，而偷着将觊觎已久的父母的轿车开出家门更是可以理解为家庭成员内部的轻微摩擦——年轻人与父母住在一起，当然有很多机会拿钱用、拿车开，这本来就是十分正常的事，我们也可以理解。但是，凯西在自己的孩子失踪后一个月才不慌不忙地向警方报案，这种行为模式已经远远超出了我能够理解的范围。一句话，凯西必须对这一切做出合理的解释。而随后的调查很快证明，凯西的陈述前后矛盾、漏洞百出。

第三章　凯莉·玛丽在哪？

加入专案组一周后，我开着自己的2002年产的克莱斯勒敞篷轿车前往11英里外的安东尼一家拜访。为了赶上该案的进度，我已经查阅了大量的调查笔录。即便如此，我仍然认为有必要找当事人谈谈。如果可能，最好捎带着看看安东尼家周围的地理环境，毕竟这里是案发原始现场。

安东尼一家居住在奥兰多市中心东南部的契卡索公园附近，一排排低矮敦实的建筑群至今保存完好，颇存契卡索居民[①]遗风，大片修剪整齐的草坪逶迤环绕在四周，风光秀丽，环境相当宜人。安东尼住宅周围的布置亦颇具特色，显然要比霍普斯布茵大道的风景更胜一筹——通往家门口的小径两边布满了仙人掌与红象耳，一棵高大的棕榈树在大门左前方寂然矗立，摇曳生姿。大门前的隔离带由一排排太阳能路灯组成，院落收拾得异常干净，一根杂草也看不见。柔软的草坪似乎刚浇过水不久，修剪得平平整整，清香四溢。整座房子是板材结构，外墙被粉刷成温柔的贝壳粉，前门也被漆成同样色系，不过颜色稍微深一些，散发着淡淡的珊瑚色，一大捧带着露珠的鲜花伴着一只栩栩如生的绢制蓝蝴蝶插在拱窗下的饰板上。我环顾四周，似乎并未发现有露天游泳池或者园艺工作房，后

① 美国马斯科吉印第安人的一个部落，过去聚居在密西西比州北部和田纳西州的部分地区，现零星分布于俄克拉荷马州。

来才知道，它们坐落于后院，由木栅栏围着。

安东尼一家在整个街区中的名声非常好。凯西三岁时，他们一家搬到这所刚刚建成的 L 形寓所。房子面积很大，带有四个卧室、两个卫生间。这一带在历史上是一个安详和谐、重视家庭与亲情的保守社区，即便到了现在也是如此。在这里，邻居们亲眼看着乔治将蹒跚学步的小凯西抱上三轮车，扶着她摇摇摆摆地骑；多年后，这温情的一幕又在小凯莉身上重现——这是多么令人羡慕的一家啊。据邻居们所述，乔治非常宠爱自己的外孙女，为了不让凯莉在脏乎乎的土路上玩耍，他甚至在后院为她搭建了一座专用游戏室，带有漂亮的装饰带与小邮箱。乔治还将游戏室门前的小路用水泥和碎石精心地抹平，上面铺着厚厚的毡毯，即使凯莉不小心摔一跤也不会受伤。

几十年来，灾难或者不幸似乎从未降临过安东尼一家，即使在凯西与哥哥李十几岁的叛逆期里——这通常是孩子们给家长找麻烦的年龄。在邻居们看来，安东尼一家就是幸福与喜悦的象征，尤其是凯西的女儿出生后。这个天使般的娃娃眨着一双明亮的大眼睛，给这个家庭增添了太多的欢乐。可以想象，2008 年 7 月 15 日晚 10 时，当闪着警灯呼啸而来的警车撕裂了小区的宁静，最终停在安东尼一家门口时，这番景象给当地居民带来了多大的震惊。

兰登·弗兰彻警官是接到指挥中心呼叫后第一个赶赴现场的警员。根据弗兰彻警官的记录，敲门后，辛迪首先出门接待了他。当时他发现辛迪满面泪痕，心烦意乱，这令他十分惊讶。弗兰彻是在接到 911 电话后出警的，当时报告这里发生了汽车失窃案。难道丢一辆车就会令女主人如此伤心吗？更令他疑惑不解的是，从他踏入安东尼家门开始，辛迪就对这桩失窃案只字不提。弗兰彻站在一边，静等辛迪平复情绪。但当时的辛迪像是精神上受了什么沉重打击，低声啜泣着，亚麻色的短发虽然梳得整整齐齐，却面色苍白，眼睛红肿充血。

好一会儿，辛迪才向弗兰彻解释道，自己刚刚获悉外孙女凯莉已经失踪 31 天了。说到这里，她忍不住又痛哭起来。辛迪断断续续地告诉弗兰彻，自己的女儿凯西刚才承认，一个月前她将凯莉留给保姆照看，但从那时起就再也没有见过凯莉。过去的几周里，自己一次次打电话给凯西，而凯西总是敷衍说她与凯莉正在杰克逊维尔度假。每当她要求与外孙女通话时，凯西都会找出种种借口推脱，这不由得引起她的怀疑，揣摩着一定是出事了。辛迪还谈到了从停车场取回丢失轿车的事，以及从凯西男友家门口将凯西带回来的经过。看着这份警情记录，有一点令我感到十分不解——辛迪在这次叙述中，并未提到庞蒂克轿车后备箱中散发出的强烈异味，而在不久前打给 911 的电话中，她明确表示了自己对此事的惊惧与担忧。好在其后的另一份询问笔录中，辛迪的丈夫乔治补充了关于此事的所有细节。

事发当晚，乔治的表现与自己的妻子形成了鲜明对比。这位男主人长着一头浓密的深褐色的卷发，一丝不苟地齐刷刷向脑后梳去。他安静地站在妻子身后，默默地倾听着妻子的哭诉，显得异常克制冷静。后来经过调查，我们了解到，1986 年安东尼举家迁往奥兰多之前，乔治曾经在俄亥俄州做过警探，参与过数桩故意杀人案的调查。有了这样的经历，即使此刻的他也十分震惊、焦虑，相对于妻子而言，他还是显得处变不惊。而且，由于职业关系，乔治已经形成了警探的思维模式，认为感情用事只会严重干扰对事实与真相的挖掘，当务之急是找到凯莉的下落。辛迪已经彻底垮掉了，他不得不坚强起来。

乔治同意妻子的说法，承认每次他们希望与凯莉通话时，凯西都断然拒绝，又不说明确切原因。他说最后一次见到凯莉是在 6 月 16 日下午 1 时左右。但是直到弗兰彻警官出警之前，他才刚刚回家，发现妻子在车库啜泣，才获悉凯莉出事了。那辆庞蒂克车从拖车场取回来后，他就一直将它闲置在那里。今天，辛迪去收拾那辆车，发现了凯莉最喜爱的玩具娃娃被扔在车内的婴儿椅中。那一刻，她再也无法忍受对凯莉的思念了，立刻给他打电话。而他当时正在工作，所以没有听见。待忙完工作再拨回去，电话已经无人接听。乔治立刻给离家半英里之外的儿子李打电话，要他马上回家看看妈妈是否出了什么事。

当弗兰彻警官对辛迪与乔治进行询问时，其他警员也陆续到达。由于案件的轮廓还不十分清晰，911 又分别派遣了实习生阿德利亚纳·埃塞维多与赖安·艾柏林和他们的队长雷金纳德·霍斯相继赶赴现场。霍斯指示自己的下属向安东尼一家的家庭成员分别录口供。艾柏林负责在客厅里对李·安东尼进行询问。李比妹妹凯西年长四岁，高大健硕，眉毛浓密，继承了父亲的一头深褐色头发。他告诉艾柏林，自己并不与父母妹妹一起居住，但他知道妹妹已经好几个星期没有回家了。所以今天一接到父亲的电话让他回家看看妈妈与妹妹是否安好，他就立刻赶回家，并在第一时间了解到家里出事了。

李赶到家时，辛迪与凯西还没有回来。几分钟后，母女俩进了门，一边还在激烈地争吵着。凯西情绪激动，不停地向母亲挥拳喊叫着。在李的呵斥下，凯西一头扎进自己的卧室，锁住门不再出来。辛迪也正在气头上，而且心怀焦虑、泪迹斑斑。李拥住母亲，询问发生了什么事。辛迪将事情的大概原委告诉了儿子，说自己非常思念凯莉。很明显，李认为母亲不可能再从妹妹那里得到任何关于凯莉的消息，所以，他决定亲自去妹妹那里试试。

李向警官陈述，辛迪与凯西在家中经常争吵。很小时，他就被夹在中间，想方设法为妈妈与妹妹排解纠纷。搬出去住以后，这两个性情火暴、头脑固执的女人之间仍然争执不断，李已经不止一次冲回家扮演救火者的角色。这次也不例外，他思忖着妹妹是为了故意气妈妈才将凯莉藏起来。想到这里，李轻轻地敲开凯西卧室的门。对于他而言，这又是一场典型的辛迪与凯西之间爆发的权力对抗游戏——小凯莉根本不会丢，她不过是其中一个小小的道具而已。

李原想单独与妹妹好好谈谈，但辛迪在外面不断摔门拍窗，发泄自己的怒火，并威胁将立刻报警。返身将母亲安顿好后，李再次坐到凯西的身边，请求她告诉自己小凯莉到底在哪里。看见凯西低头不言，李又恳求妹妹，他想独自一人去见见凯莉，然后回来向妈妈报个平安即可。他实在搞不明白凯西为什么要这样折磨妈妈，这次她玩得真是有些过分了。但是，令李失望的是，他并未能从妹妹那里获取更多的信息。凯西一次次重复着故事，告诉哥哥凯莉此刻与保姆在一起，现在已经很晚了，孩子已经睡着了，不能受到打扰。

在李与凯西交谈期间，辛迪再也控制不住自己的怒火了。她歇斯底里地冲进来告诫凯西，她已经报了警，警察已经在路上了。凯西冷冷地望了母亲一眼，毫不为之所动，她的故事仍在继续着。

李埋怨妈妈小题大做，认为这种家庭纠纷根本不值得惊动警察。但他灵机一动，抱着最后一丝希望，告诉凯西将与她一起做个警官与嫌犯的角色游戏。

模仿着警官的口吻，李做了自我介绍，并通知凯西其母亲已经与警署取得联系，对外孙女凯莉的现状表示担忧。李惟妙惟肖地扮演着警察，向凯西提议立刻带他去见凯莉，同时向她指出，这是目前平息这场暴风雨的最好办法。

凯西面无表情地坐在那里，对李的建议不置可否。几秒钟后，她突然大哭起来。

“你真想知道事情的真相吗?”她抬头望着哥哥，“说实话，我已经31天没有见到她了。”李被这个突如其来的消息吓了一跳，连忙暗示妹妹低声些，不要让门外的妈妈听见。李进一步向妹妹询问凯莉的下落，但她的回答永远是“凯莉被保姆绑架了，那个女人叫塞奈达·费尔南德斯·冈萨雷斯”。

李站在原地目瞪口呆。他本来是想帮着妈妈与妹妹调解纠纷的，怎么也不会料到小凯莉真的面临着十分危急的处境。这已经超越了他的想象范围。那个可爱的小天使怎么会突然失踪呢?到底是谁绑架了她?凯西又为什么一直竭力隐瞒着此事?

当时，李并未意识到，他很幸运，亲眼见证了该案原始版本的谎言的诞生。显然，凯西知道自己无论如何都无法将小凯莉变出来，因此编造了小凯莉被保姆绑架的谎言。所有人都不会预料到，在以后长达三年的岁月里，我们还将见证一系列凯西在情急之下杜撰的各种各样的谎言版本。为了有所区分，我们姑且将这第一个谎言版本——它完全由凯西在绝望之中杜撰而出——称作凯西·安东尼谎言2.0。

在李向艾柏林警官叙述之前发生事件的同时，弗兰彻警官也在对凯西做着询问笔录。凯西告诉弗兰彻，父亲节过后的第一个星期一，大约在上午9点至下午1点期间，她带着凯莉去了塞奈达·费尔南德斯·冈萨雷斯的公寓。她将冈萨雷斯称作冉妮。一年半之前，凯西通过好友杰夫瑞·霍普金斯与冉妮相识，当时冉妮正在照看霍普金斯的儿子扎卡里。据凯西描述，冉妮来自纽约州，是黑人与波多黎各人的混血儿，25岁左右，身高5英尺7英寸，重约140

磅，褐色眼睛，满头深褐色的卷发。她甚至连冉妮的生日也了如指掌，据说是在 9 月。凯西接着向警方提供了冉妮的住址，位于奥兰多康威南路的索格拉斯公寓 210 号房间。在那里还住着冉妮的两个室友——拉克尔·芙劳尔与詹妮弗·罗莎。

凯西继续告诉弗兰彻，她将凯莉留给冉妮后就匆匆赶往环球影城，她在那里有一份工作，负责娱乐项目的设计。当天下午 5 点，她收工后赶往索格拉斯公寓接女儿回家，但是没有见到冉妮与女儿。她立刻给冉妮打电话，得知该手机号码已经停止服务，她惊讶极了，就在当天上午她还用这个号码与冉妮通过话。凯西随后在公寓二楼的台阶上坐着等了大约两个小时。她认为也许是冉妮带着凯莉在路上遇见堵车，所以才会回来得比往常稍晚一些。阅读这份笔录时，我感到有一点十分可疑：凯西此刻已经完全忘记了冉妮还有两位室友——当初她在谈到冉妮时确实提到过她们。照理说，她俩晚上应当返回公寓，焦急等待中的凯西完全可以向她们打听冉妮与凯莉的下落。

时间一分一秒地过去，凯西坐不住了，开始焦急地寻找冉妮与凯莉。剩下的几个小时里，她找遍了凯莉经常去玩的场所，从简·布兰查德公园（凯莉最喜欢的地方）出发，她对周围的游乐场挨个搜寻，却一无所获。

最终，凯西不得不放弃了对女儿的搜寻，转身去找男友托尼，并在那里过了夜。对于自己为何去那里过夜，她解释道，托尼那里是少有的几个能让她感到放松的地方。在我看来，凯西的这种解释明显地带着对父母的敌意，她恨他们，并在恼怒地进行着报复。

接着，凯西向弗兰彻回忆起那 31 天的经过，与自己向哥哥叙述的版本基本一致。不同的是，她还承认了在此期间她曾向家人与朋友撒了谎，并偷了他们的钱。随后，凯西竭力对自己的上述行为进行辩解，认为大家应当理解她当时的处境——她一个弱女子，丢了女儿，急切地希望打听到她的下落，不停地奔波寻找于商场、公园、银行……凡是她能想到的冉妮可能光顾的地方都仔细搜寻过了。像她这样身处绝望中的人，犯了一些小小的错误，又有什么不可以原谅呢？当弗兰彻质问她为何不报警时，凯西回答是因为担忧凯莉的安全。她在报纸上、电影中经常看到各种报道，详细地描述了报警后绑匪会对人质施加怎样的折磨，她不想自己的孩子遭遇任何危险。我很纳闷，凯西此刻为何不趁热打铁编造出一封绑匪的勒索信，这样就与影视中令人不寒而栗的绑架情节完美合一了。

警方提供的口供录音中还有一个细节引起了我的注意——凯西陈述的语气与她企图向警官传达的情感截然相悖。在长达 10 分钟的对话中，这位年轻的妈妈显出了彻底的漠然与冷静——她的回答干净利落，不带任何感情色彩。多数情况下，弗兰彻不得不像挤牙膏一样向她不停追问，她才不情不愿地做一些简单的回答。一般而言，我们可以想象，丢失了孩子的母亲在面对警探时会表现出怎样的歇斯底里与焦躁不安，况且这个孩子已经失踪了整整 31 天。退一步讲，即使她出于某种目的将自己的孩子藏匿起来，也应该在向警察所做的口供中流露出一些暗示性的语调。但是，事实证明，凯西当时确实完成了常人无法做到的事情。整个询问阶段的录音证实，凯西十分沉着冷静地控制着自己的情绪，没有对外流露出任何的情感波动。

凯西的沉着举止并非唯一的令人生疑之处，随着警方进一步的调查，她所编造的故事也呈现出越来越多的破绽。当艾柏林接替弗兰彻继续对凯西做笔录时，凯西突然提到冉妮曾经在凯莉失踪后与她联系过一次，但却无法提供这次通话的具体日期或者时间，而且，在她拿起听筒准备与冉妮说话之前，电话已经断掉了。听完凯西的陈述，艾柏林皱着眉头告诉她，她提供的这条信息事实上毫无意义。顿了顿，凯西又告诉了艾柏林一条更令人震惊的线索——就在同一个早晨，她还接到了来自小凯莉的电话。当女儿喋喋不休地向她讲述自己这些天的经历时，她粗暴地打断了她，要她将听筒立刻拿给电话周围的大人。孩子随后就挂了电话，并没有告诉她当时身在何处、情况如何。凯西迫不及待地回拨过去时，电话那头已经没有人接听了。

在凯西的一手策划下，整个案情开始变得越来越离谱。专案组成员们并非没有觉察到其中的蹊跷，但他们始终抱有这样一份顾虑：如果将该案的唯一证人假设为一名撒谎者，这对于寻找到失踪的孩子可能并无好处。也就是说，除非有确凿的证据能够驳回凯西的证词，警方依然应当将她看作该案唯一的而且非常重要的证人。艾柏林勤谨地履行着警探的职责，他按照法律程序对凯西有条不紊地进行着询问。虽然凯西的故事编造得令人难以置信，但对于警方办案而言也并非毫无价值——大家彼此心照不宣，坚信凯西的谎言迟早会穿帮，那个可爱的小姑娘最终会平安回家，现在需要的仅仅是耐心等待而已。

秉持着该种理念，艾柏林将凯西所提供的每条信息均详细地记录在案。他将此案初步定性为绑架案，嫌疑人为塞奈达·费尔南德斯·冈萨雷斯。半夜时，差十分十二点，警方负责人霍斯警官命令埃塞维多与弗兰彻立刻陪伴凯西前往康威南路的索格拉斯公寓，要求凯西现场指认最后一次看见凯莉与冉妮的确切地点。身着浅蓝色短袖卫衣、深蓝色紧身牛仔裤的凯西如释重负，欢快地钻进了埃塞维多的警车。弗兰彻则开着另一辆警车跟在他们后面。从安东尼住宅去索格拉斯公寓大约需要十分钟的时间，在此期间，凯西指着这一带迷人的夜景，向警官饶有兴致地讲解着。整个社区由三百多座保存完好的建筑组成，其中娱乐设施一应俱全，有游泳池、网球场，还有带有喷泉的私家湖泊。每座建筑包括三层，每个单元都带有一个装饰着滑动玻璃门的独立露台，站在上面，可以从不同角度观赏迷人的景色。进入索格拉斯小区，一过减速带，凯西就指指右边的第一幢建筑，告诉埃塞维多这就是他们要找的地方。她当时不想下警车，只是简单地告诉警官们冉妮就住在二楼的210房间。

弗兰彻下了警车，径直向二楼走去。他敲了敲210房间的门，看来没人在家。透过窗户，弗兰彻看见里面空空荡荡的，没有家具，也没有其他个人用品——这显然是一间无人居住的空屋子。20分钟后，埃塞维多将凯西带回家，弗兰彻则留在索格拉斯公寓做进一步调查。

埃塞维多与凯西回到安东尼家后，其他警官仍然在对家里的其他成员录着口供。场面逐渐变得难以控制：辛迪变得更加歇斯底里，乔治竭力保持着克制与镇定，李则一脸茫然地在一边，望着一屋的警察不知所措。霍斯警官亲临现场进行指挥已经有两个多小时了，在此期间，他亲眼观赏了一幕幕好戏。

凯西与辛迪之间的战争已经发展到白热化。凯西无法控制自己，她声嘶力竭地喊着哭着，厉声指责母亲要从她手中抢走凯莉；辛迪则一脸憔悴，对女儿一系列的疯狂举动深表失望，她有气无力地反驳着女儿，继而向警方质疑女儿对外孙女的监护能力。霍斯警官及时出面，制止了这场即将爆发的争夺凯莉监护权的家庭大战。为了让母女双方都冷静下来，他将凯西请到院子里，与辛迪及其他家庭成员隔开。安静下来后，霍斯对凯西好言相慰，向她保证没人能将凯莉从她身边抢走——如果她是因为担忧这件事才将凯莉藏起来，那就太愚蠢了。事后，霍斯与我交流时，坦承他当时确实希望是凯西将凯莉藏起来了，这比其他任何假设都要强百倍。

第四章　四宗谎言

深更半夜响起的电话铃声从来就不是什么好兆头，但尤里·梅里奇已经习惯了。

梅里奇是一名具有丰富的办案经验的探长，在奥兰治郡警署已经干了十多年。他每天奔波于各个案发现场，黎明前被电话铃声惊醒更是家常便饭。但这已经是七年前的事情了，如今的梅里奇已经调离谋杀重案组，升职为失踪人口调查部的负责人。7 月 16 日凌晨，刺耳的电话铃声再次将梅里奇从酣睡中惊醒。他不由得打了一个激灵，重新体验了一把许久未有的感觉。

梅里奇拿起话筒，简要地听取了案情介绍——一个两岁的女童失踪了。警局接线员指示他立即赶赴霍普斯布茵大道的安东尼住宅，其他警官已经在那里等他。梅里奇挂了电话，翻身下床，开着车匆匆赶赴现场。

梅里奇探长的外貌朴实无华，头发修剪得干净利落，面部轮廓分明、线条硬朗，目光中透着掩饰不住的机警与干练。我与梅里奇是重案组的老搭档，与他的妻子山姆也颇为熟悉，她也在重案组工作。在警官迈克尔·考林（迈克尔是我一位老战友的儿子、前重案组警探）遇害一案的调查中，我与梅里奇第一次见面。我们在办案过程中配合得非常愉快。梅里奇留给我的最深印象是他能够在第一时间找到案件的关键所在，雷厉风行地布置任务，果敢迅速地做出判断，既胆大心细，又从不刚愎自用。一句话，这是一位经得起大场面、控制得了全局的人物。从那时起，我就对梅里奇的办案风格颇为欣赏，我们二人保持着多年的友谊。2000年以后，虽然我已经调离重案组，也曾因手头案子与他打过几次交道。这一次，我对梅里奇被抽调到凯西专案组中进行侦查颇感意外，又心存感激。也许是上天眷顾，将这样一位优秀的警探送到我们身边。

梅里奇在凌晨4点赶到安东尼住所，霍斯警官已经站在门口等着他。霍斯将案情扼要地向梅里奇做了介绍，包括凯西口中凯莉失踪后31天内发生的故事，以及他们根据凯西提供的线索试图对凯莉与冉妮进行定位，却始终未能找到二人的事实。霍斯警官对梅里奇强调，关键是他们并不能确定凯西的陈述是否属实。梅里奇点点头，向警长索要了四位家庭成员的询问笔录，匆匆浏览了一遍。

随后，梅里奇进入安东尼家，径直走向凯西。梅里奇坐在凯西身边，和颜悦色地向她解释，他将陪着她对所做的笔录重新核对一遍——恐怕需要逐字逐句地核对。而且，梅里奇告诉凯西，根据法律规定，这次对话的整个过程将被录影、录音，用于将来法庭上的呈堂证供。询问开始之前，梅里奇盯着凯西的眼睛，一字一句地告诉她，这是他们为发掘事件真相所做的必要努力，同时也是她纠正口误、澄清自己的一次好机会。接着，他交给凯西一份已经打印好的警方文件，说道："孩子，你保证这份笔录中的所有陈述都是真实且准确的吗?""是的，我保证。"凯西回答。

梅里奇进一步提醒凯西，她必须明了对警方做伪证的严重后果。"我再重申一次，你应当明白，如果你向警方做虚假陈述，编造关于本案的虚假事实、隐瞒关于本案的真实情况，后果将十分严重。"

"嗯。我知道了。"

"那好，孩子，你仔细听我说。目前为止，针对这份笔录，你可以坚持它的真实性，也可以现在就要求撤回，然后重新补录一份口供。如果你想告诉我另一种完全不同于这份笔录的事实，或者你承认自己对已经发生的事实在之前的陈述中刻意做了一些小小的改变，只是为了让事情看起来不那么糟糕，那么你现在都可以告诉我，我会尽全力帮助你。好了，孩子，现在请认真地回答我，你依然坚持自己之前的陈述都是真实、准确的吗？”

“我讲的都是真的，”凯西回答，“是的，我坚持自己的陈述。”凯西此处的措辞令人生疑：一方面，她鹦鹉学舌般模仿梅里奇的用语，坚持陈述的“真实性”；另一方面，她却补充道，自己对案件的“陈述”不准备做任何补充或者纠正。难道她在刻意强调，自己的“陈述”与客观实情不是一回事？无论如何，梅里奇已经给了她一个机会，希望她对自己的陈述做一些修正，使得这个故事不会变得越来越离谱，以至于最终无法收场。遗憾的是，凯西并没有抓住这次机会，她依然信誓旦旦地坚持自己的陈述是准确而可靠的。

接下来的数个小时内，凯西“实事求是”地与梅里奇一起重新核对了一遍询问笔录。与之前弗兰彻警官做的笔录相比，凯西的陈述没有进行任何变动，只是对一些细节问题做了更为细致的解释与描述，使整个故事情节变得更为流畅。当谈到保姆冉妮时，梅里奇希望能够多发掘出一些有价值的信息。

“也就是说，你在生孩子之前就认识她了，对吗？”梅里奇问道。

“是啊，我在怀孕时就已经认识她了。”凯西回答。

“她什么时候开始帮你照看孩子？”

“大约一年半到两年以前。在她之前，我一直拜托另一位中学时的好朋友帮我照看凯莉。后来她去读书了，我不得不物色一个新保姆。后来，杰夫瑞·霍普金斯好心地向冉妮提议，让冉妮同时照看他的儿子与凯莉，我们会付双倍的佣金，冉妮答应了。”

梅里奇立刻打断凯西的陈述，希望凯西能够向他提供杰夫瑞的电话号码。但凯西推说杰夫瑞的电话号码储存在自己的手机上，很不巧，手机前几天丢了。为此，她还在九天前向环球影城的安保部报了案。为了让这个借口变得更加混乱难辨，凯西进一步向梅里奇解释，虽然手机的 SIM 卡现在在自己手中，按理说上面应该存着所有号码，但是杰夫瑞的号码是保存在手机内存中的，因此手机一丢，什么都没了。这个借口实在蹩脚，明眼人可以立即看出其中常识性的错误。梅里奇冷冷地望着凯西，并没有立刻揭穿她。他也在思考着一个问题，为什么凯西不辞辛苦地制造种种障碍，不让自己联系到杰夫瑞？梅里奇发现，这个姑娘天生具有一种本能，面对种种质疑，她总能够找到各种各样的借口来搪塞，不需要事先构思，更不需要事先排练。

梅里奇不得不将话题拉回冉妮身上。凯西说冉妮搬到索格拉斯公寓只有四个月左右的时间，然后对凯莉失踪当天的情形做了细致描述：“那天，像往常一样，我下班后去接凯莉。敲门后，并没有人来开门。我立刻掏出手机联系冉妮，却被告知她的电话已停机。冉妮的电话居然停机了！上帝啊！我不得不坐在门口台阶上等，抱着侥幸的念头，看能不能得到什么音讯。时间很快过去了，我却一个鬼影儿都没等着。看看没有什么希望，我起身前往附近的简·布兰查德公园以及周围的一些场所去找她们，这些都是凯莉平常最喜欢去的地方。当然，我还搜遍了附近的商场，据我所知，冉妮曾经抱着凯莉去那些地方买过东西。傍晚 7 点，仍然一无所获，我开始感到焦虑不安，真的担心极了。”

最后，凯西去了男友安东尼·拉冉罗的公寓，并在那里过了夜。凯西是这样解释为何不返回父母家的：“我不想回家，也不敢回家。凯莉丢了，我真的不知道该怎样面对父母。而且，我觉得自己应该弄部车，打听到凯莉在哪里后可以立刻去接她。所以，我最后直接去了安东尼那里过夜，就在萨顿公寓。”

“你对安东尼谈起过凯莉的失踪吗？”梅里奇插话道。

“没有。”凯西回答。

“安东尼以前见过凯莉吗？”

“见过。”凯西简单回答道。她好像想说些什么，却话题一转，又谈到那天晚上她去了富鲜寿司店和其他一些酒吧去寻找孩子，这些都是冉妮平日里经常光顾的场所。

梅里奇向凯西质疑道，为什么孩子失踪了那么长的时间而不报警，而且，最终的报警电话是由妈妈辛迪拨通的。凯西解释道：“我原本以为自己可以找到孩子，不需要麻烦其他人。但是很显然，我并没有这个能力。而且，我害怕一旦报警会对凯莉不利，尤其是惊动媒体卷入此事，他们只会将事情弄得更糟。我不告诉父母其实也有这方面的担忧，他们一旦发现凯莉丢了，就会大叫大嚷，把事情搞糟。”

据凯西所述，孩子失踪的事情只有两个人知道，一个是杰夫瑞·霍普金斯，另一个是朱丽叶特·刘易斯。凯西说朱丽叶特是她在环球影城的同事，但又很快改口，说后者于几个月前就已经不在那里工作了。而且，像杰夫瑞一样，朱丽叶特的联系方式也随着那部手机一起丢失了。

“你以上的叙述有不属实之处吗？”

“没有，先生。”

“你是否有过伤害凯莉的行为，然后故意将她藏在什么地方？”梅里奇顿了顿，出其不意地突然发问。

“没有，先生。”凯西斩钉截铁地回答。

“你说过，是冉妮在未经你许可的情况下将凯莉带走了？”

“呃，她是我看见的和凯莉在一起的最后一个人。”凯西解释道，没有正面回答梅里奇的问题。

二人都沉默了。稍稍平静后，梅里奇抛出了最后的质疑。他开始询问凯西的工作情况。凯西坦然答道，自己在环球影城已经工作了四年。她还补充道，冉妮也在那里工作过，但是属于影城雇用的季节工。梅里奇话锋一转，进一步询问凯西是否吸过毒，或者曾经给凯莉服过什么药物。凯西以一种奇怪的眼神看了梅里奇一眼，断然否认。

黎明时分，梅里奇带着凯西迈上了对冉妮踪迹的搜寻之旅。据凯西所说，她知道冉妮至少有三个住址。她首先领着梅里奇去冉妮的母亲家，据说这是冉妮搬到索格拉斯公寓前的住所。

梅里奇立刻向总部请求抽调警力，要求出警人员身着警服、开制式警车跟在他们后面，因为接下来他们很可能要对居民住所进行搜查。梅里奇的车在北山大道的一幢楼前停下来。凯西指着二楼的一扇窗户说，冉妮于 2006 年的前半年曾经在这间屋子居住过。整个楼有三层，在冉妮房间的楼上住着她的舍友。

接着，凯西带着梅里奇来到位于康威南路的索格拉斯公寓大楼，但凯西在这里似乎并没有遇到她认识的人。最后，他们驱车前往位于康威南路十字路口的联排式住宅区，这儿紧挨着密歇根大街。凯西说，冉妮的母亲歌莉娅在这里拥有一间共管公寓，冉妮与母亲曾在这里居住过短暂的时间——在 2006 年末到 2007 年上半年之间，她曾经有好几次到这里来接过凯莉回家。

梅里奇开着车在街道上慢慢行驶着，好让凯西辨认出歌莉娅的住处。凯西指认了三个单元，紧随其后的警察们随后敲开门进行确认，但是里面的住户纷纷摇头，声称并不认识一个叫作塞奈达的女人或者她的母亲。对于无法准确指认歌莉娅的住所，凯西深感遗憾。她低下头，仿佛感到非常恼火，说自己曾经非常频繁地往来于此地接过凯莉，本应该清楚地记得门牌号的。

清晨 6 点之前，梅里奇将凯西送回了安东尼住宅。

“有事情我会打电话给你。”梅里奇回头向凯西道别。他正准备驾驶着那辆没有警察标志的汽车离开这里，凯西的父亲乔治快步走来拦住他，希望与他谈谈。乔治坦率地告诉梅里奇，他怀疑自己的女儿向警方隐瞒了什么——与自己的妻子一样，他担心最坏的事情可能已经发生。顿了顿，乔治提起了庞蒂克轿车后备箱中那股令人生疑的恶臭。梅里奇点点头，对安东尼夫妇的担忧表示理解，告诉他们随时与他保持联系。

接下来的几个小时中，梅里奇开始着手查证凯西向警方提供的信息。他首先驱车前往索格拉斯公寓，向公寓经理阿曼达·马克林与管理员戴夫·特纳出示证件，要求了解塞奈达的情况。但二人都说并不认识这样一个女人。梅里奇又将辛迪提供的小凯莉的照片展示给他们，他们还是摇头，说从未见过这个小姑娘。

公寓经理阿曼达·马克林翻开公寓管理簿查阅，证实了这样一个事实：迄今为止的 142 天中，210 房间一直空着无人租住。接着，他将塞奈达的姓名输进公寓管理数据库进行搜寻，很快显示出确实有一个叫作塞奈达的女人——塞奈达·冈萨雷斯，曾经于 4 月 17 日来这里看过房间。但是塞奈达并没有租住其中任何一间房，临走时认真地进行了访客登记，留下了联系电话。随后，梅里奇探长告别马克林先生，离开了索格拉斯公寓。他掏出笔记本，随手记下了案件的调查记录。这是凯西向警方提供的第一宗谎言。

离开索格拉斯公寓后，梅里奇立即前往位于北山大道的公寓，这是凯西刚才带着他来到的第一站。凯西指认这里是冉妮与舍友在

2006 年上半年一直居住的地方，但梅里奇了解后得知，这是一座老年公寓，里面根本没有叫作塞奈达·冈萨雷斯的人。巧合的是，当侦探们前一晚对那辆庞蒂克轿车进行搜查时，发现车里的一张纸上潦草地写着一个地址，就在这幢老年公寓的街道对面。调查显示，这个地址是凯西的前未婚夫杰西·格伦德的住址。据此，警方不仅可以确认凯西指认的冉妮住在这幢老年公寓中的说辞是一派胡言，而且可以毫不费力地猜到她在编造谎言时为什么会脱口而出这个地址。这是第二宗谎言。

梅里奇陷入了深思中。他怎么也想不明白，迄今为止，凯西向警方提供的每一条线索似乎都不靠谱。这些线索看似令人充满希望，一旦落实，却对搜寻工作毫无帮助。难道凯西之所以编造这些谎言，就是为了给警方对凯莉的搜寻工作设置障碍？或许根本没有什么绑架案发生，凯西是出于某种动机才千方百计地给警方制造麻烦？看来，她似乎并不希望自己的女儿尽快被找到。那么，她的动机何在？她是由于害怕才这样做的吗？看起来不像。梅里奇办案多年，阅人无数。他曾经接触过许多因为恐惧而撒谎的当事人，但他们远不如凯西的表现镇定自若。另一个可能是，这是凯西与母亲辛迪权力之争的结果，在适当的时候，凯西会向大家坦承是自己将凯莉藏了起来，并亲自将凯莉带到大家面前。假若这种假设成立的话，凯西就玩得太过火了——她居然利用警方来对付自己的母亲。这种设想在当时看起来可能性很大，但是接踵而来的一系列事实却将它击得粉碎。

将信将疑中，梅里奇继续对凯西陈述中的其他事项进行查证核实。直到此刻，他才隐约感觉到自己是在与一名老练的骗子打交道。上午 9 点，梅里奇来到环球影城，寻找杰夫瑞与朱丽叶特的踪迹。据凯西所述，她曾将凯莉失踪一事向这两人透露过。更重要的是，他还希望打听一下嫌疑人塞奈达·冈萨雷斯的下落，凯西说她曾经在这里做过季节工。梅里奇径直找到安保部负责人伦纳德·特托亚队长，向其说明情况。在特托亚的办公室里，他拨通了安东尼住宅的电话。

梅里奇告诉凯西，自己准备前往环球影城去核实一些线索，希望凯西能够提供给他相关的个人信息。很明显，梅里奇向凯西撒了谎，这是警方在案件调查过程中惯用的策略——决不能让当事人知道自己手中的牌，否则将优势丧尽。你要善于装疯卖傻，让对方放松警惕、露出破绽，然后紧紧抓住这些细微的破绽乘胜追击，令他们一溃千里、难以招架，最后不得不交代整个作案事实。事实证明，绝大多数犯罪的人都难以在动态发展的现场中编造谎言，更无法将这些谎言自圆其说——他们此刻只有两种选择：一是坦白交代，二是默不作声。

凯西在电话中按照梅里奇的要求提供了自己的工号、办公室电话的分机号码以及顶头上司的名字——汤姆·曼雷。放下电话，梅里奇立刻拨打了凯西提供的分机号码，不出所料，这是空号。梅里奇又在公司花名册中寻找汤姆·曼雷的姓名，也未能找到。接下来，在公司雇用季节工的数据库中并没有发现塞奈达·冈萨雷斯的姓名。在数据库中确实查到一名叫作杰夫瑞·霍普金斯的人，但是他早在 2002 年 5 月就被公司解雇了。而且，特托亚告诉梅里奇，公司根本没有叫作朱丽叶特·刘易斯的人，无论是现在还是过去。

现在轮到核实凯西本人的身份了。据公司安保记录簿显示，这里确实有一名叫作凯西·安东尼的雇员，但其职务并非项目设计，而是环球影城主题公园纪念品销售部的职员。更令人匪夷所思的是这个凯西·安东尼早在 2006 年 4 月 24 日就被公司解雇了。谁都没有料到，两年后，她的名字居然被另一个女人大胆冒用。这是第三宗谎言。

梅里奇离开电脑，向后靠在扶手椅上，眯缝着眼陷入沉思。短短几个小时的调查证明，凯西向警方提供的所有叙述中没有一项是真实的，亏她居然能够脸不红心不跳地发下重誓，一再强调这些骗人鬼话是“千真万确”的。这个姑娘不仅对着警察大大咧咧地做了伪证，而且也一直将自己的家人玩弄于股掌之间，包括自己的父母与胞兄，更要命的是这种情况至少已经持续了一年了。连这些最亲近的人都被她蒙在鼓里，这个姑娘嘴里的话哪里还有半句靠得住？她的手中究竟还握着多少见不得人的事？她到底想不想找到自己的女儿？或者，这才是隐藏其中的一个最大谎言？

十分钟后，梅里奇拨通凯西的电话，通知她已经派人去接她，要她立刻赶往环球影城。梅里奇还要求凯西顺便带上自己的 ID 工卡，但凯西回答不知道放在哪里了。二人约好在环球影城的主题公园门前见面。放下电话不久，约翰·艾伦警官与艾柏林·威尔斯探长就驱车抵达安东尼家门口，接上凯西直奔环球影城。

接下来，在主题公园安保门前发生的一幕颇具闹剧色彩。艾伦警官与威尔斯探长在凯西的指引下将车停到公司职员停车场，跟着她径直走向员工入口处，梅里奇、安保部特托亚队长以及其他工作人员已经站在那里迎接他们。望着远远走来的凯西，大家心知肚明，思忖着她的谎言将会以何种方式收场，但员工入口处的执勤保安却被蒙在鼓里。

凯西平静地走向保安，告诉他自己希望进入工作区，却忘带员工 ID 卡了。保安将凯西的姓名输入电脑，然后告诉她员工花名册中并没有她的姓名。凯西坚持说自己就在这里工作，要求立刻进去。无奈之中，保安向凯西询问她的部门主管的姓名，看能否通融一下。凯西随口报出了“汤姆·曼雷”的大名，毫无疑问，员工数据库中也根本搜寻不到这个姓名。

三名警官与特托亚队长不动声色地站在一边，饶有兴致地观察着凯西如何将这场戏演下去——她撒了个弥天大谎，这个谎言根本没有被弥补的可能。对于这一点，她自己心里清楚得很。即使她骗过公司保安进入大门，然后呢？下一步又将怎样进行？她根本不在这里工作，她如何向所有的人解释这一点？以多年办案经验判断，哦不，仅仅从逻辑上分析就足够了，凯西在走投无路时迟早要承认自己的撒谎行径。

近三十年的职业生涯中，我与各种撒谎者打过交道，见识了不少智商颇高的骗术，当然也听过许多拙劣低级的谎言。随着案情的进展，真相逐渐水落石出，面对显而易见的事实，无论骗子们演技如何，他们均会放下伪装、缴械投降。但是，凯西女士显然与其他所有人都不同，她是无所畏惧、毫不动摇的。就某种意义而言，她“坚信”自己的所有言辞与举动都是真实的、不容置疑的。所以她能够当场对着保安大喊大叫，要求保安放她进去。原因很简单，她“千真万确”就在这里工作，保安凭什么要阻拦她？保安向她一次次地耐心解释，她的姓名与部门负责人的姓名都没有记录，但她根本不买账。真是个固执的姑娘。如果她现在不就着台阶承认自己向警方撒了谎，又要等到什么时候才肯承认呢？

这场闹剧愈演愈烈，凯西却丝毫没有收场的意思，在场的所有人都观看得兴致索然。特托亚队长向保安出示了证件，示意保安放她进去。问题是，即使获准进入通道，凯西以后的戏又该如何演下去？这戏份的难度也太高了。警探们面面相觑，毫不掩饰地交换着眼色——下一步，她又会怎样做？

出乎大家意料，凯西头也不回地走在前面，大步进入通道，然后穿过影城主楼旁边的副楼，进入主题公园。在第一座建筑物前，凯西左转走到路的尽头后，再次左转。过了交叉路口，穿过停车场，凯西带着人们来到马路对面。这里有两座相连的楼，匆匆路过第一个建筑的大门，凯西进入了第二个大门。特托亚暗自思忖：凯西声称自己在项目设计部工作，但这两座楼并不是项目设计部的楼。

警官们原本对凯西一系列的荒诞行为颇感好奇，希望了解这个女人的真实心理。随着故事发展得越来越离谱，大家渐渐耐心用尽。梅里奇一行不动声色地随着凯西进入大门，转了一个又一个弯，看她究竟要将大家带到哪里。按理说，这种猜谜游戏在安保通道前就应当揭露谜底了。但是现在，连凯西自己也不能确定游戏何时才能结束。显然，她已经控制不住局面了。梅里奇探长一边跟在凯西身后在办公楼里横冲直撞，一边思考着凯西究竟是一个怎样性格的姑娘，这场藏猫猫的游戏最终将如何收场？凯西向警方撒了谎，这是毋庸置疑的，现在需要解开的谜题是——她这样做，动机何在？

带着通过安保通道时的自信与果断，凯西领着警官们径直走向楼层主厅。半路上，她突然停下来，转过身，双手插在牛仔裤的后兜里，冲着身后的人们羞涩一笑：“好吧，我承认，我并不在这里工作。”——为了这句话，警官们等了许久。这是第四宗谎言。

大家对这场闹剧的结局毫不感到吃惊，甚至都松了一口气。唯一感到好奇的是，为什么这个姑娘偏偏选择在那个时刻才向大家揭露谜底？现在看来，答案一目了然：她当时已经将自己逼入了绝境。确切地说，当时凯西带着警察们已经快走到整个楼层的尽头，她实在无路可走了，所以放弃了。相同的情形也发生在前一天与其胞兄李的对话中，她被哥哥逼得无路可逃，因此及时拆穿了一个谎言——“凯莉一直与保姆在一起”，同时又编造了另一个谎言——“凯莉被保姆绑架了”。这是凯西系列故事中关于凯莉行踪的第二个谎言，却远非最后一个。未来的三年中，我们专案组的所有成员都将对凯西这种独特的抗衡模式逐渐适应，继而习以为常。

第五章　身陷囹圄

特托亚队长告诉梅里奇，他已经在环球影城的安保部找了一间空屋子，对于凯西的询问可以在这里进行，他会派专人负责看守。梅里奇对特托亚提供的便利表示感谢，他确实希望能够立即对凯西进行询问。多年的经验告诉梅里奇，此刻凯西的谎言刚刚被彻底揭穿，无论是对自己的行径表示内疚，还是对即将到来的惩罚感到恐惧，她正处于惊魂未定中，难以在短时间里组织起新一轮的抵抗。同时，这也是她意志力最为薄弱的时刻，梅里奇应当掌握机会攻其不备，争取得到事情的真相。如果运气好的话，今天晚些时候，也许小凯莉就可以回家了。

屋子里摆着一条白色的塑料长椅与一张靠背沙发。凯西与梅里奇坐在长椅上，其他两位警官分坐在那张沙发的扶手上。询问开始了，警方对整个过程录了音。

“我明白，想必你也十分清楚，你向我们提供的一切证词都是彻头彻尾的谎言。”梅里奇开门见山地向凯西指出。

“不，先生，并非所有一切都是谎言。”

“好吧，我纠正一下——几乎一切都是谎言，包括小凯莉现在在何处。”

“但是真的……先生，我确实不知道她在哪里。”

“你当然知道。”

“我向你发誓，我不知道。”

梅里奇没有说话，他换了个话题，向凯西询问凯莉的父亲是谁。凯西回答道，他在一次车祸中已经死亡了。梅里奇向她索要证据。凯西说她在一张报纸上看到了讣告，这张报纸仍然保存在自己的卧室里。

"听着，我得告诉你一些当前的情形，"梅里奇打断凯西的话头，皱着眉向她解释道，"我们三人已经在警局做了三十多年的警探，而且艾伦警官与我在谋杀组已经做了多年，我们处理过几百个嫌疑犯，完成过数千份询问笔录……当然，不必扯那么远，我简单地告诉你，现在，我必须警告你，我看见你第一面时就知道你在撒谎。你当时告诉我已经一个月没有见到自己的孩子，至今不知孩子的去向。我一点儿都不信。我发誓你知道自己的孩子此刻正待在什么地方。当然，我们也可以选择继续坐在这里捉迷藏，哑谜般地重复着'你知道'、'你不知道'、'你知道'、'你不知道'的游戏……算了吧，安东尼小姐，你当然知道自己女儿的下落！"

如果凯西对梅里奇的此番威胁感到震惊的话，她的面部表情并未流露出来。带着一如既往的从容，凯西不置一词，安静地等待着梅里奇的下文。

"好吧，你听好，我们现在必须做的事情只有一件——立刻将凯莉找到！你听懂我的话了吗？我们必须尽快找到她！我警告你，凯莉现在可能正面临着种种危险，你能明白我的意思吗？与你或者你的家人最后一次看见凯莉时的情形不同，凯莉现在很可能已经遇上了大麻烦。我必须了解凯莉现在的处境，而唯一的办法是从你这里得知孩子到底在哪里！我要你立刻亲口告诉我！你已经玩够了游戏，我们也已经受够了你的捉弄，在事情还没有变得不可收拾之前，我们得尽快让它收场。你听明白了吗？我所要做的事情很简单，就是尽快结束这场混乱！"

“先生，我赞同你的看法，但我确实没有凯莉的线索。”凯西道。

“你把孩子藏起来了，或者有一些其他的情况，总之，你一定知道到底发生了什么事。”

“假如我知道孩子在哪里，还会发生这些事吗？所有的事情根本不会发生！”

接下来的事实证明，凯西对梅里奇的威逼利诱毫不动容。数分钟前她还被抓了现行，而现在的她好像已经若无其事了。她仍然坚持自己讲的一切都是实情。梅里奇见这招不灵，决定给她点儿厉害瞧瞧，揭穿她的其他谎言，以期产生多米诺效应。

“安东尼小姐，你听着，所谓的冉妮——你嘴里的那个看孩子的保姆，根本是你编造出来的人物。我去你指认的公寓调查过，没有这个人。那间公寓从今年3月起就一直空着，没人租住过。还有，那座你指给我看的两层楼房，实际上是一所老年公寓。你的25岁的保姆住在老年公寓吗？嗯？我还了解到，在老年公寓的对面就是你男朋友家，而这一点你好像并没有向我们提起过。”

“呃……嗯？”

“你一直在撒谎，对所有的事情，毫无例外。”

然而，即使是如此确凿的事实与犀利的质疑，似乎也很难给凯西的意志带来丝毫冲击。无奈中，梅里奇改变了策略。他想给她找个台阶下，让她自己主动承认一些事实，这样不会令她太过尴尬，也许还可能在将来的法庭上为她赢得陪审员的同情。他甚至已经做好准备，听她亲口说出凯莉已经死亡的事实。如果这种可怕的事情确实已经发生，那么，但愿它是个意外。

“安东尼小姐，你听好，我们以前并没有打过交道，我现在可以将你看作是一个被吓坏了的小姑娘。也许某些可怕的事情已经发生，正是它们令你不知所措、担忧恐惧，因而采取了错误的应对步骤。当然，我也可以将你看作是一个毫无心肝、冥顽不化、铁石心肠的怪物，只盘算着与一些意外发生的事故撇清干系，并想方设法地掩盖它、隐瞒它、不让大家知道它。”

凯西不动声色地聆听着梅里奇苦口婆心的劝说，末了，她喃喃道：“我恐怕……真的不知道凯莉在什么地方。我无法对整个家庭——”

艾伦警官忍不住插话道：“咳，好吧……我来问你几个问题。”

“请问吧，警官先生。”

“正如他所述，”艾伦扭头看看梅里奇，继续说道，“你看起来是个很明白的聪明人，你十分希望帮助我们找到自己的女儿，不是吗？”

“毫无疑问，先生。”

“你跟我们交谈的全部初衷就是为了找到小凯莉，对吗？”

“嗯。”

“没人强迫你与我们交谈，是吗？”

“对，是我自愿的。”

“你向 911 报了案，希望找到自己丢失的孩子，你需要我们的帮助，是吗？”

“嗯。”

“好了，现在我要问一些问题，我希望你能够设身处地为我考虑一下，好吗？”

“好的，先生。”

“你凌晨已经和他交谈过，”艾伦指指梅里奇，“目的是为了找到自己的孩子。但是，你给了他三个假地址，对不对？”

“对。”

“是你引路将我们带到了这里，然后又带着我们所有人去了你的办公室，是不是?”

“嗯。”

“好，你带着我们去寻找一间并不存在的办公室。我们跟着你在大厅里转啊转啊、绕来绕去，最后你说‘哎呀，先生们，很抱歉，我在这里并没有办公室’。而在此之前，我们一直是信任你、跟着你的，对不对?”

凯西点点头。

“好吧，请你立刻回答我，你这样做究竟是为什么?”

“我知道这确实有点过分，我——”

艾伦警官厉声追问：“不不不，这正是问题的关键。你承认不承认?你对这一切都是深思熟虑、有所预谋的。问题远没有看起来这么简单，对不对?梅里奇探长刚才已经提醒过你，我们干这行已经有三十多年了。在此期间，我深刻体会出一个道理：人难免做错事。即使在座的我们三人，这辈子也做了难以计数的错事，至于那些不光彩的事情就更不必谈了。关键是你得承认它、面对它，然后亡羊补牢，为时未晚。但是，如果你想要忽略它、隐藏它、掩饰它，为此不惜向所有人撒谎，那么它将像个噩梦一般，永远永远地追着你、赶着你，挥之不去也避之不及。你相信我说的话吗?”

紧接着，艾伦指出了凯西证词中的各项漏洞。凯西承认，自己确实希望得到警方的帮助，但却不知出于怎样的心态向他们提供了如此多的虚假信息。看来，她似乎并不希望有人插手女儿失踪一事。

“姑娘，你现在明白了吗?”艾伦叹息道，“一味地掩藏、隐瞒一些意外，不仅对自己一点儿好处也没有，而且对身边亲人、朋友造成的伤害也很大。你必须记住，真相终有大白于天下的一刻，所谓法网恢恢。因此，你现在最好的出路只有一个，就是寻求你父母的帮助，将已经发生的一切都告诉他们。无论发生了什么，无论事情有多可怕，将它们讲出来，不仅可以减轻你自己的焦虑，而且也能将你的父母从难以忍受的煎熬中解脱出来。你能听明白我的话吗？姑娘，你今年有多大?”

“22 岁。”凯西回答。

“也许终有一天，你会悔悟，开始弥补自己对父母造成的伤害。而你现在所做的只是一味地拖延，让三天变成一星期，变成半个月、一个月，然后才想起将我们叫来，帮助你解决掉它。没错，我们是警察，我们就是帮人解决麻烦的，这是我们的职责所在。但你也要清醒地意识到，如果我们已经将案子调查得八九不离十后，你再哭哭啼啼地说‘哦，天哪，事情的真实经过是这样的……’，姑娘，那时可就太晚了。”

如今，回顾当时情景，着实令人感慨。梅里奇探长与艾伦警官轮番采用的审讯技巧对于我们而言都十分熟悉。一般情况下，处于此种状态下的被问话者的意志已经开始动摇，多少能从他们的嘴里问出点儿实质性的东西。我也见识过无以计数的如下情景：随着证据的采集与固定，案件真相初露端倪，此时的当事人不待警官进一步询问，便会将事情经过全盘托出，目的是拼命为自己的行为寻找正当理由，减轻道德上的罪过。无论是出于内疚、恐惧还是利己的动机，或者三种心理兼备，他们迟早会将整个事实真相告诉警官。但是很遗憾，对于凯西而言，小凯莉当时面临的危险也好，凯莉的失踪对整个家庭造成的毁灭性影响也罢，似乎都无法对她产生丝毫触动。凯西就那样冷血地坐着，一声不吭，丝毫不理会艾伦警官对她的循循善诱——她既不愿意吐露事情的真相，也没有打算将自己的双亲从焦虑痛苦的状态中解脱出来。

艾伦警官见此招没有奏效，不得不尝试另一种战术，期望唤醒凯西的罪恶感与责任感。一般而言，对于普通人来说，此刻使用这一招是非常有效的。但是，别忘了，我们的凯西远不是普通人。

“姑娘，你有过这样的经历吗？有人做了对不起你的事情，伤害了你？”

“哦，当然，先生。”

“那好，请你回答我……如果某些人曾经伤害过你，但有一天走到你的面前，对你讲‘哦，我真的感到十分抱歉，我对自己的所作所为深感内疚’，你会原谅他们吗？”

凯西点点头。

“但是，如果他们伤害了你，却一直在不停地撒谎、撒谎、撒谎，企图掩饰自己的罪恶，你还会原谅他们吗？”

“我想很难。”

“很难？仅仅是很难吗？如果一个人做了对不起你的事，却一再躲躲闪闪不愿承认，令你在很长一段时间里痛不欲生，那么，当你终于逮住他的时候，你会做什么？他这个时候的道歉还管用吗？你‘很难’接受这份迟来的道歉，对不对？”

说完这些，艾伦顿了顿，观察着凯西的表情，留出时间给她考虑。

“姑娘，你真的不打算告诉我们，你或者你的小凯莉经历了一些令人同情的事情吗？过去几十年里，我曾经与不同的母亲坐在一起聊天，因此了解到许多秘密。有的母亲在抱着襁褓中的孩子时，失手将他们滚落在地上造成死亡；有的母亲因为一时疏忽，导致孩子们在游泳池里溺毙；还有的孩子被自己母亲的男朋友活活打死……这些事情听来都惨不忍闻，对不对？

“而我的工作，就是引导她们讲出整个事件的真相，然后陪着她们、帮助她们向自己的家人解释这些可怕的意外。当然，有时候我也不得不对付这样一些母亲，她们对自己的孩子犯下了难以启齿的罪过，却只是一味地撒谎、撒谎、再撒谎！

“我向你打赌，也许在某个地方、某个时候，我将不得不面对着一个犯了错却不肯悔过的姑娘。但我相信，她本不是坏人，但其他人却可能不会这样看——尤其是她的家人，因为她一再地撒谎、撒谎，所以他们对她失望透了，也伤心透了。”

奇迹终于发生了。询问以来，这是第一次，凯西不再做一些简单的含糊的回答，也没有尝试着拿谎言搪塞。她向警官们描述，妈妈辛迪对凯莉失踪的消息担忧极了。

“我的母亲，”凯西说，“昨天很严厉地警告我，她将永远不会原谅我！即使我告诉她，连我自己也不能原谅自己。凯莉失踪后，我度日如年，每天都在狠狠地责骂自己，虽然知道这一切都无济于事，却也无可奈何。我深知自己犯下了弥天大罪，作为一个母亲，我的罪孽不可饶恕。”

接下来的时间里，凯西的情感似乎开始解冻了。也许，在梅里奇与艾伦动之以情、晓之以理的轮番攻击下，凯西第一次向警官们敞开了心扉；但更可能的情形是，凯西不过是顺应着警官们的说辞，伶俐地扮演着警官们希望看到的角色——一个终于被他们的话打动的受询者。最终，凯西还是没有讲出小凯莉的影踪，她依然咬定之前的谎言不松口。这次询问给梅里奇探长留下了颇为深刻的印象：她，凯西，在整个询问过程中，表现得绝不像一位失去自己孩子的母亲。她不哭不闹，就那样冷静地坐着、听着、叙述着，对孩子当时所处的状况毫不关心，更不必说抱有丝毫的担忧与焦虑之情。在当时的询问笔录上，我们看到了梅里奇对嫌疑人凯西的如下描述：在我们接触的整个过程中，她始终保持着冷静淡泊、毫无所谓的态度，似乎任何事情也引不起她的兴趣。

警官们迫切希望从凯西嘴里了解到在凯莉身上到底发生了什么事，但凯西却一次次地强调着以前陈述的事实，语气生硬而不容置疑。这份沉着与坚定再次令人回想起清晨发生的那一幕——面对环球影城安保通道的保安，她一再坚持自己就在此处工作、要求他立刻放行。

带着相同的果敢与固执，凯西将早晨的闹剧又演了一遍。她一次次以真诚的语气恳请警官们相信，确实是保姆冉妮将凯莉带走了。但她没有料到，警官们这次不再买她的账。

“好吧，你在这里待的时间已经够长了，”艾伦警官合起记录簿，从椅子里站起身，“感谢你的配合。”

录音资料显示，当凯西意识到与警官的对话即将结束时，语气突然变得轻松起来。她竭力想让警察们相信自己的故事，一再声明自己最大的失误是未将凯莉失踪的消息及时报告给警方。接着，凯西向警方诚恳道歉，说自己不应与警方兜圈子，这一幕令三位警官哭笑不得。临走时，凯西信誓旦旦地告诉警官，他们可以随时要她提供帮助，并希望尽快将孩子找到。

“我确实希望能够帮助你们，尽可能多地提供关于凯莉的信息，”凯西一脸真诚地说，“刚才我们谈到，应该仔细检查一下我的电脑，也许可能找到一些过去的通话记录、短信或者电子邮件什么的。我回去后就将电脑交给你们，其中的记录也许对案件侦破有所帮助。呵呵，这就是人们当初发明网络、进行电话联络的好处，我们可以随时联络到需要找的人。”

“但是，先生们，恕我直言，我的社交范围本来不是十分广泛，涉及这件事，真正能够帮得上忙的人更是寥寥无几。其他人不了解情况，我不想让过多的人卷入这件事。女儿失踪后，我唯一做错的事就是没有及时报警，我也深知这是自己终生难以洗刷的耻辱。而且，我为自己至今不知晓女儿的踪迹而深感不安。”

艾伦警官点点头，一针见血地向凯西指出：“你隐瞒了一切，你没有报警，你在案发的第一时间向警探们撒了谎，直接后果就是导致自己的女儿目前生死不明。”他告诉凯西，自己将返回警署总部，将冉妮的姓名与个人信息输入人口数据库，然后追寻她的踪迹。

走出环球影城安保室，梅里奇警探要求凯西与自己一起去州政府民政中心履行失踪儿童的登记手续。进入大厅的玻璃门，穿过接待处与售货亭后，梅里奇让凯西留在等候室，由威尔斯警官看守着，然后走到外面，拨通了艾伦的手机。

他们进行了简短的交流。梅里奇认为，凯西明知自己的女儿失踪，却在一个月后才报警，其行为已经构成重度虐童罪。即使她目前所述均为真实的，但在女儿失踪后，她并未采取任何合理的措施寻找其踪迹，导致凯莉至今生死不明。无论结局是好还是坏，凯西的行为都至少可以定性为监护过失。仅凭上述两点，就可将她入罪。另外，凯西还向警方提供了大量虚假信息：她将凯莉留在了保姆的房间里；她曾向两个好友透露过凯莉被绑架的消息；她近期与凯莉通过话。事实证明，对她额外施恩、将她留在监狱外继续游荡对案件的进展将毫无裨益。

而且，梅里奇与艾伦担心，如果不立即对凯西进行羁押，恐怕她将会是又一个梅琳达·达科特。梅琳达是佛罗里达州中部的一位母亲，2006 年 8 月 27 日，她蹒跚学步的儿子失踪了。案发后，美国许多媒体都进行了详细的报道。美国有线电视新闻网（CNN）女主播南茜·格蕾丝对此事尤为关注，连续做了几次追踪报道。南茜是一名前检察官，以凌厉睿智、不留情面的主持风格著称。9 月 7 日，以协助寻找孩子失踪线索为由，CNN 说服梅琳达接受由南茜·格蕾丝主持的王牌脱口秀节目的访问。短短几分钟的电话采访中，南茜对梅琳达进行了一次检察官式的“审问”，对梅琳达拒绝接受测谎、交代不清自己行踪等关键问题更是穷追猛打，最后，还逼迫梅琳达不得不承认自己曾经做过色情演员的事实。接受采访的第二天，梅琳达就在自己的父母家饮弹自尽。[①]

没人愿意看到这样的悲剧再次发生。梅里奇警官决定当场逮捕凯西·安东尼。

---

① 2006年8月27日，佛罗里达州里兹伯格镇一位名叫梅琳达·达科特的单身母亲向警方报案称，自己两岁的儿子特瑞顿被人偷偷抱走了。据梅琳达描述，当晚她一直在客厅看电视，等她去看孩子是否睡着时，发现婴儿床竟是空的，而屋顶的天窗被划开一个10英寸长的口子。男童失踪案在这个只有1.9万人口的小镇上引起了轰动。全镇75名警察全部出动搜寻，镇上到处贴着写有失踪儿童特征的海报，凡有可能提供线索的人都接受了警方的问讯。然而，连续几天的搜寻一无所获。梅琳达告诉警方，她在案发当天曾开车带孩子去附近的国家森林公园练习射击，后来在林子里迷了路，找了很久才回到家中。可她交代的行车路线疑点重重，很难令人信服，所以警方很早就把她列为重点怀疑对象，但一直没有任何证据。

9月7日，梅琳达接受CNN主持人南茜的电话采访。亿万观众在节目中看到南茜拍着桌子追问对方：“孩子失踪前你到底在哪？为何不肯告诉我们案发当天你去了何处？”同时，电视屏幕下方滚动播出的新闻快讯中出现了一行小字：“节目录制后，该受访者的尸体已在其父母家中被发现。”美国公众和媒体一片哗然。梅琳达的父亲对媒体表示，南茜咄咄逼人的采访给他的女儿造成了极大的精神压力：“毫无疑问，那期节目彻底击垮了她。自那以后，她就像一栋老房子一样轰然坍塌了。”而南茜在接受美国广播公司采访时表示，她并不为此感到懊悔：“我不认为短短两三分钟的电话采访能逼死一个人，除非她之前就承受了太大的心理压力，或者感到良心不安。也许这才是她自杀的真正原因。”

梅琳达死后，南茜遭到舆论的强烈谴责，人们指责她对梅琳达进行“媒体审判”，把她逼上绝路。而CNN因为在得知梅琳达的死讯后仍按计划播出这期节目，也被批评“一味追求收视率，不惜摒弃职业道德”。

参见林晓丹采编：《女主播逼死寻子母亲》，载《环球时报》，2006-09-18。

第六章　绑架还是谋杀？

从一开始，凯西·安东尼一案就在奥兰多地区引起了巨大反响，公众对此案表现出极大的关注——也许，人们内心深处的某个柔软角落被小凯莉的那双大眼睛深深触动了。之前我也估计到这种情形可能发生，却未料到公众的反应如此迅疾猛烈。可以说，一夜之间，就在凯西被捕的当日清晨，小凯莉的名字就传遍整个奥兰多地区。在其后的三年内，她更是成为民众热议的焦点。

7 月 17 日，我正式加入凯西案专案组。沿途耳闻各种议论，人们纷纷猜测着这个两岁的小姑娘到底身处何方。很显然，作为母亲的凯西向警方提供的证词牵强附会，其中包含着大量疑点。绝大多数人认为，正是凯西将女儿藏匿起来，以此报复母亲。甚至连凯西身边的亲人也抱着同样的看法——安东尼一家已经开始在电视节目中露面，向公众恳切地呼吁，希望大家能够帮助他们将小凯莉带回家。

当天上午，凯西被带到佛罗里达州第九巡回法院的法官面前接受首次聆讯。该司法程序的目的在于使被捕者了解自己涉嫌的罪名，以及羁押期间享有的权利。法官则负责对各项证据进行初步审查，继而判断某桩刑事案件是否确已发生、需要立案侦查。因而，此程序中，被告的出庭带有更多的程序性色彩——他们通常不被提审到法官面前，仅需在监狱中通过视频接受法官的审问，监区与法庭大概有三英里的距离。凯西也不例外，那天上午，她亲身体验了这一切。

在辩护律师何塞·贝兹与其副手何塞·加西亚陪同下，凯西出现在视频里。与贝兹相比，凯西的身材越发显得瘦小。她安静地站在隔离席后，面色苍白憔悴。很显然，她在监狱度过的第一夜里辗转难眠。贝兹是凯西的狱友向她介绍的辩护人，据说是佛罗里达州基西米地区一名已经执业九年的刑事辩护律师。贝兹接手此案的代理费不知是多少，但想来不会太过昂贵，因为凯西本人身无分文，为此还不得不偷过好友的钱财。而且，直到凯西案之前，在我的记忆中似乎从来没出现过何塞·贝兹这个名字。

第一天的聆讯过程异常简短。法官几乎立刻就做出裁定：对凯西进行保护性羁押，不得保释。几分钟后，凯西又回到奥兰治郡监狱。监狱外，对凯莉的大规模搜寻仍在继续着。

被羁押之前，凯西不但没有给搜寻工作带来丝毫帮助，反而不断地制造障碍，阻止警方开展工作。因此，她的入狱对于案件的进展毫无影响。我们了解到，7 月 16 日，凯西曾从狱中向外拨了三个电话，通话内容均与凯莉无关，她只是渴望获取男友托尼的电话号码。看来，她确实对自己女儿的影踪一点儿也不担忧，因为全奥兰多的人都在帮她找女儿。

凯西的第一个电话是打给母亲辛迪·安东尼的。按照规定，所有狱中电话均必须被警方录音。令人震惊的是，在这个电话中，凯西根本没有主动提到凯莉，而是开门见山地向母亲描述了自己接受聆讯的情景。借着这个话头，凯西将一腔怒气都发泄到母亲身上，她仍然对母亲充满了敌意与怨恨。

凯西·安东尼：你并不理解我此刻的感受，你一点儿也不了解我！

辛迪·安东尼： 凯西。

凯西·安东尼： 妈妈！

辛迪·安东尼： 孩子，你现在感觉怎样？

凯西·安东尼： 算了吧，你们根本不为我着想！

辛迪·安东尼： 孩子，听着，你爱凯莉吗？你担心过她目前的处境吗？你一直坚持着不让我与你的父亲见到她。

凯西·安东尼： 妈妈，你在开玩笑吗？鬼才知道她现在在哪里！

辛迪·安东尼： 凯西，孩子，不要浪费你宝贵的时间冲着我大吼大叫！

凯西·安东尼： 你是指“浪费”我宝贵的时间蹲在监狱里吗，嗯？

辛迪·安东尼： 你蹲在监狱里，是的，你现在蹲在监狱里。但这是谁的错？你想抱怨谁？你认为是我的过错才将你扔进了监狱吗？

凯西·安东尼： 反正不是我的错。

辛迪·安东尼： 孩子，怨就怨你自己满口胡言乱语吧！你还好意思说不是你自己的错！你要是早点儿向警方讲实话，他们根本不会将你关在那里。

凯西·安东尼： 算了，我现在根本不想跟你谈话。拜托你帮我个忙，告诉我托尼的电话号码。

辛迪将听筒递给李。但凯西似乎也不想对哥哥多说什么，只是坚持向李索要托尼的电话号码。辛迪与李感到十分伤心。很显然，他们并不为凯西所信任，此刻的凯西并不急着想方设法地找到自己的女儿，反而不停谈着什么托尼的电话号码，这真是令人难以置信。凯西将对妈妈的怨恨迁怒到哥哥身上，认为大家只关心凯莉，而不顾自己身陷囹圄的事实。

李·安东尼： 凯西?

凯西·安东尼： 哥哥，告诉我托尼的电话。

李·安东尼： 呃……那个，当然没问题。但我不知道此时你急着要他的电话做什么。

凯西·安东尼： 我必须与他通话!

李·安东尼： 好吧。

凯西·安东尼： 因为我发现与妈妈交流完全是在浪费时间!对了，顺便告诉你们，在我第一次保释听证期间或者其他什么时候，拜托你们都不要来看我。我不想浪费你们的时间!

李·安东尼： 凯西，你正在将事情搞得越来越糟，你知道吗?你令每一个人都不知所措。即使给了你托尼的电话，恐怕他也帮不上什么忙。

凯西·安东尼： 瞧瞧，又来了，我受够了……

李·安东尼： 你好歹听我把话说完啊，正如……我真的……

凯西·安东尼： 好了，那是因为我……

李·安东尼： 我真的……

凯西·安东尼： 你说下去啊，我在听，你说下去。

李·安东尼： 凯西，你刚才向我要托尼的电话想要与他通话，但紧接着你开始冲着我一顿喊叫，并威胁说不需要我们再关心你、帮助你、参与你的任何事情，好像要与我们都断绝关系……

凯西·安东尼： 我并没有说要与所有人断绝关系!

李·安东尼：凯西，你听着，我并不打算围着你转来转去，我知道那于事无补。我也不会被你的鬼话所蒙蔽。你别指望着每一个人都会被你的故事打动，就如你对警察在过去二十四个小时内施展的伎俩，就如你对妈妈在过去一个多月内施展的伎俩。我受够了！你听好，你现在就告诉我到底发生了什么事情！当然，你也可以告诉克里斯蒂娜，她一直在身边，请求我们与你通话，你愿意对她有所倾诉吗？你听着，即使没有你，我们也会查个水落石出。无论发生了什么，终有真相大白的一天。你为什么就不可以变得聪明点儿，现在就开始为自己赎罪呢？

凯西·安东尼：没有用的。

李·安东尼：当然可以……

凯西·安东尼：根本就没有发现一点儿凯莉的线索，我将情况都告诉了警察，但事情并没有发生任何变化。

李·安东尼：那是因为你说的全是鬼话！你心知肚明！

凯西·安东尼：我并不知道凯莉在哪里。如果我知道，这一切事情还会发生吗？绝对不会！

在发现与李交谈也是在浪费时间后，凯西不再回答哥哥提出的任何问题。话筒被递到凯西的女友克里斯蒂娜·切斯特手中，她此刻正与辛迪和李在一起。然而，凯西很快发现，自己又陷入了麻烦之中——她想要的仅仅是托尼的电话号码，其他人却希望尽早知道凯莉的下落。

凯西·安东尼：给我托尼的电话，拜托你了。

克里斯蒂娜·切斯特：亲爱的，是托尼对凯莉做了些什么吗？

凯西·安东尼：没有没有，你别瞎猜，托尼什么也不知道。

克里斯蒂娜·切斯特：原来是这样啊，那你要他的电话号码做什么？

凯西·安东尼：因为……

克里斯蒂娜·切斯特：你难道不想跟我聊聊吗，亲爱的？我是你最好的朋友啊，或许能够帮得上忙。

凯西·安东尼：……因为他是我的男朋友，因为我确实希望他能来和我坐在一起谈谈，因为我被一些疯子关在这该死的地方，因为所有人都因为一件我根本没有做过也毫不知情的事情而指责我！天哪，我快疯了，无论如何，我今天要和托尼谈谈。

克里斯蒂娜·切斯特：亲爱的，我不是"所有人"，我一直站在你这边，我爱你。你知道吗？

凯西·安东尼：我知道，我知道，你很好，只有你愿意帮助我，但我现在想和托尼说话，拜托你了……

克里斯蒂娜·切斯特：但是凯西……

凯西·安东尼：我真的好想……

克里斯蒂娜·切斯特：好吧，凯西，但你要答应我，一旦回想起关于凯莉的任何线索，一定要让我知道，好吗？

凯西·安东尼：当然，亲爱的，假如我知道的话……

克里斯蒂娜·切斯特：凯西，你知道的，我爱凯莉，一旦她发生了什么不测，我会受不了，我会死掉的（哭泣起来），你了解我，我会活不下去的……

凯西·安东尼：哦，亲爱的，拜托你不要再哭了……

克里斯蒂娜·切斯特：……凯莉还那么小，她是那么小

（继续哭泣）……没有我们在她的身边……

凯西·安东尼：上帝啊，跟你们这群疯子谈话完全是在浪费时间，我也要疯掉了。得了，亲爱的，我爱你。凯莉是我的女儿，我不会让任何不测发生在自己女儿身上。你听好，如果我知道凯莉的下落，哪里来的这么多的麻烦事？

这一系列通话着实令人好笑，每个人都希望从凯西那里了解凯莉的下落，而凯西想要的不过是与托尼取得联络。所有人都对她女儿当时的处境深感忧虑，凯西本人却像个初恋的姑娘般每时每刻不能不看到自己的情郎。面对事态的轻重缓急，凯西所选择的顺序明显不符合逻辑，而所有的这一切都不过再次刻画出她冷酷无情、毫无心肝的一面。

对凯莉失踪案的侦破工作陷入了僵局。警探们聚在一起，认为当务之急是搞清楚凯西的陈述中到底有多少内容可信。即使她的证词仅有一点点的真实性，他们也有信心循着蛛丝马迹将小凯莉找回来。

自从凯西向梅里奇提供了一个叫作塞奈达·费尔南德斯·冈萨雷斯的女人，正是这个女人涉嫌绑架了凯莉以后，梅里奇就开始着手对这个女人进行调查。如前所述，凯西 7 月 16 日的供述被证明完全是一派胡言，其中的一个信息却给了梅里奇极大的希望——当他调查到索格拉斯公寓时，公寓电脑数据库里确实显示出一位叫作塞奈达·冈萨雷斯的女客，虽然她只是看房，最终并未租房，却留下了详细的联系方式。梅里奇通过电话联络到她，了解到她的名字也叫塞奈达，现住在奥兰多南部的基西米，距离奥兰多 30 分钟车程。她已经 42 岁，是 6 个孩子的母亲，开着一辆纽约牌照的汽车。塞奈达的态度十分友好，对接下来的调查也十分配合，却声称并不认识凯西或者凯莉，更是从未做过保姆。

7 月 17 日，失踪人口调查部的警官阿维达·麦克布莱德与卡利·罗德里克前往塞奈达住处对她进行了询问。塞奈达同意履行法律程序，发誓自己所述均为事实。面对凯西与凯莉的照片，她摇头否认见过这两人。接着，警官将塞奈达的身份照片夹在一沓身份照中递给凯西，凯西也未能从中成功地辨认出塞奈达。

塞奈达·冈萨雷斯这个名字是怎样落入凯西编造的故事中，这一点永远是个谜。也许凯西在索格拉斯公寓里无意中得到这个访客的姓名卡，又观察到她的车牌来自纽约，因此将她杜撰为故事中的主人公；或者，故事中的塞奈达也许是凯西过去曾经认识的朋友，与真人塞奈达只是发生了巧合而已。

梅里奇一直怀疑冉妮这个人存在的真实性。但是，经历了环球影城里发生的那场闹剧，梅里奇已经断定，凯西是不见棺材不落泪的主儿。如果想要从她口中得知有关保姆冉妮的任何真实信息，那可比二者之间曾经进行过的所有交锋都要困难。

同时，随着案件调查的深入，梅里奇越来越清晰地意识到他所面对的是怎样的一个女人。凯西并没有任何刑事案底，在她母亲拨通 911 报案以前，她一直是一位清清白白的好姑娘。但是，话又说回来，她那似乎与生俱来、不假思索、脱口而出的撒谎本领，却着实令他与其他警官叹为观止。回想起她从容不迫地通过环球影城的安保通道，带着一群警官左绕右绕，寻找一间并不存在的办公室，那份沉着与冷静令所有警探至今想起来后脊背发凉。俗语说得好，谎言就像肌肉，你必须经常锻炼它，它才能发育良好、运用自如。很显然，在这方面，凯西是一位训练有素的姑娘。

凯西被逮捕的消息传出后，梅里奇陆续得到了许多信息，使得这位撒谎者的形象变得愈发生动丰满。一位据称是凯西的密友的女人打电话到警署总部，声称凯西是一位“撒谎成性”的女孩，过去曾经偷窃过她们的钱物。还有一个电话是艾米·休伊曾迦打来的，她是凯西案发前少数几个闺密之一。正是她带着辛迪找到凯西男友的住处，继而引发该起幼童失踪案浮出水面。值得一提的是，艾米告诉警方，自己的男友利卡多·莫拉莱斯是凯西的前男友。凯西与利卡多在 1 月利卡多的生日派对中相识，关系仅维持了五个月。在此期间，凯西不止一次地带着小凯莉到利卡多住处过夜——三人躺在一张大床上，凯西睡在中间。6 月，凯西与利卡多分手，但依然保持着朋友关系。不久前，艾米与利卡多去波多黎各度假，在那里逗留了很短的一段时间，是凯西驾着自己的车将他们送到机场，当时她是多体贴人的一位姑娘啊。将艾米与利卡多送到机场后不久，凯西就开始伪造艾米的签名从其账户中支取现金。这件事艾米一直被蒙在鼓里，直到重返佛罗里达后才发现。

与此同时，凯西的男友安东尼（托尼）·拉冉罗也出面证明凯西说了谎话。在凯西被捕的当天下午，托尼就致电警署，与梅里奇进行了详谈。托尼告诉梅里奇，自己与凯西在 5 月通过“脸谱”网相识，6 月开始约会，6 月 16 号左右开始同居。在此期间，凯西从未向自己谈及凯莉失踪或者身处危险中的事实。托尼声称，他第一次知道这个娃娃的失踪是在 7 月 16 日清晨，当时警署官员突然出现在他的公寓里，要求他配合调查。据他回忆，最后一次看见凯莉是在 6 月 2 日，当天他邀请凯西带着凯莉一起来公寓的游泳场嬉戏。凯西从未向他提起过一位叫作塞奈达·费尔南德斯·冈萨雷斯的保姆，他根本不知道这位保姆的住处。同居期间，他曾经多次问起过凯莉，凯西却找各种理由推说孩子与保姆在一起，不是在迪士尼乐园，就是在环球影城，或者在海边的沙滩上玩耍。

警方调取了凯西的近期话单，发现托尼在凯西被捕前曾与她通过短信息进行交流。凯西似乎希望能够从托尼那里得到安慰，而后者显然对此不感兴趣。信息显示，托尼对凯西在一个月的时间里对他反复撒谎的劣行深感愤怒，这一点我们完全可以理解。而凯西却一口咬定自己不知凯莉的下落。像辛迪一样，托尼也被凯西的花言巧语蒙骗了。

托尼：凯莉在哪?

凯西：我确实不知道。

托尼：你居然不知道?你不是在开玩笑吧?

托尼：你什么时候发现小家伙不在的?

凯西：哦，我一晚上都在录口供、写材料，而且被不同的警官带着去指认那些我曾经带着凯莉去的老地方。我真是世界上最可悲的母亲。万一真的发生了什么，我一辈子无法原谅自己。

凯西：亲爱的，我们不要再吵来吵去了，好吗?

托尼：所有人中间你为什么偏偏不先告诉我?我是你的男朋友，我在乎你，也在乎你的女儿。但这一切对我已经毫无意义。你为什么对我撒谎，让我认为凯莉很安全地与保姆待在一起?

凯西：事实上我对每一个人都在撒谎，我认为自己的女儿正与某人安全地待在一起，我的心理出问题了吗?

托尼：我不知道该说什么……只是希望小凯莉现在一切都好，而且我将尽我所能帮助你的家人与警方。

凯西：十分钟前，我被铐上手铐，坐在警车里。我生命中最珍贵最重要的人不见了，上帝保佑我这辈子还能再见到她。

凯西：我真是世界上最无能、最不称职的母亲，我恨我自己！

凯西： 现在最重要的是将凯莉找到，到那时你能原谅我吗，亲爱的？虽然我永远不会原谅自己，我想我的家人也不会原谅我。

托尼： 到底谁是冉妮，那个保姆？

凯西： 她是我四年前通过一个朋友认识的，在照看小凯莉之前，曾做过我的好友杰夫瑞的保姆。

凯西： 托尼，我现在很害怕。

托尼： 你没事吧？

凯西： 不，很糟糕，托尼，在过去的这十几个小时内我受尽了煎熬。

托尼： 最后一次与凯莉在一起，你将她放在哪里了？

凯西： 在冉妮公寓的楼梯前。

托尼： 具体在哪里？

凯西： 索格拉斯公寓。

凯西： 我已经带警察去过那里了。

凯西： 而且指给他们另外两个冉妮曾经的住所。我刚刚回来。

凯西： 假如他们找不到冉妮，猜猜看，最终谁会遭殃，在狱中度过余生？

托尼： 别说废话了，你为什么将此事瞒了这么久？关于凯莉的失踪，你没有告诉过其他什么人吗？

托尼： 喂，你为什么总是给我发短信而不直接打电话？

凯西： 我曾经对认识冉妮的两个人说过此事，我当初怎么会就傻呆呆地坐在那里，像个瞎子般漫无目标横冲直撞？我太愚蠢了，都是我的错。

凯西：我现在害怕得要命，我有预感，我的孩子处境危险。

随着梅里奇对凯西过往的详细了解，越来越多的故事浮出水面。凯西的前未婚夫——杰西・格伦德也主动出面联系警方。二人结识于三年前，当时他与凯西都只有 19 岁。凯西是环球影城的临时工，而他则在那里做保安。他们开始约会，他疯狂地爱上了凯西。后来，杰西被调到佛罗里达州西部的港口塔帕市，两人的关系开始逐渐疏远。终于有一天，凯西打电话告诉他怀上了他的孩子。他欣喜若狂，与凯西旧情复燃。二人商定孩子出生之日就订婚。凯莉出生后，杰西做了亲子鉴定——很遗憾，孩子并不是他的。即便如此，此时的杰西已被小凯莉天真无邪的笑容所深深打动，他向凯西发誓要像对待自己的孩子一样对待凯莉，细心地将她抚养大。

但是，凯莉出生以后，凯西的性格发生了很大变化。杰西发现那个他曾经为之疯狂的甜美姑娘逐渐变成了一个自私任性、喜怒无常、难以信赖的女人。他果断地结束了他们之间的关系，但是答应仍然做凯西最好的朋友。与艾米向警署提供的证词相互印证，杰西也承认凯西有说谎的习惯。他们订婚后，她接连不断地从他那里偷偷拿钱，金额达到 250 美元。每次凯西都有合理的借口，而且从来不言偿还。杰西还向梅里奇提供了一条信息：6 月 25 日，他曾接到凯西的一个电话，电话中，凯西试图逗他开心，好让他从最近失业的阴影中走出来。最后，凯西调侃道，如果杰西想她了，那个周末她倒是刚好有空——因为孩子被保姆带去海滩玩耍了。

通过诸多知情人的描述，梅里奇的心目中逐渐勾勒出了凯西・安东尼小姐的大致轮廓。与此同时，另一项证据勘察工作正在科洛尼亚大街的法医鉴定车库展开。鉴定室位于奥兰治郡警署的中心大楼，这是一个包括行政管理办公室、操作室以及世界上最先进的鉴定室在内的封闭独立空间。那辆小凯莉失踪时乘坐的庞蒂克轿车被警探缓缓开入车库，准备接受勘察。

乔治已经授权警方随时对车辆进行勘验，因此警官们不需要另行申请搜查令。受检车辆被约翰逊汽车修理公司拖到指定位置。同样是这家公司，于6月30日将车从科洛尼亚路与金麒麟路交界处的商务停车场拖至警署丢失车辆管理中心。犯罪现场侦查员赫拉尔多·布罗伊斯接收了车辆，还有一个黑色的塑料袋，其中搜集着辛迪从车里清理出来的物品。

布罗伊斯对这些物品进行了例行清点：一个洋娃娃、一个双肩背包、一把儿童牙刷、一个黑色皮包、各种证件、一把午餐刀、一个蓝色的塑料筐、一打塑料衣架。此外，布罗伊斯还对一个白色垃圾袋中的物品做了清点与记录。当乔治去停车场办手续领车时，这个白色垃圾袋就在轿车后备箱中，当时车场管理员帮着乔治将垃圾袋清理出后备箱，并将其投掷在不远的垃圾堆上。后来警方寻找这个垃圾袋时，它还完好无损地放置在垃圾堆的顶端。打开袋子，里面有一听哥本哈根嚼用烟草、一瓶已经被倒空的阿姆汉墨牌洗衣液、铝箔纸、破碎的塑料衣架、一大摞纸制品、一个空雪碧瓶、一听樱桃可乐、一袋胡椒博士、一些百事可乐和山露汽水罐、一个密尔沃基出产的佰斯特莱特牌空啤酒罐、一个发夹、三个塑料领带夹、一个空奥斯卡·梅尔牌塑料容器、几包除味干燥剂、几个空克瑞斯蒂·莱特牌容器、一个空比萨饼盒、一张富鲜寿司店的收据、一个印着福赛大学标志的文档、一个空可乐塑料瓶、一个克瑞斯蒂·莱特牌的塑料瓶子（里面盛着褐色液体）、一个樱桃可乐纸盒、一个维尔维特的包装等。在塑料餐盘上，可以看到蛆虫在爬来爬去。

清点完两个塑料袋内的物品，布罗伊斯走向那辆庞蒂克轿车。他先从外部为车辆整体拍照，接着拉开了驾驶座一侧的车门，一股强烈的气味直冲他的鼻子。事后，在勘察记录上，他将这股气味描述为“腐烂肉体散发出的刺鼻恶臭”，这种可疑的气味隐藏于这辆外表看来光鲜洁净的车内，着实令人很难有心理准备。布罗伊斯皱着眉头，开始勘察车辆内部。车厢里非常整洁，显然已经被辛迪用吸尘器清理过。车辆座椅上还摆着一些个人用品：车后排的右边座位上扣着一个儿童用安全座椅，左面放着两双黑色女鞋；前排副驾驶椅上放着一根褐色的低腰皮带、一款太阳镜，还有一个装有 CD 碟片的黑色收纳箱。

如果说车内的味道实在令人难以忍受，那么，当布罗伊斯打开车辆后备箱时，那股强烈的味道更是令他窒息。后备箱里散放着大量的除味干燥剂，但看起来似乎丝毫未起作用。箱内也被人用吸尘器清理过，却仍然可以辨别出一些残留的细微渣滓。布罗伊斯注意到箱体右侧备用胎下面的 D 形芯板材上留有一块可疑污渍，平铺在箱体的毡垫上也发现了同样的污渍，他从中小心地取了两块试样进行封存。他还分别在污渍周围、箱体中部的衬垫里搜集到一根毛发，箱体左侧搜集到四根毛发，车辆右后转向灯的线路周围采集到一根毛发。

面对轿车内如此强烈的异味，警方决定调用 K9 特警组协助勘察。詹森·弗基探长接到命令后，带着寻尸犬吉瑞斯很快奔赴现场。由于犬类具有极为发达的嗅觉系统，警方根据它们不同的生理构造进行分门别类的训练，继而执行不同的任务。一些警犬可以根据不同个体散发出的体臭对特定目标进行追踪；一些警犬可以在相当大的范围内精确嗅出毒品与爆炸物的存在，并发出预警；还有一些警犬可以根据人体腐败组织发出的特殊气味寻找尸骸——这些警犬被称作“人体残骸侦查犬”或者“寻尸犬”，吉瑞斯正是这样一只寻尸犬。

弗基探长拉着吉瑞斯绕着这辆庞蒂克轿车走了一圈，吉瑞斯立即变得十分兴奋，呼哧呼哧地耸动着鼻子，似乎已经迫不及待了。弗基探长刚拉开驾驶座旁的车门，吉瑞斯便一跃而上，直奔车后排座椅，急急地用鼻子拱着车身的后挡板。弗基用力将它拉出来，带着它又围着这辆车转了一圈，然后打开另一侧车门，吉瑞斯不耐烦地抖抖颈部的毛，然后倏地跃上去，再次用鼻子兴奋地拱着后排座椅与后备箱之间的隔板。最后，弗基将后备箱打开，吉瑞斯敏捷地从车中窜出，匆匆奔跑至后备箱处，几次三番来回跳跃，异常兴奋——它在向探长发出警示，车辆中的异味正来源于后备箱。

K9 特警组继续前往位于霍普斯布茵大道的安东尼住宅进行勘察。据乔治报告，在他家的仓库附近发现了一片新近挖开后又填埋好的浅坑，约 5 英寸深 12 英寸长，这一发现令他十分恐慌。吉瑞斯首先被带到这片浅坑前，却丝毫未能引起它的兴趣。相反，它摇摇尾巴，到处闻嗅，最后停在乔治亲手搭建的凯莉失踪前经常玩耍的游戏室以及周围一带，显而易见，它对这里的气味非常敏感。与此同时，K9 特警组第二分队带着另一只寻尸犬从附近的奥西欧拉郡被紧急调至现场，目的是对吉瑞斯的预警与判断进行验证。不出所料，这只寻尸犬对安东尼住宅后院的三个场所表现出相当的兴奋——前两处与吉瑞斯的判断相同，是儿童游戏室以及周围一带，另外还加上露天天井旁的走廊。警方立刻对这三处进行勘察，却没能发现任何人体组织或残骸。

安东尼住宅的左边，也就是霍普斯布茵大道 4929 号，住着布莱恩·伯纳一家。警方随后对伯纳进行了走访，看看能否从他那里获取些案件信息。据伯纳所述，他的车库里有一把铁铲，6 月 17

日，凯莉失踪后的第二天，凯西曾向他借过这把铲子。伯纳回忆道，凯西当时说想在自家后院挖一些竹笋。但不到一个小时她就还了这把铲子，伯纳看看铲子，似乎并没有被使用过的痕迹。

随着梅里奇探长对凯西谎言的一步步筛除，以及犯罪现场痕迹专家对那辆庞蒂克轿车的细致勘察，案件的初步轮廓逐渐显露在人们面前。接下来的一周里，警官们开始对案情进行汇总，希望以现有证据拼接出凯西在小凯莉失踪的 31 天内的行动轨迹。与此同时，整个奥兰多的民众都在急切地寻找着小凯莉的下落。这个天使般的小姑娘紧紧揪着每一位公民的心，大家都期盼着奇迹能够发生。然而，根据寻尸犬的一系列表现，小凯莉恐怕已是凶多吉少。

至此，奥兰治警署的侦查工作似乎陷入了某种分裂状态。一方面，警方在积极搜寻、排查着每一项线索，希望证实小凯莉还活着；另一方面，令人不安的种种证据显示这更像一桩谋杀案，失踪幼童已经遇害。安东尼一家对警方能够将小凯莉带回他们身边充满着希望，为此他们宁愿付出一切。但是，随着案件的进展，他们逐渐意识到，此案远非想象的那样简单。最令安东尼夫妇惊恐的是，他们的女儿，凯西，竟然就是本案最大的嫌疑人。

7 月 22 日，关于凯西一案的保释听证会如期进行。作为凯西的辩护人，何塞·贝兹坐在法官斯坦·斯特里克兰面前。检察官琳达代表着佛罗里达州，坐在法庭的另一侧。早在 2001 年，在检察长的指派下，我曾与斯特里克兰一起共过事。在我印象中，他是一个十分友善好相处的人。他总是鼓励律师们尽力做好诉讼外调解，尽量息讼宁人，大家都对他颇有好感。另一方面，面对辩护律师，他却缺乏一名法官应有的威严与气势。总的来讲，这是一位毫无架子、和蔼可亲的法官，所做出的判决也大多公允端正。但有一点应当指出，他缺乏处理重案甚至死刑案件的经验。据我所知，在接手凯西案之前，他仅承办过一桩影响较大的案件。

听证会开始后，梅里奇探长与詹森·弗基探长首先被要求接受质询。梅里奇向法庭叙述了整个案件的来龙去脉，从 2008 年 7 月 15 日的 911 报警电话开始，包括出警过程、凯西当晚接受询问时向警方编造的谎言、警探们去环球影城调查时的情形、根据凯西的虚假陈述进行每一项调查所获取的结果。詹森·弗基探长则向法庭出示了寻尸犬吉瑞斯的出生血统证明与特殊侦查资格证，并根据科学鉴定意见向法庭解释了它在勘察现场的行为表现具有怎样的证明效力。

辛迪、乔治、李站在证人席上，依次向法庭做出陈述，证明被告凯西的生活经历，认为凯西在日常生活中是一位尽心尽职的好母亲，假如她没有提出取保候审的申请，他们将会为她争取。辛迪当时哭得一塌糊涂——凯西入狱后，这是她与女儿首次见面。证词中，辛迪坚决捍卫女儿的行为与品格："我知道自己女儿的为人，我知道自己女儿是怎样一个称职的好妈妈。一定有什么原因，才迫使她眼睁睁地望着自己的女儿被别人带走。一定有什么原因，也许是别人拿什么事情威胁她、逼她就范。我保证，她绝对不会伤害自己的女儿。"

辛迪此刻的证词发生了令人吃惊的转向。十天前，她还对自己女儿大加指责，责备她根本不配做母亲。事实上，就在这段时间里，辛迪对女儿的态度发生了微妙的变化。在早先的 911 报警电话中，辛迪隐约提到过，几个月来，凯西从她与乔治那里总共偷了数千美金；不仅如此，凯西还从辛迪的母亲——凯西的外婆家里偷过钱。后来，在凯莉失踪的 31 天内，凯西不停地编造谎言敷衍辛迪，直到那辆庞蒂克轿车被人发现，她才恍然大悟，女儿一直在欺骗她。历经了上述种种变故与打击，辛迪在 911 报警电话中的情绪失控是可以理解的，她将对凯西的满腔心酸怨恨都倾泻给了911接线员。然而，从凯西被捕开始，辛迪的态度有了截然不同的转变。她开始不遗余力地维护女儿、袒护女儿，断然否认女儿在这桩令人震惊的案件上的重大嫌疑，同时寻找各种借口，为女儿的种种劣迹进行开脱。

“没有人可以想象，在这31天内，凯西究竟有什么理由不去寻求警方的帮助。但是我可以理解，我知道我的女儿为什么不去报警。”辛迪向媒体解释，自己的女儿是一个感情不溢于言表的姑娘，而且性格内向、举止孤僻。她之前阅读过许多被绑架儿童的报道，一定是为了保护小凯莉、保护这个家庭，才不敢向警方报案。辛迪站在法庭上侃侃而谈，旁听者却认为她的理由牵强附会，不仅媒体不买她的账，法庭也对之不以为然。

琳达此刻面临着一个难题——凯西以涉嫌虐童罪被羁押在案，这就意味着她很有可能获得保释。根据佛罗里达州法律，只有对将来可能被判处终身监禁或者死刑的被告人，法庭才可以宣布适用不得保释的羁押。虽然这则幼童失踪案看起来越来越像是一桩故意谋杀案，但毕竟未经证实。最终，琳达想了个两全之策，她向法庭指出：鉴于被告所涉嫌的指控正向一级谋杀罪转变，而且被告对这一事实已然了解，为了防止被告逃离警方的掌控，请求法庭宣布对其适用高额保释金。

将近三个小时的听证会结束后，斯特里克兰法官做出了裁决：第一，鉴于凯西涉嫌对孩童监护过失的重罪，宣布其可以获取保释，保释金额为50万美金。第二，取保后，对凯西适用家居监禁，同时佩戴电子监控器，并由两位精神心理医师（杰弗里·丹瑞格先生与艾伦·伯恩斯先生）对其精神心理状况做出监测评估。第三，取保后，凯西必须将护照等证件提交警署备查。裁决一经做出，律师贝兹提出了强烈抗议，声称 50 万美金的保释金令人匪夷所思，就算安东尼全家一时也拿不出这笔巨款。斯特里克兰法官驳回了贝兹的异议，宣布听证结束。当天下午，凯西就被重新押回奥兰治郡监狱——确实，没人拿得出这笔高达 50 万的保释金。

第七章　狱中对话

凯西被羁押的日子里，安东尼一家的心情始终十分矛盾。这一尴尬状态在凯西的保释听证会上已经开始显露。安东尼夫妇并非没有意识到自己的女儿在撒谎，但他们当时的处境确实左右为难——凯西是唯一一位可能知晓凯莉行踪的人，如果他们不信任自己的女儿，又可以信任谁呢？因此，安东尼夫妇一方面加紧对凯莉的搜寻工作，一方面竭力安抚女儿的情绪，希望终有一天她会良心发现，向大家透露凯莉的行踪。

凯西的谎言仍在继续着，奥兰多民间各种版本的故事也在酝酿着，人们纷纷发表着自己对此案的猜测与推断，一时间流言四起。更为糟糕的是，各地媒体积极介入对此案的报道，将这桩幼童失踪案再次推上了风口浪尖。无论是奥兰多当地媒体还是全国性的重要报刊，均用大幅版面刊载小凯莉离奇失踪的事件。这个两岁半的女童牵动着天下所有父母的心，人们焦急、紧张地期待着案件的最新进展。此种背景下，安东尼一家面临的压力颇大。他们的住宅门前架起了摄影机，诸多新闻媒体对这里发生的一切进行着二十四小时不间断的现场直播。安东尼夫妇勉力应对着媒体的采访，似乎已经筋疲力尽。作为小凯莉在公众眼中最亲近与最坚定的监护人，辛迪与乔治的头像成为寻找失踪孩子的各种群众性集会的标志，而他们却并不擅长扮演这样的角色。每隔几天，安东尼夫妇就会透露一些关于小凯莉影踪的最新信息，随后引起一阵全国性的热烈议论。后来的事实证明，安东尼夫妇与绝大多数普通公众一样，并不能够向警方提供关于此案的实质性线索——他们的女儿在狱中依然守口如瓶。

为了应付媒体，安东尼一家焦头烂额，但这并不能削弱他们寻找小凯莉的信心与毅力。每次出现在媒体面前，辛迪的口吻总是最为强硬。她坚信凯莉仍然活着，凯西之所以向警方撒谎、阻止警方寻找凯莉，不过是为了保护凯莉的安全。我自己育有六个孩子，有的孩子已经与凯西同龄。作为一名父亲，我并不赞同辛迪的看法。如果站在辛迪的角度考虑此案，让我尝试一下能够在多大程度上相信凯西口中的故事，结果恐怕会让辛迪大失所望。

事实明摆着，不知出于何种动机，凯西对警方进行了虚假陈述。在她一系列谎言的阴影下，失踪幼童的状况令人担忧。辛迪却对女儿的言辞坚信不疑，她坚决否认凯莉已经死亡的可能，同时坚持认为自己的女儿清白无辜。

乔治的表现却与辛迪大相径庭。案发不久，他就十分坦率地告诉警方，自己怀疑凯西与此案有关。7月24日，他背着辛迪私下与警探取得联络，希望能够立刻与他们见面。在州警署总部的办公室内，乔治与梅里奇警探、艾伦警探见了面。接下来的谈话被警方暗中录了音。

“好吧，先生们，在我们之间需要澄清一些问题，”乔治开口道，“你们在履行自己的职责，我明白。我打心眼儿里明白你们正在做什么。虽然我已经好久不干这活儿了，但我还是知道个大概情况，关于你们的办案流程。我想，这么多年来，无论是程序还是手段都不会有大的改变，不是吗？我对你们的工作表示理解与感谢。”

“关于这件案子的结果，我现在根本不想考虑。但是，在我取回那辆庞蒂克轿车时，就在那一刻，我已经有了不祥预感，”乔治指的是他将车从拖车场领回家那一天，“我可以向你们开门见山地指出，当然，我希望只限于我们三个知道此事。我向来不相信，自己将某个孩子带到这个世界，生她养她，就是为了伤害另一个人。我不相信。如果真的发生了这种悲剧，我只有一个请求——先生们，我所能做的就是请求你们及时通知我，让我提前去安慰自己的妻子，因为这会要了她的命。”

乔治承认，自己已经意识到，如果外孙女真的出了事，那么他的女儿也就保不住了。最后，他诚恳地说道：“我今天到这里来的真正原因，是为了我妻子的言辞与行为向你们致歉——做出这个决定真是非常困难。”

接着，他转变了话题，开始谈论女儿凯西聘请的律师何塞·贝兹。“我一点儿也不喜欢这个家伙。根据我的经验，我已经做了半辈子的警官了，我一眼就看出他不是什么好人。”据乔治所述，凯西告诉他，贝兹收取的费用在 5 000 美元左右，现在至少要付 1 400 美元的预付款。事实上，这些所谓的预付费用是已经花掉的钱，这可真是个无底洞啊。乔治还告诉警探，他已经打听过，这个叫作什么贝兹的人是几天前凯西从狱友口中听来的，根本不是什么靠谱的家伙。两件事联系在一起，令乔治不由得心生怀疑。

“我们从没与这个家伙联系过，”乔治解释道，他此刻是代表着自己与妻子在表态，“当他联系我们，给我们打电话时，我们还以为他是法庭指定的辩护律师。因为我的女儿身无分文，如果有的话，也是从我们或者其他人那里偷来的……”

梅里奇警探尝试着将话题从贝兹身上移开，他装作无意的样子随便向乔治提起关于轿车后备箱存在着刺鼻异味一事。梅里奇提醒乔治，在辛迪拨了 911 电话后，他们曾在安东尼住宅后院进行了第一次谈话，乔治似乎对他提起过一件事，当时乔治的神情紧张极了。“你还记得当时向我说起过什么吗？”

“哦，先生，我当然记得，我闻见了什么死掉的东西的味道，”乔治毫不犹豫地接过话头，“我不想说‘尸体’的味道，只想用其他词来代替，请原谅，我不愿意说这个词……我事实上指的就是这个词。我做过警探，在树林里、房间里和车辆里都追捕过嫌疑犯，所以，这种味道对我来说再熟悉不过了……这种一旦闻到就一辈子也忘不掉的味道。”

“当我们去拖车场取车时，在接近车辆三英尺的范围内就能闻到这股刺鼻的气味。我当时浑身颤抖，不停地祈祷，‘上帝啊，仁慈的上帝，请保佑我，不要是她们，千万不要是她们。’我害怕极了，担心女儿与外孙女发生什么不测。透过车窗，我向后排座位上瞥了一眼，看见小凯莉的儿童安全椅还系在上面，周围散着一堆东西。接着，我绕到驾驶座一侧，一边开车门一边继续祈祷，‘上帝啊，请不要让最坏的事情发生在我的孩子们身上！’

“停车场管理员，请原谅我，我至今不知道那位先生的名字，当他与我一起打开车门时，他也惊呼，‘天哪，这是什么味道啊！’一会儿，我坐进车内，将副驾驶那侧的门也打开，好放些新鲜空气进来。

“我深深吸了一口新鲜空气，暗念道，‘上帝啊’，接着将汽车引擎发动。但我很快回过神来，对自己说：‘乔治，万一真有什么意外已经发生的话，你最好现在就搞个水落石出，不要将它们带上路。’想到这里，我对那位仍然站在一边的先生说：‘请您绕到汽车后备箱，陪我看一眼里面装着什么东西，好吗？’我走下车，绕到车后，喃喃自语道：‘上帝啊，但愿不是我的小凯莉。’是的，这正是我当时所担忧的，是我凭直觉在判断。打开后备箱，我们发现了那个垃圾袋子。此外，我也看见了几块明显的污渍，就在放置备用胎的位置。”

“我身边的先生当时说：‘先生，让我来处理它吧。’说着他将这个塑料袋拿出来，一甩手扔到一旁的垃圾堆里。但是这股气味依然挥之不去。回家后，我对辛迪讲：‘这股臭味实在令人窒息，真不知我怎么能够忍受着将它开回家来。’当时外面正下着雨，我将所有的窗户都摇下来，”乔治用手比画着，“我简直无法呼吸，净化器什么的，你知道，完全没有用……”

此时，梅里奇打断乔治，询问辛迪是否也闻到了这股味道。

“当然，当我们开进车库后，她对我抱怨个不停，她的原话是这样：‘上帝呀，到底是什么东西死掉了？’是的，这就是她的原话。但她接着又换了另一种语气，对我说：‘乔治，这是比萨坏掉的味道，你说对吧？’我回答：‘是的，是比萨的味道。’辛迪没有再吭声，关于这件事的谈论到此为止。我们似乎彼此心照不宣，谁也不愿深入探讨这个话题。辛迪离开后，我又呆呆地站在那里，思考了许久。作为一名父亲、一名外祖父、一名与这种气味打了十几年交道的警探，我当时真是害怕极了。不瞒您说，我甚至将鼻子凑近后备箱，一次次地对这种味道进行鉴定，我变得越来越绝望、越来越恐惧。”

梅里奇同情地拍拍乔治的肩膀，大家都沉默着，等待乔治的情绪稳定下来。接着，梅里奇向乔治询问道：“你认为凯西之所以不愿意告诉我们事情的真相，是因为她害怕母亲辛迪的反应吗？假如我这样说，她是由于顾虑其他什么随之将会发生的事情，才向警方撒了谎，有这种可能吗？如果凯西是由于这个原因才将事情搞得不可收拾的话，那么，辛迪将会怎样的失望与痛心啊！”

“可以说，我女儿现在的状况十分令人担忧，从她的那些谎言中相信您已经有所了解。她的话自相矛盾、漏洞百出，而且十分偏执，她正将整个事情推向不可挽回的境地。还有一点，也许听起来有点儿难以置信，但我与我的妻子确实认为，自从凯莉出生后，凯西就开始对她的母亲充满怨恨。”

乔治接着向警方描述了辛迪与凯西之间的紧张关系：“许多时候她们争执不休，主要原因是凯西没有按照辛迪喜欢的模式去生活，比如凯西在工作方面的谎言……”

乔治向警探们坦言，谈到凯西，他实际上已经扮演过侦探的角色。不久之前，凯西告诉他，自己找了一份在当地体育用品公司的工作。乔治随后去了那家公司，并向值班经理进行了解，结果证实凯西撒了谎。

话题又回到凯莉身上。艾伦警官向乔治询问道，他是否认为他的女儿有这样的想法，也就是说“如果真的发生什么意外事故，没有人能够原谅她”，因此才不敢将实情告诉大家。

“我不知道，”乔治回答，“我得考虑一下……”看来在这个问题上，乔治并不十分了解自己的女儿。但有一点，他承认女儿曾经有偷钱与撒谎的劣习，而且至今依然没有任何改善。这就是警方当时从乔治那里了解到的凯西生平所有背景。接着，艾伦警官将话题转到对小凯莉搜寻工作的进展上。

“嗯，您明白，我们一直在寻找一个叫作冉妮的保姆。但假设她并不存在，那么我们就是在浪费极大的精力在做无用功，也就是说，整个案件的侦破方向是根本错误的。您应该了解这意味着什么。所有的人力、物力以及宝贵的时间，用在错误的方向上……”

“那么凯莉被找到的希望将会越来越渺茫，”乔治接着艾伦的思路往下走，“即使她现在依然活着。”

警探们询问乔治，据他推断，凯莉身上可能发生了什么事情。乔治提到辛迪曾经发现家里游泳池的侧入口被人打开了，而且有一架梯子立在上面。也就是说，梯子被打开后骑跨在泳池入口，有人通过它进入了泳池。这件事情发生的时间好像就在凯莉最后露面的那段日子里，具体日期他也记不清了。梅里奇提醒他，就在7月16日，也就是他们陪着凯西去环球影城的那天，辛迪曾经致电给他，谈到了同一件事情。乔治与辛迪都记得很清楚，他们是将泳池的侧门关着的，梯子也是合起来横躺着放在距离泳池很远的地方。

接着，梅里奇向乔治征询意见，他是否愿意听听辛迪当天向911报警的电话录音。早些时候，媒体已经征集当地居民的签名，要求警方向他们提供这份录音带。而且，据他们所知，法官已经打算批准向公众公布这份录音带。乔治闻言，希望先听一下录音，但同时要求自己的儿子最好也在场。但是，乔治不希望儿子发现自己正在单独与警方交谈，所以由梅里奇警官拨通了李的电话。李答应立刻赶到警署。在等待李到来的时间里，乔治感到胸口发闷，警官们立刻扶着他到屋外透气。一出门，乔治就开始发抖，继而呕吐不止。警官们准备将他带往医疗室，他却拒绝了，声称自己只不过是过度紧张，别无他碍。李到达后，乔治进了洗手间，李独自一人听取了母亲的报警电话。事后，梅里奇亲自驾车将乔治送回家。

凯西的保释令签署后，法官要求她与两位精神病鉴定专家见面，进行精神状态法医学鉴定。7月24日，凯西接受了鉴定。两位专家一致认为，凯西的精神状况完全正常，无任何迹象表明其存在法医学意义上的精神障碍。凯西也向警方陈述，自己没有接受过任何精神障碍方面的治疗，也不存在吸毒与酗酒等问题。同时，她还明确无误地声称自己并没有遭受过任何肉体、精神或者性方面的虐待。只是有一件事需要引起注意，鉴定专家之一的杰弗里医生指出，在涉及描述自己的生活环境时，凯西表现出“明显的忧虑”。

凯西的哥哥李是第一个去奥兰治郡监狱探监的，由此开启了第一段狱中对话。当时，奥兰治郡监狱规定了自己的政策，被羁押者与探视者之间的所有会见均通过视频进行，其间警方可能会监控与录音。凯西与李之间的会见通过视频电话进行，李被安排在凯西羁押室附近的一间独立封闭的格子间里——鉴于法官签署了对凯西进行“保护性”羁押的令状．所以她无法享受“接触性”探视的权利，即使是面对最亲近的家人。

从对话中，我们可以了解到安东尼一家所发生的翻天覆地的变化。当我对这些录音进行回放时，被每一个家庭成员最初充满热忱的合作态度所深深打动了。辛迪与乔治向凯西保证，他们将积极谨慎地对待她所提供的每一条线索，李则主张对凯西提供的各个信息进行分析，然后判断哪些信息可以信任。即使当时所有的证据已经显示凯西向警方的供述是一派胡言，在最初的探视中，安东尼家也没有一个人敢当面指责凯西，认为她应当对小凯莉的失踪负责。大家在凯西面前战战兢兢，尽量保持克制，努力不去激怒她、惹恼她，以期从她那里获取尽可能多的线索。这些视频资料揭示了安东尼一家曾经多么希望通过爱意与努力来打动凯西。然而，到了 8 月中旬，随着案情戏剧般的变化，这些充斥于对话中的热忱与期待将被另外一种大为不同的态度所替代。

平生第一次走入戒备森严的监狱，李着实有些紧张，他甚至事先阅读了大量的相关规定与探视指南。这样，即便凯西用怪异的咯咯笑声迎接着自己的哥哥，李在整个探视过程中还算表现得镇定自若。他耐心向妹妹解释了每一份邮件在监狱系统的流转过程：她写的每一个字都会被例行检查，其中没有丝毫隐私可言。他还告诉妹妹，律师贝兹并不负有向外传递她的陈述的权利或者义务——贝兹曾经告诉凯西，任何事情都要先告诉他，然后再由他向外界传达。因此，李一直怀疑贝兹在控制着自己的妹妹，阻碍妹妹直接与警方通话。

看来，李与父亲乔治一样，对贝兹所扮演的角色十分不满，认为正是他在幕后指使着凯西阻碍警方对凯莉的搜寻工作。这件事我们应当一分为二地看待：贝兹是在干着律师的活儿，他只需要对当事人凯西负责，而对于凯莉是死是活的状态并不感兴趣。在这一点上，李与父母持有相同的观点，认为当务之急是寻找到凯莉的下落。

李列了一个清单，向妹妹展示家庭成员在他心目中的排列顺序：1. 外甥女凯莉；2. 妹妹凯西；3. 妈妈；4. 爸爸；5. 自己。"凯西，你看见了吗，这里根本没有警察或者贝兹什么事儿，让他们见鬼去吧。"他笑着补充道。

凯西大笑着同意了哥哥的看法，说自己与他的想法完全一样。"让我在这鬼地方待多久都无所谓，"她动情地宣称，"我最担心的是小凯莉。"

李此番前往监狱的目的，就是希望从凯西那里获取新的线索，他甚至为这次的探访罗列出长长的提问清单。他竭力要凯西明白，自己是她可以信任的人，她可以将所有秘密告诉自己。他还向妹妹暗示，如果必要，他们两个可以通过手语进行交流。对于自己的问题，无论她赞同或者不赞同，都可以打手势告诉他。

李想要确定的第一件事，就是在凯西的所有朋友中，他可以信任谁。凯西说艾米·休伊曾迦了解一些事实，李可以与她取得联系。但与她一起同居的利卡多·莫拉莱斯（凯西的前男友）却对此事一无所知。凯西对男友托尼·拉冉罗心怀戒备，抱怨托尼在关键时刻抛弃了自己。凯西还告诉哥哥，前未婚夫杰西有很大的作案嫌疑，应当建议警方对他进行控制。李向凯西进一步询问，她认为凯莉现在可能会在何处，凯西对此问题的回答模棱两可，只是告诉哥哥可以向妈妈去打听，她已经告诉了妈妈。

天真的李仍然对妹妹的每一句话都信以为真，甚至当凯西在不停地兜着圈子捉弄着他时，他也丝毫未发觉。

在安东尼夫妇去监狱探视凯西时，凯西的心情似乎很不错。她表现得十分轻松，在见到爸爸妈妈第一眼时就咯咯地笑起来。她指着父亲那天穿着的白色T恤笑个不停——这是专门为了寻找凯莉而定制的文化衫，上面印着一只大蝴蝶，蝴蝶翅膀上载着小凯莉微笑的头像。乔治欣喜地告诉凯西，如今全美民众都在寻找他们的小天使，小凯莉甚至已经成为《人物周刊》的封面人物，周刊详细报道了整个失踪事件。凯西竭力配合着父母的情绪，一家三口平静地交谈着。

然而，好景不长，当辛迪拿着一张照片询问凯西时，这种欢快轻松的气氛很快冷却下来。“孩子，你是说，这张相片是凯莉在冉妮公寓里照的吗？”辛迪问道。

“冉妮的公寓里会有架子鼓吗？你再想一想。”辛迪明知女儿对自己撒了谎。但凯西的回答斩钉截铁：“是的，妈妈，她有一套鼓。”

“嗯？就是照片中的这个吗？”

凯西张口想回答，但很快改变了主意，她闪烁其词，回避正面回答这个问题：“妈妈，应该还有好多凯莉的其他相片啊，我曾经告诉过哥哥要仔细找找的。”

“好吧，这是冉妮的公寓吗？你再确定一次。”辛迪顿了顿，继续问道，“凯西，仔细看看，我可知道这是谁的公寓。”凯西低下头默不作声。看着自己的女儿即将陷入谎言被揭穿后的极度尴尬中，辛迪的心又软下来，暗示女儿修正自己的谎言：“这不可能是冉妮的公寓吧？”

凯西很聪明，循着妈妈专门提醒给她的线索——相片中的架子鼓出发对自己的谎言进行检讨。很明显，这个所谓的保姆不可能是一名鼓类乐器的爱好者。“哦，妈妈，你是说这间屋子吗？不，它不是，它是利卡多的屋子。”凯西抓住母亲给她的机会，迅速回答，“但其中的摆设与冉妮的屋子很像呢，我还真将它们搞混淆了。”

简短的对话揭示了这对母女关系中存在的很多问题，也暗示着辛迪此刻纠结矛盾的心理。在辛迪看来，女儿也许真是向所有人隐瞒了凯莉的行踪。但是她并不甘心，希望亲自验证一番。于是，辛迪设了个圈套试探女儿。如果凯西果真钻入这个圈套，她将会当场揭穿女儿的谎言，令她无地自容。不出所料，凯西又开始重操旧业。辛迪的内心被深深刺痛了，此刻的她没有时间感伤，更没有时间愤怒，唯一能做的是搭好梯子让女儿及时跳出圈套。此段对话中，辛迪的双重心态一目了然，这也恰好解释了为何在整整 31 天的时间里，凯西能够轻而易举地编造谎言骗过母亲——理由很简单，辛迪自己想要这样做——对于这种欺骗者与被骗者之间的游戏，辛迪已经上瘾了。

“李有没有告诉你，找到小凯莉的赏金有多少？”一阵难堪的沉默后，辛迪换了个话题。

凯西摇摇头。

“大概超过了……我想大约有二十二万五千美金。”

“上帝呀，正好是我的保释金的一半。”凯西兴奋地喘着气。

“你看，凯西，许多人都希望能够找到我们的小凯莉呢。”辛迪望着女儿眨眨眼。

辛迪问女儿是否希望与爸爸通话，他就坐在一旁迫不及待地等着。凯西笑着回答：“当然，妈妈，快将话筒递给爸爸！”乔治·安东尼接过妻子手中的电话，轻声向女儿问好：“我的小宝贝，你还好吗?”

“一点儿都不好，爸爸。”凯西带着哭腔回答乔治。

“听着，宝贝，你必须打起精神来应付这一切，我要你振作起来。”乔治鼓励着女儿。

当凯西听到爸爸要给她一个“老爸式”的拥抱时，忍不住啜泣起来。乔治的话题很快转移到凯莉身上，但辛迪又将话筒夺回来，热切地继续与凯西通话，希望女儿能够提供一些孩子的线索。最后，眼泪汪汪的凯西请求辛迪通过媒体发布这样一条信息，她想对凯莉说：“妈咪爱你，我的小天使，你是妈咪的一切，你一定要勇敢地等着妈咪去找你回家。”

“我真的十分思念小凯莉，还有你们大家。”凯西哽咽着说。

辛迪将电话塞到丈夫手中。“凯西，我们能为你做些什么?”乔治开口道。

“爸爸，你和妈妈继续在媒体上露面，请求人家关注小凯莉。”

从凯西对辛迪与乔治的不同态度中，我们可以看到，乔治是一位对子女相当纵容宠爱的父亲，凯西与他的相处十分融洽。在随后的日子里，他将成为唯一一位凯西能够接受并且愿意交流的家庭成员。而辛迪在家庭中则扮演着严厉的惩罚者角色，孩子们一旦受到惊吓，总是会奔向乔治怀中寻求安慰。在整个探监过程中，乔治与凯西对话时如履薄冰。他小心翼翼地斟酌着每一个词，生怕惹恼了女儿。乔治十分清楚，自己的首要任务就是保持与凯西之间对话的持续与通畅。

乔治最后向女儿提出一条建议：如果有什么新的想法，或者回忆起新的线索，一定要直接联系警方。但凯西对乔治的忠告不以为然，抱怨警方已经对她产生了偏见，不会再信任她的任何言辞。

辛迪重新拿回话筒时，凯西很快转换了话题。她先是向母亲抱怨永远失去了托尼——他从没有来监狱里看过她，即使贝兹律师向他转达了凯西的请求，他也置之不理。接着，她表达了对前任未婚夫杰西·格伦德的怨恨，警告父母不能听信他的任何话，她希望杰西离她的一家越远越好。凯西还向母亲提供了关于冉妮所驾驶汽车的大量细节，包括颜色、款式甚至座椅的位置。最后，凯西提醒妈妈，冉妮身边有一整套凯莉的换洗衣服，包括鞋子、帽子等。

当天下午，辛迪与乔治再次去了奥兰治郡监狱。

陪伴他们的狱警一离开对话室，乔治就急切地向女儿询问道："嗨，宝贝，我们又来了。呃，这句话也许不太合适说出口，但是，你一定要原谅我们，我们是为了能够尽早打听到凯莉的下落。请你讲实话，过去你是否欠了别人什么东西，比如说钱或者信用卡什么的，别人才将凯莉绑架用来做人质。有这种可能吗?"

"没有!"凯西断然否决了父亲的猜测。

乔治失望地低下头。过了一会儿，他又委婉地向凯西指出，凯西曾经从他和辛迪那里拿过钱，可能还拿过艾米的钱。凯西为自己辩解道，她之所以从艾米那里拿钱，是因为当时处于"极度的绝望之中"。

"什么意思?"乔治追问女儿。

凯西绕开这个问题，说自己出狱后会私下向他们解释清楚。

乔治向女儿解释，自己很盼望能够亲自为她做些什么。"我恨不得今天就把你从这个鬼地方弄出来，孩子，但是我们得先将凯莉找回来，"他伤感地说，"我实在是太想她了。"

"我也想她，爸爸。"凯西开始落泪。

"如果可以，我愿承担你的所有痛苦。孩子，你要知道，无论发生怎样的事情，你都可以对老爸讲，我会尽最大力量帮助你。你要信任我，孩子。"

“谢谢你，爸爸。”

“我爱你，我的孩子。”

凯西又哭起来：“我知道，爸爸，我也爱你。”

“我真希望自己能够做得更好一些，做个更好的爸爸，一个更称职的外祖父，孩子，你明白吗?”乔治黯然神伤地低语道。

“你已经是世界上最好的父亲、最棒的外祖父了……不要再想这件事了，爸爸，你和妈妈都是世上最好的外祖父和外祖母……能拥有你们的爱，凯莉真是个幸运的小家伙。”

乔治强忍着不让泪水流出来，哽咽着告诉女儿自己有多思念她和凯莉，每当看到家里摆放着的她们曾经使用过的物品，都会心如刀绞。他告诉女儿，整个安东尼家族就像一只温暖的大手，而他就是其中的大拇指，所有人都可以信任他、依靠他。凯西望着乔治，向他保证将积极配合联邦调查局的官员，尽快找到凯莉的下落。这位憔悴的父亲点点头，内心稍感宽慰。

7 月 28 日，李再次来到监狱探视妹妹。他向妹妹提出一个问题：凯莉失踪当天，凯西曾与三个人通过电话或者短信息联络过，他们是否可能与凯莉的失踪有关。凯西对哥哥的问题未置可否，回答自己在当天傍晚一直寻找着凯莉的下落。

在这次探视中，李还向凯西指出，根据警方计算机证据中心提供的信息，凯西于 6 月 16 日曾将自己在“聚友”网账号的登录密码变更为“定时器 55”。他向妹妹询问这个新密码是否包含特定的意义。凯西向哥哥解释道，她之所以这样做，是因为新密码与小凯莉的失踪有关。在检察官办公室，我们翻着日历做了简单的数学计算——从 6 月 16 日，辛迪最后一次见到凯莉时起，一直到 8 月 9 日小凯莉三岁生日时止，其间正好是 55 天。结合凯西设置的新密码“定时器 55”，我们可以做出如下推断：从凯莉失踪开始，辛迪将日益陷入焦躁绝望的境况。这样的日子将整整持续55天，一直到凯莉三周岁生日那天。此时，看不见外孙女的辛迪将会彻底崩溃。

兄妹俩分享着对凯莉无可抑制的爱与思念，对各个民间组织发起的寻找凯莉的运动深感诧异，也颇为欣慰。李问妹妹，她是否希望向绑架小凯莉的人传递些信息，他会立刻寻求媒体的帮助。“我发誓，我们终将找到凯莉，将她带回家，”凯西说道，“你知道我有多爱你，我有多么珍视我们之间的手足情。”凯西接着对哥哥重复了父亲的话，他们的家庭就像“一只温暖的大手”，关键时刻总是可以相互依偎。

“我也爱你，凯西，”李含着泪说，“我们一定会找到凯莉。”

第二天，何塞·贝兹律师向法庭提交了一项动议，请求封存凯西与家人狱中会面的影像资料，认为这些视频资料的公开将对本案的继续侦查造成障碍，也将对辩护方的权利造成潜在的损害。此次动议的提交是辩方企图对媒体进行控制的首次尝试。未来日子里，贝兹将会采取一系列相同的策略，一次次站在媒体镜头前，向公众宣讲有利于被告的观点，透漏有利于被告的信息；而一旦发现媒体对有利于检控方的信息进行报道，则会大声埋怨，认为其侵害了被告的宪法权利。

然而，话又说回来，是否应当将监狱的监控录像向公众公布，这并不是法官个人可以决定的。根据佛罗里达州法律，对于任何一个政府机构的在录信息，公民都享有广泛的知情权。另外，法律还明确规定，警署、检察署、法院、监狱等司法机构有义务向公众披露所有的视频与录音信息。因此，贝兹的上述动议被核准的可能性极小。

第二天，贝兹的动议被法庭正式驳回。

6月30日，乔治与辛迪再次去探望女儿，这次，夫妇俩都穿上了那件寻找凯莉的文化衫。凯西满面笑容地迎接父母。

乔治接过话筒向凯西表达了爱意与思念，凯西也表示十分思念亲人。

乔治向凯西津津有味地讲起他们的小凯莉赢得了绝大多数公众关注的事实。不久，辛迪将话筒抢过来，告诉凯西小凯莉的照片已经上了《人物周刊》的封面。

"天哪，我可真想回家，"凯西脱口而出，"每天醒来的第一件事就是盼着可以回家，可以和你们待在一起，可以亲自去寻找凯莉。"

同样的情形持续了数天。8月3日，乔治独自一人去看女儿。凯西看起来气色比往常都好。看见父亲独自一人来，身边没有母亲陪着，她似乎非常高兴，笑着向乔治打招呼。

"嗨，爸爸！"凯西高声叫着。

"美丽的姑娘，早晨好！"

乔治告诉凯西，一家人都十分想念她："真希望能够通过电话传递给你力量，我的孩子。"接着，乔治提醒凯西，还有不到一个星期就是小凯莉的三岁生日了，祈祷上帝保佑她能够平安回家。如果孩子在生日之前能够出现，他们将为她安排一个盛大的生日聚会。

"我要是能够回家，与你们一起，那该多好啊。"凯西叹了一口气。

"凯西，你的心肝宝贝，我的小外孙女，现在已经揪住了整个世界的心。"乔治告诉凯西，他每天都会收到大量问候，人们甚至从遥远的华盛顿特区打来电话，向他表示同情与祝福。

"唉，爸爸，我所希望的仅仅是让凯莉尽快回家，我愿意继续留在这里，如果能够让凯莉回家。”凯西说道，泪水潸然而下。

电话中，乔治向凯西复述着每晚对凯莉所做的祈祷：“我的月亮、我的星星、我的天空、我的宝贝，妈妈爱着你，外祖母与外祖父爱着你，舅舅也爱着你。”他告诉女儿：“我真的希望现在能够为你们做些什么，为了你和凯莉，哪怕让我立刻去死，我也毫不犹豫。凯西，你知道吗，关于这件事，你妈妈受打击最深，这些日子以来，她已经彻底垮掉了。”听到父亲谈及母亲的状况，凯西的语气突然变得冷漠起来。

乔治没有意识到女儿情绪的变化，依旧喋喋不休地谴责自己不是个好父亲，没有多倾听女儿的心声，凯西真诚而急切地打断了他：“你是最好的父亲与外祖父，我和凯莉真的很幸运。”

乔治警告凯西不要再理贝兹，说他已经为她联系好与联邦调查局的官员见面。凯西答应了爸爸，随即话锋一转，开始利用爸爸的好意大做文章。现在，凯西最想做的事就是逃离这所监狱。因此，她告诉爸爸这里说话不方便，如果她能够获得保释回家，将会对尽快找到凯莉大有帮助。乔治向女儿解释道，他们确实无法凑齐这笔巨额保释金。说到这里，这位内疚而慈爱的父亲开始哽咽起来。这次探视的后半段时间里，乔治一直在抹眼泪，他一再恳请女儿尽力帮助警方找到小凯莉。

最后，凯西请求爸爸，一旦凯莉被找到，就想方设法帮她离开这里。乔治一口答应了凯西的请求，自言自语地说，凯莉回家后他一定会好好陪她玩，给她加倍的爱。

最后的一段狱中谈话发生在凯西与其父母之间，时间是 8 月 14 日。她的哥哥李在当天早些时候已经去看过她。一看见凯西进入会见室，辛迪就忍不住痛哭起来——她已经找了自己的小外孙女整整一个月了，却依旧毫无音讯。此刻的辛迪苍白憔悴，情绪焦躁不安。是她亲口抱怨那辆“该死的”汽车里有“什么东西死掉了”的味道，是她亲手拨通了 911 报警电话要求警方逮捕自己的女儿。她的内心十分矛盾，既希望凯莉确实是被人绑架而不是发生了其他更为可怕的事情，又对小凯莉的人身安危表示担忧。这些天来，辛迪一直在希望与绝望中饱受煎熬，亲历着生不如死的噩梦。

而此时的凯西却依旧笑嘻嘻地出现，向父母欢快地打着招呼，她的精神状态与母亲形成了鲜明对比。三人在一起交谈了没多久，辛迪就满怀忧虑地忍不住脱口而出：“他们今天早晨说凯莉死了，尸体在游泳池里被发现。”

听到这个消息，凯西的反应并不强烈。她只是摇着头，轻蔑地笑着，似乎听到了最为荒诞不经的故事：“啊哈，真是令人震惊。不是吗，妈妈?”凯西带着讥讽的语气评论道。

“哦，你是这样认为吗？让我们看看还会发生些什么其他的好事吧。”辛迪幽幽地说道，她的语气哀怨，似乎已经看到了末日来临。

凯西立刻对母亲进行回击：“妈妈，这完全不关我的事！对不起，我什么都不知道，只知道自己已经在这里被关了一个月了，到今天就整整一个月了！你理解我的感受吗？我的意思是，你真的在乎过我在这里的感受吗?”

初见面时温馨欢快的家庭氛围被凯西充满怨恨的语气彻底毁掉了。更令辛迪难以接受的是，凯西随后提出，自己已向警方提出申请，希望以后只与一位固定的家庭成员见面交谈。这无疑给她与父母间已经凝固的会见气氛又平添了一层冰冷。凯西向妈妈解释道，她向警方指定的家庭成员是爸爸，因为自己不想在无意中伤害她。

乔治立刻抢过话筒，试图减轻这一消息对妻子的打击。他迅速岔开话题，提醒自己的女儿，无论做什么决定，她才应当是真正的主角，不要听什么何塞·贝兹的任意摆布。他要女儿明白，关于希望与谁进行交谈，她具有完全的自由。虽然乔治没有明说，但他认为这一切都是贝兹在幕后搞的鬼。贝兹仅仅是一名律师，他只关心当事人凯西的利益，凯西如何行动才能免遭检控方的起诉、凯西如何陈述才能不留给警方任何把柄，诸如此类。而对于凯莉的死活，贝兹是毫不在乎的。因此，乔治坚信，贝兹教唆凯西的一切行为都将成为或者已经成为大家寻找凯莉进程中的巨大障碍。他希望女儿不要理会贝兹的建议，有什么事情可以向警方直接报告。

“但是警察不会帮助我们。”凯西嘟囔着抱怨道，喋喋不休地数落警察的宗宗罪恶：在审讯中对她冷嘲热讽，没有耐心听她的解释，在短短一天的时间内就将她关入监狱……最主要的是，警方已经对她失去了信任。她还指责家中的亲人现在只关心凯莉的影踪，只有贝兹律师真正关心她的状况。从凯西的言辞以及语气中，我们可以得出结论：虽然口头上她对凯莉的境况也颇为担忧，但实质上这是一个冷血而自私的姑娘，她唯一在乎的只有自己，除此之外，别无他人。正是这一点令所有人感到痛心。

乔治将话筒递给辛迪后，凯西终于开始大发脾气，她咬牙切齿地在话筒中咆哮着：“从现在起，你们休想再让我说一句话！谁也别想控制我！好吧，你们想知道一切，现在告诉你们，我无可奉告！”

乔治试图安抚凯西，告诉她被羁押在监狱里实在是没有办法的事。但这句话更加激怒了凯西。她转而数落父亲，说正是他出卖了她，告诉警察自己知道小凯莉的下落。

“你们听着，从现在起，一直到回家为止，在此期间我什么忙也帮不上。即便回了家，我也无法提供更多的关于凯莉失踪的线索。但我至少可以做一些其他的事情，胜过在这里干坐着。”事实上，据凯西所言，她已经寻找了凯莉一个多月，在被羁押期间也未能向警方提供任何有价值的线索。现在她居然口口声声说什么一旦释放以后会做一些有用的事情，真是令人匪夷所思。如今，凯西终于亮出了自己的底牌——她决定坚持自己早先的谎言，不打算向大家提供任何新的线索。凯西的策略十分简单：一方面，她向父母频频施加压力，希望后者能够想方设法帮她出狱；另一方面，她不断给父母泼着凉水，降低他们的期望值，防止他们将所有的赌注押在自己身上。

带着难以抑制的怒火，凯西终于向父母摊了牌，坦承她如今只关心自己的安危，根本没有精力去管其他什么人。在安东尼夫妇的极度震惊中，凯西不得不立刻修正自己的措辞，声称仍然关心着凯莉的下落，她所告诉警方的一切都是实情。

“咳，我现在越来越生气，面对这一切，”她尖叫道，“没有一个人能让我看着顺眼些，你们让我到这里见你们，却并不是为了帮助我而是不断地提起那个小家伙。好吧，我自己来帮助自己！”

面对凯西刻薄的指责，辛迪向她解释道，自己与乔治并没有如此强的经济实力，他们确实交不起那笔保释金。这次谈话中，辛迪一改往日做派，数次低声下气地向女儿示好。她强忍着肉体与精神上的双重痛苦，一次次地包容着凯西，不愿将母女之间的关系再次搞僵。但凯西似乎并不买她的账，依旧向她尖叫着、咆哮着。

“这正是最令我难以忍受之处，从一开始就令我冒火，”她回敬辛迪，“大家都希望我被关一个月，然后不得不求饶，告诉你们那些所谓的线索。”

乔治此刻插话，要求女儿绕开贝兹，直接与警方对话。他建议女儿写封信给警署，要求私下与警官进行面对面的沟通。但凯西对父亲的建议嗤之以鼻，她似乎仍然只在乎自己，对沉浸在如此悲惨的境遇中耿耿于怀。“我不愿意这样做，我什么都管不着！”她大声哭道。

会谈进行到此时，辛迪已经彻底崩溃了，她绝望地靠在乔治的肩膀上，望着凯西黯然落泪。当凯西再一次歇斯底里地哭诉着自己的愤懑时，辛迪甚至连头也无力抬起，只是默默地听着她的喊声：“我所做的不过是为了让事情变得更容易一些！我和你们其中的任何人一样，都是无辜的受害者！”

安东尼一家也许永远不会知道，此刻，梅里奇探长就在隔壁的监控室里观察着整个会见的情形。凯西不给父母向她询问凯莉影踪的机会。当凯西与乔治谈话时，乔治再一次提出建议，她应当给奥兰治郡警署写封信，要求与警官直接见面交流。凯西答应了父母，但是提出一个条件，就是绝不会再在这里接受任何人的询问。

令梅里奇感到意外的是，当天下午他就得到消息，凯西直接致函警察局局长凯文·贝瑞，说希望与警察之外的其他人私下谈谈，说明白点儿，就是和她的父亲乔治进行交谈。信函上说：“我可以与自己的父亲乔治进行交谈吗？如果可以，我将十分感谢您。我知道这个请求有点儿奇怪，但是于我而言却很重要。”

警探们精神大振，判断这次凯西极有可能向父亲透漏一些刻意隐瞒的线索。他们立刻驱车前往安东尼住宅，接上乔治后直奔奥兰治郡监狱。

凯西与乔治的谈话会在警车里进行，整个交谈过程将被警方暗地里录音。梅里奇警探一再向乔治声明，他与女儿的这次谈话并非警方的刻意安排，警方也不会要求他向女儿询问指定的问题。当然，他此刻也决不代表州政府与自己的女儿进行对话。他可以与自己的女儿随意交谈。乔治则向警方表示，他确实非常希望把握这次难得的机会，祈祷这次谈话能使案件获得实质性进展。

清晨 7 点 30 分，警方陪同乔治抵达监所，却发现凯西正在会见一名叫作亚当·加百利的律师，他是何塞·贝兹律师的助手。加百利律师正在努力说服凯西不要对任何人谈及该案的任何信息。警官们闻言，警告加百利，他们是应凯西的要求，陪伴乔治·安东尼进监所进行谈话。假如凯西希望与乔治私下谈话，他们将提供一切方便。最后，警探们还加了一句话，如果凯西愿意，加百利可以留在谈话现场。总而言之，见与不见父亲都是凯西说了算，律师不能向她施加任何压力。

一个半小时后，警方得到消息，凯西改变了主意，她不再希望与父亲交谈。乔治带着遗憾离开了监所。

这就是凯西最后一次与家人在狱中会面的大致情况。安东尼一家渐渐厌倦了每天花费时间与凯西交流一些不着边际的话题。经乔治、辛迪、李和凯西四人一致同意，以后他们之间的所有对话将一律由贝兹律师作为中间人传递。

到此为止，无论是警方还是安东尼一家，大家从凯西嘴里获得案件新线索的希望彻底破灭了。此刻，人们唯有暗自祈祷着，但愿凯西被捕前所做的陈述确有一星半点的内容是真实的，他们将根据这些线索继续做出不懈的努力。

第八章　三十一天

凯西的家人并未能从狱中的凯西那里获取该案的最新线索，因而警方不得不立足于凯西入狱前向他们提供的信息，加足马力搜寻凯莉的下落。

琳达邀请我加入专案组的前几个星期，警探们已经开始拼接凯西行为的日程表，时间从 6 月 16 日她带着小凯莉离开霍普斯贝茵大道的安东尼家开始，一直到 7 月 15 日辛迪向 911 报案时为止。（按照自己的回忆，凯西喜欢将这段时间称作“三十一天”，这里不排除计数上的偏差。尽管如此，这“三十一天”还是成为本案日后将频繁使用的专门词语，也是最重要的构成部分。为简便起见，下文将按照凯西的说法，将 6 月 16 日到 7 月 15 日的这段时间称作“三十一天”。——作者注）如前所述，凯西向警方提供的陈述与目击证词没有任何新的变化。通过对凯西证词涉及的人物所进行的走访调查、交叉询问与对比核实，警探们一点一滴地剔除掉了凯西所有的谎言，这确实是一份艰苦而细致的工作。好在大家的努力没有白费，事情的真相正逐渐呈现出大致轮廓。面对凯西精心编造的一系列谎言，警方开始怀疑这是一桩故意杀人案。至于作案者的动机如何，以及确切的作案时间、地点、采取的手段等，这一切还均是未知数。

2008 年 6 月 16 日，小凯莉最后一次出现在人们的视线里。但是在辛迪报案后的一段时间里，关于小凯莉失踪的确切日期曾一度引起了争论。辛迪与凯西都纠正道，小凯莉最后一次被人们看见应该是在 6 月 9 日。但是后来根据大家的回忆，辛迪曾经带着小家伙搭便车去看望过自己年迈的父亲，时间是在 6 月 15 日的“父亲节”，那一天是星期日。第二天一大早，辛迪就去上班了，当时小家伙还在睡觉。

据乔治所述，6 月 16 日，星期一，他亲眼看到凯西带着凯莉在中午 12 时 50 分左右离开了家。凯西当时告诉父亲她和凯莉要出门，她去上班，顺路将凯莉送到保姆处。凯西当时穿着一条样式考究的炭灰色细直纹休闲裤，上身是一件浅褐色的宽松版罩衫。小凯莉则穿着浅蓝色的牛仔裙，裙领是鲜嫩的亮粉色，脚蹬一双白色网球鞋，还戴着镶有白色细边的太阳镜，她的头发高高地扎成一束马尾在脑后摇来摇去。母女二人都背着双肩包，凯莉的包是白色的，上面装饰有卡通小猴子。凯西告诉爸爸，当晚她和小凯莉都不回来了，就住在保姆家，她已经告诉过妈妈了。此后不久，大约下午 2 时，乔治出门上班，他当时在一家公司担任安保人员。后来，凯西也向妈妈辛迪重复了一遍上述对爸爸说的话，告诉妈妈她们母女俩晚上将在保姆冉妮处过夜。令人生疑的是，警探调取当天的电话记录，发现凯西并未立刻离开家——直到下午 4 时，她还一直在自己家附近一带活动。但是，凯西在乔治走后是否重新返回过家，这一点警方无法确定。

当天晚上 7 时左右，凯西在其男友托尼·拉冉罗的住宅一带活动。当晚 7 时 45 分，街道旁的监控视频显示凯西与托尼进入百事达音像店，租了一部影碟，然后手挽着手在街头漫步。当时的监控中并没有出现凯莉的影像。据托尼回忆当晚的情形，他与凯西看了部电影，接着就上床、做爱，直到第二天快中午时分才起床。如果托尼所言为真，那么他当天根本没有见到过凯莉。托尼回忆自己最后一次见到凯莉是在 6 月 2 日，那天他曾邀请小家伙来公寓的泳池玩耍。

电话记录显示，凯西于第二天中午 2 时左右离开托尼住处。那天是星期二，6 月 17 日，然后开车回家。这一点被安东尼家的邻居布莱恩·伯纳所证实：他当天看到安东尼家的庞蒂克轿车开进后院，然后进了车库。当时乔治应该已经离家或者正准备离家去上班，而辛迪作为一名护士，直到下午 5 时才会回家。所以无人清楚凯西当天下午在家里到底做了些什么。

可以确定的是，当天傍晚凯西曾给母亲辛迪去过电话，声称自己与凯莉将在保姆冉妮家再过一夜。而当时的电话记录显示凯西此刻已经回了托尼那里。辛迪并非是 6 月 17 日唯一的受骗者，当天，凯西还给闺密艾米·休伊曾迦发了个短信，说自己因为有事，所以不能邀请艾米搬进自己的父母家小住了。凯西曾经告诉过艾米，自己的父母很快会从现在的住处搬走，这样，整个房子都将属于自己，她希望艾米能够搬来给自己做伴。凯西对艾米的许诺不过是谎言，凯西的父母根本没有搬离现有住宅的计划。

6 月 18 日中午 12 时 30 分，凯西从托尼的住处给安东尼住宅打电话。从电话持续的时间来看，当时乔治与辛迪均不在家。警方推断，凯西故意拨了这个电话，目的是打探家中是否有人。一个小时后，同样是邻居布莱恩·伯纳看到凯西将那辆庞蒂克开回了车库。1 时 30 分到 2 时 30 分之间，凯西从邻居那里借了一把铁铲，说自己想去后院里挖一些竹笋。不到一个小时，她就归还了那把铁铲。据邻居证实，铲子并没有被使用过的痕迹。在父母家里待了一个下午后，凯西又返回托尼那里，再次与托尼一起过夜。这一切均可以从电话记录中得到证实。

当天晚上，凯西开始编造更为大胆的谎言。她打电话告诉辛迪，由于工作需要，她必须出席公司在塔帕市布希花园主题公园召开的会议。凯西事先告诉过父母，自己在环球影城主题公园里从事项目设计的工作，所以这次出差对他们而言是合情合理的。凯西告诉父母，她已经邀请冉妮、冉妮的朋友朱丽叶特·刘易斯、朱丽叶特的女儿安娜贝拉一起去塔帕市。安娜贝拉与凯莉年龄相仿，所以两个小家伙是很好的玩伴。她最后告诉辛迪，她们一行人将要玩到周五，也就是 6 月 20 日才会回家。

撇开环球影城安保门前发生的一切不谈，只要看看上述谎言，我们就可以确信凯西是一个相当老练、大胆且心细的撒谎者。她可以毫不费力地进入状态，任谎言脱口而出。无论她的听众是谁，她都能够投其所好、现编现演，并富于急智，善于随时填补漏洞。凯西之所以告诉妈妈凯莉的塔帕之旅将有一个理想的玩伴，是因为她深知自己的母亲非常溺爱小凯莉，因此听到这个消息比其他任何人都会感到高兴；她之所以编造了一个叫作朱丽叶特的女人作为冉妮的好友，是因为担心妈妈怀疑为何冉妮会不厌其烦地一直跟着她到塔帕市去照看凯莉。我现在终于明白了凯西的谎言为何能够屡屡成功，很大一部分原因是她熟谙被骗者的心理，注重他们所关注的细节——正是这些看似不经心捏造出来的细节，使得那些被骗者放下一切怀疑，心甘情愿地步入她的圈套。

究竟如何才能编造出完美无缺的谎言？任何一个经验丰富的骗子都会向你传授如下诀窍：找准被骗者的兴趣点，然后设法满足他。凯西努力扮演着一位称职母亲的角色，好让人们认为她是一个尽心尽职的勤奋而辛苦的母亲。以此目标为主干的谎言中，只要随意制造一些次要情节，譬如多加进去一天的工作，或者虚构一个玛丽·波平斯式的保姆冉妮，谎言就可以一波接一波、顺其自然地延宕下去。面对一系列谎言可能产生的自相矛盾，凯西只要对其中的一些细节问题稍加调整，就会令最为挑剔的质疑者闭嘴。

辛迪已经被所谓的保姆谎言蒙骗了一年有余，凯西确认妈妈将会顺着冉妮这条线索来思考所有问题，所以她大胆地将冉妮确定为整个谎言链中的关键人物。冉妮具有一切其他保姆缺乏的美德，优秀得不像是现实生活中存在的人物——她是如此的热心、无私。如果有人对这样的保姆也嘟嘟哝哝抱怨不休，那这个人一定内心阴暗、好疑善妒。同时，哪一位母亲不希望看见自己的女儿在工作上有所成就呢？站在辛迪的角度考虑此事，女儿被受雇公司如此器重，由公司承担经费派她出差参加会议，这一切已经足够令这位母亲骄傲自豪了，怎么还会对事件的真伪产生怀疑呢？

辛迪毫不怀疑女儿去了塔帕市开会，电话记录却忠实地反映了凯西在接下来的第二天，也就是 6 月 19 日星期四，依旧在托尼住宅附近度过。当时，她与托尼一起打听着附近的房源。托尼此前与其他朋友一起合租着一套公寓，因而他与凯西想换一间公寓，只属于他们两人的公寓。晚上 9 时 20 分，二人返回托尼的公寓。其间，托尼曾向凯西数次打听凯莉的影踪，都被凯西撒谎搪塞过去。据托尼所述，当时凯西告诉他，凯莉不是与安东尼夫妇在一起，就是被保姆照看着。

警方走访了凯西的朋友们。据他们所述，凯西似乎很喜欢与托尼在一起，喜欢待在托尼的公寓中。令人惊讶的是，凯西还是一名十分称职的女管家，无论是对托尼还是他的室友——她可以毫无怨言地为他们所有的人准备一日三餐、清洗衣物、收拾屋子，然后陪托尼上床。当然，当大家偶尔对凯莉的去向表示纳闷时（出于礼貌，大家总是会问“凯西，你为什么不照看自己的女儿?”、“凯西，你的女儿这些天在哪里?”），她能够针对不同的人迅速选择不同的回答。凯西在当天晚上给母亲打了电话，继续着自己的谎言，告诉妈妈自己与凯莉还在布希花园，凯莉玩得很开心。凯西一面向母亲撒谎，一面非常准时地向母亲主动报告着自己和凯莉的行踪，她的目的十分明显——抢在母亲想起她们之前打电话，不给母亲留有一丝一毫产生怀疑的机会。

星期五晚上，6 月 20 日，本应是凯西与凯莉返程的日子。但是很不巧，凯西与朋友们要在富鲜寿司店聚会。每逢周末，这家俱乐部向大学生们免费开放。托尼就在这家俱乐部工作，他希望升任俱乐部的管理人，因此必须将业绩做上去。为了吸引媒体与公众的注意，托尼安排了许多靓丽的年轻姑娘来推销酒品。当天晚上，这家俱乐部还举办了“火辣身材”大赛。凯西花了整个晚上向观众展示她的身体，希望荣膺“火辣身材”的冠军。当天的照片显示，凯西上身完全裸露着，下身着蓝色超短裙与黑色长靴，与大家一起热舞，玩得相当开心。

不用说，这件事是不能对辛迪讲的。凯西打电话告诉母亲的是另一个版本——她仍然逗留在塔帕市，会议延期一天，星期六结束。同时，凯西向另一位好友玛利亚·吉斯扯谎，说凯莉与保姆正在海滩上玩耍。事实上，整个晚上，凯西都与托尼在一起厮混。

6 月 22 日，星期天，凯西对辛迪又编造了新的借口。这次，凯西告诉妈妈，由于会议安排实在太紧张了，大家都没有时间去布希花园的游乐场里玩个痛快。因此，她准备在这里多待一天，带着孩子们去骑骑马。凯西还向母亲笑谈道，无论如何，凯莉与安娜贝拉这些日子在一起玩得十分开心。

第二天，凯西在托尼的住处一直待到下午 1 时 41 分，接着就开着那辆庞蒂克轿车离开了。很快，凯西打电话给托尼，说自己车子没油了，要他立刻赶来接她。见到托尼后，凯西并没有要求拉着她的车子去加油站，而是坐上托尼的车回到父母家。在凯西的指点下，托尼砸开乔治工具间的锁，凯西跳进去抱了两罐红色的便携式油桶出来。然后二人乘车返回原路，将两罐汽油倒进庞蒂克轿车的油箱，分别驾驶着两辆车返回托尼住处。

当天晚上，凯西给辛迪打电话报告了一个坏消息。她们从塔帕市返回家的路上发生了车祸。冉妮受了重伤被送往医院治疗。因此她和凯莉、朱丽叶特、安娜贝拉不得不再次滞留塔帕市照顾冉妮。

事实上，从人们最后一次看见小凯莉那天算起，时间已经过了一个星期。

6月24日，星期二的早晨，乔治打算修整院子里的草坪，突然发现他的工具间被人撬了，两罐汽油也不翼而飞。凯西以前就偷过他的汽油罐，因此他怀疑这次也是凯西干的，虽然如此，他还是报了警。乔治告诉警方他的工具间被撬了，被损坏的锁具价值大约50美元，还丢了价值50美元的两罐汽油。

当天下午，凯西返回安东尼住宅，发现爸爸还没有去上班。这是一个多星期来她的父母第一次见她的面。当时凯西露出惊讶的神色——她显然没有预料到爸爸也在家。乔治回忆道，他的女儿越过自己径直冲进卧室，大声嚷嚷着因为发生了车祸，需要寻找什么保险资料单。

阅读着乔治向警方提供的信息，我对凯西钦佩之极，这个姑娘随机应变的能力确实很强，她能够在瞬间灵机一动，继而编造出天衣无缝的谎言来。这种罕见的急智确实给我的印象很深。但是这一次，乔治没有被她轻易蒙蔽。

猜想是凯西偷了那两罐汽油，乔治装着要在后备箱里寻找什么东西的样子，不动声色地向庞蒂克轿车走去。凯西见状，从卧室里跑出，抢先一步冲向汽车，打开后备箱，将空汽油罐取出，然后一把将它们塞进乔治怀中，一边还十分恼怒地冲着乔治大嚷："你想要这个对不对？把这些见鬼的东西还给你！"当时凯西径直站在乔治面前挡着，因此从乔治的角度根本看不见后备箱里还有什么东西——如果其中隐藏着凯莉的尸体的话——而且，就当时情景而言，乔治也没必要去查看后备箱。

话单记录显示，20 分钟后，凯西拨通了妈妈的电话，说冉妮因为术后并发症需要在医院里再观察治疗一些日子。她还向妈妈提及了自己回家来取保险资料一事，以便与自己对父亲说过的理由保持一致。

凯西的谎言编造得十分完美，它们环环相扣、相互印证，将所有人蒙在鼓里。6 月 25 日，星期三，凯西打电话给艾米。通话中，她向对方提及自己最近开车轧死了一只松鼠，所以车子里总是有股子令人作呕的臭味，这真是一件倒霉事儿。接着，凯西在托尼的公寓中度过了一整天，却告诉妈妈自己已经拿着保险资料重新返回塔帕市。第二天，凯西告诉妈妈冉妮已经痊愈出院，但因为天色已晚，她们打算再在塔帕市住一晚。当时凯西是与托尼在一起。

第二天，6 月 27 日，星期五，话单记录显示，凯西的活动范围由托尼住处转移到附近一带。上午 11 时 30 分，她给艾米发短信，又谈到了自己车里的那股臭味，猜测可能是那只该死的松鼠被轧得稀烂，然后一直黏附在自己汽车框架底盘上。17 分钟后，凯西打电话给托尼，要他立刻到位于东科洛尼亚路与金麒麟路交界处的阿马斯考特商场来接她，她的车又没油了。托尼赶到后提出要为凯西的车加油，但凯西说不用他管，她的父亲会赶来处理这一切。当时商场附近就有两家加油站，但二人还是将车弃在停车场里的一个垃圾桶旁，然后坐着托尼的车回去了。当天又是周末，二人再次光临富鲜俱乐部，玩了一宿。

夜间，辛迪接到了凯西的电话。冉妮的故事已经接近尾声，凯西不愿意自己的谎言穿帮，因此开始构思新的故事情节，好让这

“一千零一夜”继续编下去。新故事的版本如下：她和凯莉已经回了奥兰治郡，但目前仍然无法回家，因为她们此刻正待在哈德斯通国际酒店拜访一位老朋友——来自杰克逊维尔的杰夫瑞·霍普金斯。杰夫瑞带着自己的儿子扎克，与小凯莉同岁。两个小家伙一见如故，玩得十分开心，因此杰夫瑞希望自己与凯莉住在酒店陪他们一晚。据凯西所述，杰夫瑞十分富有，是大笔债券基金的持有人。更重要的是，杰夫瑞是个单亲爸爸，他的妻子早些年去世了，目前他一直在追求凯西。这个故事编得挺靠谱，因为辛迪之前似乎听到过杰夫瑞·霍普金斯的名字——一年前，凯西曾告诉过妈妈，是杰夫瑞将保姆冉妮介绍给自己来照顾小凯莉。建立在这个老谎言的基础上，此刻杰夫瑞再次出现，辛迪自然对女儿的话深信不疑。

虽然辛迪一直很辛苦地在配合着女儿，但凯西的谎言已经逐渐开始露出马脚。星期日，那辆庞蒂克轿车已经停在阿马斯考特商场停车场两天没人过问了。停车场的工作人员注意到了这辆无主轿车，报告了警方。第二天，该车就被警方派拖车拖走，并最终导致了辛迪的 911 报警电话。

凯西在这 31 天的所有行径里，我最感兴趣的就是这一点——她为何决定将这辆庞蒂克轿车丢弃在商业区的停车场？要知道，从凯莉最后一次出现在人们眼中那一刻起，凯西所做的一切都堪称完美（至少在辛迪眼中非常完美），除了对这辆车的处理。如果有什么可以对她看似正常的行为产生怀疑的话，无疑就是这辆庞蒂克轿车，这可真是一大败笔。毋庸过多解释，凯西的这一举动明显欠缺周详的计划，也未能认真考虑后果，看来是她一时冲动所为。但是，这一举动与她所有的谎言之间有何内在联系呢？她难道没有制订过长远的计划或策略吗？如果答案是肯定的，那么将车丢弃在商场停车场的举动就完全是在玩火。当然，如果注意到车辆选择停靠的位置，我们也不排除另一种可能：也许凯西做过分析，认为将车丢在停车场的垃圾桶旁可以遮盖车内散发出的强烈异味，同时不会引起路人的注意。也就是说，她打算将这辆车停在垃圾桶旁，好让其中的异味慢慢散发掉，然后再将它开走。但是，这个姑娘真是太天真了，居然认为这种气味在短时间内可以自然挥发掉。还有一点，事隔多天后，乔治才发现前门上贴着的取车单，这一点对于凯西而言真是幸运。否则辛迪发现取车单后会立刻拨打 911 报警电话，本文开头出现的一幕混乱场面也就会提前半个月上演了。凯西随后的谎言之所以能够被辛迪接受，完全是因为安东尼夫妇未能及时发现这张取车单——她告诉辛迪自己开车带着凯莉去了杰克逊维尔，因此这辆车不可能在奥兰多境内被发现。

那辆庞蒂克轿车从商场停车场被拖走的时间是在 6 月 30 日，星期一。这一天凯西可是忙得够呛。她与艾米一起去购物，然后开着托尼的吉普车送他去机场，托尼要乘班机回纽约的家。事后，她驾车回了托尼的寓所，而且一直在用着托尼的车。托尼不在的日子里，凯西与艾米住在一起，和她们在一起的还有艾米的同居男友，也就是凯西的前男友利卡多·莫拉莱斯。凯西从托尼的公寓搬到艾米那里后，她的谎言也随之做了调整。她告诉辛迪，杰夫瑞·霍普金斯急切地挽留她与凯莉继续留下来陪他们，她们会一直住到 7 月 3 日。这时，距离凯莉最后一次出现在人们视线中已经整整两个星期了。

其后，凯西不再像往常一样在每个傍晚与母亲通话，这可急坏了辛迪。近一个星期，辛迪一直计划着在 7 月 4 日独立日假期带着小凯莉出去游玩。然而，直到辛迪已经开始休假，小凯莉却仍然不见踪迹。气急败坏的辛迪不停地拨打女儿的手机，却始终得不到女儿的回电。终于，凯西回了母亲一个短信息，说小凯莉正在环球影城与冉妮的室友詹妮弗·罗莎在一起。

7月2日，星期三，凯西与一家文身店取得联系，预约第二天去做文身。接着，她在野牛餐厅吃了午餐，然后逛街、购物、泡夜总会。最后，凯西决定还是回到艾米与利卡多那儿过夜。

当晚，艾米问凯莉去了哪里，凯西回答小家伙有保姆照看着呢。半夜，辛迪开始感到焦躁不安，她在凌晨12时13分至12时37分之间的24分钟内连续拨打凯西的手机，但凯西并未接听妈妈的电话。

也许是命运作怪，那天晚上，凯西真的在奥兰多的沃特福德湖大酒店遇见了杰夫瑞·霍普金斯。警方事后向杰夫瑞了解到，他与凯西是中学时的同学，但自从毕业后就一直未再联系过。酒店里，二人交换了电话号码等联系方式，但是后来除了凯西给他发过一封电子邮件邀请他参加富鲜寿司店的聚会外，杰夫瑞再也没有听到过她的音讯。而且杰夫瑞根本没有什么儿子，也没有信托基金或者已经去世的妻子，他不住在迈克逊维尔，也从未追求过凯西，更不要说见到过小凯莉和保姆冉妮了。

7月3日，星期四，凯莉按计划去做了文身。在那里，她要求文身师将“Bella Vita”的字样文在自己的左肩上——那是一句意大利语，含义是“美好生活”。文身师告诉警方，许多年轻人都请求他将这句意大利语文在身体上，也许代表着他们对美好生活的渴望与向往。凯西来到他的工作室时表情非常轻松愉快，他当时也被凯西的情绪所感染，认定这个姑娘已经在享受着“美好生活”。凯西与他预约了下一次做文身的时间，其间还谈到了自己的小女儿凯莉，说此刻凯莉正与保姆在一起玩耍，下次一定带凯莉一起来看他。

与此同时，辛迪的忍耐已经到了极限。她的怒火越来越大，唯一的愿望就是立刻见到自己的外孙女。她在当晚和第二天早晨疯狂地给凯西拨了七次电话，却未能联系上自己的女儿。最后，凯西给妈妈回电话说，凯莉在环球影城专门为员工的孩子们设计的主题游戏中玩了一整天。凯西本想邀请辛迪一起去，但是很遗憾，公司规定只有员工与员工的孩子才可以参加。放下电话，辛迪没有耽搁一分钟，立刻驱车冲向环球影城。到达停车场后，辛迪给凯西打电话，说自己此刻就在门外的停车场站着，要她立刻将凯莉送出来。辛迪原想着母女俩一会儿就应该出来，谁想到凯西又开始与母亲捉迷藏。但辛迪实在是太想见到小凯莉了，因此这次绝不再听她的任何推辞与解释。在凯西带着凯莉离家之前，辛迪曾经为凯西的生活方式与她激烈争吵过。如今，辛迪深信，自己已经将女儿逼到了不得不认输的境地。

事实上，也只有辛迪自己才会这样天真地下结论。当凯西接到妈妈的电话，得知她此刻就在环球影城的停车场等着见自己和凯莉时，大吃一惊。她意识到自己的谎言就要穿帮了，因此不得不编造另一个故事来对付妈妈。吃一堑长一智，凯西提醒自己，这次决不能将故事发生的地点编造得离母亲太近，以防母亲随时跟踪察看。于是，凯西告诉母亲：“妈妈，真不凑巧，杰夫瑞·霍普金斯刚刚邀请我和凯莉一起去杰克逊维尔做客。我答应了杰夫瑞，现在已经在路上了。”

凯西挂掉电话后，乔治曾试图联系她，但是她始终不接电话。气急败坏之下，辛迪给凯西的哥哥李打电话，要李去市中心的酒吧找凯西。李上网察看凯西喜欢浏览的“聚友”网，发现了凯西与朋友们经常提到的聚会地点。他匆匆赶到一处酒吧，但是一进门就被告知凯西前脚刚出去——她得知哥哥正在赶来的消息后悄悄溜走了。李立即给妹妹拨打电话，但她根本不接听。李只好让自己的女友给凯西拨电话。李的女友接通了凯西的电话，二人匆匆交谈几句后，李一把夺过话筒，凯西一听见哥哥的声音就立刻挂断了。

无奈中，李将这一切都汇报给妈妈。辛迪让儿子为自己在“聚友”网注册了一个账号，然后发了一通牢骚。帖子中，她心痛地指责凯西对她的悖逆与伤害，希望女儿能够迷途知返。辛迪帖子的主题是“有谁见到了我的小凯莉?”，心情标签是“抓狂与担忧中”。这段长达 17 行的帖子饱浸着辛迪的忧伤与愤怒：“做母亲的给了女儿一次又一次的机会，最终换来了什么？除了心碎与绝望……”最终，帖子末尾，辛迪再次表达了对凯莉的思念之情：“凯莉，我亲爱的孩子，你能听到我对你的呼唤吗？就在此刻，究竟有谁看见了我的小天使?”

独立日那天，凯西除了购物就是狂欢。她在母亲的帖子后面回复道：“请你闭嘴吧！让我一个人静静!”接着，凯西利用杰夫瑞再次给母亲下饵，告诉母亲说自己已经打算与杰夫瑞·霍普金斯建立起长久的情人关系，提醒母亲应当接受自己已经成人的事实，因为自己和小凯莉迟早都要从她和父亲那里搬出去独立生活。很明显，凯西的策略奏效了，辛迪连忙答应给她独立的生活空间，不再干预她的生活模式，前提是让她见一面小凯莉。

7 月 5 日，星期六，托尼从纽约返回奥兰多。凯西去机场接了托尼，接着又开始了以前的日子——凯西很开心地恢复了全职女管家身份，为托尼和他的室友们准备饮食、清洗衣物、打扫房间、陪托尼上床。就在当天，凯西告诉辛迪自己已经到了杰克逊维尔，与杰夫瑞·霍普金斯的母亲朱尔斯待在一起，她计划 7 月 12 日带着凯莉返回奥兰多。

对凯西的所有行为进行分析，这个姑娘的胆识已经超出了我可以理解的范围。吃惊之余，我不得不为她捏着一把汗，不知她考虑过自己日后将如何收场吗？从6月中旬开始，一直到7月中旬，她在不同版本的谎言间跳来跳去，虽然险情迭出，幸好都被她的急智所救，成功地瞒过了所有人。她熟练地操纵着谎言，让它们环环相扣，从一幕情景自然平滑地过渡到下一幕情景，却不思考终有一天它们会像多米诺骨牌那样全部倒塌。凯西这样做，最终只有死路一条。据我分析，所有的谎言中，关于杰夫瑞·霍普金斯的事迹编造得最为离奇，也最为巧妙——它是一系列谎言的终点，也是整个戏剧谢幕前的高潮。照目前看来，如果辛迪不将凯西堵在托尼寓所门口，如果辛迪不拨打911报警电话，那么凯西口中关于杰夫瑞的故事还会演绎下去：下一个情节就是她与杰夫瑞私奔，毕竟这是一个年轻、富有的男人，难得的是，他还是个顾家的好父亲——“妈妈，一切来得太突然了，当然，我爱你和爸爸，但是，与杰夫瑞在一起的时刻太美妙了。”接下来还会上演一场二人如胶似漆的国外蜜月旅行的好戏——“杰夫瑞真是个好男人，太有爱心了，他坚持说一定要带上孩子们一起去。”以上借口仅仅是我个人的假设，但是，根据凯西编造谎言的发展方向来看，其后难免不会出现如上所述的私奔镜头。凯西之所以对母亲做这样的情节设计，是企图将小凯莉的事向母亲做个一了百了——从此，凯西就与小凯莉在国外与杰夫瑞父子俩一起过着幸福快乐的日子——假如我编故事的本领能够及得上凯西的十分之一，也许我会将情节做出这样的演绎。但是很遗憾，我和同事们当时能做的只有绞尽脑汁对凯西的谎言进行甄别与分析。

当然，我们还是能够看到，冥冥之中仿佛存在着一只无形的手推动着这些谎言走向灭亡，无论它来自辛迪的固执、乔治的干涉还是那辆庞蒂克轿车的发现，或者，仅仅是命运使然。随着越来越多的证据的出现，案件的轮廓越来越清晰可辨，凯西的谎言也越来越经不起推敲，逐渐步入全盘崩溃的局面——纵使她圆谎的技巧再怎么纯熟高超，也难免疲于招架，最终难逃一死。

7月8日，凯西开着艾米的车将她与利卡多送到机场搭乘前往波多黎各的航班。不知用什么法子，凯西居然搞到了艾米的钱夹与支票簿。将艾米放到机场后，凯西驱车前往购物中心，在接下来整整两个小时内开心地采购各种物品。上午9时48分，商场的监控显示她走入大厅，直到11时55分，她才拿着钱包去商场的收银台结账。在那里，凯西模仿艾米的笔迹签了一张111.01元的支票。

接下来的5天内，凯西继续模仿艾米的笔迹签署支票。她知道自己的闺密此刻不在国内，因此又去享受了两次疯狂购物，甚至还去温迪克斯连锁商城逛了一圈。

凯西这些天的战利品包括那件浅蓝色的休闲卫衣——被捕那天她正好穿着它，原产英国的魅惑牌女士内衣、超大版白色遮阳镜、厕纸、樱桃、橘子汁，还有三打百威淡啤——值得注意的是，凯西并没有为自己的女儿买过一样东西，商场的监视屏中也看不见小凯莉的身影。

从好友那里偷钱对于凯西而言似乎是一件再正常不过的事情。在过去的日子里，辛迪与乔治经常发现女儿伪造他们的笔迹签发支票，或者直接从他们的钱包里偷钱。凯西也偷过外祖母的钱，但这位慈祥的老人严词命令家人不得将这件丑事宣扬出去。后来，大家渐渐了解了凯西的秉性，开始防着她，因此，家里的钱不再可以轻易弄到手了。一次，托尼出差，凯西又缺钱了。她将目光瞄准了好友艾米——这个姑娘性格文静，十分善良。凯西已经计划好，万一当场被艾米捉到，便寻找一切借口为自己辩护，并许诺立刻还钱。这种法子应对起辛迪来百试不爽，对待艾米应该也一样。一句话，凯西的生活哲学就是“活在当下”，如果发生什么状况，不过是兵来将挡、水来土掩，有什么可以担心的呢？在凯西的经历中，还没有遇到过什么事情不能够凭着自己的一张巧嘴摆平的。

但是，后来的事实证明，恢恢法网始终在凯西身后不远处紧紧追随着。7 月 13 日，星期天，乔治发现了邮局贴在自家前门上的通知单（通知安东尼夫妇有一封来自约翰逊汽车修理部的信函），凯莉失踪案随之浮出水面。但乔治当时并没有意识到这张通知单意味着什么，再加上他计划在星期一去参加一个新工作的面试，因而就将去邮局取信的时间推到了星期二，也就是 7 月 15 日。而凯西此时仍与托尼在一起，却告诉妈妈自己已经接受邀请，将参加杰夫瑞的母亲在杰克逊维尔举办的结婚典礼。

7 月 15 日下午，凯西又模仿艾米笔迹签署了一张 250 美金的支票消费，然后开车去机场接艾米与利卡多，他们度假结束即将返回奥兰多。在路上，凯西告诉艾米她刚刚与小凯莉通过话。

凯西对艾米讲的这句话似乎为这 31 天内发生的谎言画上了一个完美的句点。凯西没有料到，一切都要真相大白了——安东尼夫妇此刻正驱车向拖车场疾驰着。

在我的职业生涯中，接触过许多撒谎者，但像凯西这样的例子却绝无仅有。假如凯西的谎言仅仅针对她的母亲，这还可以理解，毕竟所有的孩子都曾在这段或那段时期内向自己的母亲撒过谎，或者是因为他们年纪太小不懂事，或者是因为他们正处于青春叛逆期。但是，如果撒谎成为一种常态、一种习惯、一种脱口而出的本能，那就超出了人类理性的极限，此时凯西与她的同龄人，那些健康而快乐的同龄人之间产生的疏远就在所难免。然而，凯西并没有意识到这一点，她一直对自己在与母亲的这场权力争夺战中占据了主导地位而欣喜不已。

从另一个角度考虑，这短暂的 31 天于凯西而言并非仅仅意味着一系列编造得惟妙惟肖的谎言，它还代表着对一种全新生活方式的尝试。在这个全新的“美好生活”中，凯西过滤掉了来自父母的监管与干预，摆脱了她所应当承担的义务与责任，当然，也丢开了来自女儿凯莉的所有羁绊。

随着案件调查工作的进展，所谓的“绑架”说辞越来越站不住脚。8 月 15 日，奥兰治郡警署正式宣布，他们目前为止没有发现任何可以证实凯莉被绑架的证据——虽然还不能完全排除凯莉被绑架的假设，但这种可能性正在变得微乎其微。事实证明，被害人母亲此前对警方所做的绝大部分陈述都是虚假的。

如上所述，该案的性质正在由幼童失踪案向一级谋杀重案转变。虽然我们手中已经掌握了大量的线索与事实，但它们也存在着不少漏洞与空白，尚待丰富确凿的证据来填补。要想推动这个案件取得实质性进展，必须依据严谨准确的证据科学参与其中。也就是说，现在到了求助于证据学专家，要求他们揭开事实真相的时候了。

第二部分

第九章　法医鉴定

加入专案组后，我立刻与琳达向我竭力推荐的法医人类学专家——阿帕德·维斯博士取得了联系。维斯博士供职于田纳西州的橡树岭国家实验室，这里是许多具有国际影响的重大研究成果的发源地。维斯博士当时的研究课题是“人体腐败组织气味的分析分解”（DOA，Decomposition Odor Analysis），希望通过一系列缜密的实验建立起一种客观标准，能够对尸体散发的气味进行分层测定与分析。该课题的设置依据建立在以下客观事实之上：人类尸体腐败后，体内组织与分泌物会在不同阶段分解出四百余种化合物，而每一种化合物均会散发出特有的气味。该套标准据此原理逆向推导——维斯博士希望从不同的气味中识别出不同化合物，继而对送检样本的死亡时间与遇害原因做出推断。这一课题的研究结果对于刑事案件的侦查具有十分重要的意义。我向维斯博士求教的目的正在于此，不知他能否通过实验从那辆庞蒂克轿车后备箱所散发的气味中检测到尸体腐败所特有的气味，这对于凯西一案的定性是至关重要的。

与维斯博士见面之前，我简单地翻阅了他的著作，对他的研究领域与基本观点做了大致了解，以免当自己向他求教时显得像个傻瓜。维斯博士的全部学说建立在这样一个理论基础之上：我们之所以能够闻到某种气味，是因为空气中漂浮着不同化合物的分子，它们之间相互撞击、融合，继而产生一系列的生化反应，最后释放到大气中，其中某些气味刺激人类脑中枢神经，能够被人类的嗅觉所捕获。例如，我能够毫不迟疑地辨别出母亲做的意大利面所散发的香味，就是因为一大堆化合物相互作用产生了生化反应，散发出特有的气味，它们对我的脑神经中枢进行刺激，而神经中枢也对它进行辨别、回忆，继而做出特定反应。同样道理，人类尸体腐败时所散发出的特有气味，一旦你对其有过体会，就会在第二次接触它时毫不迟疑地辨别出来，这也是一种本能的生化反应。（将母亲所做的佳肴运用于此例真是大为不恭，希望她能够谅解。）

现在的难题在于，我们的大脑没有能力对这种化合物中所包含的每一种物质散发出的气味做出辨别。所以说，维斯博士的首要使命就是检测出其中哪些化合物是普遍存在的。如果发现了这些化合物，就可以尝试着发明一种仪器对空气进行检测，就像我们在机场安检时看见的那种对易燃易爆物质进行探测的专门装置一样。这是维斯博士研究计划的首要步骤，一旦能够对这些普遍存在的化合物成功隔离，其他特殊化合物在不同案件中的存在对于个案的侦破将会大有帮助。

抵达维斯博士的实验室后，他热情地接待了我，并对我的疑问进行了详细解释。维斯博士对理论探讨深感兴趣，但是当谈到为个案进行检测继而走上法庭作为专家证人，他却抱有疑虑。看来，这并非他喜欢从事的工作。维斯博士向我解释道，他曾经为一桩刑事案件做过鉴定，时间大约是 16 年前。当时，他对一具尸体周围的土壤做了生化分析，主要目的是确定受害人的死亡时间。谈及当时的感受，我记得维斯博士一再强调自己“极不舒适”，他并不愿在众目睽睽之下走上证人席。说实话，从一开始我就喜欢上了这位博士的坦率与纯真。

维斯博士是一个典型的知识分子。他之所以从事法医学疑难领域课题的研究，仅仅是由于该种研究本身具有的魅力。在普通人看来，这种研究的过程艰苦枯燥，且遍布风险，但维斯博士却并不这样认为，他在一次次的实验中享受着追逐真理的快乐。交谈的过程中，他始终保持着旺盛的精力，谈话有时严谨呆板、很少掺入个人感情，有时又单纯率真、对他人毫不设防。依我看来，这是一位平易近人、谦和友好的学者。工作数十年来，我也曾接触过各种各样的法医学专家，其中有货真价实者，也有沽名钓誉者。无论这些专家鉴定的可信度如何，这些人具有一个共同的特点：善于将他人的研究成果运用于自己的勘验过程。在此意义上，维斯是我见到的第一个真正的法医学专家——他始终不厌其烦地做着实验，并将自己的研究结果付诸于法医学实践进行检验。在众多的专家证人中，像维斯博士这样踏踏实实、真正地做出科学创新的人确实十分罕见。

为了说服维斯博士加入该案的证据勘验工作——这正是我此行的主要任务，我不得不进一步投其所好，向他提起了那桩曾经引起司法证据界广泛关注的汤米·李·安德鲁强奸案。坦白地说，我对 DNA 技术运用于刑事案件的灵感来源于全美广播公司的一则新闻报道：当时有两个姑娘，分别来自英国爱尔兰东部莱斯特郡两个小乡村，她们在不同的地点被杀害，行凶手法则是相同的，她们死前均曾遭到强奸。当时警方采用了英国遗传学者亚力克·杰弗瑞研究的新型理论对凶手进行了缉捕。他们来到位于莱斯特郡的受害者的家乡，采用 DNA 指纹图谱对乡村内的所有成年男性进行了对比筛查。我们知道，每个人的血液中都具有独一无二的 DNA 图谱，当警方取验到与犯罪现场遗留痕迹相同的 DNA 血液时，也就追查到了真正的凶手。法医抽取血样的过程中，警方发现一名叫作科林·皮彻福克的男子花了两百英镑雇别人代替自己取样，而这位替身向警方揭发了他。经法医鉴定，科林·皮彻福克正是警方一直在缉拿的犯罪嫌疑人。

很显然，科林·皮彻福克一案所使用的侦查技术正好可以适用于我当时负责的案件。在那个时代，刑事案件的侦查有时会采用传统技术对人体的体液进行勘验，例如利用血型和蛋白抗原体类型进行个体辨别。当然，即便是这些技术在当时刑侦中的适用也并不普遍；至于利用犯罪现场遗留的血液与精液等痕迹进行证据学意义上的鉴定就更是十分罕见了。如果能够利用上述科技将嫌疑人范围锁定在侦查对象的十分之一以内，那么这个数据无疑会令我们欣喜若狂好几天，必要前提是专门机构向我们提供了足够丰富的血液样本。（这在当时简直是一种奢侈的梦想。）所以，尽管当时发生在英国的这桩案件给了我极大的启发，我也深信法医学可以通过对人体血液样本进行分析，继而为侦破案件寻找到更为有力的技术支持，但是由于美国当时的法医技术还不成熟，甚至连一家像样的实验室也未建立，我只能在工作之余将它当作纯粹的个人兴趣进行研究。

1987 年，在翻阅报纸时，由佛罗里达州律师协会发布的一则广告吸引了我的注意力。广告上登着一张孩子的照片，旁边的标题十分醒目——“父亲基因的继承者”。细看内容，原来是纽约一家医学机构承揽亲子鉴定业务的广告宣传。我又想起了英国发生的科林·皮彻福克杀人强奸案，思考着二者是否建立在同样的医学原理之上。带着疑惑，我拨通了纽约这家医学机构的电话，向他们求教亲子鉴定的技术来源，并要求他们解释这项业务的开展是否运用了与英国遗传学专家亚力克·杰弗瑞相同的技术。得到肯定的回答后，我向这家机构的负责人提出邀请，问他们是否愿意承担刑事案件的证据勘验，他给了我肯定的答复。

然而，当时我的手头并没有强奸案件。我想起了提姆·伯瑞先生——联邦警署性犯罪部的检察官，希望他可以帮助我。在认真听取了我的设想后，提姆·伯瑞先生答应帮助我采集当事人的精液进行实验。这样，汤米·李·安德鲁进入了我的视线。安德鲁被指控涉嫌六项强奸罪，但是关于其身份的确认却始终无法取得确凿证据。安德鲁的惯用手法是闯入年轻姑娘们的住宅，用枕头捂住她们的脸，继而强奸她们，最后还会将受害人洗劫一空。虽然一位受害者记住了他的长相，并在照片辨认程序中顺利地将他的头像辨认出来，但是由于光线以及心理、生理原因，其他受害者并不能看清或者记住他的容貌。这就给对安德鲁的检控工作带来了极大的变数与风险。我们将要进行的工作，就是通过确凿的法医证据证实安德鲁就是这一系列连环强奸案的犯罪嫌疑人。

我们从受害人体内的残留液体中取出六份精液试样，又从安德鲁体内采取了一份试样，委托纽约医学机构进行检测。他们从受害者的六份样本中随机抽取了两份进行化验，证实其 DNA 构成与安德鲁精液的 DNA 构成完全匹配。看到结果后，我们的眼睛一亮，立刻将该机构参与实验的专家姓名列入了证人名单。那个时代，整个美国还没有任何一桩案件采用此方法采集的证据支持公诉。我们看到结果后满心欢喜，却未能充分意识到，DNA 技术的运用将会给刑事证据领域带来怎样惊天动地的影响。我当时年纪还轻，更是不明白其中的意义，只记得兴奋异常，认为一举击中了案件的要害，感觉棒极了。

鉴于众所周知的原因，我们决定邀请一位与出具鉴定结果的医学机构无关的专家出庭，向陪审团解释该项证据的科学依据与可采信程度。最后，我们将目光锁定在戴维·霍斯曼身上，他是麻省理工学院的教授、分子生物学专家。幸运的是，安德鲁案的主审法官是罗姆·鲍威尔，此人拥有运用证据学前沿技术对案件进行审理的经验，是国内首位成功采用声纹识别技术主导案件审理的法官。在罗姆·鲍威尔法官的指令下，法庭专门启动了“Frye 标准”听证会。这是刑事案件审理中的特殊程序，通常用来判断这样一个事实——适用于该案的某项新兴技术是否建立在相关领域普遍认可的理论前提之上。

“Frye 标准”起源于 1923 年的一桩刑事案件。一位名叫詹姆斯·阿方索·费瑞的男子因涉嫌谋杀罪在哥伦比亚特区法院接受审判。费瑞的辩护律师企图向陪审团呈交一份专家证词，声称能够根据接受检测者的血压波动情况判断其言辞的真实性——此乃测谎仪的最早版本。然而，哥伦比亚地区巡回法院否定了测谎器证据在该谋杀案中的使用，理由是该项技术还未在相关的科学界得到普遍认可，上诉法院亦对该项裁决予以维持。这些决定均建立在一个基本原则之上——直到今天，针对是否允许运用某项前沿科学技术做出的鉴定结论作为刑事法庭可采信的证据，大多数州法院仍然严格遵循着这一标准：如果法庭对某一专家的鉴定结论予以采信，而这种鉴定结论是建立在对某项科学原理进行推论的基础之上，那么这项原理必须在其所属的专门领域内已经获得了广泛的认可与接受。

关于该条标准的确切意义曾经引起了普遍而激烈的争论，且持续了将近九十年之久。涉及争论各方所持观点的细微区别，你几乎可以编著一本极其乏味的长篇大作来进行阐述。但是，如果要我用一句话对此标准进行概括，那就是，如果法庭要采信某种新科技作为有效证据，那么前提必须是该项科技已经在相关领域中获得了广泛的认可与支持。

安德鲁一案中，“Frye 标准”听证会最终赋予 DNA 技术的运用以合法的效力。听证会后，我与提姆·伯瑞一起站在陪审团面前，向陪审团提交了所有证据，并且做了总结陈词。最终，陪审团一致裁决，对安德鲁的强奸罪以及其他罪行的指控成立。

现在回想起来，当时我们所运用的 DNA 检测技术真是太过原始粗陋了。时隔四五年，当今该项技术的运用已经有了极大的进步与改善，测定结果也变得更为精确。安德鲁案发当时，利用 DNA 技术的出错概率约为十万分之一（每十万个人中可能有两个人的 DNA 排列顺序相仿），而今天的技术使得鉴定结果精确到千万分之一。2004 年，安德鲁以 1988 年的检测技术可能存在缺陷为由，要求对当时作为证据使用的 DNA 样本进行重新检测。联邦法院批准了他的申请，但测试结果依旧为匹配。安德鲁将为这两桩强奸案被合并执行长达 66 年的监禁，这是无法改变的事实了。

无数事实证明，人类的所有科学进步都是由那些具有前瞻性目光的先行者推动的，他们与普通人的不同之处是更善于对前人的经验进行总结。也就是说，他们始终站在前人的肩膀上观察着这个世界，因此他们的视野更为辽阔，也看得更远。于我而言，在现有技术的基础上进一步完善它、改进它并以崭新的角度开拓它的适用领域，着实是一件简单易行而令人愉悦的工作，其中的魅力妙不可言。

通过与维斯博士的交流，我们惊奇地发现彼此之间分享着相同的生活背景与兴趣爱好，我因此也更有信心说服他成为该案的专家证人。我们兴致勃勃地谈论着维斯博士研究课题的每一个方面，包括他的灵感来源于何处，研究中借鉴了哪些已有的理论以及打算怎样获取最终的结论；我们还探讨了他的现有研究结果在学术期刊的发表情况以及在相似领域的同行中引起的反响。介入此案后，那辆庞蒂克轿车所散发出的气味就一直盘绕在我的脑海，我热切地希望能够为其寻找到权威而准确的解释。但是很遗憾，现有证据学理论与实践中关于气味学的研究少之又少。今天，我终于发现了一位在此领域埋头苦干的拓荒者，这真是太幸运了。

通过与维斯博士的交谈，我对案件的证据来源稍感放心。但是不可否认，这项鉴定中仍然存在着难以预测的风险与缺陷。维斯博士的研究对象——尸体散发出的气味，其构成要比DNA复杂得多，我在给他打第一个电话时就已经意识到这样一个事实，关于气味证据的采集与固定的过程将会十分艰辛困难。采集气味样本的过程中，我们将会遇到三大难题：其一，如何保证在原始状态中获取样本？在采集到气味的一瞬间，该气味已经与室内环境气体混合，那么，产生该种气味的化合物的浓度将被稀释。这是我们面临的最大问题。其二，作为第一个难题的并发情况，一旦周围环境空气与待采集气味相混合，怎样才能确定我们所采集的样本不是环境空气而是待检特定气体？其三，我们还必须保证，在样本搜集过程中，特定气体的放射源仍然存在，而非从其他母体中去采集待检样本。

为了解决从庞蒂克轿车中如何采集气味样本的难题，奥兰治郡警署犯罪现场部的负责人麦克·文森特特意向迈克尔·西格曼教授寻求帮助，他也是维斯教授在橡树岭国家实验室的前同事。西格曼教授任职于佛罗里达中央大学，这所大学与联邦法医证据中心有着密切的合作关系。关于如何从车内搜集气体样本，西格曼教授首次设计的方案听起来非常简单：从后备箱外插入一个软管，再使用一个大号注射器通过软管吸出气体，最后将气体排入密封袋内。但是，事实证明，依照该方法并未能收集到足够的样本以供得出可靠的检测结果。

接下来，西格曼博士运用了在他看来目前最为先进的技术进行气体搜集：将特制的人造纤维束（SPMI）放置在轿车后备箱内，静待一段时间——此刻该纤维束扮演着黏合剂的角色，可以将空气中一定直径范围内的特定化合物吸附于体表。这种方法的缺憾在于，由于箱体内空气相对处于非循环状态，只能搜集到通过其纤维组织的极少量动态样本，根本不足以做出较为可靠的鉴定结论。而且，最终的实验结果并不能确定，产生该种气味的化合物是否来自人类尸体。

最后，他们还是请教了维斯博士，根据后者的建议，警方从后备箱内被玷污的毡毯上取下了几块样本，密封在金属容器中，立刻送往橡树岭国家实验室，由维斯博士亲自勘验。实验室里，维斯博士取出毡毯样品，用塑料膜小心翼翼地密封，以免与实验容器内的其他成分发生化学反应。然后，他开始对毡毯进行加热。当容器达到一定温度后，样本内的气体开始分解，此时迅速将样本内的普通空气成分过滤，再将剩下的样品充分冷却凝固。冷却凝固的过程结束后，他将待检样本放在气相色谱仪（质谱仪）中进行分离——这种装置在科学实验中专门用来还原待检化合物的次级成分构成。检测结果证明，毡毯上污渍所含成分散发出的气味与经维斯博士研究发现的人类尸体腐败组织散发出的气味的化学构成完全相符。更重要的一点，据维斯博士解释，人类尸体与动物尸体的腐败组织所散发出的气味的分子构成并不相同。

另一件待检证据是一张腐烂的比萨饼。凯西被捕后，无论是她的辩护律师还是安东尼一家，面对媒体采访时，均将轿车后备箱内的异味归因于那张已经腐烂的比萨饼——在拖车场时，乔治与管理员曾经在车辆后备箱的垃圾袋中发现了一只装比萨饼的空盒子，里面只剩下一些比萨碎屑。维斯博士希望排除这种可能性。他从冰箱内取出一些比萨饼碎屑，将其放在自家后院里，待其腐烂后对其散发的气味进行分解实验。结果再次证明，该种气味与人类尸体腐败组织散发的气味相异，二者所含的化学成分完全不一致。

维斯博士还通过实验对另一种可能性做了回应。当时有媒体推测，车内的气味来自于一只被碾死的松鼠，这只松鼠的尸体就黏附在轿车底盘上——这种说辞与凯西对闺密艾米的解释如出一辙。我告诉维斯博士，能够进行这样一个实验固然最好，但是也不应当无缘无故剥夺另外一个幼小可爱的生命，那样未免太过残忍。维斯博士听后咯咯笑着向我保证，田纳西州乡下的路上有许多被过路车辆碾死的小动物，他会将它们作为实验样本。结果很快出来了，松鼠尸体腐烂发出的气味与车内样本也并不匹配。

除了严格建立在纯粹科学理论基础上的实验方法，维斯博士还保留着解决问题的一套原始工具——他自己的鼻子。对气味学进行了这么多年的研究，他已经练就了一个绝活，可以轻易地识别这些气味，并分辨出各种气味间的细微区别。第一次打开装有毡毯样本的密封罐，一股强烈的气味扑鼻而来，维斯博士便本能地向后跳了两步——对于这种气味他简直太熟悉了，他明确地告诉我，毫无疑问，这是一种“死亡的气息”。

秉持着严谨细致的一贯作风，维斯博士还对毡毯纤维进行了化验，并在其中检测出大量的脂肪酸与无机化合物，其浓度与尸体腐烂后的化学构成正好相符。而且，他对轿车后备箱垃圾袋中一张用过的纸巾上的可疑油脂状痕迹进行了化验，发现这种油脂是尸体腐烂过程中分泌的衍生物。人类死亡一定时间以后，由于持续处于不通风及潮湿的环境中，尸体的皮下脂肪会逐渐分解成脂肪酸和甘油，它们与蛋白质分解的产物中的氨元素结合，形成脂肪酸铵，其后再与水中的钙、镁等发生作用，形成灰白色的蜡状物质——俗称“尸蜡”。如果孤立、单独地考察上述化验结果，也许并不能证明这辆庞蒂克轿车的后备箱里曾经藏匿过尸体；但是将所有的法医鉴定综合起来考虑，我们已经可以绘制出一幅清晰的证据图谱。

在维斯博士的分析结论中，还存在着一个十分异常的现象。鉴定结果表明，在毡毯样本上检测到高浓度的氯仿（三氯甲烷），其浓度之高甚至改变了环境大气的构成，成为在整个实验中最先被捕获的气体。维斯博士向我解释道，虽然人类尸体腐败组织中确实可能产生氯仿，但其含量极少，浓度绝不可能如此之高——样本中检测出的氯仿含量达到了正常含量的千余倍。如此说来，这些气体应当有其他来源，虽然他目前还不能确定这种来源分布在何处。随后，联邦调查局进行的鉴定结论也证实了维斯博士此项发现的准确性。

氯仿在涉案轿车后备箱中高浓度存在着，这一事实着实令我们大吃一惊。这一化学药剂在医学上通常被用作麻醉剂，在一般药店里无法购买到。因此，梅里奇警探建议对安东尼的家庭电脑进行检查，看是否存有通过网络购买此药品的检索记录。

桑德拉·考恩警探是奥兰治郡警署的网络证据专家，经验丰富、业务精熟，曾对安东尼家的电脑进行数据分析，希望寻找到有关保姆冉妮的零星信息。梅里奇警官向她咨询，是否可以在电脑中检索到包含“氯仿”的关键词。考恩答应我们试试。她先检查了托尼的笔记本电脑中的硬盘，以防凯西借用他的电脑购买氯仿，但没有发现任何可疑痕迹。接着，她又对安东尼家的台式电脑进行了勘察。

最初，考恩的勘察结果毫无收获。但是她并没有放弃，而是打开了安东尼住宅的电脑硬盘，并对其中未分配的磁道空间进行检查。考恩向我们解释道：当你打算将电脑中的某些文档或者使用痕迹销毁时，你通常会点击“永久性删除”按键。但你根本不了解，事实上这些数据并未被删除，而是被转移到相同硬盘的另一空间，被重写为新的数据保存下来。这种扮演着回收站角色的磁盘空间被称作“未分配空间”，专门用来对删除的数据进行储存。随着时间的推移，这些数据的部分或者全部是可能被真正抹去的，前提是有大量新的数据需要占据它们现在的储存空间。在信息被完全抹去之前，计算机专家可以采取技术手段进入磁盘分道对它们进行检索，继而在法庭上作为证据使用。

随后，考恩进入安东尼家的台式电脑开始例行检索。果然，她发现了重复以“氯仿”为关键词的检索历史记录，但以她现有的技术与经验还不能对此进行精确的定位，因此不得不向自己的上司兼导师凯文·斯滕格队长寻求帮助。斯滕格队长运用更为高级的侦查软件（该软件仍在不断更新状态中）对安东尼住宅电脑进行勘察，发现在 3 月的两个下午曾经有人使用该台电脑寻找过“氯仿”的信息，其中一条搜索引擎的检索记录是“如何配制氯仿”。

确定了在电脑上检索“氯仿”信息的大致日期后，梅里奇探长立即着手调查当天下午的特定时刻究竟谁使用过这台电脑。他直接调取了辛迪与乔治在 3 月的工作日志，日志显示辛迪在那两个下午均在单位上班，而乔治在当月的出勤率虽然不高，但是在那两个下午都在值班，而他的当值时间是十小时一换岗。

轿车后备箱内检测出的高浓度氯仿的存在，以及电脑中留存的关于氯仿性质与使用方法的检索记录，均为小凯莉失踪一案蒙上了更为神秘的色彩。加上此前维斯博士的鉴定结论，目前所获得的所有证据均指向同一个事实——我们极有可能遇上了一桩谋杀案。

虽然上述鉴定结果对本案具有非常关键的作用，但如果我们不能令法庭认可该项技术手段的科学依据，胜诉的把握还是微乎其微。换句话说，我们必须在适当的时候向法庭详细介绍维斯博士的研究课题，以及将该课题运用于此案得出鉴定结论的可靠性。“Frye 标准”听证会召开时，我必须使出浑身解数，要求法庭确信该项新技术的运用有着坚实、客观的科学依据作为支撑。毕竟这是琳达力邀我在第一时间参加专案组的理由之一。除了对涉案轿车内存在的可疑气味所做的证据鉴定，我们还计划进行第二项证据的采集与固定——对轿车勘验时，在后备箱内还发现了一些毛发，我们需要鉴定它们是否来自小凯莉。如果答案是肯定的，我们还必须进一步做出判断，当这些毛发脱落时，小凯莉到底是存活着还是已经死亡。

我拨通了凯伦·劳的电话，她是联邦调查局痕迹分析部门颇负盛名的资深分析专家，在弗吉尼亚匡蒂科地区犯罪科学实验室已经工作 11 年了。我阅读着她所做出的关于庞蒂克轿车后备箱内发现毛发的鉴定报告，并就其中一些问题向她求教。劳给我的回答专业、简洁而切中要害：勘验过程中，发现其中有一根大约 9 英寸长的浅褐色头发，其接近根部区域内存在着不同寻常的暗色条带。现有科学认为，只有在人体死亡后的毛发中才能发现这种特殊的条带，虽然其真实作用原因并不明了。对该种条带的准确文献记载可以追溯到 20 世纪 80 年代，而且其后进行的大量科学研究均对上述结论进行了证实。劳还解释道，她已经在上百起案例中检测到这种暗色条带的存在，但它们均与当事人的尸体完整合一；这次却是在受害人尸体未能找到的情况下做这种实验，这于她而言还是第一次。囿于联邦调查局出具的鉴定结论所必须具有的保守、谨慎风格，劳只能将该条带描述为“明显的尸体腐烂之衍生品”，但就她向我所做的口头解释，我相信这份鉴定结果已经切中了此案要害。

下一步任务是鉴定该毛发是否来自于凯莉。劳在显微镜下对毛发进行观察，并将其与安东尼一家提供的梳子上黏附的凯莉的毛发进行对比。毛发对比不像指纹对比可以得出确定结果，目前为止，还没有哪一个专家能够十分确定地说某两根毛发来自于同一个人体。但是，通过显微镜所观察到的待检毛发的特征，专家们可以准确地将不同的毛发进行排除。劳对我说，根据她的检测结果，从长度、颜色等所有显微镜下的特征来看，这把梳子上所黏附的凯莉的毛发与轿车后备箱内搜集到的毛发颇为近似。为了取得最接近事实的结论，劳将安东尼所有家庭成员的毛发都放在显微镜下做了对比性观察。随即，她很确定地表示，待对比样本绝不可能是凯西的毛发，因为凯西的头发被染了颜色而且长度不符；辛迪的头发也染了颜色，呈现金黄色泽，她同样是短发；李的头发则更短。最终，该毛发样本被送往实验室 DNA 检测中心，以期获得最精确的结论。

以目前的技术，DNA 样本只能从活体细胞中采集，因此普通 DNA 的检测范围往往将毛发排斥在外。众所周知，毛发中唯一具有生命的是其根部，因而，若希望利用 DNA 技术对脱离活体的毛发进行检测，其成功概率微乎其微。当然，还存在另外一种 DNA 技术可以对毛发进行检测，就是利用待检毛发线粒体中的 DNA 进行测定。毛发线粒体中所含的 DNA 远比普通 DNA 更为活泼，所以能够在尸体的毛发中得以生存。这种线粒体内 DNA 的遗传方向是由母体指向后代，与父亲基因根本无关。因此，本人体内线粒体中所含 DNA 排列与其兄弟姐妹、母亲、母亲的兄弟姐妹、外祖母以及外祖母的兄弟姐妹是完全一致的。换句话说，只要存在着不间断的母系遗传链，就会存在一系列线粒体 DNA 的匹配结果。

线粒体 DNA 测定结果表明，梳子上凯莉的毛发与轿车后备箱内发现的毛发完全一致（排除了来源于父系遗传链的乔治的毛发的可能性），再与显微镜下已经对凯西、辛迪以及李毛发的可能性做出的明确排除的结论相结合，我不得不确信那根附有“死亡暗带”标志的头发确实来源于小凯莉。进一步而言，如果与维斯博士所做的气味学分析鉴定结论相结合，我们不得不给出一个令人悲伤却毋庸置疑的结论——小凯莉已经不在人世了。

尽管如此，我们仍要做好充分准备，以应对提交证据与质证环节可能遇到的大量诘难与挑战——有关“Frye 标准”的听证会将是其中最大的麻烦。毫无疑问，辩方律师将会想方设法组建对维斯博士研究结论持反对意见的专家团，这些所谓的专家通常很乐意承担这样的工作，参与该种具有较大影响的案件的审理，并希望借此成名。接下来，他们会向法庭要求对相同的样本进行再次实验，也会要求维斯博士详细解释运送样本时周围环境对样本作用的影响因子，当然，还会提出其他预想不到的各项琐碎要求。另外，即使通过了“Frye 标准”听证会，仍然有一个大难题在不远处等着我们——究竟运用何种方法，才能顺利地将这项尖端科学技术向未来的陪审团做出浅显易懂的解释。

看来，在未来的两年内，我们将会陷入异常繁忙的工作之中。

第十章　端倪初露

越来越多的证据表明，这桩轰动全美的幼童失踪案并非人们想象中的那样简单。另一方面，由于受害者的尸体还未被发现，仅凭证据专家的鉴定结果还不足以将该案性质确定为故意谋杀。从8月开始，一直到初秋，奥兰治警方不得不兵分两路，依据绑架与谋杀两种可能对凯莉的下落展开追踪。当然，警方的主要精力还是建立在凯西被捕之前提供信息的基础上。凯西入狱后，他们也曾希望能够从她那里获得更多的信息，却一无所获。

令人不安的是，公众对此案的关注已经突破了理智的限度。几个月来，大批人群聚集在安东尼住宅门前，疯狂地喊着口号，要求安东尼夫妇交出凶手。奥兰多当地多家电视台的新闻采访车日夜守候在这里，二十四小时循环播放着群众示威的画面，为已经混乱不堪的局面雪上加霜。安东尼一家的成员，无论是辛迪、乔治还是李，一旦走出房门，或者仅仅是出现在窗口，就立刻会招来抗议者愤怒的尖叫声。一个女人甚至带着一个两岁的孩子站在安东尼住宅前的草坪上，孩子的胸前挂着一张纸质牌子，上面用红色油漆刷着几个触目惊心的大字——“你怎么忍心杀死我?!”说实话，这种场景真是令人头痛。审判在即，我可不希望节外生枝，民众某些无意的举动完全可能对本案的公正裁决施加负面影响。

我个人认为，发生在安东尼住宅前的这一幕很大程度上应当归咎于当地媒体，正是他们煽动性的报道将公众的怒火完全引向了安东尼一家。案件伊始，有线电视台的南茜·格蕾丝女士就嗅出了其中令人兴奋的气息，表现出异常积极的态度。在每晚由其主持的“王牌脱口秀”节目中，南茜锲而不舍地对该案进行着报道与评论，并对所谓的事实真相进行披露，引导着媒体舆论的走向。她可能已经忘记了“梅琳达·达科特惨案”的教训。在南茜的邀请下，凯西的辩护律师何塞·贝兹答应在南茜的“脱口秀”节目上露面并接受采访，这一事件更是将整个局面推向了濒临失控的地步。也许贝兹的初衷良好，结果却事与愿违——由于贝兹对此案并不了解，或者说他的反应并不敏捷、口齿也不伶俐，面对南茜女士咄咄逼人的一系列质疑，他根本无法招架。该期访谈节目进一步引燃了公众对凯西的怒火，“凯西在撒谎”成为各大新闻报刊的主标题。很快，示威者涌入霍普斯贝茵大道的安东尼住宅的前院，彻夜发泄着自己的疑惑与不满。而媒体在现场的实时播报更无异于火上浇油，所有希望在电视节目中露脸的人都会跑到这里，为了吸引媒体的镜头做出一些超越人类理性的举动。

安东尼一家内部的情形也十分不妙。无论是辛迪、乔治还是李，此刻都非常敏感而痛苦。大家勉力相互安慰着，希望能够共同渡过这段艰难的岁月。在乔治与一位示威者发生肢体冲突，并将后者从自家的草坪上推出去之后，辛迪就不得不接过乔治手中的话筒，开始扮演起家庭发言人的角色，尽管此刻的她面容憔悴、思绪混乱。当时，一名示威者冲进安东尼住宅后院，隔着玻璃冲着安东尼一家喊道“你们的女儿完全是个垃圾货色”，这一举动彻底激怒了乔治，继而对示威者大打出手。我对安东尼一家的遭遇深表同情，虽然我并不喜欢他们对女儿一味庇护的态度。他们的外孙女至今生死不明，而他们的女儿却是最大的嫌疑犯，这种处境已经令人深感绝望，再加上这么些吵吵闹闹的示威者、谩骂者……够了！没有人应当遭受如此残酷的折磨。

当地媒体集体丧失理智的行为，像磁石般深深吸引着那些寻求机会出人头地者的目光。公众对凯莉的行踪非常关注，希望能够提供更多、更可靠的线索来帮助警方寻找到这个可爱的女孩，而那些渴望引起媒体注意的人也不顾一切地将自己投入镁光灯的聚焦之下。此时发生了一件颇为荒诞的事情。在何塞·贝兹的首肯下，一位叫作伦纳德·帕迪拉的投机商正式宣布介入此案。帕迪拉来自加利福尼亚州的首府萨克拉门托，是一位酷爱在各种媒体上露面的“赏金猎人”。为了插手此案，他向贝兹提出了诱人的筹码——他可以为被告筹集到足够的保释金。而面对媒体，帕迪拉则宣称他将设法将凯西保释出狱，目的是从她的口中打探出小凯莉的真正去向。何塞·贝兹居然与这种角色结为联盟，着实令人惊讶。当然，帕迪拉的慷慨赠与是附有条件的：凯西可以回家，但日常起居必须置于其助手的严密监视之下。凯西一口答应了帕迪拉提出的所有条件。8 月 20 日，帕迪拉的兄弟作保，向法庭缴纳了 50 万美金的保释金。法院随后将保护性羁押令变更为家庭监禁令，凯西顺利出狱。

不必说，帕迪拉向公众的允诺最终并未得以兑现，他也没有能力从凯西的嘴里套取到所谓的最新线索。当然，帕迪拉参与此案的目的并不在于此。8 月 29 日，凯西因涉嫌支票诈骗罪再次被捕，报案者是她的好友艾米·休伊曾迦，涉案金额为 110 美元。幸运的是，凯西很快被第二次保释出狱，担保人仍然是帕迪拉。接下来，好戏开始上演。凯西被再次保释的第二天，帕迪拉大张旗鼓地召集了一场大规模的记者招待会。在会上，帕迪拉严肃地向媒体宣称，他无力从凯西口中得到更多的线索，因而决定立即撤销对凯西的保释金。在享受了短短八天的自由生活以后，凯西又黯然回到了奥兰治郡监狱。

以上插曲酷似一幕闹剧，令我不得不对被告律师团的防御策略进行全盘审视。事实上，贝兹的这步棋走得鲁莽而危险，对于他的委托人有百害而无一利。说得不客气一些，帕迪拉的介入只能使凯西的行径看起来更为可疑。自凯西被逮捕的第一天起，她就信誓旦旦地向父母、向警方、向媒体保证，只要谁能够帮助她离开这个鬼地方，她就会为寻找凯莉提供更多的线索。最终，她被帕迪拉保释出狱了，可结果又怎样呢？所有的一切不过为帕迪拉之流提供了口实，这些人将会趁机攫取大把在公众面前可资炫耀的资本——他们如今逢人便会吹嘘："看啊，我们曾经介入了凯西·安东尼一案，是我们筹集到高额保释金将凯西从狱中救了出来。即便如此，凯西仍然不予配合，未能向我们提供一丝一毫有价值的线索，这个女人是多么令人厌恶啊！"毫无疑问，何塞·贝兹与帕迪拉的联盟不仅将凯西的名声搞得更臭，同时也将自己幼稚无知的一面暴露无遗。看来，贝兹根本不懂得应当如何最大限度地维护委托人的利益，他的实战经验还是太缺乏了。

更为糟糕的是，对于司法部门而言，贝兹与帕迪拉的合作就是一场噩梦。这个家伙在整个案件的侦查、起诉与审理过程中如幽灵般阴魂不散——就像那些只想着吃白食的远房亲戚，一旦坐在你的餐桌旁，就休想将他们赶出去。正式加入该案的辩护团后，帕迪拉理直气壮地到处游逛，伸着鼻子东闻闻、西嗅嗅，渴望成为侦破此案的第一人。一天，他突然向媒体宣布，有人在安东尼住宅附近的小河中发现了一个塑料袋，里面包裹着被切成数段的尸体残骸，这一消息在当时确实引起了极大轰动。为此，他还专门召开了新闻发布会，煞有其事地向媒体介绍案发地点的详情。事后，警方证实这个袋子里其实什么也没有。恕我直言，办理此案的过程中，我接触到的投机者不止一位，他们表现各异，目的却只有一个，无非是希望利用投机来混口饭吃。在这些人中，帕迪拉是最令我反感的一位。

凯西被重新监禁后不久，就有一位不愿透露姓名的人士介入此案，并为她提供了保释金。这位神秘的保证人的真实身份一直到现在都无从知晓，只知道他是奥兰多当地的一位富有的男士。一时间，各种猜测纷沓迭起。

凯西的第三次保释出狱并未给案件的侦破带来任何转机。时间紧迫，小凯莉又生死未卜，因而警方决定扩大搜索范围，并同意社会力量参与协助。蒂姆·米勒先生是德克萨斯州一家非营利性专业搜救机构——“艾奎搜救队”的负责人，他对凯莉失踪一案非常关注。米勒派出了自己的搜救组织对佛罗里达州的中心地带进行了地毯式搜索，重点放在安东尼住宅附近的区域。此外，搜救队还在郊区大道划定了搜索范围，该区域正好与安东尼住宅所在的霍普斯贝茵大道交叉而生。这一带杂草丛生、荒无人烟，尽头直通当地一家小学校的后门。透过层层蔓蔓的野生黄药子藤，人们可以看见路的对面是一片沼泽。由于已经进入汛期，这片沼泽河床漫溢，其中栖息着大量的毒蛇。因为担心沼泽中隐藏着各种难以探测的毒瘴，向总部请示后，搜救队员不得不放弃了对该片地带的作业，匆匆撤离现场。

与此同时，其他一些涉案线索也在陆续不断地向警署汇报集中。8月11日，奥兰治郡居民罗伊·克罗从家里打电话向911报案。据克罗所述，他是州公共事业部的水表读表员，恰好在契卡索奥克斯一带工作，因此对霍普斯贝茵大道以及郊区大道附近环境都非常熟悉。闲暇之余，他也曾进入那片危险的沼泽地带消遣散步。最近，在那片沼泽里，靠近路口的一端，他发现了一个浸没在水里的灰色聚乙烯袋子，里面好像装着什么东西，露在聚乙烯袋外的部分呈灰白色，像是人的头骨。911 接线员对克罗提供的信息表示感谢，并答应立即将该条线索反馈给总部。

8 月 12 日，克罗再次拨通 911 报警电话，向警方重复了前一天的陈述，对事发地点做了进一步的确认。接线员向他表示感谢，并建议他同时拨通联邦技术情报处理系统热线，该处是专门负责此案的部门。

8 月 13 日，克罗第三次拨通了 911 热线。这一次，他声称已经和奥兰治郡警署取得联系，他将与出警人员一起前往事发地点。接线员指示他待在原地不要离开，会有警员立刻联系他。克罗告诉接线员，自己此刻就站在沼泽附近，开着一辆蓝色四开门雪佛兰骑士系列轿车。警察赶到后，克罗向其指认了那个浮在水面上的可疑塑料袋。

事后，克罗向我们描述了当时的情形：出警警员走向沼泽边缘，四处看了看，停留了一会儿就立刻返回。因为这一带苔藓丛生，警员一路上踉踉跄跄，险些滑倒。克罗做证道，他亲眼看见警员向案发地点走去，最接近时距离那个塑料袋只有不到六英尺。遗憾的是他当时不再往前走了，而是站在原地，不知在思考些什么。因此，这位警员并没有接触到塑料袋，更没有采取任何处置措施。克罗曾大声提醒警员，他确信自己看到的是一个人的头骨。但警员回敬他说，那个失踪的小姑娘不可能在这么短的时间里已经变为一具骨架。接着，警员返回克罗身边，警告他不要再次浪费国家的司法资源，否则将对他提起指控。克罗觉得警员的斥责伤了自尊心，他无言以对，只好眼睁睁望着这位警员扬长而去。

当他们两人从沼泽地带走出时，迎面遇上赶往现场的第二位警员。克罗对新来的警员阐述了自己的疑惑，这位警员却对着他接连摇头，甚至不愿意再次赶赴现场看一眼那可疑的塑料袋。最终，两位警员都认为，这个地点已经被犯罪现场的侦查员搜寻过，因而可以排除发现任何新线索的可能。我们随后查阅了当时的出警记录，上面显示着：报案人所称的可疑聚乙烯袋子里装满垃圾——这不过是他们自 7 月中旬以来接到的众多“误报信息”中的一例。随后，警员们将该地点的确切位置输入警情综合汇总表，并在左边一栏做了标记。此后，这片沼泽的信息就变更为“已排查区域”。

诸如此类的消息越来越多。或大或小，或真或假，人们似乎都在尽力向警方提供着自己所知道的一切，希望能够对搜救小凯莉的工作有所帮助。警探们则从中认真筛选，将精力主要集中于凯西的昔日好友身上，尤其是在小凯莉失踪的 31 天内与凯西打过交道的人，希望能够从他们那里获取实质性的线索。整个 8 月到 10 月间，警探们忙着走访知情人，对凯西与母亲、女儿之间的关系进行调查，包括那些看似难以调和的家庭矛盾，希望借此勾勒出被告凯西的更为清晰的肖像。

从案件进入警方视野开始，坊间就存在着各种版本描述着凯西与母亲之间的紧张关系。辛迪的胞兄、凯西的舅父瑞克·泼莱斯曾经在博客上发表了一篇对安东尼家庭成员的评论，口吻相当犀利。这篇博文引起了梅里奇的注意。梅里奇决定与瑞克见面，希望能够获取一些新的线索。瑞克通过电话接受了警方调查。当时参与询问的人员包括梅里奇与其他三名联邦调查局的官员：尼克·萨维奇、斯科特·柏林以及史蒂夫·麦克艾利。此次通话在话筒免提状态下进行，全程均被警方录音存档。

显然，瑞克对自己的外甥女安东尼·凯西抱有许多负面看法，希望向警官们一吐为快。他首先向梅里奇讲述了警方已经掌握的情况，包括凯西经常偷自己父母以及亲戚的钱等事实。曾经有一次，凯西模仿外祖母雪莉·泼莱斯的笔迹伪造了支票签字，从中支取了

354 美元用来支付全美电话电报公司的话费账单。雪莉发现后，凯西向外祖母解释说，由于在环球影城的工作需要，她用这笔钱购买了一部新手机。

“但妈妈根本不信她那一套，”瑞克告诉警探们，“妈妈说：‘这是我听过的最愚蠢的谎言。’如果你们了解凯西的秉性，很快就会看穿这是一个谎言，原因很简单，她根本不在什么环球影城工作。”

接着，瑞克转变了话题，开始描述凯西与辛迪之间的紧张关系。据他透露，凯西经常撒谎、偷钱，虽然已经成年，却缺乏基本的责任心，做事情也从来不靠谱。辛迪为自己女儿顽劣乖张的性格头疼极了，甚至还为此向自己工作单位的专家们咨询请教过。

瑞克继续解释道：“据我所知，专家们曾向辛迪建议道：‘立刻将她们母女俩从家里赶出去！’但辛迪才不忍心那样做呢，她会一遍遍地反问自己：‘如果将她们母女俩赶出家门，那我的小凯莉怎么办？我可不能将小凯莉拱手让给凯西，由她来教育。如果那样，这孩子就彻底毁了。’最终，专家们向辛迪支招：‘如果你舍不得凯莉，担心凯莉的教育问题，这也好办，你可以通过法律程序从凯西的手中抢回对小凯莉的监护权。你是她的外祖母，你拥有对她进行监护的权利，前提是孩子的母亲不能很好地履行监护义务。’”

这可不是什么好主意，但是瑞克认为，自己的妹妹听后确实动心了。后来，瑞克从母亲那里了解到辛迪真的这样威胁过凯西，警告她如果再生活得不人不鬼，就把她“从家里彻底赶出去”，还嚷嚷说自己会通过法律手段获取凯莉的监护权。提及这对母女间的平日关系时，瑞克毫不犹豫地回答：“凯西恨辛迪。是的，先生们，我使用了‘恨’这个字眼儿。一个重要的原因是小凯莉非常依恋辛迪，甚至胜过爱自己的母亲。其实这是十分正常的现象，孩子们通常喜欢与外祖母们在一起，因为上了年纪的人往往更有耐心，也更惯着宠着他们。不是吗？”

瑞克解释，凯西被捕后，大家才知晓小凯莉失踪的消息。7 月 16 日，各大新闻媒体播放了凯西被捕入狱的镜头。因为担心母亲从电视新闻里得到消息，辛迪拨通了雪莉的电话，告诉她小家伙失踪了。接着，雪莉通过电子邮件将这个可怕的消息告诉瑞克。通过新闻，瑞克得知了凯西向警方提供的各种线索。他很快拨通了姐姐的电话，但辛迪此刻似乎心烦意乱，根本不愿理睬他。“一得知此事，我就立刻给辛迪去了电话，之后又给她发出六七封电子邮件，但她根本听不进去我的话，我对她说：‘辛迪，你一定要保持清醒，你知道凯西是个多么爱撒谎的孩子。’我还警告她：‘你现在身处其中，根本不能意识到已经发生了什么，你完全被凯西蒙在鼓里，不要轻易相信她的任何说辞。’”

据瑞克所述，辛迪清楚自己女儿的各种劣迹，但她却无法面对事实，总是一味采取袒护态度。对于这一点，他已经屡见不鲜了。为了证实自己的说法，瑞克还向警探们提及了这样一件趣事：2005 年 6 月 4 日，瑞克向姐姐辛迪一家发出喜帖，邀请他们参加自己的婚礼。当辛迪、乔治、凯西如约站在他的面前时，瑞克感到十分惊喜——他根本没有料到外甥女凯西也会前来。

“我大声招呼着外甥女：‘嗨，宝贝，太好了！真没想到你也会来呢！’寒暄过后，当我上下打量凯西时，发现她当天穿着一件紧身套头衫，腹部已经高高隆起，肚脐突出了至少有半英寸。”瑞克描述着当时的情景。

“进屋后，我们愉快地聊着天，我和妹妹一家已经很长时间没有见面了。后来，单独与辛迪和乔治在一起时，我悄悄地问他们：‘妹妹、妹夫，凯西怎么了？你们难道没有瞒着我什么吗，发生了什么事情，说出来吧。’但他们当时表现得一头雾水，似乎不明白我的意思。”

“我解释道：‘亲爱的，你得告诉我，凯西是怀孕了吗？’辛迪吃惊地望着我，好像我发疯了一般。我转头看看未婚妻，她笑着冲我眨眨眼。我继续说：‘得了，辛迪，别再瞒我了，凯西真的是怀孕了。’但辛迪一口否认了我的猜测，解释道凯西近来确实是吃胖了些，但根本没有怀孕。我继续说：‘辛迪，我见过许多怀孕的姑娘，我不是医生，但是男人们总是能够一眼看出……你懂的。呃……凯西真的……好像是怀孕了。’不仅我这样认为，我妻子的娘家人也纷纷议论着，她们对着凯西指指点点，反复向我打听：‘那个挺着大肚子的姑娘是谁？’后来，亲朋好友们翻阅婚礼照片时，也总爱指着照片中的凯西问：‘瑞克，这个怀孕的姑娘是谁？’”

瑞克说自己的父母当日也参加了婚礼，他们也一致认为凯西怀着孩子，暗中提醒辛迪要认真照料女儿。但辛迪一口否认了大家的猜测，发誓说自己的女儿并没有怀孕。

“我当时对母亲说：‘妈妈，辛迪是护士，比我们都有发言权，若真有此事，她能看不出来吗？听她的，准错不了。’转过身，我又对辛迪说：‘辛迪，别和大家开玩笑了，告诉我实话，凯西真的没有怀孕吗？’我记得当时辛迪是这样回答我的：‘凯西告诉过我们，如果她将来与某个男人做爱，唯一目的就是得到一个孩子。她现在依然是个处女，怎么可能怀孕呢？’当时，我心里暗想，如果凯西肚子里的东西不是胎儿的话，那就极可能是个肿瘤。天哪，这样大的肿瘤，也许凯西活不了多久了。事实上，当时凯西已经怀孕28周了，两个月后，也就是8月9日，她就分娩下了小凯莉。”

对于瑞克的评价，警探们颇有同感。在与辛迪的交谈中，我们也曾遇到过许多次这种斩钉截铁的否认与袒护——无论何时，一旦谈到凯西，辛迪就会立刻跳起来，态度变得非常抵触。令我记忆犹新的是，那段监狱对话中，针对冉妮的公寓照片的指认，辛迪明明有机会当场揭穿女儿的谎言，却设法找了台阶给她下，保住了凯西的面子。很显然，辛迪对女儿的溺爱与纵容已经发展为一种病态的依赖，如果想将她从梦里唤醒，让她看看女儿已经变成了什么模样，会是非常困难的一件事。

说到这里，瑞克停了停，让自己的心情平复下来。接着，他又向警探们谈起了凯西与常人不同的个性。其实，瑞克陈述的内容我们在办案的过程中已经亲眼见识过——“发生在其他人身上的故事，一旦被凯西见到或者听到，她就会立刻将这些事情引入自己的世界，然后动情地编造出一些令人不知所措的谎言，让所有人感觉十分尴尬。”看来，凯西所拥有的这种能力是日积月累、重复实践的结果。遗憾的是，在其后的庭审过程中，凯西并未在陪审团面前再次展露自己的这份才华。

告别瑞克之后，梅里奇探长与艾伦警官、柏林警官驱车前往奥兰多西北部 30 英里处的多拉山脉附近，继续拜访辛迪的母亲雪莉·泼莱斯。他们事先已经与她取得了联系，雪莉爽快地答应了他们的要求。整个谈话过程被警方私下录了音，而雪莉本人并不知晓。

梅里奇一行赶到时，雪莉早就等候在家门口，她热情地邀请警官们入室详谈。当梅里奇问及凯西是否曾经盗窃家人的钱财时，雪莉坦率地承认确有此事——第一次是在凯莉两周岁生日那一天，也就是 2007 年 8 月 9 日。当时，雪莉发现自己的支票少了一张，事后证实是凯西将它花掉了。凯西当日去了当地一家叫作帕伯里克斯的超市购物，模仿雪莉的笔迹签署了一张金额为 54 美元的支票。雪莉对外孙女的这种行为颇为恼怒，但随即原谅了她。

然而，雪莉没有想到，两个月后，自己银行账户上的 354 元美金又不翼而飞。有了上次的经验，雪莉直接打电话向凯西质问此事。凯西对自己的行为供认不讳，但辩解说由于在环球影城的工作需要，她用这笔钱买了一部新手机。雪莉并不买凯西的账，说自己当时气得快发疯了，本想立即报警，但是看在辛迪与小凯莉的面子上，她再次原谅了凯西。

梅里奇探长又向雪莉打听保姆冉妮的情况。雪莉回答道，这个名字传到她耳中已经一年多了，但她从来没有见过这个人。她还进一步解释，从目前状况看来，估计辛迪也与自己一样对这个女人的背景一无所知。随后，雪莉证实了瑞克的陈述，谈起了儿子婚礼当天安东尼一家的奇怪行为——凯西怀孕了，大家都看得出来，但辛迪与乔治却对这一事实竭力否认。

雪莉得知凯西带着凯莉离家出走是在 6 月中旬。最初，辛迪告诉她，凯西从她身边带走了女儿，是为了向她示威。随后，辛迪又改口说她误会了凯西，凯西正带着凯莉外出度假。最后，辛迪又解释道，那对母女去了塔帕市出差。雪莉明白，辛迪的言辞大部分是向着凯西的，她总是为凯西说话。在凯西出走的一个月中，辛迪不停地给女儿拨打电话，希望能够与凯莉通话。但凯西总是搪塞妈妈，“明天”她就会带着凯莉回家。遗憾的是，这个“明天”一直没有到来。

9 月 5 日，梅里奇警探接到了理查德·格伦德的电话。理查德是凯西的前未婚夫杰西的父亲，他答应当天晚些时候会与梅里奇警探和艾伦警官见面。理查德与乔治由于子女的准婚姻关系曾经密切交往过，但后来凯西与杰西分手，两位父亲也就不再经常联系。小凯莉失踪案曝光后，理查德急切地拨通了乔治的电话，希望向安东尼一家提供尽可能的帮助。当时，安东尼一家并无人接听电话，于是理查德留了电话录音：“嗨，老兄，别忘了你做过警察啊，为什么不靠自己的力量来侦破这桩案件呢?”

理查德回忆，乔治回家后立刻回了电话，告诉他："老兄，我知道你的意思，我不是没想过这样干，但是我妻子，你知道，辛迪不喜欢我这样做。"

理查德向警方解释，据他所知，安东尼家中的一切事情都由辛迪做主。"辛迪想怎样就怎样，乔治爱她，所有事情都依着她。"理查德微笑着冲梅里奇眨眨眼。另外，理查德还向警方提供了一条线索——最近一次通话中，辛迪曾经对着他抱怨道："理查德，你知道吗，这次真的糟糕极了。真见鬼，这回我的两个孩子可能都保不住了。"从辛迪的这句话中，理查德才惊觉事态的严重性，而且他坚信辛迪也早已预感到了什么。

关于凯西、凯莉和那个所谓的保姆冉妮，理查德也有一些线索向警方提供：当杰西与凯西订婚时，凯西声称自己婚后将全职工作。由于凯西当时并没有雇用保姆，因此杰西决定在每个星期的轮休日照顾小凯莉，他的另一个亲戚也答应每周帮着照看小凯莉两天。

"这么算来，五天的工作日中，已经三天有了着落，"理查德解释道，"我想，凯西应该会在晚上和整个周末都与凯莉一起待在家里。凯莉是一个非常讨人喜欢的孩子，我非常喜欢她。但是，我的工作通常在家里进行，所以这对我而言将是一个不小的挑战。因此我开始催促凯西：'你还没有找到合适的保姆吗？'她回答说已经找到了。令我感到意外的是，她当时并没有简单地说'是的，这个问题我已经搞定了'，而是回答：'是的，我已经找到了一个非常理想的保姆，她叫塞奈达·冈萨雷斯，现在正照顾着我朋友杰夫瑞·霍普金斯的儿子扎卡里，扎卡里与凯莉在一起总是玩得很开心。所以，这个难题我已经解决了。'"

"我当时暗想，她介绍得可真详细啊，远远超过了我原本希望了解的范围。面对凯西这种奇怪的回答方式，我突然想起了这个姑娘一向有编故事的习惯。怎么说呢，我的意思是指她说话时总是喜欢带一点点夸张的色彩，当然，有时候这种夸张甚至超过了我们大家能够接受的范围。”

听到这里，我不禁哑然失笑——“带一点点夸张的色彩”，这个评价对于安东尼小姐而言真是太过保守了。理查德接着描述了一件事，旁敲侧击地向梅里奇暗示凯西有撒谎的习惯。凯西与杰西订婚时，曾说自己在体育用品专卖店工作。后来，理查德去商店打听过，发现她并不是那里的雇员，也从来没有在那里干过，反而是她的父亲乔治·安东尼曾经在那里工作过。

与瑞克向我们提供的情况相似，理查德也特别谈到了凯西与辛迪之间并不融洽的母女关系。理查德说，当他看见各大媒体将凯西与辛迪描述为“最好的朋友”时，着实大跌眼镜。“我可以很坦率地告诉你们，而且可以就以下事实在法庭上做证：在我们一起居住的那段时间里，凯西经常会对我谈起母亲。她当时的原话是：‘我可不想成为母亲一样的女人，也压根不想和她在一起生活。说实话，我巴不得能够尽早搬家，好离得她远远的。’”

理查德还透露，凯西对自己的父亲也充满了怨恨，原因是他总是沉溺于赌博之类的游戏。她甚至撺掇着杰西在婚前就与她一起搬出去住，好尽早搬离父母的家。“我当时就想，这可真是太糟了，看来她并不喜欢与父母在一起生活……她不爱自己的母亲，也不喜欢自己的父亲，一旦杰西娶了她，她能够与我和睦相处吗？那段日子里，我心里一直在打鼓。当然，这已经是过去的事了，也许两年来他们之间的关系有所改善，但我想这并不是件容易的事。”

谈到辛迪对女儿的袒护，理查德与瑞克的描述基本一致。对理查德而言，辛迪似乎已经对自己女儿的各种劣迹见怪不怪，以至于随时都可应付自如。理查德讲了这样一个例子：一次，在闲聊中，辛迪不断地吹嘘自己的女儿有多听话、多懂事。理查德实在听不下去了，于是婉转地向辛迪指出，凯西曾经向杰西借了 250 美元，却还了他一张空头支票。据理查德所述，当时辛迪的表情“毫不以为然”，并且轻描淡写地回答道：“哦？会有这种事发生吗？她可从来没有做过这样的事情啊。”

当年，亲家之间的类似交流总是令理查德感到纠结不安。他认为辛迪对凯西实在是太过娇惯了，虽然凯西对自己母亲的好意并不领情。如今，在小凯莉失踪一事上，辛迪再次表现出对女儿的百般袒护，这种无原则的固执真是令人难以接受。谈话末尾，理查德向警官们讲述了自己心中的疑虑。他最近曾经接到过伦纳德·帕迪拉——那位“赏金猎人”的电话。帕迪拉警告他，安东尼一家正在积极活动，企图寻找他的儿子杰西与凯莉失踪有关的线索。理查德担心自己的儿子遭人暗算，因此急匆匆拨通了梅里奇探长的电话。

帕迪拉介入此案后，唯恐天下不乱，不停地制造谣言，给大家带来了许多麻烦。因此，这次他对理查德透露的信息不一定可靠。尽管如此，与理查德见面后，出于慎重考虑，警探们还是认为需要立即对杰西展开询问。9 月 9 日，梅里奇警探、艾瑞克·爱德华兹警官以及来自联邦调查局的尼克·萨维奇在麦特兰德的联邦调查局办公楼内对杰西进行了例行询问。除了进一步了解凯西与辛迪之间的关系外，他们还希望杰西能够详细描述发生在他与李之间的对话内容。7 月 31 日，李曾很明确地告诉杰西，妹妹凯西之所以在 6 月 16 日带着凯莉出走，是因为在此之前曾与妈妈产生了激烈的冲突。

“你是否可以告诉我有关这件事的详细内容，你是从哪里得知的这个线索？”梅里奇问道。

“我第二次来奥兰治郡了解情况时，遇到了李。李将我拉进花园，皱着眉头对我说，辛迪曾悄悄告诉他，凯西离家出走是由于她们之间大干了一场。事情的起因是凯西经常整夜不回家，辛迪为此责骂凯西。一次，两个人愈吵愈烈，最后发展到肢体冲突，辛迪揪着凯西的头发，并且勒住她的脖子。”

“这件事情发生时，屋子里还有其他人在场吗？”

“李当时很苦恼，并没有详细对我说这些。据我了解，当时只有辛迪与凯西两个人在家。”

杰西说，凯西与母亲之间的关系一度非常紧张，但凯西从没有告诉过自己她和妈妈打过架：“我知道她与辛迪之间的关系最近并不融洽，甚至可以说她对自己的母亲十分怨恨。但是，我从来没有听她讲过辛迪对她动过手，想要勒死她。”

虽然杰西无法对这场发生在母女之间的暴力冲突做进一步的描述，但他向警方提供了凯西对母亲的看法，证实了之前他的父亲理查德对警方的陈述。“凯西对辛迪抱有一种爱恨交加的复杂感情，”杰西解释道，“我的意思是说……这一点你可以向我的父亲或者其他什么人去验证，当我们订婚时，凯西说自己绝不会成为像母亲一样的女人，并渴望着尽快搬离父母的住所，越快越好。但有时，她又会说希望自己像母亲一样；不久，又开始抱怨自己的母亲；然后又说爱着自己的母亲。就这样一会儿爱一会儿恨，十分矛盾。这种状况反反复复地出现，直到小凯莉出生。”

“凯莉出生后，第一个抱小家伙的并不是凯西，而是辛迪。凯西曾经告诉我，辛迪当着她的面对凯莉自称‘妈咪’，这简直令她无法忍受。”

案件的调查范围逐渐扩大，警探们与辛迪·安东尼的同事们取得了联系。辛迪现在供职于一家叫作金蒂维的国立康保中心。作为一名有着多年经验与良好业绩的护士长，辛迪深受同事们的敬爱。

走访过程中，康保中心的员工们向警探们提供了一些线索，与瑞克、理查德、杰西所提供的信息有所印证。受访人员似乎都存在着一个普遍印象——在小凯莉失踪之前，安东尼的家庭矛盾就一直存在着。辛迪在工作之余与大家聊天时，总是不自觉地抱怨自己的女儿，说她彻夜在外寻欢作乐，根本不回家，因此照看小凯莉的重担全落在她一个人的身上。很显然，这对母女间的关系已经陷入了恶性循环状态：辛迪对凯西越无法容忍，凯西就越不想回家；而凯西越不着家，辛迪就越生气。最后的结局是，辛迪因怀疑凯西在外面泡夜店而大发雷霆，二者之间的敌对状态不断升级，终于引发了肢体冲突。

梅里奇到达金蒂维康保中心以后，向辛迪的顶头上司黛比·泼利萨诺出示了证件，希望能与她坐下谈谈。泼利萨诺告诉梅里奇，前段时间，辛迪的家庭危机不断升级。6 月底，辛迪的情绪似乎坏到了极点——丈夫乔治开始动手打凯西，这令辛迪非常痛苦，甚至影响到她与乔治之间的夫妻关系。可能是某些经济方面的原因导致了这场家庭大战，但究竟是为了什么，辛迪并没有做进一步的解释。此后不久，辛迪悄悄告诉她，凯西将女儿凯莉当作砝码威胁她，说要立刻将凯莉带走，不让她再见到凯莉。辛迪当时气得快发疯了。泼利萨诺还告诉梅里奇，在以前的日子里，每周至少一次，凯西会将凯莉带到康保中心，借口说自己“要去上班”，然后不管不顾地将孩子扔给妈妈。

据泼利萨诺所述，辛迪在 6 月的第一周曾经请过假，说是希望在家里陪伴凯西与凯莉。她甚至做了个短期度假计划，打算带着孩子们外出旅行。但后来这一切均未能实现。在这次祖孙三人一起参与的“短期度假”中，凯西每天都不着家，完全将辛迪当作小凯莉的全职保姆。6 月 5 日是辛迪的生日，但凯西那天甚至没有给妈妈打个问候电话。泼利萨诺说，就在 6 月，她曾经听辛迪提到过自家后院游泳池旁的梯子被人移走一事，辛迪怀疑是邻居们在她上班时偷偷使用过他们的露天泳池。

第二次休假之前，也就是在 7 月的第一个星期，辛迪曾经对同事们念叨过，已经好久没有与凯莉通过话了，但是她又对凯西编造的种种借口深信不疑，什么布希花园、车祸、保姆冉妮等，辛迪都对同事们谈到过，虽然她一次也没有见到过这位大名鼎鼎的保姆。像其他所有人一样，泼利萨诺对凯西所讲的一切都感到荒诞可笑。很明显，凯西对母亲撒了谎，她一直在同母亲玩着捉迷藏的游戏。但泼利萨诺当时也不方便向辛迪点明，只是暗自纳闷，为何辛迪总是对女儿所说的一切信以为真。

辛迪如期开始了自己的休假。当她休假完毕回到康保中心后，却告诉同事们自己根本没见到过凯莉。她气急败坏地给凯西打着电话，要求与凯莉通话，但凯西总是找出种种借口不让凯莉接电话。泼利萨诺回忆道，7 月 15 日，辛迪接了一个来自乔治的电话，说是凯西开的车在奥兰多境内被找到。泼利萨诺建议辛迪立刻将车开回来，看看到底发生了什么事情，然后就可以确定凯西身在何处。

但是不一会儿，辛迪又回到康保中心（大概她当时还没有去托尼的寓所找凯西），告诉泼利萨诺那辆庞蒂克轿车已经被找到，但是“车里的气味‘非常非常’难闻”。当泼利萨诺问辛迪有没有查看一下后备箱，看看是不是放有什么东西时，辛迪不置可否。

泼利萨诺劝辛迪赶紧回家，然后尽快与警方取得联系。但是辛迪不听她的话，说手里活儿太多，先忙完工作再说。泼利萨诺见说不动辛迪，只好求助于区域经理妮莎·拉莫斯，后者命令辛迪立刻回家处理家事。当天晚上，泼利萨诺接到了辛迪的电话，在电话里，辛迪泣不成声、语无伦次，突然间变得歇斯底里。“我发现了凯西……但是凯莉找不到了，”她在电话里尖叫着，“孩子丢了，天啊，我的凯莉找不着了。”

“上帝啊，黛比，你听我讲，如果孩子发生了什么不测，如果孩子有个三长两短，我也不想活了！”

接着，梅里奇又与辛迪的同事黛比·班尼特进行了面谈。班尼特与辛迪一起共事已经六年了。辛迪经常向班尼特抱怨，自己成了凯莉的临时保姆。班尼特还说，每当下午5点左右，凯西就会带着凯莉来到辛迪办公室，说自己要去上班，然后将孩子留给辛迪照看。为了让自己的借口看起来更像那么回事，凯西还煞有介事地在脖子上挂了个员工卡，虽然谁也看不清那个卡片上到底写着什么。6月，辛迪告诉班尼特自己已经有两个多星期没有见过外孙女了，因为凯西想要“过自己的日子”，她竭力希望摆脱辛迪的视野，并将凯莉也带走了。

辛迪的另一位同事——查尔斯·克里丹丁对凯西挂在脖子上的那张卡片也印象颇深，每次凯西将小凯莉留给妈妈时，总是将那卡片挂在醒目的位置。查尔斯回忆起2005年夏的一天，凯西来到康保中心找辛迪。当时凯西穿着一件长长的罩衫，看起来是怀孕了。当凯西看见查尔斯时，并没有像往常一样向他问好，而是蹑手蹑脚溜了过去，这令查尔斯感到十分好笑。事后，查尔斯向辛迪询问此事，辛迪却一口否认。查尔斯当时很奇怪，辛迪怎能对自己女儿那样明显的孕态视而不见。当这件事再也瞒不住的时候，辛迪才不得不向大家解释道，孩子的父亲是杰西·格伦德。但这并不是实情，杰西并不是凯莉的爸爸。后来，辛迪又跟着女儿凯西改口道，孩子的父亲住在田纳西州，已经因车祸去世了。

警探们不辞辛苦地进行了大量的查访，受访者对安东尼家里发生的一切众说纷纭，因而事情的真相也变得扑朔迷离。但是，如果将受访者们提供的线索一一捋顺，从大家对安东尼一家的共同评价中，我们似乎可以推测出个大概端倪：凯西具有撒谎的习惯，这一点使得大家都对她心存戒备。然而，辛迪却始终不愿意面对这一事实，或者说她始终被凯西蒙在鼓里。我们意识到，这对母女之间存在着一种十分微妙的关系。简单地说，二者之间相互掣肘又相互依赖，已经达到了某种动态的平衡。并不是说辛迪没有能力看穿凯西的谎言，而是她宁愿相信女儿所说的每一句谎言，继而说服自己去接受它们、维护它们。看来，在本案的侦查过程中我们所目睹的一切，在若干年前就已经开始在大家的眼中上演了，辛迪对女儿的偏袒与庇护众所皆知。

做检察官近三十年，我已经养成了一种习惯——根据检控工作的需要，随时筛滤各种涉案信息，剔除其中不可能被法庭采信的部分。现在，我们遇上了一个难题：上述通过走访而获得的大量信息虽然能够证明辛迪与凯西之间的关系，继而可以强有力地证明凯西的作案动机，但它们不具有单独的证明效力，因此无法在法庭上出示。原因很简单，上述信息均属于传闻证据。要使这些传闻证据发生证明效力，必须结合辛迪自己的证词一并使用。也就是说，除非辛迪自己承认上述事实，否则这些证人证词将不具备采信力。另一方面，由第三方（李或者杰西）转述的关于辛迪与女儿之间大打出手的证词，也只有在辛迪许可的前提下才能够在法庭上出示。遗憾的是，就我们这些月来与辛迪交往的经验判断，她是绝对不可能承认上述证词的。也可以说，辛迪与凯西之间存在着一种人尽皆知的共栖关系，虽然这种共栖带有致命的危险性，这对母女之间的性格恰好形成了完美的互补——她们一个人善于欺骗他人，而另一个人善于欺骗自己。

到此为止，关于凯莉一案的调查，我们取得了一些进展，这些情况都将在奥兰治警署召集的例行碰面会上与联邦调查局的特工们进行交流。凯莉失踪初始，联邦调查局就开始介入此案。后来，当奥兰治警署调整此案的侦查方向时，联邦调查局继续向警署提供着密切的配合与协助。通常，出席例会的有联邦调查局的特工尼克·萨维奇先生（在我脑海中一直认为这是一个伟大的英雄的名字）以及情报分析专家凯伦·科安先生。科安是警署与调查局之间的联络人，主要负责两个机构实验室证据信息的协调与交换。

例行的碰头会一般在奥兰治郡警署的大会议室进行。参加这些会议于我而言十分重要，通过它我可以了解到许多没有亲自参与调查的重要线索。当时，我正忙于那辆庞蒂克轿车内相关证据的搜集与固定，因此对此案的进展并不十分清楚。梅里奇探长则与琳达单线联系，他们每时每刻都在互通着案件调查的进展信息。碰头会时，琳达就坐在我身边，将这些信息通通传达给我。经常会发生这样的事情，当我听见警探们交流着一个个令人吃惊的线索时，会颇为兴奋地转向琳达，向她耳语道："你了解这些情况吗？"而琳达总是笑着安慰我："放心，我们早就知道喽。"记得有一次，我从报纸上了解到凯西曾经在肩膀上文了"美好生活"的字样。我震惊极了，随即匆匆赶往琳达的办公室，迫不及待将这条重要线索告诉琳达与弗兰克。看着我焦急的模样，他们二人相视而笑，告诉我在一个月前检方已经掌握了这条线索。

碰头会上，我们与警探之间的话题经常会转向辛迪·安东尼与何塞·贝兹——二者都十分善于利用媒体造势，频频对警方的处置方式提出质疑。目前，警署面临着来自媒体与公众方面的指责，压力非常大。辛迪会时不时地出现在电视上，面对镜头继续编造着凯西与自己之间的美丽神话——看啊，这是一对多么理想的母女啊：女儿乖巧，母亲慈祥。就在这个幸福的家庭中，发生了如此令人感伤的悲剧，她们的小凯莉失踪了，警察却不重视她们提供的线索，使得案件久久没有进展。一旦有人爆料在某个机场或者便利店的安全门处看见了小凯莉的身影，辛迪就会认为已经找到了孩子，要求警方立刻出警，最后的结果往往是一场虚惊。此时，辛迪又会反过来对着媒体数落警察，说线索就在眼前，因为出警不及时，让线索白白断掉了。更令人惊讶的是，辛迪与乔治在 8 月底还专程赶赴联邦调查局，投诉奥兰治郡警署，认为警署没有将精力放在追寻凯莉的影踪方面，而是一味地对凯西纠缠不休，把她当作嫌疑犯，还错误地将她投入监狱。

事实上，奥兰治警署对凯莉一案非常重视，不仅投入了大量警力，与联邦调查局的信息联络也做得十分到位。所有办案人员的关系非常融洽，他们将各自获取的案件信息在最短的时间内传递给交换中心，希望所有参案人员能够保持信息同步。联邦调查局很快就掌握了奥兰治郡警署获取的全部信息，经过分析，警探们一致认为：辛迪之前提供的所谓线索全部是虚假的。在这些烟幕弹里，大家白白浪费了许多宝贵的时间。理论上，大家认为辛迪一定知道一些关键的案件内情，然而她并不准备向警方透露，甚至乔治也参与其中。但这一切仅仅是推测，在获得可靠的证据之前，谁也不敢轻易下结论。

凯西的主辩律师何塞·贝兹也是一位令警方颇感头痛的角色。这是一个典型的两面派人物——他表面上看起来非常关心小凯莉的影踪，发誓将说服凯西配合警方提供尽可能多的线索；暗地里却对警方的调查工作猛烈抨击，抱怨他们已经向警方提供了许多线索，案件侦破却没有取得任何进展。

事实上，为了证明凯西陈述的真实性，辩方律师团队甚至雇用了一名叫作多米尼克·卡西的私家侦探来对这些线索进行调查。也就是说，辩方一开始就试图另起炉灶，单独侦破此案。卡西暗访了凯西口中所有知道保姆冉妮的人，但是这些人根本就不存在。接下来，卡西跟在梅里奇和他的同事们身后，检查了所有凯西口中冉妮可能藏身的地点，但是当地居民没有一个听说过冉妮这个人。他也跟在警探后面奔赴塔帕市，对该市所有医院进行调查，结果没有一个叫作冉妮的人住过院。根据交通署的日志资料，当日也没有发生所谓的车祸。当时还有小道消息说，冉妮已经搭乘飞机将小凯莉带到了波多黎各，但是在出入境管理处的调查结果证明并无此事。

几个星期后，贝兹就解雇了多米尼克·卡西。后者随即被安东尼夫妇雇用，继续寻找小凯莉的影踪。也就是在这段时间，辛迪不停地向警方提供着道听途说的线索，并对警方施加压力，白白浪费了联邦调查局与奥兰治警署的大量警力与时间，结果却一无所获。

另外，当地媒体还会时不时地爆料出一些相关案情，其中的一些信息来源于奥兰治警署，这一点令辩方律师颇为不满。根据我们的信息公开制度，经过公权力部门调查所获取的绝大部分信息，均应当在最短时间内呈递给辩方律师。而根据公共档案法的规定，一旦这些信息被辩方律师掌握，它就成为公共档案的一部分，任何公众均可查阅、复制。奥兰治警署的工作人员将这些信息透露给了报社记者，有时是为了对辩方的一些言辞进行辩驳；有时纯粹是为了与报社保持良好的合作关系。这些行为虽然没有事先征得上级的许可与授权，但它们并不违反法律规定与工作纪律。目前，针对警方的调查结果并没有统一的保密制度进行制约；而根据信息公开制度与档案管理法，这些所谓的调查结果最终都必须公之于众。可笑的是，连我自己也总是从媒体处才得知案件的最新进展，比如那次“文身事件”。

辩方律师将警方向媒体透漏案件进展信息的行为称作“泄密事

件”，他们对此大为不满。据我推测，贝兹将要做的下一件事就是为所谓的“泄密事件”向法庭提出动议。具有讽刺意义的是，他们自己的行为也并不检点——贝兹总是不错过任何一个在镜头前露面的机会，对凯莉一案大谈特谈：凯莉现在究竟在哪里，孩子到底是活着还是已经死了，警方有哪些行为失当，诸如此类话题，他都要逐一进行点评。这段时间以来，出自辩方律师内部的小道消息、连篇废话甚至是谣言比其他任何渠道的都要多。

尽管如此，辩方这些倒行逆施的行径或者喋喋不休的抱怨都不能分散我们的注意力，更无法削弱我们侦破此案的决心。进入9月，在每周一次的碰头会上，梅里奇探长向我们汇总了所有已搜集的证据。接着，大家对前一段时间的工作进行了总结。我们手里握着一系列扎实可靠的法医鉴定笔录与严密细致的侦查笔录。当然，我们也清醒地意识到，我们面对着的是一个看来永远不会说出实情的被告。以目前的证据判断，正是凯西杀害了自己的女儿，虽然被害人的尸体至今还未找到。最终，大家对该案达成了一致决议——以涉嫌故意谋杀罪对凯西·安东尼提起公诉。

第十一章　大陪审团

临近 10 月，我们必须做出一个重大抉择。当时情况是这样的：由于遇害人的尸体至今未被发现，检察署只得以重度虐童罪与多重向警方虚假陈述罪对凯西提起指控。审判日期初步定于 11 月中下旬。通常状况下，凯西很快将会被保释出狱，等候审判。凯西之所以涉嫌重度虐童罪，是因为她在自己女儿失踪后的一个月中没有向警方报告。在此意义上，检方所面临的问题与辩方律师显然不同。按照法律规定，检方向陪审团提交裁决的事项，必须是经过一系列的侦查取证后认为是真实无误的。而辩方律师则不然。对于他们而言，所进行的一切诉讼活动都是为了委托人的利益，而没有必要去判断委托人的陈述是否属实。换句话说，律师是为了维护“委托人的利益”而辩护，而非为了“寻找真相，坚守事实”而辩护。这就要求他们必须将自己对案件的主观判断搁置一旁，除非有确切证据证明他们的委托人犯了伪证罪。如此看来，检察官的心理特征及对案件的处理模式与辩护律师大相径庭——他们对嫌疑犯提起公诉的前提建立在内心确信的基础之上。也就是说，只有在确信对罪名的指控具有确凿、客观的事实进行支撑，并且证据的采集与固定程序也完全合法的情况下，检察官才可能对嫌疑犯提起公诉。所有的检察官中，没有一个人能够面对陪审团提出对凯西涉嫌虐童罪的指控，心里却坚信她事实上涉嫌一级谋杀罪；也没有一个人能够当面向陪审团描述着小凯莉失踪的事实，心里却坚信这个孩子已经被人杀害。没有，我认为根本不会有这样的检察官。

不仅如此，我们还不得不考虑另外两个重要的因素。如果日后小凯莉的尸体被发现，其中任何一个因素都将对整个案件的起诉与审理造成不可小觑的程序性障碍。其一，佛罗里达州存在着所谓的“迅速审判”的规则，亦即法律保障任何一位被告人获取“迅速审判”的权利。当犯罪嫌疑人因涉嫌某项罪名被捕后，他们可以向法庭提出要求，立即进入“迅速审判”程序。一旦“迅速审判”程序启动，整个案件必须在 180 天内提起公诉并且审理完毕，除非辩方律师申请延期审理。这项规定事实上严重限制了检控方的起诉权：如果在规定时间内没有提起公诉，检控方就彻底丧失了对该案提起公诉的权利，即使日后发现了新的涉案证据也不可恢复公诉权。

更为麻烦的是，这项规则同时指出，与被告被捕时涉嫌罪名相互关联的其他罪行，也应当一并在此期限内提起公诉。因此，我们必须搞清楚两件事：首先，虐童罪与谋杀罪是否属于所谓的“相互关联”的罪名？其次，当凯西在 7 月以涉嫌虐童的罪名被逮捕时，对其“一级谋杀罪”提起公诉的期限是否也已经开始计算？众所周知，我们的法律中有许多陈述是模棱两可的，这一规定也不例外。关于对此条法律的理解，会在检控方与辩护方之间引起一场唇枪舌剑的大战。一旦我们因为阐释法理欠妥或者援引先例不当而输了这场辩论，上诉法院将会立刻释放凯西——即使我们后来寻找到小凯莉的尸体，并且手中握有确凿证据可以证实凯西就是凶手，也无法对她就相同罪名提起公诉。

第二个因素涉及对被告人“重复指控”的禁令，亦即美国宪法明文规定的“一事不再理”规则。该规则明确指出，任何人免遭因同一行为受到两次指控的危险。这里同样涉及对虐待凯莉与谋杀凯莉是否属于同一行为的分辨。如果我们不幸输了这场辩论，那么结局只能是对凯西以虐童罪名起诉，即使事后发现了凯莉的尸体，也永远无法再对她提起涉嫌一级谋杀罪的指控。

整整一天，琳达、弗兰克与我针对上述问题进行了热烈的争论，几乎将可能遇见的各种情况都考虑到了。最终，我们决定与辩方律师在法庭上面对面地来一场辩论。之所以走这步险棋，是因为有一桩事实显而易见——无论从哪个角度考虑，凯西对其女儿的死均负有不可推卸的责任。无论是她蓄意杀害了小凯莉、事后为了隐瞒证据毁尸灭迹（这是我个人的看法），还是因为她给小凯莉服用了过多的氯仿、在无意中杀害了小凯莉，两种情形均构成一级谋杀罪。我们三人对已经搜集到的证据具有十足的信心，它们完全可以支持对凯西一级谋杀罪的指控。现在看来，凯莉的死与氯仿密切相关，或者说凯西的作案工具就是氯仿。关于凯西利用氯仿作案的手段，我们也已经详细地探讨过：第一种情况是，凯西为了能够顺利外出寻乐，企图使用氯仿令小凯莉昏睡不醒，但是，她在无意中让孩子吸入了致命剂量的氯仿，最终导致孩子死亡——这显然已经构成了谋杀重罪。第二种情况是，无论出于什么动机，凯西蓄意通过氯仿来杀害小凯莉，并且达到了目的——此时，她依然无法摆脱蓄意谋杀的指控。

毋庸置疑，是凯西亲手杀害了自己的女儿，这一结论不必等到小凯莉的尸体被发现后才能做出。事实再清楚不过了：一位年轻的单身妈妈，为了追求一种完全自由的生活空间，想方设法摆脱了两岁女儿的羁绊。从女儿“失踪”的那一刻起，她就过上了梦寐以求的“美好生活”，她左肩上的文身赤裸裸地向世界宣告了她此刻欢快的心情。女儿“失踪”的一个多月中，她不是积极设法寻找女儿的行踪，而是不错过任何一个寻欢作乐的机会，肆无忌惮地与男友同居狂欢。她还编造了一系列故事欺骗包括自己母亲在内的所有人。当警方对其谎言产生怀疑时，她依然我行我素、不思悔改，并且变本加厉地编造了更多更离奇的故事。在案件的调查过程中，她始终保持着令人难以置信的冷静，既没有承认这是一场可怕的“意外事故”，也没有承认自己做了对不起孩子的事，她唯一喜欢做的事情就是撒谎、撒谎、撒谎。

当然，除了犯罪嫌疑人本身的种种蹊跷行为之外，还有一系列铁证摆在大家面前，这才是给该案定性的基本根据。强烈的尸臭与受害人的毛发向大家传递着不祥的信息，更可怕的是如此高浓度的氯仿的存在，使得包括鉴定专家在内的所有人均为之悚然——是谁这样狠心，将如此大剂量的化学药品使用在一个年仅两岁的幼儿身上？看着这些证据，结合凯西在这 31 天内的反常行为，我们很难确定凯莉的死亡完全是一场意外。我无法想象任何一位母亲在女儿意外身亡后能够像凯西一样保持着从容不迫的态度。我本人育有六个孩子，四个已经长大，两个还在襁褓之中；琳达与弗兰克也各有一个还未成年的孩子。坐在一起探讨案情时，我们经常会谈及各自的家庭生活——当孩子们突然走失或不见时，父母们恐慌紧张、焦躁不安的心态简直令人发狂。大家很难理解，当一位母亲因为某种“过失”使得自己的孩子意外死亡后，居然能够面不改色地将孩子的尸体塞入汽车的后备箱，然后开着这辆车陪着男友四处兜风、看电影、上床寻欢——不，我想任何一个女人都做不出这种事情。这本不符合人之常情，唯一可能的解释是——凯西一直渴盼着女儿消失，现在终于如愿以偿。

从目前搜集到的各种证据推断，孩子是在轿车的后备箱内腐烂的。凯西曾企图向邻居借一把铁铲，在自家后院里埋掉凯莉的尸体，因此她对警方做出的无辜表白完全是一派胡言，或许这正是她自感有罪的表现。正是由于该种畏罪心理，或者其他什么原因，她最终没敢将孩子的尸体埋在自家后院，而是将尸体继续藏匿在某处，虽然这个地方我们至今未能发现。

以上涉及的种种争议与难题都摆在了州检察长劳森·拉玛尔的桌面上，最终将由他来决定是否将现有的调查结果向大陪审团提交。如果检方提交了申请，陪审团也批准了对凯西的起诉，那么我们将会竭尽全力赢得这场诉讼，让凯西受到应有的制裁。劳森分别向奥兰治警署、联邦调查局特工以及主诉检察官征求意见。我个人认为，目前为止，此案的证据工作完成得非常扎实，向陪审团提交起诉申请应该没有问题。我相信琳达与弗兰克也同意我的看法。经过一整天的考虑，当天快下班时，劳森检察长向我们宣布，他同意我们的意见，决定将此案即刻交付大陪审团审查。

当今世界各国的陪审团制度主要指的是“小陪审团”制度，或者叫作“审判陪审团”制度。与之不同，美国的联邦司法系统与部分州司法系统仍然保留着“大陪审团”制度。[①] 大陪审团与小陪审团（审判陪审团）在司法程序中的性质不同：大陪审团负责对案件的起诉进行审查，而小陪审团则决定被告是否有罪。在美国，所有的刑事案件在进入审判之前必须首先召集大陪审团听证会。具体来说，某人涉嫌刑事犯罪，如果检察官认为可以立案，就开始收集各种证据；但检察官不能决定该案的证据采集是否足以进入审判程序，这个决定必须由大陪审团做出。各州法律有关大陪审团组成人数的规定并不统一，在佛罗里达州，大陪审团通常由 19 人组成，

① 美国宪法《权利法案》（即前十条《宪法修正案》）中，有两个条款直接提到陪审团：《第五修正案》中称“无论何人，除非根据大陪审团的报告或起诉书，不受死罪或其他重罪的审判……”《第六修正案》中称“在一切刑事诉讼中，被告有权由犯罪行为发生地的州和地区公正的陪审团予以迅速和公开的审判……”此处，前者指的是大陪审团，后者指的是小陪审团。——译者注

选自与小陪审团相同的候选者资源库。关于大陪审团的任期，各州的规定也不同。在佛罗里达州，小陪审团的任期通常只有几天，而大陪审团的任期则是 6 个月。任期内，大陪审团会每月抽出一到两天的时间对多起谋杀案件的调查结果集中审查。

大陪审团与小陪审团的关键区别在于：前者只需要对案件的客观事实做出认定，批准是否应当将犯罪嫌疑人提交起诉，后者则负责判断被提起公诉的被告人是否有罪。在大陪审团程序中，只审查公诉方的证据，而不必听取辩护方的意见。因此，公诉人通常的做法是当庭询问证人。而且，与正式开庭审判时不同，传闻证据在此阶段可能会被大陪审团采信，因而陪审员此时可以向证人随意提问。证人质证程序结束后，陪审员可以就相关法律条文要求公诉人提供解释。所有的聆讯程序完毕后，由公诉人做最后陈词，然后进入陪审员不公开投票阶段。19 人中只要有 15 人给出肯定意见，该刑事案件就可以被正式提起公诉，移交小陪审团审理。

设置大陪审团的初衷是对起诉权进行制约，但在实践中，该程序已经成为检察官手中有力的案件调查工具。原因就在于大陪审团的运作程序的特殊性：第一，调查过程中，大陪审团只听取公诉人一方的意见，所以检察官通常能够轻而易举地说服大陪审团接受其指控意见；第二，大陪审团享有传讯涉案人员以及要求被传讯者在宣誓状况下接受质证等特殊权力，如果拒绝向大陪审团陈述证言，可以被判处藐视法庭罪。因此，检察官往往能够在大陪审团的帮助下获取事前无法获取的证人证言或当事人陈述。

通常，接受大陪审团聆讯的是参与此案侦查与勘验的警官与法医。绝大多数案件中，只要由他们向陪审团陈述案情就足够了。警官此时会将调查过程中搜集到的所有涉案证据汇总通报陪审团（其中的证人证词必须在证人当场宣誓的前提下获取）。接着，由警探将所有法医鉴定结果向陪审团呈递（在这一点上，州检察长劳森先生认为，大陪审团应该更希望直接听取法医亲口陈述的鉴定结论）。我个人提出建议，最好利用大陪审团程序将所有的涉案证据进行固定。这一点非常关键，目的是应对未来的审判程序中由于种种原因引发的变故，包括证人在某种压力下可能会改变原始证词。据我两个多月来的观察，乔治·安东尼就很有可能成为这样一位“变节者”。

就在一个月前，我还亲眼目睹了这个男人是处于怎样的一种矛盾痛苦的状态之中——对外孙女愈来愈强烈的思念之情，对女儿一系列荒诞行径的沮丧不安，以及被夹在妻女龃龉之间所遭遇的尴尬无奈。很显然，一谈到凯西，辛迪就会立刻不容置疑地袒护自己的女儿。而对于乔治来说，作为一个理智的男人、一名具有丰富经验的前警官，他所承受的压力可想而知——目前而言，乔治还没有完全屈服于自己的妻子；但如果凯莉的尸体被找到，事情就很难说了。因此，我们必须在大陪审团程序中尽力固定他的所有原始证词。

大陪审团听证程序进行的前几天，在律师马克·詹姆的陪同下，我与乔治进行了一次谈话。我原本希望能够面对面地与他坐在一起聊聊，但不知是谁向媒体泄露了消息，最后一刻我们取消了约会，改作电话交谈。电话中，我再次确认了乔治之前向警方所做的证词，并且探讨了他可能面临的大陪审团提出的质询。乔治的声音听起来亲切友好，他答应全力配合我们的工作。

当初，我们曾打算请辛迪在大陪审团程序中做证，但是这段时间以来她的情绪一直不太稳定。站在证人席上回忆整个事件的来龙去脉，对她而言确实是一种难以忍受的煎熬。我们担心她在法庭上会突然情绪失控，甚至可能会出现拒绝做证的情形。因此，我们决定由梅里奇探长代替辛迪出庭，向大陪审团转述她的证词。

2008 年 10 月 14 日，安东尼一案的大陪审团程序正式启动。听证会在奥兰多市中心奥兰治郡法院第 23 层的大法庭内不公开进行。法庭内气氛紧张，一些取得旁听资格的媒体守候在法庭一角。记者中有许多是我多年的老朋友，依照他们的性格，是不会放过任何获取案件消息的机会的。但是，与辩方律师不同，案件尘埃未定时，公诉人必须严格服从“无可奉告”的纪律约束。本案也不例外。记者们虽然提了大量问题，却也对我们的工作纪律表示理解，因而在那天的绝大部分时间里，他们只是安静地站在一边，向外界忠实地转播着审判实况。

根据标准程序，证人证词被密封后呈交给大陪审团。各大媒体在法庭外安营扎寨。每当即将出庭的证人出现在过道时，便会引起一阵骚动。旁听席上的记者们交头接耳，猜测着各种可能的情形。检方当天出席听证会的一共有 6 名证人，虽然凯西未被法庭豁免做证义务，但是她事先已经做出声明拒绝出庭。根据法律，在长达两个小时的听证程序中，证人们的所有证词都将被妥善保存，禁止向外界透露。按照出庭顺序，依次是凯西的父亲乔治・安东尼、探长尤里・梅里奇、警犬驯导员詹森・弗基、联邦调查局毛发分析专家凯伦・劳、联邦调查局特工尼克・萨维奇、计算机证据调查专家桑德拉・考恩。所有的证人分别被传唤进法庭，接受大陪审团的质询。除了这 6 个人之外，琳达、弗兰克与我也是检方团队的组成成员。另外，州检察长劳森在当天也专程赶赴法庭进行现场协调工作。整个聆讯程序完全由 19 名陪审员主导，除了法庭记录员与通讯员外，没有任何一位法官的介入。请原谅，由于保密制度的约束，我在此无法向大家具体描述当时的情形。

历经了两个小时的聆讯后，大陪审团最终达成一致意见：凯西涉嫌一级谋杀罪与其他六项罪名（包括重度虐童罪、加重过失杀人罪，还有共计四项向警方提供虚假信息罪）的证据确凿，批准对其提起公诉。陪审团裁决后，州检察长劳森·拉玛尔召开了新闻发布会，向媒体做出了简洁的声明："该案调查过程中，检方面临着非常复杂的证据状况。对各项证据的采集、鉴定与固定均涉及当今法医学、证据学的最前沿技术。我们现在已经掌握了足够的证据，并打算将其运用于不久后即将进行的审判之中。感谢大家的关注与信任，我们已经做好了一切准备，来自不同领域的法医学专家也已经各就各位。我们静待审判那一天的到来。"

何塞·贝兹已经通知过我们，大陪审团开庭当天，凯西将在他位于基西米的律师事务所内等候消息。因此，一听到大陪审团准予起诉的裁决，梅里奇探长就即刻驱车前往贝兹律师的办公室，拘捕凯西归案。据梅里奇探长事后描述，整个拘捕过程中，凯西表现得相当镇定自若。她对他的到来毫不惊讶，也见不到预想中的沮丧之色，这个结果于她而言似乎在预料之中。梅里奇为凯西戴上手铐，将她带往奥兰治警署办公室。在那里，警署工作人员向她宣告了所谓的"米兰达警告"[①]。凯西随后表示，在律师到来之前她不想做任何回答。凯西当时的情绪相当轻松，甚至主动寻找话题与看管人员聊天。这本来没什么好奇怪的，她向来十分善于控制自己的感情。凯西告诉看管人员，自己将再次向法庭提出保释申请，但后来不知为何她又改变了主意。当天晚上，凯西就又回到了监狱

① 又被称作"米兰达权利"、"米兰达规则"，全文包括六句话："你有权保持沉默。此刻你所说的每一句话都将可能被用作法庭上对你不利的证据。你有权在与警察交谈之前委托律师，并可以要求他在接受讯问的整个过程中陪伴你。如果你无法承担律师费用，只要你愿意，讯问之前，我们将为你免费提供一名律师。如果你同意此刻在没有律师陪同的状况下接受讯问，你依然有权在以后的任何时刻中止该谈话，直到律师到来为止。你是否完全了解了上述权利并依然决定在没有律师出席的情况下接受我们的讯问？"——译者注

里，罪名是涉嫌谋杀两岁幼童——她的亲生女儿凯莉·玛丽·安东尼。凯西最终是否会因一级谋杀罪而面临死刑判决，我们将拭目以待。

面对大陪审团的裁决，辛迪依然无法面对自己的外孙女已经死亡的事实。她持续在10月、11月、12月的电视新闻中露面，声称凯莉仍然活着，声泪俱下地指责警方不再追寻孩子的踪迹。另一方面，既然大陪审团的裁决已经做出，检方必须抓紧时间为即将到来的审判做准备。如上文所述，根据“迅速审判”规则，我们必须在180天的办案期限内提起诉讼，如此算来，该案的预审期应该在12月底。据我们估计，辩方向法庭要求将本案纳入“迅速审判”程序的可能性极大。对于他们而言，如果能够在小凯莉的尸体被找到之前顺利结案，那可是再好不过了——只要被害人的尸体没有下落，他们就可以在法庭上公然与我们进行辩论：“被害人此刻仍可能存活着，怎么可以对被告指控一级谋杀罪?”而我们必须对该种质疑予以回应。这显然是一个巨大的挑战，但我们有足够的信心战胜它。根据三人的分工，我负责回答陪审团关于法医鉴定证据方面的质询。据我分析，辩方届时将会要求鉴定专家出庭接受质证，并向法庭申请查阅维斯博士与联邦调查局鉴定专家的鉴定结论。这就涉及一项非常烦琐的程序：许多涉案的实验机构并非隶属于州政府，因此，从规则上而言他们并没有义务遵守州法庭发出的指令。好在这些鉴定专家已经纷纷表示将会尽力配合此案的审理。辩方还提出了诸多其他要求，其中有一些非常荒诞，令人难以接受。例如，他们要求提供奥兰治警署与维斯博士之间的所有往来电邮。按理说，法庭不应当批准这样的要求，但目前已经进入电子时代，这些事情举手之劳便可完成，因此他们最终如愿以偿。辩方律师还要求奥兰治警署提供事关该案调查日志的所有复印件，并根据日期进行汇总整理。这一点当然也没有问题，警署办公室工作人员花费了大量时间对这些日志进行编号汇总，最终整理出一份多达 5 000 页的档案簿。当然，根据法律规定，警署事后可以要求辩方报销全部的复印费用。

这一切进行过程中，又发生了一件令人哭笑不得的插曲：贝兹指责警署提供调查日志时做了筛滤，将那些关键信息从档案中抽取，留给他们的是大量的无用信息。这种抱怨令大家感到十分诧异，“将关键信息从海量的日志中一件件抽取出来”，亏贝兹想得出来，难道有人会浪费时间去做这项无聊工作吗？针对贝兹的投诉，警署不再对日志进行选择汇总，而是将所有的日志副本都移交给他们，由他们自行分析整理。贝兹再次甩手不干了，声称凯西并没有钱付给他来完成这些事情。大家当时都认为贝兹撒了谎，因为隐约有传闻说凯西已经将自己女儿的照片与视频出售给全美广播公司新闻网，要价 20 万美金，而贝兹就是这桩买卖的牵线人。无论这笔钱现在在谁的手里，贝兹的一系列行为实在是令人摸不着头脑。他不仅自己在做无用功，还白白浪费了大家许多宝贵的时间。

提出这些荒诞无聊的请求的同时，辩方律师继续在各大媒体上频频露面，这才是最令人生疑的情况。贝兹在每天的电视新闻中出现，口无遮拦地发表自己的意见，并且对各项涉案信息妄加评论，他的这些行为毫无疑问触犯了佛罗里达州律师制度的禁止性条款。11 月 7 日，我向法庭提交了一份申请，要求禁止辩方律师频繁出现在媒体上，并对案件做倾向性宣传。贝兹的这些言行极有可能对即将组成的陪审团造成影响，而贝兹自己也承认他的目的正在于此。我当时甚至萌发了这样一个念头，要求法庭禁止所有的涉案组织与个人在媒体上发表倾向性宣讲，包括奥兰治警署与安东尼夫妇。不出所料，贝兹对我的申请竭力反对，并在媒体上声称希望看见一个没有偏见的陪审团参与审判——他的演技真是不亚于凯西小姐。同时，媒体对我的此项申请也十分不满。在各方面人士的运作下，这项申请最终被法庭驳回了。

此刻，我们已经无暇顾及辩方律师团在庭下搞的种种小动作。庭审开始前，我们还有一些重要的事情亟待解决：

首先，是本案的量刑问题。从技术上讲，每一个被指控涉嫌一级谋杀罪的犯罪嫌疑人均面临着死刑判决的可能，虽然其中只有极少数被告能够达到判处死刑的严格标准。这些标准建立于个案的犯罪事实、受害者身份、被告人一贯表现等综合因素的基础上。从司法实务角度分析，虽然法律并没有明文规定公诉人负有该项义务，但如果检察官认为自己手中的案子达不到死刑标准，他们通常会尽早向法庭通报量刑建议。这种情况下，我们会将案件做出两种分类：第一类案件中，案情一目了然，它们绝对不应当适用死刑。另一类案件中，虽然案情综合考虑已经达到了判处死刑的各项标准，但我们依然不准备向法庭提出死刑量刑建议。原因很简单，根据多年的经验，这种案件在陪审团眼中是不符合死刑标准的，无论是陪审团对该案的事实与情节不予认可，还是事前有过先例，近似案件因为具有宽宥情节而未被判处死刑。

作出量刑建议之前，此方面的信息当然获取得越多越好，尤其是我们必须知道辩护律师手中是否握有一些可能对凯西从轻处罚的情节。因此，我们向辩方律师提交函件，希望征求他们对量刑建议的意见，这对我们双方都有好处。拖了几天后，辩方终于向我们提交了回函，但其中的绝大部分内容并不具有实质性意义，反而充斥着与主题无关的大量指责与抱怨。浏览完这些资料后，我与琳达面面相觑，却又无可奈何。很明显，贝兹提供给媒体的信息要比提供给我们的丰富得多。我们将这些信息都向州检察署做了汇报，然后静等回音。其实，我们三人已经估计到了检察署将做出怎样的决定——凯莉的死因至今未能查明，这是该案的一个硬伤，因此，我们并不认为该案已经满足了一级谋杀罪的全部犯罪构成。此外，我们手中还握有一项毋庸置疑的理由可以将凯西归罪——凯莉是一名未成年的幼儿，她需要母亲的监护。但是，话又说回来，即使这个判据具有很强的说服力，仅凭这一点还是很难说服陪审团或者上诉法院认为对被告判处死刑是正当的。不出所料，12 月 3 日，州检察署驳回了我们对凯西一案的死刑量刑建议。

与此同时，贝兹还在接连不断地向法庭递交着各项动议，其中包括许可他将笔记本电脑带入监狱中，对检方移交的所有证据进行浏览，对参加勘验的警犬的资质证明进行查验，等等。不可否认，这些要求中有一些是正当的，诸如对检方移交证据进行浏览，但也有一些要求明显不合理，其中似乎包含着这样一个愿望：凯西应当获得有别于其他被羁押者的特殊待遇。按照法律规定，辩方在对这些特殊许可提出申请后，除非关系到监狱安全管理制度，一般都会被允许。辩方还提出一点要求：在对上述申请进行听证时，希望能够免除被告凯西到庭旁听的义务。我们立刻做出回应，反对贝兹的此项主张，坚持凯西必须出庭。贝兹闻听我们的反对意见后非常恼怒，指责我们的目的是要凯西在大庭广众下出丑。可能有些人会感到奇怪，为什么我们对贝兹的上述请求如此敏感？凯西不出现在己方律师提出申请的听证会上，又有什么关系？事情远没有看起来那么简单。

表面上看来，如果我不得不坐下来耐心地听取贝兹那一套喋喋不休的废话，那么凯西也必须陪着我们忍受这样的折磨——这是她自己聘请的律师在谈论事关她切身利益的申请，她当然应当在场。事实上，其中还隐藏着更为微妙的理由。作为公诉人，我们经常会遇到这样一种情况：许多被告人在被定罪后会反过来指责自己的律师，甚至当庭要求对其提起指控。如此一来，整个判决结果就面临着化为乌有的危险。应对这种情况的最好方法就是事先请被告意识到，他们十分清楚己方律师的一切行动与言辞，并且与其律师在整个审判过程中配合密切。因此，要求被告人出席整个审判过程是非常必要的，这有助于事后查明真相。贝兹向法庭提出了大量的申请，万变不离其宗，他的目的在于打击他人。这个“他人”大多时候是奥兰治警署，有时候也针对检察署。浏览着贝兹提出的一项项申请，总是给人一种十分强烈的感觉——贝兹坚信，一场针对着他与他的当事人的阴谋正在进行着。我们渐渐学会了厚着脸皮来应对这些谴责。事实上，这些申请所涉及的绝大部分的情况均是虚构的。看来贝兹先生还没有养成先核实事实、再落笔书写的好习惯。我记得其中有这样一份申请，他声称自己与某位辩护专家在要求调阅警方所掌握的证据时，警方故意扣押证据不愿出示。我当时实在是忍无可忍了，因此很不客气地提醒他：“贝兹先生，法庭上讲话要有根据，请您出示证据。”

斯特里克兰法官转过身子，对贝兹说道：“先生，请宣布您的证人出庭。”贝兹闻言惊得目瞪口呆，满脸疑惑地望着法官，像是在未经提防的状态下被抓了个现行——他根本不知道法庭上的言辞均要凭借证据才能认定。无奈之中，贝兹向法庭要求延期审理这项申请，理由是还没有准备好将要提交的证据。琳达在一旁动了恻隐之心，她指令检方的证人出庭接受质询，总算是替贝兹解了围。（琳达总是太善解人意了，不是吗？）后来经证实查明：当时，贝兹要求实验室提供鉴定记录的原始资料。而该实验室并不属于本州政府管辖，因此没有提供原始资料的义务，故而他们的申请被实验室驳回。质证完毕后，斯特里克兰法官平静地望着贝兹。贝兹低下头，他搬起石头砸了自己的脚。

根据“迅速审判”规则的起诉与审理时限，对凯西一案的审判原定于2009年1月5日进行。2008年12月11日，斯特里克兰法官主持了本案的预审。这次预审中，贝兹代表自己的委托人向法官提出申请，要求案件延期审理——这也意味着凯西彻底放弃了获得“迅速审判”的权利。如此，控辩双方均赢得了相对充足的时间进行正式开庭前的准备。

于我们而言，这可真是一个好消息。这次贝兹总算做了一个明智的决定。是啊，当事人的性命就攥在你的手里，你哪里还有时间随随便便做出一些鲁莽的决定？说实话，贝兹确实需要大量的时间来确定出庭证人名册、查验各种涉案证据。目前为止，他在这两个方面都还未开始下功夫呢。如果在其后的日子里贝兹不遗余力地搜集着各项涉案证据，那么，我们所获得的每一项证据必须要做到比他手中的证据更为扎实、确凿。在贝兹提请案件延期审理之前，我们已经为1月将要进行的审判做好了充分准备。现在可好，突然之间多出了大量的时间，这就给我们提供了选择另外一种方式对案件进行起诉的机会，我们可以有条不紊地将这场公诉进行到底。当时，谁也没有料到，案情随即发生了一系列变故，我们必须争分夺秒地充分利用这些额外的时间。

就在贝兹向法庭提交延期审理申请的同时，奥兰治郡的抄表员罗伊·克罗先生再次路经郊区大道的沼泽地。他惊讶地发现那个灰色的塑料袋仍然在沼泽上漂浮着——这一次他非常确定，塑料袋里露出的白色物体就是人的头骨。

斯特里克兰法官批准了贝兹律师提交的延期审理申请，并将这一结果及时通知了我们。与此同时，罗伊·克罗匆匆拨通了公用事业公司负责人的电话，将沼泽地里发现的情况向他做了汇报，继而引发了自夏季以来该区域拨出的第四个报警电话，暗示着郊区大道附近再次发现了重要线索。

第十二章　惊现尸骸

12 月 11 日，一个阴沉寒冷的雨天。我感到身体不太舒服，请假在家中休息。突然，电话铃响了，邻居董恩・费瑟兴奋地通知我立刻打开电视，说安东尼一案又现爆炸性新闻。起初，我并没有当真，认为这不过又是一起误报事件，这样的情形在过去几个月里已经经历得太多了。几分钟后，董恩再次拨打我的电话，这次他是向我求证事情的真相。无奈之中，我从床上爬起，打开了新闻频道。我大吃一惊，简直令人难以置信：当天清晨 9 点 38 分，一具幼童的残骸在距离安东尼住宅不远的郊区大道旁的沼泽地里被人发现。当时有人报警说在该区域发现一只十分可疑的袋子，里面似乎装着一具骨骼残骸。警方匆匆赶赴现场，经过犯罪现场调查组的鉴定，确定这是人类的颅骨——一个幼童的颅骨。

我立刻拨通了琳达的电话。琳达告诉我，她已经与梅里奇探长联系过，后者确认了这件事。梅里奇告诉琳达，一得到消息，他就在第一时间派犯罪现场调查组成员格拉尔多・布鲁易斯赶赴现场，立即对尸骸进行勘验。梅里奇赶到现场时，布鲁易斯、验尸官、犯罪现场摄影师，还有其他警探已经等候在那里。整个郊区大道被警方封锁起来。事实上，那一带本来就人迹罕至，只有一些进出大道尽头的小学校的行人匆匆而过。

除此之外，目前还没有关于此尸骸的进一步消息。梅里奇一直守候在案发现场，他答应我们，一旦发现任何线索，会立刻与我们取得联系。我放弃了休假，立刻返回办公室，在整个早晨与下午都守在电话旁等候消息。快中午时，这具骨骸被发现时的详细情节才陆陆续续传到我们耳中：当天上午，奥兰治郡公共事业公司的读表员罗伊·克罗先生在契卡索奥克斯地区进行作业。工作结束后，克罗鬼使神差般地又返回四个月前看见过可疑塑料袋的地点。他惊讶地发现，那个令人生疑的袋子还漂浮在沼泽上。这次，他没有急着报警，而是返回作业汽车，从车厢内取了一根用来开启水表箱的木棍，试图用这个一端带钩的棍子将塑料袋从水中挑起。突然，一具已经完全腐烂的头骨滚了出来，令他大为惊骇。早在 8 月上旬，克罗先生曾就相同事项三次拨通了 911 报警电话，但这些电话均未引起警方的重视。因此，这次他十分冷静地返回公用事业载重汽车旁，对搭档艾伦·罗宾逊简单叙述了自己的发现。当着罗宾逊的面，他拨通了顶头上司亚历克斯·罗伯茨的手机。罗伯茨随后立即拨通了 911 报警电话。

据罗伯茨所述，当他赶到现场后，发现克罗正倚在卡车旁抽烟，而罗宾逊则坐在车内不愿下来。克罗不久前去过现场，见到罗伯茨后，他依旧表现得相当兴奋，说他第一个发现了小凯莉的尸体，那笔高额悬赏将会是他的了："嗨！老伙计，看来我这次真的中奖了！"

让我们再回到案发现场，对当时的情形做个简要介绍。很显然，尸体已经在沼泽地里泡了相当长的一段时间。这片沼泽阴森可怕，从没有听说过有谁曾到过那里，更不用说潜伏至水面之下。沼泽的周围遍布着野生黄药子，细细弯弯的藤蔓已经织成了密密麻麻的帘子，中间露出一道没有合拢的缝隙，上面躺着一只废弃的黄色标志牌，用黑色字体标着"日托中心"。这里是通往沼泽的唯一入口。如果你站在五英尺之外，再向右或者向左转个弯，所有的一切就会被遮盖得严严实实。而如果你站在这个标志牌处，将这一大片野生黄药子的枝蔓拨开，沼泽中令人毛骨悚然的场景就会立刻映入眼帘。

在那只深色塑料袋的附近，漂浮着一具颅骨与一块腿骨。颅骨被一根原木压着，半浮半浸在水面上。颅骨上面覆盖着头发，但是绝大多数已经脱落，余下的毛发在浮力的作用下褪至颅骨顶端。站在岸上远远望去，这些头发就像一圈圈水草般飘飘散散地环绕着整个颅骨，它们与周围的落叶混在一起，遮盖着颅骨的前额与眼窝。这个颅骨在水面上半倾斜地漂浮着，可以看到鼻子处有两个小洞隐藏在一小撮头发之下。最令人惊骇的是，一条闪闪发亮的灰色布基胶带从颅骨的下颚处缠向脑后，露出水面的胶带足有半英寸长。乍一望去，似乎不止一条胶带在阳光下闪闪发光。

尸骸的剩余部分或者被动物啃噬，或者被雨水腐蚀，已经极不完整了。每年夏天，佛罗里达州中部地区都会进入汛期，到处雨水泛滥。低洼的沼泽地带更是会积起四五英尺深的死水，直到初冬才会逐渐干涸。这种情况下，沼泽地里的尸体早已严重腐烂，四肢、脊椎等骨骼从整具骨骸脱落，在动物啃噬与水流运动的交互作用下，散落在尸骸周围。对于警方的现场勘验员来说，还是第一次遇到这样复杂、恶劣的勘验环境。因此，他们在勘验报告中做出了明确的标注，显示其后的勘验工作将会进行得异常缓慢与艰难。十天后，勘验员发现了一种十分奇特的情形：以尸骸的颅骨为中心，受害者的腔骨、大部分肋骨以及完整的脊椎骨呈不同方向散落在颅骨四周；而臂骨、髋关节骨却被埋在大约四英寸深的淤泥中。这种典型的淤泥作用只可能发生在水文运动较为活跃的情况下：最初，沼泽中是一具完整的尸体；尸体高度腐烂后，骨骼从尸骸脱落，引起了动物的啃噬，并将其携带到当今位置处；其后发生的雨水浸泡与水流运动又使得淤泥对这些骨骼层层覆盖。由此，我们可以断定，尸体的高度腐烂发生在 7 月雨季到来之前，当然更早于 8 月中旬横扫佛罗里达州的法耶热带风暴。

除了尸骸之外，现场还搜集到大量的其他物证。看来，孩子的尸体最初是由小毛毯（印有维尼熊与小猪的图案）包裹着，然后连孩子带毯子塞进了一个垃圾袋中。凶手担心一个垃圾袋不够结实，又在外面罩了一个垃圾袋，最后将垃圾袋装入了一个大号的洗衣袋。在受害者颅骨左前方的淤泥里，警方还发现了一条印着彩色条纹的小短裤，尺码铭牌上写着适合 24 个月内的婴幼儿使用。无论是毛毯还是那条婴孩短裤均已经高度腐烂，用手轻轻一碰就成为碎片。

警方首先从较为明显之处采集证据。法医斯蒂芬·汉森将尸骸的颅骨连同上面缠绕着的胶带、附近散落的落叶碎片等作为一项整体样本小心地捡进物证袋。汉森动作娴熟、谨慎细心，尽力保持着证物在案发时的原状。接着，他又将垃圾袋、洗衣袋、衣物残骸、毛毯碎片等尸骸附近发现的物品全部收拣、封存。现场无法采集完全的证据，包括垃圾袋的碎片、糜烂的衣物纤维等，也全部被拍照留存，并由犯罪现场调查组抽取样本，带回实验室进行勘验。

搜索进行的同时，案发地点周围被拉上了警戒带。警戒带最初圈入的区域很小，大约只有 20 英尺见方的一片空间。随着越来越多骨骸的出现，搜查范围也不断扩大，最终扩展到长 80 英尺宽 40 英尺的一个长方形区域，甚至延伸到沼泽周围的树丛中。犯罪现场调查中心的警员打算对此区域内的淤泥进行地毯式排查，翻查深度至少需要达到 3 至 4 英寸。面对如此艰巨的任务，现场指挥部临时抽调了大量警力赶赴现场，其中包括奥兰治郡警署的警探、联邦调查局的特工、民政技术人员、犯罪现场调查员等。明确了各自的工作职责后，大家迅速投入紧张的作业。每一位工作人员都在尽全力寻找着这位小姑娘的遗骸，大家的目的只有一个——整整半年了，这个可怜的孩子就这样被人丢弃在冰冷黑暗的沼泽中。如今，大家有义务让她的每一片骨骸重见天日，再次沐浴在温暖的阳光中。

谈到这一点，我不得不对同事们的辛勤工作致以由衷的敬意，同时，也为他们的工作成果深感自豪。众所周知，当时现场作业的条件极为艰苦。这块沼泽地处僻静地区，里面毒瘴弥漫，蚊虫滋生，淤泥翻滚，漂满了垃圾与杂草。所有参与搜寻的人员均产生了不同程度的中毒症状，许多人还不得不为此送医急救。尽管如此，大家还是圆满地完成了任务，最终拼成了一具完整的幼童尸骸（除了受害者左脚小拇指上的两块软骨没有搜拣到）。另外，在搜查过程中，整个沼泽几乎被翻了个遍，这也极大地改善了此地的恶劣环境。

尸体被发现的前一天，辛迪与乔治夫妻俩正在洛杉矶，应邀参加 CNN 收视率最高的“拉里金现场”节目的访谈秀。辛迪通过电视继续向全美民众呼吁，希望大家帮助她寻找小凯莉。随后，辛迪花了大量时间对奥兰治警署的出警方式提出了严厉的谴责。最令她恼火的是，警署不集中警力寻找她的外孙女，反而将时间大把地浪费在对自己女儿凯西的调查上。辛迪再次声明，她坚信凯西与凯莉的失踪绝对没有任何关系。节目录制完毕后，夫妻俩前往洛杉矶国际机场，准备搭乘班机返回奥兰多。这时，他们接到了律师马克·詹姆的电话，得知在离他们家不远处的沼泽地里发现了一具幼童尸体。夫妇俩闻言惊呆了——一种强烈的预感告诉他们，这具尸体就是小凯莉的，小凯莉确实遇害了。他们怎么也无法接受，长途跋涉后回到家乡，迎接自己的竟是这样的噩耗。

在律师马克给安东尼夫妇打电话之前，凯西已经获知了这一消息。尸体被发现的时间大约是在上午 9 点 30 分。一个小时后，狱警就将凯西带到狱医室候诊区的电视机前。按照规定，将有一名专职驻狱牧师向她宣布这一消息。狱方二十四小时视频监控着整个候诊区，因此，在听闻女儿的噩耗后，摄像头忠实地记录下了凯西的所有反应。

谁也不曾料想，这段录像事后居然成为辩方律师猛烈抨击的目标。他们认为，录像侵犯了凯西的宪法权利，公诉人不应在法庭上为了特定的目的而展示这段录像。事实上，由于监视器摄像头焦距与角度的关系，人们根本看不清凯西脸上的表情。镜头里，我们仅能看到，当凯西听见新闻播报员介绍关于凯莉一案的惊人发现后，她抬头盯着电视屏幕，然后低下头开始啜泣。因此，我们并不能通过这种含糊的肢体语言分辨出凯西当时的真实心理。她究竟在为谁而哭泣？是为自己罪行的暴露而诅咒——“哦，该死，我终于被逮住了”，还是为凯莉的遇害而心痛——“哦，天哪，我的女儿遇害了”。本质上来说，这段视频确实不能证明什么，无论是对检方还是辩方。但是，辩方显然不这么认为，他们持久而强烈地抗议着，坚持要求法官将这段视频封存。我感到十分可笑，他们这样做，只能引起公众的好奇与愤怒，似乎这段视频就是凯西杀子的确凿证据。而我刚才已经分析过了，它根本不能证明什么。

抛开这段视频不说，警探们当时还面临着另一个亟待调查的问题：案发现场所采集的大量物证是否与安东尼一家有关？回到实验室后，法医室副主任加利·伍兹与警探们一起开始清点那只洗衣袋里的物品。洗衣袋顶端有一个金属环加固圈，上面吊着“维特尼设计”的铭牌。与洗衣袋一起发现的其他物品也被逐项编号记录，包括一个三码大小的带着商标的 T 恤衣领，上面印着一些字母，这些字母最后被拼成如下单词：“大的”、“麻烦”、“来临”、“小的”。另外，现场还发现了一些尿布的碎片、爽身粉的沉渣、维尼小熊抱毯以及缠着黄色提手的两个大号垃圾袋。

对颅骨进行进一步的勘验时，发现有三条胶带缠裹在上面，胶带背面模模糊糊地印着厂商名称：德国汉高化学用品公司，下面还有一行小字："消费用黏合剂、股份有限公司、最高温度：200 华氏度、埃文、俄亥俄州 44011"。这三条胶带从尸骸颅骨的左耳向下缠裹，经过下颚绕到右耳下方，又从右耳向下再次经过下颚绕到左耳，一小撮受害者的头发还黏附在胶带上。缠裹在最低处的胶带的下边缘微微向里陷入，似乎当时它是被死死地贴在受害者的上颚骨上。受害者的下颌骨上并没有发现整条胶带，只是黏附着几丝胶带碎片。伍兹大夫解释道，就本案而言，颅骨的下颌骨依然保持着正常形状，这种情况十分可疑：正常情况下，尸体腐败的过程中，连接颅骨与下颌骨的神经组织会最先腐烂，继而导致下颌骨与颅骨的彻底分离。而现在这具颅骨却与下颌骨连接得十分严密完好，这种情况只可能有一种解释——在颅骨的腐烂过程中，由于某种外力的介入，使得颅骨与下颌骨之间依然保持紧密连接的状态。在本案中，这种外力毫无疑问就是那三条布基胶带。

关于此案，仍有许多线索有待进一步核实。就目前发现的所有物证而言，我们有足够的理由申请对安东尼住宅进行再次搜查。时间紧迫，警署当日下午就签发了对安东尼住宅的搜查令，主要目的是核查案发现场采集的各种物品与安东尼家居用品之间是否有关联，包括所有的洗衣袋与垃圾袋、布基胶带、刻录照片的所有影集、视频、碟片、维尼小熊牌的衣物、毛巾、毛毯、牙刷与梳子、能够制作氯仿的化学原料（例如漂白剂与丙酮）等。维斯博士早已在庞蒂克轿车后备箱的毡毯上发现了高浓度氯仿，但警方至今还未在安东尼住宅中对该化学物品进行过搜查。遗憾的是，这次搜查并没有发现氯仿，也没有发现丙酮，只是找到了几瓶家用漂白剂。

在对安东尼住宅进行搜查的过程中，发现了大量与案发现场采集物证相同或者匹配的物品，包括与犯罪现场发现的包裹凯莉尸体的相同品牌的洗衣袋。“维特尼”品牌的产品向来是热销货，这种里衬为塑料质地的帆布洗衣袋在超市里是成对出售的：一个外表是圆柱形，另一个是矩形。小凯莉的尸体就是装在圆柱形的洗衣袋内。搜查中，在安东尼家里只找到一个矩形的洗衣袋。辛迪后来承认，她一共在超市买了两个这样的洗衣袋，其中一个是圆柱形的，另一个是矩形的。她说，邻居布莱恩·伯纳曾经送给她一大堆塑料球，她用圆柱形的洗衣袋来装这些球，但如今她找不到这个洗衣袋了。

在对安东尼住宅后院进行搜查的过程中，发现了与包裹尸体相同的塑料袋——大号标准垃圾袋。虽然二者一模一样，但这种垃圾袋的使用非常普遍，因此无法确定犯罪现场垃圾袋的来源。令人振奋的是，警探们在安东尼家中发现了大卷的布基胶带，它们与缠裹在凯莉颅骨上的胶带完全相同，而且是同一品牌——同样是德国汉高生产的。这个牌子当地居民并不常用，印在胶带背面的字迹也非常容易辨别。在安东尼后院的工具室里，警探们发现了两个便携式油罐，其中一个罐体的通气口上缠裹着印有相同商标的布基胶带——为了给庞蒂克轿车加油，凯西曾经偷走过这只汽油罐。

根据搜查令所列清单，警方重点检查了安东尼住宅中有关维尼熊品牌的生活用品。不出所料，这种品牌的东西在安东尼家里随处可见。警探们发现，在凯莉的卧室里，从窗帘到床罩，从被子到枕头等均印有维尼熊与小猪的图案——看来小凯莉对它们异常喜爱。辛迪后来承认，原先凯莉卧室里使用着成套的维尼熊床品，但是其中的一条毛毯现在找不到了。

搜查结束后，警探们携带着大量物证离开了安东尼家，其中还包括用来做 DNA 测定的各种原始样本。

琳达、弗兰克与我本来并不准备立即前往案发现场，那里此刻的繁忙程度可想而知，我们不希望自己的到来给正在进行的勘验工作造成负担。后来，琳达实在忍不住了，提议大家去现场看看。12 月 17 日，星期三，我们身着便装开车前往沼泽地。一下车就看见许多新闻采访车停在警戒线外。警戒线如今已经拉到了距离沼泽地 100 码之外的郊区大道的十字路口上，警察们将众多媒体与好奇者挡在勘验区外。犯罪现场的大部分区域已经完成了排查，工作人员正在对一些可疑地点进行进一步的勘验，希望获取更完整的骨骸碎片。主作业区域还支起了一架天蓝色的雨棚，随着搜查地点的变化流动作业，以便技术人员能够对每一块细小骨骼进行勘探与采集。一辆大型综合办公用车就停靠在路边，用作临时指挥部，随时对采证工作进行协调与部署。

在现场，我遇到了两位老朋友。一位是戴夫·克拉克警探，他的手中拿着链锯，正在细致地检查着清理出来的各种残骸。另一位是董恩·奈特警探，他在犯罪现场调查部工作了多年，现在已经升任州法庭司法副常务官，却依然站在齐膝深的淤泥中，对每一片可疑物品进行着挖掘与排查。到处是紧张而忙碌的情景，没有人闲着。证据采集与辨认中心就设在沼泽地的右侧，里面堆满了待检的现场挖掘物。虽然这些天都是晴天，气候也很干燥，但案发现场仍然十分潮湿，这令我不得不想象着雨季时这里的情景该是多么糟糕。

我们跟着戴夫·克拉克走上沼泽地的斜坡，他为我们指点着各种物证的确切发现地点。虽然已经是 12 月中旬，这里的温度依然很高，戴夫·克拉克的后背完全被汗水浸湿了。接着，琳达与我遇上了联邦调查局特工尼克·萨维奇，我们站着交谈了一会儿，他说大部分证据已经被送往实验室勘验。尼尔·哈斯凯尔博士——我们点名要求协助办案的昆虫证据学专家，案发后也迅速赶赴现场进行勘验。早在几个星期之前，我们就已经计划请他来佛罗里达州对庞蒂克轿车进行勘验。如今，他能够亲自赶赴尸骸发现地搜集原始资料，正是我们求之不得的。哈斯凯尔博士曾经通过电话与我们进行过简单交流，他的声音听起来和蔼可亲。如今，他笑容灿烂地站在我们面前，身高大约六英尺二英寸，面部黝黑，看起来完全像个印第安部落中的男孩。事后我们才了解到，他的故乡果真就在那里。

随后，我们三人与哈斯凯尔博士一起去了法医工作室。在那里，我们见到了扬·加拉瓦利亚博士。加拉瓦利亚博士在刑事证据界享有极高声誉，刑事司法界的每一个人都听过她的鼎鼎大名。在大多数人眼中，这个女人就是上帝派来的使者——聪明、智慧却又易于相处。过去，我曾多次在法庭上提交过经她亲手鉴定的证据。总的来说，加拉瓦利亚博士的鉴定结论严谨准确、掷地有声——她丝毫不能容忍模棱两可性质的用语，有就是有，没有就是没有，她绝不会做出缺乏客观事实充分支撑的结论。另一方面，一旦鉴定结论做出，就是铁板一块，任何人都难以撼动。在加拉瓦利亚博士的带领下，我们进入了验尸房。我看见生物危害实验室内亮着灯，这里通常是对尸体骨骼进行勘验的场所。走进实验室，迎面可以看见一张不锈钢可调节操作台，上面安静地躺着一具小小的尸体——很显然，这是一个幼童的骨骸。

时隔三年，即使是现在，我依然难以描述自己当时的复杂心情。虽然我们有充分的思想准备，终有一天会找到她，但这一天还是来得太快、太令人措手不及了。过去的 30 年里，我曾多次接触过成年人的尸体，但是，如此近距离地面对一具幼童的尸骸，这还是第一次。小凯莉静静地躺在冰冷的操作台上，微微蜷缩起的身子看起来是那么幼小、那么无助，令人忍不住想伸手将其揽入怀中。我的心忍不住哭泣起来，到底是谁这样狠心，将她娇嫩的身躯粗鲁地塞进一层又一层的洗衣袋？到底是谁这样残忍，将她孤零零丢弃在这幽暗可怕的沼泽深处？到底是谁这样无情，让那肮脏的垃圾袋陪伴着她，作为她躯体栖息的棺椁？站在凯莉的尸骸面前，我的愤怒之情无可抑制。我深知，作为一名办案人员，任何情况下都不应动感情，这对公允理智地处理案件是十分必要的。但是，面对此景，我实在无法控制自己的情绪——我对凯西·安东尼充满了仇恨。我快步走出验尸房，提醒自己还有许多工作要去完成：我们必须尽快将尸体附近发现的所有痕迹送检，争取最大程度上得出客观科学的结论；哈斯凯尔博士也将要着手进行昆虫证据的勘验，这将是判断凯莉死亡时间的重要证据。我不断告诫着自己，必须尽快将情绪稳定下来，此刻绝不能节外生枝。坦白说，那天所经历的痛苦与折磨，我一辈子也忘不了。直到今天，我依然坚信凯西就是凶手，是她亲手杀害了这个美丽的小天使。

两天后，加拉瓦利亚博士完成了验尸报告。基于尸骸DNA组织测定及其他相关证据，这具尸骸确定无疑就是凯莉·玛丽·安东尼。当天下午，尸体残骸被运送至安东尼住宅，接着被送往当地殡仪馆。在那里，维尔纳·施皮茨大夫对其进行了第二次尸检。凯西在狱中签署了一份协议，全权授权她的父母处理凯莉的遗骸。根据安东尼一家的意愿，凯莉的尸骸被迅速火化了，这个有着一对棕色大眼睛的可爱姑娘从人间彻底消失了——降临世间不足三年，凯莉就在守护天使的陪伴下又回到了天堂。

第十三章　沼泽疑云

2008 年 12 月 11 日，失踪幼童凯莉·玛丽·安东尼的尸骸在安东尼住宅附近郊区大道旁的沼泽地里被人发现，这一事件迅速扭转了整个案件的进展方向。之前，辩方律师团已经向法庭提交了延期审理此案的动议。申请获得批准后，控方与辩方之间的紧张气氛逐渐趋于缓和，双方均打算利用这段时间养精蓄锐、以静制动，根据对方的行动调整应对策略。突然间，情况骤变，受害者尸骸的出现彻底打乱了控辩双方的全部计划，贝兹与我们之间的关系再次剑拔弩张，充满着浓浓的火药味。

争议是由凯莉尸骸的发现者——罗伊·克罗先生引发的。从 12 月的报警电话开始，克罗先生就成为检方密切关注的目标。我个人认为，克罗在 12 月 11 日上午拨通 911 电话，报告自己“偶然间”发现了一具遗骸，这绝非事实。时间要回溯到对凯西一案的预审时期。当时，电视媒体对这场审判进行了全程转播。作为涉嫌杀童的嫌疑犯，凯西·安东尼再一次成为舆论的焦点。据克罗介绍，他有一位同居女友，一直是凯西案的忠实观众，每天都要坐在电视前关注案件的最新进展。2008 年 12 月 11 日，也就是贝兹律师向法庭提出延期审理该案动议的那一天，凯西案又引起了公众新一轮的争议。克罗的女友不可能不知道这一消息，她随即与克罗聊起了此事。据我分析，克罗当时一定是受了女友言辞的影响，因此当天故意返回契卡索地区进行读表作业，顺路走到沼泽边去查看 8 月间曾经发现的可疑物是否还在那里——结果大家都已经知道了。

克罗究竟抱着怎样的动机再次走向这片人迹罕至的沼泽，这一点并非问题的关键。大家所关注的是这样一个事实——克罗对出警人员所做的陈述明显带有夸张的成分，另外，他还故意向警方隐瞒了一些重要信息。12 月 11 日清晨，当警探接到报警电话赶赴郊区大道的沼泽地时，克罗并没有立即告诉他们自己之前已经到达过案发地点，并且连续三天拨通了 911 报警电话；更没有向他们提及自己在 8 月中旬就已经发现了这个可疑塑料袋，附近的白色物体看起来颇像人类的颅骨。也许克罗的初衷是善意的，他不希望奥兰治警署陷于过度尴尬的处境；也许克罗当时感到十分内疚，认为正是自己的过错使得小凯莉暴尸沼泽长达四个月之久。无论出于何种动机，克罗对自己曾经连续三次拨打过 911 电话的这一事实进行了隐瞒，这就使他陷于十分不利的境地，似乎隐藏着什么不可告人的秘密，让整个事件看起来疑云重重。在其后的庭审过程中，这种危险变成了现实——被告律师紧紧抓住这一疑点，声称克罗极有可能在警方到达现场之前接触过凯莉的尸体。也就是说，克罗曾经将凯莉的尸体从沼泽移走，报警前再次将尸体放回此处。因而，12 月 11 日的沼泽地并非原始案发现场，警方所搜集到的证据并无证明效力。

退一步说，即使我们对克罗先生隐瞒报警事实的动机不予追究，在随后案发现场录制的询问笔录中，他的陈述也是漏洞百出。案发当天下午，克罗与梅里奇探长坐在一起，对案发时的情形做了详尽描述，整个谈话过程均被警方录音存档。克罗声称，自己当时拿着一把米尺捅了捅漂浮着的洗衣袋，又用尺子前端的弯钩将它向上挑了挑，那具颅骨就骨碌碌地从袋子里滚了出来。除此之外，他没有碰触周围的任何其他物品。

当梅里奇探长向他询问细节时，克罗回答道："我伸长了尺子，探着身子捅捅袋子，它发出了'砰'的一声，听起来像是塑料袋或是其他什么东西。您知道，就是那种空空的响声。我当时手中拿着的尺子与普通尺子不同，它的前端有一个弯钩，读表作业时可以很方便地揭开水表盖子。于是我就用这个弯钩钩住袋子的底端，试图把它拉过来。一次不成功，我又试着第二次，接着是第三次……突然，一个人的头骨滚了出来，上面还拖着长长的头发，嘴巴上缠着胶带。我当时吓呆了，连滚带爬地返回工程车，打电话给奥兰治郡公共事业部，说自己发现了一具尸体，需要立刻向警方报告。"

很明显，克罗对警方所做陈述的可信度并不高。按照克罗的说法，他当时正在树林里小解，偶然间瞥到沼泽里浮着一个袋子，里面好像装着什么东西的骨头。他感到很好奇，便用自己的工作用尺将袋子挑了起来，然后一具头骨就骨碌碌滚了出来。事实上，这些事情是不可能发生的——现场证据显示，那具颅骨被打捞起来时表面缠满了植物的藤蔓，一些水生植被甚至已经开始在颅骨内扎根发芽。因此，这具颅骨绝不可能"骨碌碌"地随意滚动。看来，克罗对当时的情形做了一定程度的修饰与夸张，无论他是出于什么动机。我个人认为，他根本就没有碰过那具颅骨，更没有移动过它的位置。回顾此事，我真希望克罗当时能够如实描述案发情形，删去那些花哨的修饰，简洁准确地告诉大家那天清晨到底发生了什么。

既然克罗在做证过程中有夸大其词的嫌疑，并且隐瞒了自己曾经到达过案发地点的事实，这就使得他的行迹变得非常可疑。几天后，克罗终于承认了自己就是那个在 8 月中旬连续三次向 911 报警的当事人，并且向警方和盘托出当时发生的一切。当然，他也表达了自己对出警人员当时举措的不满与质疑。克罗向梅里奇探长抱怨道，当时的出警人员理查德·凯因警探并没有将他的话当回事儿，而且还当面训斥了他，让他感觉自己是在白白浪费警官们的时间。

12月18日，州检察署下令立即对理查德·凯因警官展开调查。接到命令后，凯因警官前往警署办公室，向梅里奇探长与约翰·艾伦警官陈述8月出警时发生的一切，并对克罗的投诉进行答辩。凯因声称，当时克罗向自己报告，他在树林里发现了一只可疑的袋子，里面装满了骨骸。

“接着，我们就进入树林，确实看见了一只袋子，但是很小，像个垃圾袋，里面装满了落叶。”

“什么颜色的垃圾袋?”梅里奇问道。

凯因回答是黑色的塑料袋。他说他们继续向树林深处走去，一路上非常留意脚下，因为一不留神就会掉到沼泽里。“走近后，我想将塑料袋捡起来。袋子特别重，但我还是将它捡了起来。突然，塑料袋的底端漏了，里面的东西洒了一地。我仔细查看了，都是些落叶，还掺着一些树枝。”

“接着，我将警棍掏出来，在树叶里面搅了搅，但什么也没有发现。然后我就返回了郊区大道。”凯因还说，当自己做这一切时，克罗就紧跟在自己身后。

2009年1月6日，麦克·鲁杰罗警官再次找到克罗谈话，请他对凯因警探的出警表现进行评价。鲁杰罗发现，克罗的陈述与凯因的报告并不相符。凯因声称两人一起走到沼泽地带附近进行搜索；克罗却坚持说两人都没有进入现场，他们在半路上看到一条长约六英尺的响尾蛇，立即停步不前。响尾蛇游走后，他恳请凯因警官继续前去查看那个可疑的袋子，但凯因粗鲁地拒绝了他，认为那里根本不会有什么头骨。后来，凯因在树林里走马观花地转了几圈，就匆匆结束了这次出警任务。

接着，凯瑟林·卡彻——当天紧随凯因之后出警的警探，也被传唤到警署总部接受调查。卡彻证实了克罗的说法，声称他于8月13日赶赴现场时，看见凯因警探已经返回郊区大道了。当时，凯因轻描淡写地告诉他现场只有个垃圾袋。卡彻承认自己确实未能进入树林深处进行勘察，但他依然可以看见树林中有一些“黑色的塑料袋”。

起初，我们无法确定究竟是谁撒了谎，也无法断定当天到底发生了什么。后来，凯因警探的陈述呈现出越来越多的破绽，事实证明他在撒谎。最终，凯因不得不承认，8月13日下午，他与这位读表员在作业用车旁见了面，两人确实没有进入沼泽地带进行查看。由于执行公务期间玩忽职守，凯因警探当场被解除了一切职务，等候进一步的纪律处罚。当天傍晚，奥兰治警署就接到了理查德·凯因的辞职信。

目前看来，克罗先生关于8月中旬发生的一系列事件的描述是真实可信的，而他在第四次报警后提供的证词却带有明显的夸张色彩。也许克罗当时并非有意为之，他只是希望让自己的陈述变得更生动些。他万万不会想到，正是这少许的润饰之词彻底抵消了其全部证词的可信度，同时给检方日后的公诉任务造成了不可弥补的损失——不仅我们失去了一位极具说服力的证人，克罗也将在法庭上遭遇意想不到的羞辱。

案件调查过程中，针对小凯莉的致死原因，辩方的意见一直忽东忽西、漂移不定。克罗证词中的自相矛盾正好给了他们一个崭新的口实。他们怀疑克罗与小凯莉的死关系密切，怀疑他于2008年秋将小凯莉的尸体埋在沼泽中，而此时凯西早已被羁押在案。他们一会儿声称已经发现了关涉全案的最新证据，一会儿又解释说这些证据目前不便向公众披露。说实话，这些云里雾里的答辩词着实令人恼火。

从 12 月 11 日清晨的报警电话开始，克罗先生就陷入了无边无际的质疑与嘲笑之中。克罗当时主要面临着两大罪状：其一，他在报案过程中隐瞒了之前曾经数次拨打 911 报警的事实；其二，他向警方提供的口供存在着明显的夸张色彩。为此，克罗先生吃尽了苦头。那些本来就对他无甚好感的人开始肆无忌惮地攻击他、谩骂他，他此刻只能勉力自卫。需要指出的是，无论是来自媒体、专家的尖锐指责，还是来自普通公众的奚落嘲讽，所有的攻击都比不上贝兹律师的手腕阴狠——贝兹对克罗进行攻击的目的与其他人不同，他希望置他于死地。或者说，贝兹时刻觊觎着机会，企图在克罗没有任何防备的情况下对他发起致命一击。

起初，贝兹对克罗的言行并没有发表任何意见。一年后，当克罗事件渐渐淡出公众的视野后，他才出其不意地开始对他发难。2009 年初冬，辩方律师向法庭提交了对克罗进行询问的动议。11 月 19 日，克罗在律师戴维·埃文斯的陪同下出现在检察署办公室。鉴于克罗已经成为公众舆论的焦点人物，奥兰治郡专门为其雇用了这位当地律师戴维。戴维一再声明，自己这次作为克罗的代理人纯粹是提供法律援助，不会收取任何费用。出乎所有人的意料，在询问过程中，贝兹对克罗的个人经历及生活背景展开了凌厉的攻击。质询内容不仅包括克罗曾经担任海岸巡逻队队员的工作经历，而且涉及其发生在二十多年前一段并不成功的婚姻。此外，贝兹对克罗与其子之间的关系也颇为关注。当天下午 4 点 30 分时，辩方突然宣布收工，草草结束了这次询问。

在场人员对本次询问的仓促结束感到十分不解。面面相觑时，贝兹已经一溜小跑地冲向隔壁办公室，铺开纸笔写了一封呈交给法庭的申请书，要求法庭对克罗提供证词的可靠性进行预审。在该份申请的后面，贝兹附上了多篇证人证词，包括克罗的前妻与多位曾经被他虐待过的女人。上述证人对克罗的斑斑劣迹进行了强烈谴责：克罗的性格阴森可怕，而且撒谎成性。15 年前，克罗与女友发生了肢体冲突后，为了不让女友与他对骂，曾经使用布基胶带封住了女友的口鼻。克罗的前妻还提供了这样一个重要的信息：克罗的亲生姐姐不允许克罗单独与外甥女待在一起，因为担心克罗对她的孩子进行性侵害。

后来，我们才明白了贝兹这种奇怪行径的意图。十分明显，他希望能够赶在法庭休庭前递交申请，这样就能够名正言顺地于下午 5 点之前将所有的信息透漏给当地媒体，让人们在当天夜间就获知这个爆炸性的消息。这就是贝兹做事的一贯风格。他根本没有征求检方的意见就直接向法庭提交了申请，就是为了赶上当天的晚间新闻，好让他贝兹的名字及时出现在各大媒体的标题栏中。另外，贝兹此举还有一个目的，他希望上述援引的证人证词能够引起公众对克罗的厌恶之感，继而对其人品产生疑虑，其证词的可靠性也就会大打折扣。就此而言，我认为贝兹律师的行径实在不甚光明，对于证人罗伊·克罗先生的伤害也太大，此种手段绝非君子所为。

尽管我们当时已经猜到贝兹接下来将要做什么，当我第二天打开各大报刊浏览要闻时，还是被惊得目瞪口呆——每篇新闻报道似乎均出自同一手笔，内容中充斥着对克罗先生铺天盖地的人身攻击，各种谩骂之词令人不寒而栗。贝兹对克罗先生进行询问时我一直在场，但报纸中所描述的一切在我看来却是那样的新奇，其中大部分内容我并不知道。当然，辩方向媒体所提供的这些信息在法庭上是绝不可能被采信的，这一点贝兹自己也清楚得很。他这样做的唯一目的就是利用这场官司来提高自己在媒体中的知名度，这是我所见过的最令人厌恶的对司法资源的滥用行为。

在所有针对克罗的报道中，没有一项事实，也没有一句评论与该案有关。说实话，我自己也对克罗先生的道德品格持保留意见，但这位老兄绝不该受到这样不公平的待遇，没有任何一位公民应当受到这样污言秽语的人身攻击。据我分析，贝兹这样做是为一年后的审判制造舆论。但是最终，辩方律师团却放弃了要求对传闻证据举行听证会的权利，这一点着实令我感到疑惑不解。面对陪审团，他们甚至不愿尝试着利用这些已经经过媒体“证实”的传闻证据为凯西辩护，虽然法官会径直排除该种证据的证明力。

贝兹煞费苦心地对克罗先生的品格进行攻击，最终他胜利了——我们不得不将克罗从己方证人的名单中划去。不是因为他过去所谓的“斑斑劣迹”，而是因为他被公认的性格方面具有的缺陷。他于 12 月 11 日向警方所做的证词中存在着夸张陈述，仅此一点，我们就无法在法庭上为其证词的真实性做出担保，更不能考虑将他纳入控方证人的名单。如果请他出庭做证，将会削弱我们在陪审团眼中的公信力。不过，话又说回来，根据我们的经验判断，克罗也就是在向警方的叙述中掺入了一些自己的想象，也许仅仅是为了自己的故事听起来更加生动逼真，这与辩方后来对他的荒谬指控差了十万八千里。在两年后的审判中，贝兹邀请众多专家对凯莉的颅骨进行勘验，得出了一个令人震惊的结论：曾经有人对受害人的颅骨进行了移动，而这个人，据贝兹推断，正是罗伊·克罗。根据贝兹的推论，在不明动机的驱动下，克罗将凯莉的颅骨打捞上岸，然后在自己家中藏匿了整整四个月，又悄悄将其放回了原始案发地。

在公众舆论的压力下，克罗先生最终并没有获得他所期望的巨额赏金——由“赏金猎人”伦纳德·帕迪拉提供的为最先发现小凯莉下落者颁发的 5 万美金，因为他的线索并未达到能够协助侦破此案的标准。但是，克罗先生首先拨通了 911 报警电话，这是毋庸置疑的事实，因而他从马克·詹姆律师那儿得到了 5 000 美金的酬劳——这笔钱是詹姆律师根据其委托人（安东尼夫妇）的意愿向发现凯莉行踪者提供的。而且，克罗先生事后还得到了《早安美国》电视栏目组付给他的 2 万美金，作为其接受访谈与提供照片的报酬。（克罗向凯因警官指认现场时，顺手拍下了那条长约六英尺的响尾蛇的照片，后来提供给电视栏目组。）

克罗先生沮丧地发现，为了获得这两万五千元美金的报酬，他付出了巨大代价，甚至面临着身陷囹圄的危险——辩方律师仍然在不停地给他身上泼墨，坚称小凯莉的尸体被人移动过。他们做出此推断的根据是：在克罗报警之前，小凯莉已经被宣告失踪，无论是警方还是民间力量都应当已经对这片沼泽进行过细致搜查，当时并未发现小凯莉的尸体。另一方面，尸体最终在距离安东尼家仅四分之一英里的地方出现，一定是被人从安东尼的住宅拖了过去，然后埋在沼泽地里——罗伊·克罗正是最合适的人选。当然，这仅仅是贝兹个人的主观臆断，他的手中并没有确凿的证据支持这种猜测。当我们向他寻求此种推论的依据时，贝兹并没有正面做出回应，而是反复强调着一件事：案发地点距离安东尼住宅只有四分之一英里的距离，从案发后一直到克罗拨通 911 报警电话，在如此长的一段时间里，为何竟没有一个人发现凯莉的尸骸？

之前我已经向大家介绍过，对于尸体藏匿地点的选择而言，这片沼泽地具有无可比拟的优势：密密麻麻的黄药子藤蔓织成了厚厚的屏障，彻底阻断了来自附近公路的视线，否则，这片临近郊区大道的沼泽应该是搜救队首要的搜索目标。不仅如此，这里还是一个能够令尸体加速腐烂的理想之地：沼泽内遍布着空油漆罐、啤酒瓶、旧电视机、汽车部件以及电池等无机废品，洗衣袋包裹着的幼小的尸体隐藏在这些垃圾中，确实很难被人发现。即便如此，根据以往的经验判断，这一带应该已经被划入了警方或者民间搜救队的搜寻范围。人们最终没有发现小凯莉的尸骸，是由于墨菲定律①又一次应验了——每个人都认为其他人已经搜查了这片沼泽，但事实上从来没有人到过这里。

继克罗之后接受调查的是来自德克萨斯州的艾奎搜救队。前文已经介绍过，这是一家由志愿者组成的非营利性专业搜寻救助机构，机构总部设在德克萨斯州的迪金森，创始人是蒂姆·米勒先生。艾奎搜救队在搜寻小凯莉的行动中可谓尽心尽力，他们总共调动了 4 200 名工作人员与志愿者前往奥兰多，并花费了整个机构一半以上的年度财政预算。机构任务组的发言人宣称："我们划分了若干个任务组对小凯莉进行搜救，每一个任务组均由经验丰富、组织纪律性极强、富有责任心与道德感的志愿者组成，我们在作业中制订了多个计划，然后选择最合理的方案，运用最先进的仪器进行作业。"2008 年 8 月底与 11 月，艾奎搜救队曾经两次大规模出动执行任务，作业面积覆盖奥兰治郡以及奥西奥拉附近郡县的广阔地带。我清楚地记得，自己曾经在 2008 年 9 月的新闻上看见过他们进行搜寻作业的电视报道。

经过调查，我们了解到，直到 2008 年 8 月 20 日，艾奎搜救队

① 该定律的原句为：If there are two or more ways to do something, and one of those ways can result in a catastrophe, then someone will do it.（如果存在两种以上的选择，其中一种将导致灾难性后果，那么人们必定会做出这种选择。）该定律的发现人为爱德华·墨菲（Edward A. Murphy），美国爱德华兹空军基地的上尉工程师。爱德华曾参加了 1949 年美国空军进行的 MX981 实验，目的是测定人类对加速度的承受极限。其中一个实验项目是对 16 个火箭加速计进行装置。不可思议的是，有人竟然将这 16 个加速计全部装在错误的位置，没有一个位置是正确的，于是墨菲做出了这一著名论断。墨菲法则在后来召开的记者招待会上不胫而走，它道出了一个铁的事实：技术风险能够由极小的可能性演变为突发事件。该定律在西方的另一种说法是："如果你把一片干面包掉在地毯上，那么面包的两面均可能着地，但是，如果你把一面涂有果酱的面包掉在地毯上，结果必然是带有果酱的一面落在地毯上。"——译者注

才派出了第一支搜救组。之前，由于“法耶”热带风暴带来的连日暴雨，他们根本无法开展工作。事实上，即使在 8 月底，奥兰治郡的许多地区仍然储存着大量积水，因此他们根本无法对所有任务区域进行排查。我记得在 9 月的电视采访中，米勒曾经对主持人解释过，对于那些积水较深的区域，只能等到日后再行排查。依我之见，这场给奥兰治郡带来了 11 英寸深度积水的暴雨确实帮了凯西的大忙——不得不承认，坏人有时候也会行好运，凯西就碰巧遇上了自己的守护天使。当洪水退尽，艾奎搜救队再次返回作业时，很可能直接进驻其他地点，偏偏遗漏了郊区大道附近的区域。包括警察在内的所有人，没有一个人能够猜到这个秘密。人们像傻子一般多花了四个月的时间在整个美国境内寻找着那个失踪的小姑娘，却丝毫没有意识到，她此刻就静静地躺在幽暗深邃的沼泽地中，与自己的家距离不足四分之一英里。

不可否认，奥兰治郡警署对小凯莉的搜寻工作也进行得粗枝大叶、疏漏百出。最重要的是，他们完全没有意识到来自罗伊·克罗的三个报警电话意味着什么。当时，克罗的第三个报警电话已经通过系统自动转接到梅里奇探长的办公室，负责审查留言信息的怀特警探及时将该信息编制了摘要，然后将报告放在梅里奇的办公桌上。梅里奇探长在警署内部网络上搜寻后，指着搜寻日志告诉怀特，艾奎搜救队已经完成了对该区域的排查，因此克罗提供的该条线索可以忽略不计。显然，警署将全部的搜寻任务都压在一个民间搜寻机构身上，却没有组织专业人员进行排查，甚至没有对已排查与未排查区域进行准确严谨的区分。尽管艾奎搜救队在全美享有良好的口碑，他们也尽了最大的努力进行作业，但志愿者们毕竟属于业余队员，能力也十分有限，这是不得不考虑的一个客观事实。这个案子最初是要寻找一个失踪的孩子，也就是说，需要警署去调查一个“活着”的孩子的行踪。后来，当他们的侦查目标由“营救孩子”向“寻找尸体”悄然转换时，为了提高效率，警方开始放弃“网格化”排查模式，转而向其他民间机构寻求合作。事实证明，完全依靠志愿者搜寻机构来进行案件排查，有时候并不是一个好主意。

接下来，围绕着艾奎搜救队究竟是否到过案发区域进行作业，辩方律师与我们发生了激烈的争论。澄清这桩事实对于控辩双方而言均是至关重要的。辩方试图证明，当尸体被转移到沼泽地时，凯西已经被羁押在案了，因此她绝对不可能是凶手。假如艾奎搜救队果真对那片区域进行了排查，那么这一证据对于被告凯西将十分有利。事实上，从沼泽地里的尸骸被鉴定为小凯莉的那一天起，贝兹就一直在积极寻找着艾奎组织的作业日志。他专程拜访了米勒，米勒授权自己的代理人马克·詹姆出面处理此事。马克·詹姆早先曾经担任过安东尼夫妇的代理人。最初，贝兹希望向马克索取参与搜寻的每一名成员的个人信息。但是马克认为这一要求涉及面过广，因此决定只向他提供沼泽地附近搜寻队员的名单。贝兹同意了马克的建议。

2009 年 8 月，发生了一件令所有人震惊的事情。贝兹突然宣称，在媒体的倾力帮助下，辩方律师已经寻找到 100 余名艾奎搜救队志愿者，他们均参与了郊区大道沼泽地的搜索工作。这 100 名志愿者承认对该区域进行过细致的排查，当时并未发现小凯莉的尸体。同时，贝兹一再强调，在同一个时间段内，凯西正被羁押在奥兰治郡的监狱中。我们知道这纯粹是一派胡言，因此向法庭提出申请，要求辩方将这 100 名志愿者列入证人名单提交法庭。我们并不介意贝兹手中的证人人数是否真的达到了 100 名，只是希望拿到名单后可以对其展开质证。法庭批准了我们的申请，要求辩方在 2010

年 2 月底之前向法庭提交所有的证人名单。但是，贝兹始终未能向法庭提交出这份名单，直到 2010 年年底。

小凯莉的尸体被发现后，贝兹想方设法地约请艾奎搜救队的队员们进行面谈。不久，就有一位叫作乔·乔丹的队员给警署发了封电子邮件，说自己曾经搜寻过郊区大道附近区域，但是没有发现小凯莉。那封信并没有引起警署的重视，因为乔所描述的具体位置与案发地点并不相符。这条线索最后落在贝兹手中。他立刻与乔取得联系，并约定了面谈日期。乔对此次面谈深感忧虑。据其后来对警方所述，当时搜救队中流传着这样的一种说法：被告律师团已经雇用了一名私家侦探，正在逐一寻找参与搜寻的队员，然后迫使这些队员按照他的说法向警方做证。正因如此，乔将与辩方律师见面的地点选在本地律师凯利·赛姆斯的办公室内。乔的这个选择是非常明智的，但他接下来的举动却令人吃惊，在没有征得凯利·赛姆斯律师同意的情况下，乔自作聪明地将一台隐蔽式录音机带到了会谈现场，并录下了整个谈话过程——这个可怜的男人在无意中犯下了重罪。

会谈之后，乔立刻与警署的艾瑞克·爱德华兹警探取得联系，并在交谈过程中主动向艾瑞克暗示，自己手中有一盘当时谈话时悄悄刻录的录音带。艾瑞克敏锐地意识到，乔正在向自己坦白犯罪行为。他思索片刻，立刻告诫乔保存好录音带，不要再对其他任何人提及此事，然后将话题转到与辩方律师会见时的情形上去。乔告诉艾瑞克，他与辩方律师莫蒂墨·史密斯进行了交谈，莫蒂墨向他出示了一份文件，上面写着自己曾经在案发地点附近的郊区大道上进行过搜索，还列着当时带队队长的姓名——劳拉·布坎南。乔认为，这份文件很像是伪造的，因为搜救队从未出具过像这样的声明。他还告诉艾瑞克，早些时候自己曾经收到一个自称是劳拉·布坎南的女人的电话，当时她正在肯塔基州的警署。蹊跷的是，这个女人一再坚称自己曾经搜查过发现凯莉尸体的那片区域，但是什么也没有发现，还要求乔做证是与自己一起完成的搜索任务。

看来，乔所保留的录音谈话内容比较复杂，我们对它充满了好奇。但是鉴于这份录音的获取手段并不合法，我们不可能去试着打探其中的内容。当然，警探们可以借着调查案件的名义去听取这份录音。令人纠结的是，警探们得到了这份磁带以后，曾多次暗示我们这份录音确实值得一听——其中有部分内容非常重要，或多或少可以帮助我们了解辩方将要采取的策略。我们思忖再三，还是婉言谢绝了警方人员的好意，并提醒他们，只要我们出现的场合，他们就不应当再行提起录音中的内容。所以，直到今天，我们依然对录音中的内容一无所知。可以向大家透露的是，当时所有参与办案的人员，无论是警探还是检察官都在竭力保护着乔，因此这件事最终也就不了了之。事后，辩方曾试图取回这份录音带。但我们一再警告他们，如果他们这样做就会面临着重罪指控。辩方又多次向法庭施压，希望法官裁定将这份录音带归还给他们，但是法官毫不客气地拒绝了他们的要求。

从乔的陈述中，我们将目标锁定在下一个调查者的身上，劳拉·布坎南，就是那位曾经与乔通过电话的艾奎搜救队的分队长，自称参与过 8 月底对凯莉的搜寻作业。经调查，布坎南是肯塔基州的一名家庭主妇，去年 8 月底，她正陪着自己的丈夫在奥兰多进行商务旅行。丈夫成天会务缠身，令她寂寞难耐。因此，看到当地新闻后，她主动与艾奎搜救队取得联系，加入了志愿者团队。据她讲，2008 年 9 月 1 日，她亲自参与了对郊区大道附近区域的搜索作业。她还顺便搜索了布兰查德公园一带，因为据凯西讲，冉妮经常带着凯莉去那里玩耍。布坎南甚至向警方做证，自己是与乔一起进行搜索的，必要时，警方可以找乔来证实自己的陈述。另外，布坎南承认，当时艾奎搜救队总部并没有向他们发出对该区域进行搜寻的指令，这是他们两人在商议后自行做出的决定。事后，警方将布坎南的照片混在搜救队队员的一沓照片中展示给乔，要求他进行指认。不出所料，乔并不能从中辨认出这位曾经一起共事的“队长”。

我们决定对布坎南展开正式调查。当时，她已经随丈夫定居新泽西州，而我们在佛罗里达州。最后，双方一致同意通过互联网完成询问程序。因此，当天布坎南是坐在新泽西州自己律师的办公室内接受询问的。询问过程中，布坎南提到了那份出自艾奎搜救队的声明，声明中罗列了当时参与郊区大道一带搜索行动的人员名单，这份声明现在在辩方律师的手中。布坎南还提到了一张照片，声称上面清晰地标示出了所有自己已经搜寻过的地点，照片现在也在辩方律师手中。

与往常一样，辩方拒绝向我们提交布坎南所说的声明与照片。布坎南与她的律师试图通过传真向我们提交这些资料，但是传真过来的资料太过模糊，无法辨认。布坎南一再向我们保证，自己曾经搜寻过发现凯莉尸体的那一带区域，她通过电视新闻看到了案发地点的环境背景，与她曾经去过的地方一模一样。但是据她自己描述，她所说的搜索区域与案发地点并不完全相符，也许是因为远程通讯的缘故，其精确度大打折扣。

无奈之中，双方都认为应当另择时间再次进行交谈。在第一次询问与第二次询问之间，布坎南又给我们传真了一份涉案资料副本，这次发送的资料非常清晰。警探们立即按照副本上提供的姓名与搜救队队员取得了联系，但是这些队员们或者承认自己是艾奎搜救队的志愿者，但在那段时间内并没有参加过搜寻凯莉的任务；或者承认自己曾经与布坎南一起进行过作业，但地点不在郊区大道附近；还有一位队员说自己搜寻过郊区大道一带，但任务目标是那所小学校，因为当时的积水太深了，根本无法接近那片沼泽地。

根据队员们的证词，毫无疑问，布坎南所提交的资料是虚假的，她也因此面临着刑事指控，罪名包括两个：伪证罪与干扰刑事调查罪。第二次询问在奥兰多检察署的办公室内进行。在律师的陪同下，布坎南亲自前来接受调查。这次她的态度大为转变。谈到那份出自艾奎搜救队的声明文件，布坎南说是在自己车子的座位下面发现的，时间大约是在搜寻作业后一个月。后来，辩方律师莫蒂墨·史密斯给她打电话要求见面，她就将自己认识的那些搜寻队队员的姓名通通标在了文件上。她还承认，自己将这份文件交给史密斯时并没有告诉他其中的内容并不真实。

虽然布坎南的解释不尽如人意，但其至少是对辩方律师的一个猛烈回击——不仅根本没有所谓的证人证实对案发地点进行过搜寻，而且据布坎南所述，她虽然对郊区大道一带进行过搜寻，却根本没有接近过本案的藏尸地点。辩方针对此项证据为凯西进行辩护的希望完全破灭了。鉴于布坎南在第二次接受调查过程中的良好表现，我们决定撤销对其两项重罪的指控。

琳达继续按照辩方提交的搜救队证人名单进行调查。据辩方所述，这些证人均承认曾经对凯莉的藏尸地点进行过搜寻。然而，琳达的调查结果却是——几乎所有人都承认，当时并没有对那片沼泽地进行过搜寻，原因是积水太深。只有一个人例外。这位先生声称，一天晚上，他在运动者酒吧狂欢过后，亲自去过案发地点。当时是凌晨 3 点，月色很好，他发誓当时并没有看到什么尸体。

现在看来，辩方最初声称手中握有 100 余名搜救队队员可以出庭做证，后来缩水为 12 名，最后证明，即使是这 12 名证人的证词也经不起推敲。在花了数百个小时进行侦查、质证后，一切又重新回到起点。现场的所有证据明白无误地告诉我们：从 6 月中旬凯莉失踪那一天起，一直到 12 月中旬其尸体被人发现，整整六个月内，小凯莉就安静地躺在那片幽暗深邃的沼泽地里。成百上千的人从她身边匆匆而过，却没有一个人会料想到自己与孩子相距咫尺。

平心而论，发现小凯莉尸体的时间，无论是在 8 月中旬还是在 12 月中旬，对整个案件而言区别并不显著。在任何一个时间段里，孩子的尸体都已经极度腐烂，因而无法提取凶手指纹等关键证据。但是，从情感上说，我们还是宁愿早一天将小凯莉从肮脏混乱的垃圾堆里解救出来——这样幼小的孩子，当然渴望能够早日回到温暖的家。我们相信，所有善良的民众都抱着与我们相同的愿望。当然，除了凯西。

第十四章 死刑建议

警方在案发现场搜集到了大量物证。但是，由于气候恶劣、雨水浸泡以及动物啃噬的交互作用，大多数证据已经不再符合刑事案件所要求的证明力标准。理论上，在进行 DNA 鉴定时，送检标本应当尽量储存于低温干燥的环境中，而小凯莉的尸体已经在高温状态下被浸泡了整整六个月，无论是环境温度还是湿度都大大超过了有效鉴定许可的参数范围。尽管如此，现场勘验人员还是一丝不苟地采集着沼泽地里能够发现的每一种碎屑与痕迹，并对它们分别标号、储存、送检。

警方所采集的众多物证中，受害者尸骸本身向我们提供了最为关键的线索。这一切都要归功于奥兰治警署和联邦调查局的弟兄们。他们夜以继日地泡在沼泽中，对凯莉的骨骸进行着细致的排查。我留心观察过他们的作业过程，有时候，拣入证物袋中的骨骸的体积甚至比一美分硬币还要小许多。孩子实在是太过年幼了，因而也给骨骸的搜集工作带来了意想不到的困难。如果搜寻到的骨骸面积直径大于一英寸，搜寻人员就会对骨骸的原始状态拍照固定，并在地图上标出骨骸的发现地点，同时在现场插上一面彩色的小旗以示精确位置。所有资料随后被输入一个叫作“全能分析仪”的软件中，该软件将上述信息与案发地地形探测仪结合后，可以精确地合成新的图像。最终，我们只要轻敲键盘就可获知某一物证与其他物证之间的准确定位关系。

对于那些尺寸过小或者被淤泥掩埋得太深的骨骸，人类肉眼根本无法辨别。此时，警探们会使用筛滤装置进行探测：首先将搜寻作业区域划分为一个个四英尺见方的网格，每个网格都用阿拉伯数字进行编码；接着对网格内的植被进行清除，继续挖掘到四至五英寸的深度；最后将标准桶体倒置在网格上定位，同时用作深度控制。

接着，警探们将桶内物质倾倒在金属滤网上，进行双层过滤。一旦发现可疑物品，就立刻将其收集到证物袋内密封保存，并在外部标签上注明该物品被发现的精确位置与深度。这种搜集物证的方法是在约翰·舒尔茨博士的建议与指导下进行的。采用这种方法，勘验人员完成了对案发地所有可疑骨骸的分辨与采集。舒尔茨博士是佛罗里达中央大学的人类学教授，也是加拉瓦利亚博士办公室的签约顾问。大多数情况下，舒尔茨博士在现场办公，随时解决搜索过程中发生的疑难问题。一旦有其他事情，其位置将由史蒂夫·汉森代替。汉森也是舒尔茨博士工作室的验尸人员，每天都会前往现场对工作例行检查。秉持着这种严谨细致的工作态度，一个月后，勘验人员成功地固定了小凯莉的全部遗骸（除了左脚小拇指上的两块软骨），这不能不说是一个奇迹。我为我的同事们深感自豪，并对他们的不懈努力致以最真诚的敬意。正是他们的辛勤工作，使得小凯莉，这个可怜的小姑娘，在撒手人寰六个月后，终于恢复了做人的尊严。

加拉瓦利亚博士是 12 月 12 日抵达现场的，她一赶到就立即着手进行尸检。遗憾的是，当她将尸骸取出勘验时，那些胶带已经从颅骨上被撕了下来。加拉瓦利亚博士到来之前，乌兹博士已经从各个角度对胶带的缠裹位置做了详细、准确的记录，联邦调查局的官员们也焦急地等待着将颅骨送往实验室进行检测。我记得当时曾经提醒过他们，最好再等一等，请加拉瓦利亚博士亲眼目睹胶带的缠裹状态后再做处理，但大家对我的建议不以为然。事后证明，虽然当时已经留下了清晰的、多角度的照片资料，但是这些都比不上尸检专家对原始现场的亲眼目睹更精确可靠。况且，这些照片根本显示不出胶带是怎样交叠缠绕在受害者颅骨上的状态，因为大部分照片都是在胶带取下后拍摄的；少数涉及颅骨的照片，其角度也着重于对胶带本身的近距离特写，它们只是精确地展示了涉案胶带的宽度与长度。总而言之，没有一张照片能够向加拉瓦利亚博士提供准确的信息，显示胶带缠绕在凯莉口鼻之上的原始状态。这是我们在勘验过程中遇到的最大遗憾。

加拉瓦利亚博士对凯莉的整个骨骸做了初步鉴定，然后坦率地告诉我们，这具骨骸并不能为我们提供太多的破案线索。唯一可以确定的是，小凯莉当时并未受到任何来自外界的物理性侵害，从残骸外表看，她完全是一个健康的小姑娘。尽管如此，我们还是向加拉瓦利亚博士提出了一个技术难题：请她根据骨骸上遗留的痕迹，设法查出孩子的死亡性质与致死原因。

此处，不得不向大家做出说明，刑事案件的勘验过程中，受害人的“死亡性质”与“致死原因”并非同一个概念。致死原因是一个纯粹的医学鉴定结果，意即由于某种生物机制的作用，使得某人的器官功能停止运作。例如，无论一个人是对着自己的脑袋开枪自杀还是被他人用枪顶着脑袋杀害，其脑部均会留有枪击后的伤口。在这两种情况下，致死原因是相同的。而死亡性质是一个医学与法学相结合的概念，要求验尸人员准确地做出符合医学与证据学双重标准的鉴定结论。还是来看上述例子，虽然二者的致死原因一致，但其死亡性质却迥异——一个是自杀，一个是他杀。刑事案件的侦破中，经常可以见到这样的情况，虽然受害者的致死原因不甚明了，死亡性质却可以确定为谋杀。在这些案例中，绝大多数受害者的尸体仅剩下骨骸，甚至已经被焚烧为灰烬。

小凯莉一案即属于这种情况。经过审慎的分析，加拉瓦利亚博士向我们提交了鉴定结论：小凯莉死于他杀，但死因不能确定。综合考虑现场各项物证，结合其母亲凯西的一系列言行，小凯莉很显然是被人杀害的。但是谈到致死原因，加拉瓦利亚博士并不能给出明确的结论。被害者身边搜集到的各项证据中，至少有两项可以直接导致其死亡：一个是布基胶带，另一个是塑料垃圾袋，二者均足以引起被害人窒息、死亡。问题是，送检时小凯莉的尸体已经高度骨骸化，因此并不能判断出究竟是哪一个原因直接导致了被害人死亡。经过加拉瓦利亚博士的反复努力，仍然无法寻找出解决此问题的妥善方法。最终，她真诚地望着我们说，关于受害人的致死原因，她无法下确切结论，一切只有留给陪审团去确定——凭借着他们的常识、经验与良心。

从加拉瓦利亚博士的实验室出来后，我们将关注重点转向了对受害者尸骸分布状况的分析。根据骨骸在沼泽地里的散落位置，舒尔茨博士做出了以下推断：凯莉的骨骸之所以会分散到沼泽的各个位置，是因为尸体骨骸化过程中伴随着其他动物持续性活动的介入。他向我们解释道，尸体腐败时，虽然四肢、头骨、躯干等各部分趋于分离，但由于体内结缔组织的存在，依然会在较长时间内将它们拉拢在一起，在外观上保持着完整状态。一般而言，尸体的头部会在腐败过程中首先脱落，但四肢仍然与躯干相互连接，它们腐烂的时间会持续得更久一些。随着尸体腐败程度加剧，躯干及内部器官会分解为各种化合物，最终只剩下一具光秃秃的骨骸。但是请注意，即使附着在骨骸上的肌肉以及软组织已经分解，如果没有其他生物的参与作用，整具骨骸仍然会保持着原始状态。小凯莉一案中，我们却发现了与上述理论相悖的状况。呈现在我们眼中的小凯莉的骨骸并未保持着整体状态，而是被分解得七零八落——颅骨滚落在距离躯干大约 10 英尺的位置，在那里，侦探们还发现了 12 对肋骨；由于人类的脊椎骨通常是最后才发生分解，因此它被拖拽至比肋骨更远一些的位置，大约距离躯干 15 英尺远。在那里，余下的结缔组织继续分解，使所有的脊椎骨聚集在同一位置。由此可以断定，水生动物参与了尸骸在沼泽中的整个迁移过程。

除了可以确定水生动物参与了尸体的腐败与分解过程，我们还从舒尔茨博士那里了解到了一个更为重要的线索：通过骨骸分布的位置，可以推断出凯莉的尸体隐匿在这片沼泽地中的大致时间。鉴于动物移动尸体骨骼的可能方式，舒尔茨博士认为，尸体在完全骨骸化之前未受到任何袭击。也就是说，在尸体完全骨骸化之前，动物们根本没有能力搬动尸体。舒尔茨博士进一步解释道，人类死亡后，在两个星期内肌肉与器官就可以彻底腐败分解，最多一个月就可以完全骨骸化。一个月就可以完全骨骸化？我们突然意识到，这个时间段正好与凯西口中故事的延续时间（31 天）相吻合。

鉴定过程中，有一片特殊的骨骼引起了舒尔茨博士的注意。正是通过这片骨骼，舒尔茨博士确定了尸体被隐匿于沼泽地的准确时间。在距离主要案发地约几英尺远的棕榈树枝中，警探们发现了一片受害人的髋骨，它明显遭到了动物的啃噬与拖拽，被埋在约四英寸深的淤泥中。这一发现意味着什么呢？舒尔茨博士简单地解释道，这片淤泥是水生植物腐烂分解后的产物，也是水生植被生化演变中的淤泥化过程，是大致介于其最初腐化与最终演化为土壤之间的一种特有状态。当这片沼泽地被洪水侵袭时，沼泽内的植被碎屑与洪水混合在一起；当洪水退去，沼泽中就会留下一层由这些碎屑组成的淤泥，它们比土壤的密度小，大约可以积淀几英尺厚。有时，如果周围环境极度干燥，这些淤泥在沼泽下甚至会着起火来，人们把它们叫作“粪火”。我们在该层淤泥中搜集到凯莉遗体的髋骨，说明凯莉的尸体早在雨季来临前，当然更是在8月“法耶”热带风暴来袭之前就已经完全腐败分解了。唯有如此，髋骨碎片才可能被埋于沼泽中数英尺厚的淤泥里。根据对尸体分解腐烂所需时间的计算，综合骨骸在沼泽淤泥层的分布位置，舒尔茨博士将凶手抛尸的时间推定为2008年6月底至7月初。

戴维·霍尔博士是佛罗里达州立大学的退休教授，同时也是著名的法医植物学专家。他应邀来到现场，对尸体残骸附近生长的植物进行分析鉴别。霍尔博士查阅了尸骸被发现时的照片记录以及尸骸附近所生长的植被，尤其是那些已经在骨骸内部生根发芽的植物——在凯莉颅骨顶端散落的头发中可以发现大量的生根水草，在维尼熊的小抱毯与洗衣袋、垃圾袋中也可以清晰地辨认出大量的生根植被。在初步的鉴定意见中，霍尔博士指出，就这些生根植被的生长阶段判断，它们发育至目前状态至少需要四至六个月的时间。也就是说，凯莉的尸骸被藏匿于这片沼泽中至少已经有四至六个月之久了。这一结论令所有人十分振奋，我更是按捺不住冲动，希望对法医植物学做进一步的了解。为了能够得到准确而详细的信息，我随即拨通霍尔博士的电话，与他约定了见面详谈的时间。

2009年2月，琳达、弗兰克和我一行三人动身前往佛罗里达州北部城市盖恩斯维尔，希望就案件中的相关疑问向专家们进行咨询。佛罗里达州立大学是我的母校，数十年来，它源源不断地为州检察署输送了大批优秀人才。在这个学术气氛颇为浓厚的院校里，我们拜访了一系列知名专家，向他们请教了植物学、毒物病理学、人类学、水文地理学以及法学等多个领域的专业知识。霍尔博士热情地邀请我们前往家中一叙。这是一个坐落在盖恩斯维尔老居民区内的幽静院落，距离通往大学的主路不远，占地数英亩，看起来就像一个颇具规模的植物园。在此之前，我经常为自己精心打理的家庭花园沾沾自喜，现在与霍尔博士茂盛繁密的植物园相比，我的花园就像是一个贫瘠瘦弱、奄奄一息的盆栽植物。霍尔博士兴致勃勃地带领我们参观了这所植物园。令我们惊讶的是，在院落深处甚至还开辟了一处私家沼泽，为霍尔博士的专业研究提供原始环境。望着随处可见的美丽的原生植被，霍尔博士动情地说，这些植物群落并非仅仅是他的工作对象，更是他的生命中不可或缺的一部分。

霍尔博士已经退休多年。最初我们通过电话与他取得联系时，他的声音听起来就像个慈祥的老祖父。霍尔博士的退休生活简单率性，既从容优雅又紧张充实：他承担着固定的讲座与教学任务，业余时间依然没有忘记将自己的学术观点编撰成著作出版，另外，他还是多家研究机构的首席顾问。此次他能够抽出时间来专门接待我们，真是令人感激不尽。参观完植物园后，霍尔博士将我们带进了植物园内的一所小木屋，这里是他的书房兼办公室。一进门，我就发现在书桌上放着一部尚未完成的植物学专著，随手翻了翻，实在是太过深奥。霍尔博士快步走过来，将这部著作推到一边，邀请我们三人在书桌旁落座。

接着，霍尔博士向我们解释道，人类尸体在腐败分解的过程中，会释放出大量体液。这些体液包含着不同成分的化合物，对植物而言具有极强的毒性。这也就是为什么在一些正处于腐败期的尸体旁寸草不生的缘故。此案中，霍尔博士发现尸体内腔存在着大量的生根植被，而这些植物只有在尸体已经彻底骨骸化的前提下才可能正常生长。因此，可以断定，尸体内的植被至少已经历经了四至六个月的生长期。再结合舒尔茨博士所提及的尸体完全骨骸化的演变周期——二至四周，由此向前追溯，与凯莉最后一次在人们眼前露面的日期（2008 年 6 月 16 日）是完全吻合的。

霍尔博士还坦率地承认，迄今为止还没有任何一部公开出版的著作对此领域的研究结果进行体系化梳理。也就是说，他的鉴定结论是建立在自己长达五十多年的对植物研究与实践的基础上，而非其他任何一部已经公开出版的理论著作。望着坐在我们面前的这位谦逊和蔼的老人，再看看他所钟情一生的满园植被，我相信，这位法医植物学家所做的鉴定结论是十分客观可靠的。

凯莉遗骸内所发现的生根植被到底意味着什么，我想这个问题已经基本解决了。告别霍尔博士后，我们进一步开始探讨案发现场所生存的大量寄生昆虫的话题。当时，法医昆虫学家尼尔・哈斯凯尔博士已经完成了对现场昆虫痕迹的勘验，并做出了鉴定结论：凶手在沼泽内藏匿尸体的大致时间是 6 月底或者 7 月初，这与舒尔茨博士的推论相契合。另外，哈斯凯尔博士在勘验过程中还发现了一些十分重要的线索。在对这些线索进行阐述之前，我认为有必要先向大家简单介绍一下“嗜尸性寄生群”的基础知识。

大致而言，人类尸体从新鲜状态到完全腐败分解，会经历五个阶段的生化反应：新鲜期、膨胀期、腐败期、干化期、残骸期，在不同阶段均可发现特定的嗜尸性寄生群在尸体内滋生。这里，我并不打算详细描述处于各个递进阶段的尸体形态，以免引发您的强烈不适。我只想提及一点，尸体在不同的腐败阶段内会吸引不同种类的嗜尸性寄生群的侵袭，每一族群的寄生虫在尸体内的活动周期又包括三个阶段：侵入期、分解期与残余期。侵入期内，主要是蝇类寄生虫在尸体内产卵，孵化后的幼虫依靠啃噬尸体的软组织发育成熟；分解期内，我们可以看见鞘翅目以及其他有翅类昆虫在尸体内的大量繁衍生殖；残余期内，嗜尸性寄生群明显减少，只剩下少量的蝇蛹等残余物。每一个演变阶段均会周而复始地循环进行，直到寄生环境的气温、湿度与其他条件逐渐成熟，允许其进入下一个衍生阶段。而且，通常情况下，前一阶段的寄生群残骸将会参与后一阶段的分解演变。在本案中，我们所涉及的话题就包括了上述五个尸体腐败的阶段。

如前所述，在尸体腐败的第一阶段（新鲜期、膨胀期），尸体会吸引大量的寄生群的侵袭，我们把它们叫作早期的入侵者。然而，现场的勘验结果却引起了哈斯凯尔博士的强烈兴趣——他并没有发现他所期待看到的早期寄生群。让我来为大家做出进一步的解释：如果小凯莉的尸体在新鲜期（或者膨胀期）内就被藏匿到沼泽中，那么毫无疑问会在其体内或体表发现大批的早期嗜尸性寄生群。事实上，在凯莉尸骸附近的树枝上只发现了极少量的蝇蛹与蛆虫，而且这些蛆蛹并非是在尸体新鲜期可以生存发育的族群。对此种状况的唯一解释是——尸体在新鲜期（膨胀期）内并没有立即藏匿于这片沼泽，而是存放于其他场所，直到尸体进入分解的第三阶段（腐败期）以后才被转移到这片沼泽中。除此之外，哈斯凯尔博士提及的另外一个线索也引起了我们的注意：根据上述推论，小凯莉的尸体是在腐败期之后才被转移到这片沼泽地中。但是，如果新鲜期与膨胀期的尸体储存于开放状态的环境中，依然会产生寄生群，那么他此刻依然能够在遗骸内检测到那些早期侵入者的残骸。事实是，他没有发现任何尸体寄生群（残骸）的存在。哈斯凯尔博士因此得出结论：凯莉尸体最初的藏匿环境必然是一个相对密闭的空间，尸体与寄生群之间丧失了交互介质，因此达到完全隔离的状态。要做到这一点并非是十分困难的事情，比如说，将小凯莉的尸体严严实实地套上多层塑料袋，然后放置于车辆的后备箱内，这就彻底切断了嗜尸性寄生群与尸体之间进行接触的可能性。

除了对凯莉遗骸内的根生植被与寄生群所做出的鉴定结论外，

案发现场的其他物品并不能作为严格意义上的呈堂证据使用。唯一可以确定的是，这些物品与安东尼一家包括凯西之间确实存在着某种联系。12 月 11 日，也就是小凯莉的尸体被发现当天，警署立即签发了对安东尼住宅的搜查令。9 天后，12 月 20 日，警方再次对该住宅进行补充搜查。搜查令列明的任务清单包括凯西出走时穿过的鞋，乔治最后一次看见母女俩时小凯莉的衣着——浅蓝色镶粉色圆领的牛仔裙、白色小童鞋、印有卡通猴图案的双肩背包、镶白边的小太阳镜，事后在庞蒂克轿车内发现的洋娃娃的外衣，与藏尸现场发现的塑料小马玩具相似的玩具。当然，还包括各种处方药，例如安非他命或者麻醉剂等。

犯罪现场还搜集到大量的塑料袋碎片，大约有三百多片，经过勘验，却没有取得任何有价值的指纹线索。另外，从联邦调查局实验室传来的检测结果也不容乐观——胶带与洗衣袋在高温、潮湿的环境中浸泡了数月，留在上面的指纹痕迹的可辨识性已经大大减弱，基本丧失了证明力。尽管如此，我们还是耐心细致地对现场物证逐项勘验，并达成了一致意见：必须对缠裹孩子口鼻的布基胶带进行强化勘验，这是我们侦破此案的最后希望。

布基胶带被送到联邦调查局实验室后，工作人员针对检验步骤展开了激烈的讨论。当时，待检样品的基础状况十分糟糕：胶带内部的黏合胶已经完全失去黏性，外部纤维织物层也与塑料薄膜相分离。DNA 专家们简单查看了送检样本后，一致认为检测结果不容乐观——由于高温与高湿环境，胶带上所留指纹已经遭到了毁灭性破坏，而这种破坏对于 DNA 检测环境的影响更大，几乎是指纹测定的双倍。争来争去，专家们好不容易达成了一致协议：第一步，将胶带送往隐匿指纹检测部，进行初步的指纹鉴定并拍照存档；第二步，将胶带送往痕迹证据鉴定部，对胶带上残留的毛发与纤维进行清除；最后，将胶带送往生化部，对送检样品与安东尼家便携式汽油罐上的胶带进行对比。

按照计划首先对胶带进行处理的部门是隐匿指纹检测部。该任务由伊丽莎白·方丹——一位不久前才分配到该部门的新手来完成。现场检验的首要程序是将待检物品放在不同直径的光谱下，对胶带表面可能遗留的指纹进行探测，人类肉眼通常是无法观察到这些痕迹的。勘验过程中，方丹并没有辨认出任何指纹痕迹，却发现了胶带上留有一个特殊的手工艺品的痕迹，看起来像是一个小桃心。方丹事后描述道，这种经历我们都曾有过，当你将创可贴从皮肤上撕掉后，会发现原来贴创可贴的位置留有一块白色印记，过一段时间这块印记才会消失——现场检测到的胶带上留有的心形痕迹就像这种白色印记。很显然，这个小桃心之前是被贴在胶带上的，当它被撕掉后，灰尘填补了它原来在胶带上的位置，因此留下了这个心形痕迹。方丹在勘验结论中如实地记录了这一特殊情况，并向其上级进行了汇报。由于当时的送检要求并没有注明对非指纹痕迹进行检测，因此方丹没有对这一痕迹进行拍照存档，而是直接将胶带转往痕迹证据鉴定部，请工作人员对胶带上残留的毛发与纤维进行清除。这一系列程序完成后，胶带又回到了方丹的手里，随即开始指纹检测的下一阶段——将化学显影剂滴在胶带上对潜在指纹进行检测，依然毫无结果。

谁也没有想到，当送检胶带附有心形痕迹的检测报告送到警探们手中时，立刻引发了极大轰动。之前，在距离藏尸地点不远的岸边，警探们曾经发现了一小片硬纸板，纸板上也留有一个红色的心形贴画。当时这一线索已经引起了大家的怀疑，正是由于这个原因，在随后进行的例行搜查中，警探们对安东尼家里所有的剪贴簿、工艺品以及各类装饰画等进行了对比勘验。最后，大家在凯西的卧室里发现了成卷的心形装饰贴，无论形状还是尺寸都与藏尸地点发现的贴画相似。

案发现场与安东尼住宅内同时出现了心形装饰贴。虽然二者之间的关系还不甚明了，但这一事实经过媒体的报道后在全美范围内引起了强烈反响。结合方丹女士做出的鉴定结论，即使是普通民众也可以做出以下令人吃惊的推论：曾经有人，也许就是凶手，将心形装饰贴贴在布基胶带上，然后以这个红艳艳的桃心做诱饵，连哄带骗地用胶带缠住了孩子的口鼻。

警探们继续尝试着在安东尼住宅与案发现场的物证之间寻找某种联系。接下来，他们将在现场发现的布基胶带与安东尼家便携式汽油罐上所贴的胶带进行对比性勘验。检测结果表明，二者之间的化合构成与制作方法完全相同。

上述鉴定结论完成后，联邦调查局的工作人员决定硬着头皮对涉案胶带进行 DNA 检测，无论是否会有结果。最终事与愿违，这项实验反而将目前状况搅得更糟。检测过程中，发现在胶带的黏胶面留有一枚可疑的 DNA 基因图谱，而该图谱与待检样品中的任何一个都不匹配。此外，在胶带的另一面也发现了一枚十分细小的 DNA 基因图谱痕迹，它不仅与待检样品中的任何一个都不匹配，而且也不同于在黏胶面检测到的可疑图谱。大家对该勘验结果感到十分吃惊，难道杀害凯莉的凶手果真另有他人？一筹莫展之际，联邦调查局不得不花费大量的时间对所有接触过胶带的人员逐一排查。最终发现，这两枚图谱一个属于罗利·格茨曼，他是我们的文档勘验员，另一个则属于生化部的勘验员。DNA 技术对细微物质进行高精确度检测的能力着实令人哭笑不得——任何细微的干扰物均会对检测结果造成无可挽回的影响，这已经成为不争的事实。这起意外事件使得联邦调查局的官员们颇为尴尬，他们竭力希望对外隐瞒此事。

对胶带的最后一项检测由凯伦·劳完成。我们之前已经介绍过这位联邦调查局的毛发纤维鉴定专家，当初庞蒂克轿车后备箱中小凯莉的头发就是由她进行鉴定的。但是，凯伦这次的鉴定结果却让我们有点摸不着头脑。她在鉴定中将案发现场发现胶带的纤维构成与汽油罐上胶带的纤维构成做了比较，令人吃惊的是，虽然二者在理论上应当匹配，但事实上并不一致。报告结果显示，案发现场的胶带由聚酯纤维构成，而汽油罐上的胶带却是由聚酯纤维与棉质纤维混合而成。我在拿到这份报告的第一时间就拨通了凯伦的电话，与她交流意见。我提醒凯伦，案发现场小凯莉的T恤衫内的棉质纤维已经完全分解，只剩下一些用胶黏贴的字母与领子上的弹性挡圈。既然T恤衫中的棉质纤维可以溶解，那么胶带中的棉质纤维是否也会发生同样的化学反应？

从产品经销商处获得的产品信息显示，该胶带的成分包括聚酯纤维与棉质纤维。如果产品信息所列成分是真实可信的，那么胶带成分中应该包括棉质纤维。但这仅仅是推测，我们对此并没有十足的把握。我在电话里向凯伦请教，是否存在对比样品棉质纤维溶解的可能，但她看起来对此问题不太感兴趣。我又建议她给生产厂家打电话，确认这些胶带是否可能仅由聚酯纤维构成，但她似乎不愿为此事继续劳神。因此，在其后的六个月里，我不得不拨打了无数电话与胶带的生产厂家联络，以验证上述推论的真伪。我甚至给德国汉高公司总部邮寄了一片案发现场发现的胶带样品，请他们确认胶带中的棉质纤维是否可能在高温高湿的环境下分解融化。如果答案是肯定的，那么案发现场发现的胶带就与安东尼家汽油罐上的胶带是同一卷。

之所以对小凯莉尸骸上发现的布基胶带这样重视，并且花费大量的时间与心血对其进行勘验，是因为它是本案的关键证据，只有它可以明确无误地向世人宣布——凯莉死于谋杀。我个人认为，胶带在凯莉面部的口鼻位置出现绝不是巧合，而是蓄意谋杀的明证。从解剖学角度分析，胶带正好缠裹在颅骨的颚骨位置。这一点足以证明，胶带在凯莉死亡之前就已经缠裹在其口鼻之上；孩子遇害后，尸体的软组织逐渐腐败分解，然而胶带却无法分解，依旧紧紧缠绕在颅骨的颚骨之上，继而呈现出我们在案发现场所看到的状态。

当然，我们也清醒地意识到，上述种种推测性解释在法庭上是毫无意义的。换句话说，如果你企图说服陪审员们对以上情形或归纳或演绎，然后运用常识来做出最终的裁决，这将是非常困难的一件事——通常而言，他们并不喜欢这种逻辑感十足的推理与判断。但是，如果陪审员们否认这是一桩谋杀案，这些尸体上的胶带又该如何解释？有谁会在一个已经死去的孩子的口鼻之上缠上一圈圈的胶带？他为什么要这样做？是伪造谋杀现场吗？如果是这样，他的动机又是什么？

一般而言，如果一个孩子因意外事故不幸身亡，家长们并不会立刻去破坏现场，甚至伪造现场，除非他们希望刻意地掩饰或者隐瞒什么。我们可以假设小凯莉确实死于一场意外，而凯西并不想承担责任。因此她伪造了一个谋杀案现场，然后大费周折地编造一系列故事，以期转移警方视线，将责任推在保姆冉妮或者其他什么人的身上。凯西会说，有人绑架了小凯莉，然后用胶带纸贴在她的口鼻上，孩子窒息身亡后被丢弃在沼泽地里。但是，这里仍然面临着一个老问题——动机，凯西这样做的动机是什么？为什么凯西要编造出这样的谎言？仅仅是因为不希望承担责任吗？这就令人匪夷所思了——难道她不明白，这仅仅是一场意外事故而远非一桩无可饶恕的罪行吗？难道她不清楚，向警方虚假陈述的罪责要比承担孩子遭遇意外事故的责任严重得多吗？

因此，这种解释是行不通的。凯西是个十分精明的姑娘，她不会故意制造出谋杀现场来为一场意外事故买单。事情是明摆着的，胶带纸贴在小凯莉的鼻子与嘴巴上，唯一的目的就是让孩子无法呼吸，而企图抑制他人正常呼吸的行为就是谋杀，这是再简单不过的事实。左思右想，我认为只有这种解释是符合逻辑的。

此外，在案发现场，距离凯莉遗骸一英尺远之处，警探们还发现了一个漂浮在水面上的红色迪士尼双肩背包。经警方证实，这个背包以及里面的物件不属于任何一位涉案当事人，但背包内生根植物的生长周期却与凯莉尸骸内的植物保持着同步。也就是说，这个背包是与凯莉的尸骸一起被扔进沼泽地的。这本身就是一件颇为蹊跷的事情。经过现场勘验，红色的背包里装着一瓶佳得乐运动饮料，里面的半透明液体已经变得晦暗黏稠。饮料瓶即刻被送往法医实验室进行勘验，鉴定人员是麦克·瑞肯巴哈博士。之前，瑞肯巴哈博士曾经对维斯博士的鉴定结论表示认可，证实那辆庞蒂克轿车后备箱内储存有高浓度的氯仿。瑞肯巴哈博士在实验室内打开这个瓶子，发现里面还装着一支注射器及其包装袋。对瓶内的液体进行化验后，证实这是一种具有去污功能的化学试剂，其中含有微量氯仿。

令人疑惑的是，在瓶内的液体及注射器中，瑞肯巴哈博士还发现了四种睾酮元素的残渣。拿到鉴定报告后，我专门就此内容在网上做了搜索，发现这些睾酮是一种荷尔蒙补充剂，主要作用是催发男性体内荷尔蒙的增长。青年男子注射该种睾酮可以增加体内的肌肉含量，而老年男子注射可以保持体内的荷尔蒙含量。需要说明的是，这些睾酮均属于处方药，并非所有的药店都出售。即便如此，如果要进一步查询此批号药剂的购买者，也并不是一件容易的事。我尝试着按照标签上的序列号查询到注射器的制造商，却发现该批注射器已经销往全国百余家医疗器材分店，因此无法确定其直接购买者。经过分析，大家一致认为乔治·安东尼使用这种酮类的可能性较大，但我们当时并没有合适的理由就此事向乔治求证。大家感到非常疑惑，这些东西为什么会在案发现场出现？它与整个案件又有着怎样的联系？我相信，总有一天，我们会揭开这个疑团。

最后一项勘验任务是对尸骸的身份进行正式确定，勘验样本是案发现场搜集到的骨骸与毛发。从尸骸中随机抽取的一根骨骸被送至联邦调查局的法医实验室，法医从该骨骸中抽取了部分骨髓进行检测。配对结果证明，该骨髓与一个月前搜集到的小凯莉使用过的牙刷上的 DNA 样本完全匹配，也与凯西的基因图谱吻合。身份鉴定结论很快就出来了：沼泽地里发现的尸骸正是凯莉·玛丽·安东尼。

看来，对案发现场采集证据的法医鉴定程序可以告一段落了。如果对这些鉴定结论进一步分析，我们可以发现一些与本案关系不大但却十分有趣的事实。当时，为了扩展检测结果的外围环境，继而获取更为准确的对比性排除数据，法医同时也对乔治、辛迪以及李抽取了 DNA 样本进行检测。我在工作中经常接触这种涉及 DNA 技术的鉴定结果，因此基本可以读懂各项鉴定结果。也就是说，我可以参照法医做出的鉴定数据对待检样本进行匹配，判断结果八九不离十。正因如此，奥兰治警署的警探们希望我能够私下对该案的 DNA 检测报告进行匹配，解开他们困惑已久的一个谜题——小凯莉究竟是谁的孩子？她的父亲到底是谁？有没有可能是乔治或者是李？也许对社会黑暗面经历过多，这帮兄弟们向来不惮以最坏的心思去揣摩他人。但是在这桩案件中，我可以明确无误地告诉他们，小凯莉绝对不是安东尼父子的孩子，只要看一眼他们的DNA图谱就能下此结论。我以前也曾接触过两起案件，在DNA配对过程中将所有亲属的DNA样本取来作为参照，鉴定结果却令大家颇为尴尬，某些当事人一辈子也不愿讲出的秘密就此大白于天下。其中有一桩故意杀人案，受害人是一位年方17岁的姑娘，DNA鉴定结果表明，她的父亲并非是生父。可想而知，这个消息给这个已经愁云笼罩的家庭带来了怎样的毁灭性打击，这可真是一场悲剧。此后，我就对这方面的信息格外关注，轻易不对外界泄露DNA的检验结果。

不瞒您说，我在报告出来的第一时间对安东尼一家的DNA图谱进行了匹配。结果证实凯西毫无疑问是乔治与辛迪的亲生女儿，而且，乔治与李绝对不是凯莉的父亲。

最后一个送检项目是凯莉的毛发。样本送抵联邦调查局实验室时，凯伦·劳正好有事外出，所以这项鉴定由另一位毛发纤维鉴定专家斯蒂芬·肖进行。结论显示，尸骸上的头发与庞蒂克轿车后备箱内搜集到的头发来自同一人，无论是颜色、长度还是各项微观特征完全相符，最关键的是二者根部均完整地保存着象征着死亡气息的“暗色条带”。唯一不同的是，在沼泽中发现的头发在显微镜下的糜烂程度更深一些，毕竟它们已经在高温潮湿的环境中浸泡了六个月之久。

尸体的勘验虽然没有带给我们预期的结果，却对案件此后的处理方式产生了很大影响。其中有一点尤为重要，凯莉的尸体已经找到，现场发现的大量物证与鉴定结果使我们不得不重新考虑一个严肃的话题——凯西一案的量刑建议应当如何做出。

在两个月前的决议中，我们并不准备向法庭提交死刑量刑建议。这是因为当时还没有发现小凯莉的尸体，因而受害人的致死原因与死亡性质均无法确定。受害者尸骸的发现在极大程度上改变了我们对本案性质的看法。关于是否应当对该案提起死刑量刑建议，无论是审判前还是审判后均存在着大量争议。一般而言，在民众心目中，死刑是一个非理性的敏感话题，而检察官向法院提交死刑量刑建议的行为也被认为是情感冲动的体现。大家都认为，无论被告实施的罪行多么令人发指，死刑都不是一个接近真理的有效途径。涉及本案的量刑建议，持不同意见的检察官们展开了激烈争论。最终，对案件各个方面的因素进行权衡之后，我们决定向法庭提交死刑量刑建议。

事实上，对发生在佛罗里达州的任何一起刑事案件而言，最终是否能够提起死刑量刑建议，很大程度上取决于州检察长劳森·拉玛尔的意见。针对该案，我们举行了一次不公开会议。讨论过程中，劳森提出了大量问题，要求我们详尽地予以回答。傍晚时分，在权衡了整个涉案情节后，劳森终于签署了意见书，同意对凯西提起死刑建议。在此，我想向大家解释一下劳森检察长在做出该决定前斟酌的各项因素。

首先，劳森必须考虑相关法律的规定。根据佛罗里达州法律，死刑判决可以适用于各种情节的一级谋杀罪。但是，对某一被告判处死刑之前，案件情节必须满足非常严格的死刑适用标准。这也正是发现凯莉尸体前我们提交量刑建议时必须重点考虑的因素。首先要考虑各种“加重处罚情节”。佛罗里达州法律明确而具体地列举了适用死刑判决的各种加重情节：一些情节涉及被害人的生理或身份特征——例如被害人是孩童、老人、病弱之人，是执行公务的警察或者政府官员；一些情节涉及被告人的犯罪动机——例如被告人因为财产纠纷而动了杀机，或是为了杀人灭口，或者具有其他政治目的；还有一些情节涉及犯罪手段的残忍程度——例如被告是在另一项重罪过程中实施了杀人行为，或者被告在作案前进行了缜密的策划与准备，特别需要指出，被告人作案手段残忍恶劣（包括令受害人在神志清醒的状态下经受精神上或者肉体上的折磨）是判处死刑必须考虑的量刑情节；最后一类加重情节涉及被告人的刑事案底记录——他是否曾经入狱服刑，是否曾被判处缓刑，是否曾因暴力犯罪而受到有罪判决。

审判实务中，有些刑事被告虽然被指控涉嫌一级谋杀罪，却并不必然会面临着死刑判决——他们的行为并不符合上述某些或者某个加重情节的构成。而另外一些刑事被告，罪行滔天，罄竹难书，因此对他们的死刑判决是量刑时的唯一选择。对于犯罪情节介乎二者之间的刑事被告，不仅需要考虑案件中加重情节的存在，还需要对其在整个案件中所占的比例大小、所起的作用进行综合权衡。

过去几十年来，通过对每一桩个案的具体处理，法院已经建立起一套日益完善的规则，对何谓加重情节以及这些情节在量刑中应当被赋予何种程度的考量进行细化。我们从大量的判例中可以看到，不同的犯罪情节在不同的量刑中所需要考虑的程度迥异。例如，被告在实施另一项重罪的过程中犯下了故意杀人罪，这种情景在抢劫罪中屡见不鲜，判例表明，该种情况下致人死亡的情节要远比雇佣杀人中致人死亡的情节轻得多——前者是临时起意或者一时失手杀人，后者则是有预谋有计划的谋杀。按照这种标准权衡的结果往往关系到被告的身家性命。也就是说，虽然被告行为最终导致的客观结果并无差别，但其一念之差却导致了最终判决的生死两重天。这种纯粹以主观标准来考虑涉案情节的做法颇受非议，但这是目前法律明文规定的，我们必须遵守。

另外，关于提起死刑量刑建议与做出死刑判决是否符合正义，我在这里还想多说几句。不可否认，这里有一个非常重要的语言学问题——谈到死刑，媒体总是喜欢使用这样的说法："合众国要求对某某判处死刑"，当提出死刑量刑建议时，公诉人也会采用这种固定套路的言辞。但是，大家忽略了一个事实，检察官们并没有权利左右某人的生死，最终的决定权完全掌握在陪审团手里，是陪审员们在聆听了案件事实后根据各自的见解做出独立的判断。也就是说，检察官口中更为适当的表述应当是："根据案件事实，公诉人提醒陪审团，死刑判决可以在最终裁决的考虑范围之内。"这种与一般量刑建议有所差异的表述对于此案是非常重要的，因为没有人能够预料到凯西最终的命运将会怎样。我以前也接手过可能被判处死刑的案件，其中某些被告人不死不足以显示人间正义的存在——简单说，他们非死不可。但是对于此案，我并不认为也属于这种情况。此刻，唯一困扰我们的问题是，公诉人是否应当插手凯西的命运，还是将其完全交由陪审团做出决定。做出抉择之前，我们必须对整个案件事实做出综合的权衡与分析。

先来介绍一下该案适用的法律背景。针对我们的开庭陈述，陪审员将会从案件事实中获取怎样的信息？首先，从被害人的身份判断，小凯莉是一个蹒跚学步的幼童，被母亲凯西杀害。这一事实本身足以满足死刑判决的加重情节要求。但是，从诸多判例的裁判理由来看，仅此一点还不足以成为死刑判决的充分理由。我知道，很多人会因此解释而感到迷惑。需要提醒大家的是，在审判实务中存在着这样一种"比例原则"，即对特定情节（例如被害人是幼童、被告人是其监护人）进行考虑时，要关注该情节在之前判例中出现的频繁程度，以及被告因此情节而最终获取的死刑判决在所有判决中所占的比例。在此，我不得不十分遗憾地告诉大家，杀婴罪行在全美刑事案件中绝非少数，也正是由于这个原因，对此罪行的指控几乎从未有过被判处死刑的先例。本案的受害人是一名不足三周岁的幼童，但这一情节在诸多量刑因素中并不会占很大分量，只有与其他情节结合在一起才有可能促成死刑判决。

受害者遗骸的发现，为我们提供了许多足以影响量刑建议的证据。我深信，当陪审团成员们传阅案发现场的照片，目睹一名两岁幼童的口鼻被三根胶带紧紧缠裹的情景时，他们会毫不犹豫地做出如下判断：这个可怜的孩子因窒息而亡。关键是，如果小凯莉在遇害时意识处于清醒状态，那么这一事实将完全符合“令受害人在神志清醒的状态下经历精神或者肉体上的折磨”的加重情节。换句话说，被告人当时“采取了令人饱受折磨的手段致人死亡”。难道不是吗？一个如此年幼无助的孩童，面对来自亲生母亲的令人发指的侵害与折磨，她所经历的精神恐惧与肉体痛苦是难以想象的。因此，如果陪审团认定凯莉是在意识清醒的状态下窒息而亡，那么该案至少符合两项适用死刑的特殊标准。这样，对凯西的死刑判决将有先例可循——两年前，联邦法院在另一桩具有相同情节的案件中对被告适用了死刑。

另一种可能的情形是，陪审团并不认定小凯莉遇害时意识处于清醒状态。这样，上述有关“使得被害人精神与肉体饱受折磨”的加重情节将不会被适用。但是，又有什么理由认为孩子当时已经陷入无意识的状态呢？法医的鉴定结果表明，孩子的颅骨完好无损，没有证据证明其头部在案发时受到突发性猛烈重击。那么，是吸入的氯仿使得孩子丧失了知觉吗？确实，在轿车后备箱中发现了高浓度的氯仿，凯西的电脑硬盘上也采集到了“氯仿”关键词的检索记录。因此，陪审员们完全可以认为凯西先迫使孩子吸入氯仿，待孩子昏迷后才用胶带缠裹住她的口鼻，以这种颇为“人道”的方法杀害了孩子。但是我想提醒大家注意，如果该案中被告的行为并没有

"使得被害人精神与肉体饱受折磨"，那么必然存在着另一个加重情节可供适用——"被告在作案前进行了缜密的策划与准备"，给孩子吸入氯仿的行为就是明证。如此，我们手中依然掌握着两个加重情节，足以对被告适用死刑判决。

分析了该案适用死刑标准的加重情节后，还必须对减轻情节进行探讨。减轻情节主要针对被告的人身危险性进行考察：被告是否具有精神病史，或者由于周边环境等原因促使其实施了该项犯罪行为。针对这一点，我们排除了凯西罹患精神病或者具有人格障碍的可能，除了她具有轻微程度的自恋情结（这仅仅是我的推论，而非专家的鉴定结论）。也就是说，本案被告并不具有罹患精神病等法定因素作为排除适用死刑的减轻情节。另外，如果被告在过去没有刑事案底记录，这一点也可能成为排除适用死刑的减轻情节。但我们已经了解到，凯西经常盗窃财物，受害人包括其父母、外祖母以及好友艾米。因此，这一减轻情节对她同样也不适用。

排除死刑适用的减轻情节还包括对被告自幼生活背景的考察。例如，童年时代，被告的某些权利曾受到剥夺，或者具有受到家庭成员虐待甚至性侵犯的历史，这些均是典型的家庭背景方面所具有的减轻情节。羁押初期，法官已经要求法医与心理医生对凯西的精神状况做出评估，鉴定结果排除了被告具有上述减轻情节的可能。诚然，鉴于凯西具有超出常人的表演天赋，她在心理评估中的表现并非完全可靠。但我们在多次走访中发现，凯西确实生活在一个典型的充满了爱与温暖的中产阶级家庭，她在成长过程中也绝对没有遭受过任何虐待。相反，安东尼夫妇总是尽力满足她提出的所有要求，创造一切可能的机会助其在学业上、事业上有所发展。依据往常经验，辩方律师一定会在这个话题上纠缠不休，这是他们最擅长做的工作，目的是引起陪审团成员对被告生存状态的怜悯，继而为被告开脱罪责。但在这个案子上，贝兹恐怕占不了多少便宜。综上所述，如果上述加重情节被陪审团认可，而减轻情节被驳回的话，我们就有足够的理由向法庭提起死刑建议。

以上是从法律层面对死刑量刑建议进行的讨论。除此之外，我们还必须考虑到司法实务操作中客观存在的问题。众所周知，对每一个死刑案件的起诉、审理与执行均会占用大量的公共资源。因此，我一向主张检方做出死刑建议时应当对司法成本进行合理的权衡。举个例子，如果你是一名优秀的律师，当你为了委托人的利益而采取某一行动时，一定会谨慎地考虑此举将会对审理结果带来怎样的影响。同样，作为一名手中握有公共资源的检察官，在行使公权力时也应当尽量做到精打细算。但是，话又说回来，这种对所谓“司法经济成本”的考虑不应成为公诉人做出正确决策的障碍。原因很简单，正义的价值决不能受到来自金钱的挑战。我个人认为，当实现司法正义与节约司法成本之间产生龃龉时，我们首先应当追求一种理想的平衡状态。实在无法兼顾的情形下，则应当毫不犹豫地选择前者。

面对凯西·安东尼一案，我确实无法做到二者兼顾。一方面，在我将近三十年的职业生涯中，曾经对三起杀害儿童的刑事案件提起公诉，并向陪审团提起了死刑量刑建议。这三名被告均是被害儿童的监护人，均为男性且具有刑事案底记录。最终，巡回法庭并没有对三位被告判处死刑，理由是这三名被告在实施犯罪行为前并没有做出任何计划与准备，也就是说他们是临时起意犯下了杀人罪，这一点与凯西一案大为不同。另一方面，翻阅其他联邦与州的判例时，我发现了多例年轻母亲在缜密谋划后杀害亲子的案件。但是，事后的法医鉴定表明，这些被告具有明显的心理或情感方面的障碍。她们属于不能辨认或者控制自己行为的精神病患者，因此与凯西的犯罪情节也不相同。

除此之外，我们还不得不对此案的其他情节做出充分的预计。以我多年的公诉经验判断，目前为止，本案诸多的不利因素中存在着一项最令人沮丧不安的事实：陪审员们极有可能对一些本不应纳入考虑范围的边缘性因素进行斟酌，即使他们并没有充分意识到自己这种先入性判断将对最终的裁判施加怎样的影响。在此，我希望提醒大家这样一个事实：被告凯西是一个来自中产阶级家庭的白种女人，并且不可否认她长得相当漂亮，也颇具魅力。因此，我真心希望提醒每一位陪审员，在你做出任何决定之前，一定要再三向自己确认："无论面前站着的被告是白人还是黑人，是男人还是女人，是仪态万方还是姿色平庸，是来自中产阶层还是赤贫阶层，我是否确实做到了一视同仁？"

如果凯西是小凯莉的父亲而非母亲，陪审员们的态度会有所不同吗？如果凯西是一名非裔或者西班牙裔的美国人，情形又会怎样？如果凯西是一名来自贫民窟的穷人，抑或是一名来自金融界的富有者，这一切额外的因素对于案件的公正裁决将会产生怎样的影响？我认为，无论在何种情况下，死刑判决必须在陪审员们胸怀正义、公正无私、敬畏法律的前提下适用。遗憾的是，从我过去30年来经手的所有案件，包括耳闻目睹的其他判例看来，陪审员们完全按照上述原则进行裁决的概率真是低得可怜。尽管如此，我们思忖再三，还是决定向陪审团提出对凯西一案的死刑建议，由他们来对凯西的命运做出最后的裁决。我相信，我们的量刑建议以大量的事实根据与坚实的客观证据为基础，我们对于人间正义的实现充满着信心。尽管前面路途遥远、任务艰巨，我们已经做好了充分准备，决心将此案进行到底。

从量刑建议提起之时，一直到整个审判结束之后，一些事后诸葛亮们始终在对劳森检察长进行攻击，认为他不应当批准对本案的死刑建议。他们认为正是死刑量刑建议对案件最终的裁判结果产生了有百害而无一利的影响。事实上，这不过是那些对判决结果心怀不满的人们试图将全部责任归咎于公诉人的一种说辞，这种指责对于劳森检察长而言太不公平。大家都知道，审理该案的过程中，陪审团始终被赋予最充分、最完善的选择空间。首先，法庭一再告知他们，他们所做的量刑建议将关系到凯西的最终命运；其次，法庭多次提醒他们，他们拥有多重选择可以对凯西进行从宽处罚，其中当然包括免于判处死刑的量刑建议。所以，我可以斩钉截铁地说，在此案中，是否提出死刑建议与最终的审判结果之间毫无关系——即使没有该量刑建议，陪审团也会做出相同的裁判结果。

判决宣告后，整整两年半的时间里，我都在回味、审视着这个案件——跳出检察官的职业视野，我尝试着以局外人的身份对本案的每一步起诉工作进行了深刻的反省。遗憾的是，无论从哪个角度进行分析，我依然认为陪审团应当对本案的被告做出有罪判决。当初，劳森检察长的意见是将死刑建议权交给陪审团，由他们来做最后的决定。我尊重他的此项决定。而就我个人而言，我并不希望向法庭提交死刑量刑建议，虽然我认为凯西毫无疑问是杀害小凯莉的凶手。简言之，我当时并不认为陪审团会做出死刑判决。正因如此，后来当我们在遴选陪审团候选人时，我只选自己看着顺眼的，而不顾忌她或者他是否是坚定的反对死刑者。记得当时弗兰克曾就此问题向我表示质疑，我对他解释道："老兄，他们反不反对死刑，在这个案件中根本不碍事，我打赌凯西不会被判处死刑。"

做出量刑建议几个月后，辩方律师向法庭提出申请，质疑该建议的法律根据。根据佛罗里达州法律，如果检控方在做出某项起诉决定时并非基于不诚实的目的，那么法院就无权对其决定进行干涉与劝诫。此处的不诚实是指公诉人基于种族偏见或者其他违宪性意见做出了诉讼行为，而他的这种偏见或者违宪性意见是不可能被当众证明的。根据该条法律及相关判例，我们对辩方律师的质疑进行了言简意赅的回应：开庭前，禁止法官以任何形式要求控方对自己的起诉决议做出答辩。

向法庭提出此项质疑之前，辩方曾经借各大媒体就此问题对我们进行了猛烈抨击。但控方工作人员内部已经达成了一致协议：在整个案件尘埃落定之前，不得对此予以任何形式的评论，这是每一个司法工作人员应当遵守的基本职业道德。尽管如此，我私下里曾对琳达说，如果他们真的想要知道我们提出死刑建议的理由，开庭时，我将十分乐意向他们做出详细解释。我盼望着这一天的早日到来。

随后的一段日子里，我花费了大量的心血起草了一份针对量刑建议的法庭陈述。陈述首先建立在无罪推定的原则之上，这一点是必须把握的底线。我反复向聆听这份陈述的每一位陪审员强调，他们最终的判断必须建立在对被告凯西·安东尼的无罪推定的前提之上，我的这份量刑书仅仅向他们提供专业的司法建议，并不具有实质的法律效力。接着，我向大家详细解释了提交这份量刑建议书的必要性以及建议书本身具有的客观性。

“大家都知道，小凯莉是一个不满三岁的幼儿。根据法医尸检报告，她是因为被胶带缠住口鼻而窒息身亡。一般而言，这个年龄的孩子已经具备了一种本能，一种与生俱来的求生本能——当他们感到呼吸不畅、非常难受的时候，会用自己的小手将缠裹在口鼻之上的胶带用力撕下来。证据显示，本案的被害人小凯莉遇害之前健康状况良好，甚至高于一般孩童的发育水平，因此她也应当能够做出这种本能反应。尊敬的女士们、先生们，现在大家也许会做出一个初步的结论，孩子当时并没有用她的小手将胶带撕下来，一定是有什么原因阻止了她这样做。究竟是什么原因呢？我认为无非有两种：一种是小凯莉被迫吸入了化学药剂，一种是凶手直接使用了暴力。我们先来看第一种情形：凶手事先准备了某种化学药剂，迫使或者诱使孩子吸入体内，静待药效发作，最终导致孩子丧失知觉。然后，凶手有条不紊地开始实施下一步计划——她将三条胶带紧紧地缠裹在孩子的口鼻之上，完全堵住了孩子的呼吸器官。接下来，凶手坐在一边，静静地望着深度昏迷中的孩子——她并没有亲手将孩子杀死，而是将剩下的事情交由自然规律去完成。

“不错，非常不错，这个凶手非常‘仁慈’，至少小凯莉不会因此而遭受到异常恐惧的精神折磨，”我顿了顿，继续说道，“陪审团的女士们、先生们，你们认为，根据法律，应当对这样‘仁慈’的凶手做出怎样的判决呢？我们接下来看看第二种情形：凶手直接使用暴力迫使小凯莉就范。在这种情况下，凶手会想尽办法将孩子的小手臂紧紧抓在胸前，或者绑在背后，然后强行将胶带贴在孩子的口鼻之上。我不得不提醒大家注意一个事实，此刻孩子的意识仍然保持着清醒，凶手在向孩子的口鼻缠裹胶带时，曾近距离地面对着孩子，她甚至可以清清楚楚地看到孩子眼中的惊疑与恐惧。

“第一条胶带牢牢地缠好后，紧接着是第二条胶带，然后是第三条，可以了，现在小家伙彻底无法呼吸了。可怜的孩子，她此刻能够意识到将会发生什么事情吗？她尝试过用自己的小手小脚进行微弱的反抗吗？当凶手一层层将胶带裹在孩子的嘴巴、鼻子上时，面对着如此美丽而纯真的大眼睛，面对着如此惊恐而哀求的目光，她是否产生过一丝的怜悯之心？

“关于对本案的量刑建议，我方做出了必要解释，也提出了大量的疑问。这些问题的答案，将由你们——尊敬的女士与先生们给出。在此，我只想强调一件事——面对种种确凿的证据，如果我此刻正坐在陪审席上，将会毫不犹豫地得出以下结论：在小凯莉的短暂生命的最后一刻，她的眼中映现的正是凯西·安东尼——她的母亲的面庞。现在，如果有人认为，根据上述事实与证据，陪审员们不应当认定被告的罪行，不应当对此种令人发指的罪行判处最严厉的惩罚，那么，他的这种评论毫无意义，因为他纯粹是在自欺欺人！"

当我做出上述陈述时，整个法庭就像墓地一般沉寂，除了辩护席上发出的窸窸窣窣的声响。当时，凯西就坐在被告席上，但我根本无暇顾及她的表现，我的目光一直往返于法官席与陪审团席之间，观察着他们的情绪变化。后来，琳达告诉我，整个庭审过程中，凯西的行为举止的变化极富戏剧性。大家向档案处要来了当时的录像重新播放，望着视频，我不禁哑然失笑：当我提出凶手使用了某种化学物品致使小凯莉丧失知觉、继而杀害了孩子时，凯西的脸色突然变得阴沉可怕。当时的她看起来怒不可遏，目光中迸出火花，咬牙切齿地死盯着我。接着，贝兹倾斜身子靠近凯西，附在她耳边不停地细语着什么。五秒钟内，凯西就像变了一个人，她开始频频摇头，嘴里喃喃道："哦，不，不……"随之将头埋在胳膊里哭泣起来。在剩下的陈述过程中，她始终保持着这样的姿势，没有将头抬起来过。

在我看来，最初的几分钟内，我们看到的是一个真实的凯西，她在自己的犯罪事实被揭露后显得怒不可遏。后来，在贝兹的提醒下，凯西说哭就哭，瞬间完成了一位极度悲伤的母亲的角色转换。关闭视频，大家不禁摇头苦笑——这个姑娘与生俱来的应变能力着实令人震惊。当时，我们谁都没有料到，更为精彩的好戏还在后面。

第十五章　自欺欺人

凯莉尸骸在沼泽地里被发现，给安东尼一家带来了毁灭性的打击。噩耗传来，安东尼夫妇的悲恸无以言表。半年来他们一直在竭力回避的担忧与恐惧终于成为现实——小凯莉，他们睡梦中都在想念着的小宝贝，已经遇害了。更为糟糕的是，谈到杀害小凯莉的凶手，现场的所有证据均将矛头指向了他们的女儿——凯西·安东尼。

早在几个月前，根据庞蒂克轿车内的一系列证据，我们已经推断出孩子凶多吉少。即便如此，面对小凯莉的死讯，大家还是深感哀痛，谁也不愿意看到这个有着褐色大眼睛的小姑娘遭此不幸。事已至此，我们希望安东尼夫妇能够一改往日的做派，尽力配合我们侦破此案，还孩子一个公道。长期以来，他们在公众面前一直扮演着坚定不移的搜寻者角色，始终坚称小凯莉仍然活着，同时对警方的侦查方向大为不满，斥责他们不去寻找凯莉，而是一味地对凯西纠缠不休。如今，小凯莉的尸体终于出现了，安东尼夫妇可能因此改变对女儿凯西的态度吗？没人能够做出这种断言。大家都清楚，安东尼夫妇改变态度的可能性微乎其微，但我们确实希望他们能够勇敢地面对事实，不再袒护自己的女儿，为他们的外孙女寻求应得的正义。

12 月 11 日，小凯莉尸骸被发现的当天下午，当警方下令对安东尼住宅进行搜查时，这对夫妇刚刚走下由洛杉矶返回奥兰多的航班。前一天晚上，他们应邀在洛杉矶的“拉里金现场秀”直播节目中露面，向全美民众保证小凯莉一定还活着，呼吁大家继续寻找这个已经失踪了半年之久的孩子。节目末尾，辛迪承袭了以往的风格，再次犀利地指责奥兰治警方对凯西·安东尼的迫害。在洛杉矶国际机场登机前，安东尼夫妇惊闻凯莉已经遇害的噩耗。飞机一着陆，他们就被候在机场的专车直接送往奥兰多的卡尔顿大酒店休息，这笔费用是一位不愿透露姓名的好心人提供的。傍晚时分，当警方对整个安东尼住宅展开地毯式搜查时，安东尼夫妇正在酒店里与贝兹律师等共进晚餐。

令人遗憾的是，小凯莉被证实死亡后，安东尼夫妇对于此案的态度确实没有发生任何变化。这从 12 月 20 日警方奉命对其住宅进行第二次搜查的过程中可以看出。当时安东尼夫妇的态度十分冷漠，甚至可以说是对警方充满了敌意。辛迪与乔治对搜查所带来的混乱与嘈杂深感不满，更为重要的是，他们的女儿目前成了此案唯一的嫌疑人，对这一点他们尤其不能接受。安东尼夫妇承认外孙女凯莉被害的事实，但他们坚持声称这桩谋杀案与凯西毫无关系。即使警方的勘验车已经拉着警报开到了家门口，他们仍然认为是某个陌生人杀害了他们亲爱的小凯莉。

接下来的几个月内，我们分别对辛迪、乔治以及李进行了询问。随着时间的推移，他们的情绪波动越来越大，对我们的敌意越来越明显。无论是辛迪还是乔治，夫妇俩对警方的调查始终保持着不配合的态度。辛迪一再强调自己女儿的无辜，并想方设法为凯西在狱中的谎言打着马虎眼。我们与辛迪之间的交流陷入冰封期，这样的情形一直持续到 2009 年夏。

2009 年 7 月 28 日，我们将辛迪请到检察署办公室进行正式询问，与她同来的还有新近聘请的律师布拉德·康威。当然，按照程序要求，贝兹等人也应邀在场。这一次，我们正式向辛迪下了传票，因此她不得不来。根据法律规定，她有义务回答我们的询问，同时也享有宪法规定的“不得自证其罪”的权利，但这并不表明她可以通过答辩来对某个人进行偏袒或者庇护。

询问一开始，我们就觉察到辛迪的态度一如既往，没有丝毫的改变。她还是那样固执，竭力维护着女儿凯西的一言一行。与之前有所不同的是，辛迪这次开始承认女儿也存在某些“小缺点”，诸如偶尔撒撒谎、偷偷亲朋好友们的钱、泡泡夜店等年轻人身上都可能发现的小毛病。很显然，她还是不愿面对现实，坚称凯西是个称职的好母亲，与全家人的关系十分融洽，和她相处得更是如姐妹一般亲密。据她所述，小凯莉失踪的前一天晚上，她们祖孙三人“亲亲热热地蜷在沙发上，一边聊天一边看着电视”。而我们事前从李那里了解到的信息是，这天晚上，辛迪与凯西之间爆发了一场大战，母女俩甚至产生了肢体冲突。

琳达负责这次询问。为了缓解辛迪的敌对状态，她漫不经心地询问起辛迪现在的生活状态。辛迪回答道，自从凯莉失踪后，整整一年内她根本没有睡过一个囫囵觉。在接受询问的前一天晚上，她居然熟睡了四个小时，这已经足够让她心满意足了。接着，辛迪向我们详细介绍了自己的人生轨迹：她今年 51 岁，出生于俄亥俄州东北部的沃伦市，与宾夕法尼亚州的界线相距不远，并在那里长大成人。她有三个哥哥——丹、加利和瑞克，她是家里唯一的女孩，因此备受宠爱。长大后，辛迪进入护理学校，三年后顺利取得注册护士资格，进入医院实习。她的临床实践领域主要是儿科，后来转为形容矫正科。在特朗布尔整形医院工作时，她遇上了丈夫乔治·安东尼，当时乔治的姐姐正住院治疗，辛迪是其责任护士。

1981 年，辛迪与乔治在俄亥俄州的奈尔斯教堂举行了婚礼——辛迪是初婚，乔治则是再婚，且比辛迪年长七岁。乔治当时在特朗布尔警署的重案谋杀组做警探，已经做到副警长的位置。在执行任务过程中，乔治多次受伤，他的许多同事也以身殉职。说到这里，辛迪撇撇嘴解释道："这份工作实在是太危险了，无数次的车祸，人们向他们投掷砖头石块，诸如此类……我实在无法忍受这种担忧与惊吓。"在辛迪的一再要求下，乔治不得已结束了已经13年的警探生涯。

辞职后，乔治曾在短暂时间内加盟其父亲开创的家族汽车企业——安东尼汽车销售行。很快，他就成为授权经销商，有了属于自己的公司。1989年，安东尼举家迁往奥兰多，乔治的公司也随之关闭。辛迪之所以选择奥兰多，主要有两个原因：一是希望离自己的父母近些，她的父母当时已经迁往佛罗里达州多拉山脉附近居住；二是为孩子们的未来着想，这里能够获取更多的工作机会。当时李七岁，凯西只有三岁。2002年，辛迪在这里找了份稳定的工作，就是那家叫作金蒂维的康保中心，薪酬待遇十分优厚。其后，她一直在这里工作，被提升为中心的管理人员。辛迪有时工作非常清闲，有时压力也很大，忙碌时她曾同时照料过120位患者。

琳达将话题转到凯莉、凯西还有最近发生的一些事情上。我们注意到，辛迪如实向我们陈述了与凯莉尸体相关的家里物品的情况。她告诉我们，家里的那些胶带，也就是与凯莉尸体上发现的相同的胶带，曾经被一所临时的指挥所使用过。在凯莉失踪的日子里，他们搭建了一个临时指挥所，对来自各地的关于凯莉行踪的庞杂信息进行搜集与协调。辛迪所提供的这一信息使得我们在日后注意到一家新闻电视台的视频，节目上可以清晰地看到，相同的印有德国汉高公司商标的胶带纸被用来张贴传单，而传单的内容就是"寻找失踪的孩子——凯莉"。这种事情真是令所有的人哭笑不得。

然而，辛迪的这种合作态度并没有维持多长时间。当琳达向她询问住宅电脑中关于氯仿等关键词的检索记录时，她又开始故技重施。

“在您家中的电脑上，我们曾经勘验到关于‘如何配制氯仿’的历史检索记录，”琳达问道，“您曾经在电脑上做过这方面的检索吗？”

“我不太确定。”辛迪回答。

“为什么无法确定？”

“我记得在3月时，曾经在网上查过‘叶绿素’① 的相关资料。因此，我记不得是否也顺带着对‘氯仿’进行了浏览。当时我还搜索了一些其他化学药品，比如乙醇、过氧化氢等。”

“您为什么要检索这些词？”

“哦，我当时检索了这些关键词，甚至还检索了叶绿素或者氯仿之类的化合物。之所以这样做，是因为家里养的一只小狗生病了。我养着一只长耳猎犬，名叫约克，它在那段时间跑到后院吃了过量的竹叶，然后生病了，整天昏昏欲睡，病得很厉害。我知道竹叶中含有大量叶绿素，所以想上网查查究竟是怎么一回事。

“之前我养的两只小猎犬都是这样死的，因此我想搞清楚这与吃竹叶之间是否存在着必然的联系。我并不相信它们是得了癌症或者其他什么病才死的，所以我开始搜集这方面的医学资料。”

“那么，你认为自己曾经浏览过‘如何配制氯仿’的网页吗？”琳达追问道。

“我可能曾经检索过氯仿的成分构成，但是没有检索过‘如何

① 氯仿的英文为chloroform，叶绿素的英文为chlorophyll，二者均包含前词缀chloro-，因此在对特定单词进行检索时，一旦输入前缀chloro-，系统就会弹出相关词汇提供给检索者做选择。——译者注

配制氯仿’。”

“好吧，”琳达顿了顿，继续道，“那么关于叶绿素，你从电脑上了解到了些什么？”

“过量服用叶绿素可能导致动物恶心不适，但是并不会……它没有这种功能……唔……令人昏昏欲睡，这正是我担心的。”

琳达看了辛迪一眼，突然发问道，当初检索网页时，她是如何拼写叶绿素这个单词的。辛迪像触电般地愣住了，呆呆地望着窗外，一句话也说不出来。为了不将气氛搞得过僵，琳达递给辛迪纸和笔，让她将单词写在上面。辛迪拿着笔在纸上勾勾画画，拼写着这个单词。

“C-h-l-o-r-o-p-h-i-l。”[①] 她最终写道。

所有的人都不忍心看见这一幕。我当时的第一反应是：“哦，不，夫人，你不能开这样的玩笑！”迄今为止，关于此案的所有证词中，这个谎言实在是编得最蹩脚的。辛迪的此番表现太令人震惊了，她已经不再满足于帮助凯西圆谎，而是进一步开始做伪证，企图使女儿逃脱法律的制裁。更为可悲的是，她撒谎的水平远远比不上凯西。这对母女的表现真是令人痛心。我抬头看看琳达，这位曾经非常优秀的刑辩律师，这位正义感极强的女检察官，此刻也表情复杂——她睁大双眼望着窗外，目光中充满了迷惘与失望。也许，琳达此刻才意识到，案件的真相已经悄然远去。过去的岁月里，琳达不止一次地与我展开激烈的争论，她始终对辛迪抱有信心，认为这位冷静自制的外祖母最终会帮助检方指证杀害小凯莉的凶手。如今，琳达不得不承认，以前我们所做的全部努力通通归零。

“好吧，你用这台电脑检索过叶绿素的名称，那么，你是在什

① 叶绿素的正确拼写应当是 C-h-l-o-r-o-p-h-y-l-l 。——译者注

么时间进行的检索？”琳达喘了口气，继续问道。

“我想不起来了，”辛迪回答，“好像是在3月，或者，我记得是在3月里的某一天。不是在4月，肯定不是。我想是在3月……”

琳达终于忍不住了，她追问道：“我指的是某一天的什么时刻？大清早起来你做的第一件事就是打开电脑检索叶绿素吗？还是在夜晚？在睡觉之前？”

“我记不清了。”

“你有工作吗？”

“有。”辛迪回答，说自己有全职工作。

琳达、弗兰克与我彻底对辛迪死了心。看来，她是决定要将女儿永远包庇下去了。

第二天，李·安东尼如约来到我们办公室接受询问。这位小伙子看起来颇为合作。虽然我们从他那里并没有得到什么重要的线索，但他确实向我们提供了凯西故事的另一个版本，这个版本与凯西之前的供词完全不同——凯西向他描述了小凯莉失踪以后发生的事。去年8月，凯西被保释期间，曾经对哥哥讲述了一个动听的故事。

李向我们详细复述了凯西的原话：“那个星期一，凯西去布兰查德公园接小凯莉，看见冉妮与她的妹妹以及妹妹的两个孩子正在一起玩耍。我记不得冉妮妹妹的名字了，好像是杰西卡之类的。于是凯西抱着凯莉坐下，开始与冉妮聊天。”

据李所述，当凯西与冉妮坐着看孩子们玩耍时，冉妮突然一把抓住凯西，指责她不是个称职的母亲，然后威胁说将会把凯莉带走，作为对凯西的惩罚。

李还说，冉妮警告凯西：“我要好好给你一个教训，然后再将孩子还给你！但是在此期间，你不准报警，不准告诉任何人这件事情。如果你不听我的话，将此事告诉了警方或者其他人，你就别怪我不客气！我知道你父母的住址、你哥哥的住址！如果你不听话，就等着瞧吧，凯莉可是在我的手里！”

听着李对凯西言辞的转述，恍然间我又想起了环球影城大厅内发生的一幕。凯西被羁押期间，通过细致的调查，警探们已经揭穿了她所编造的所有谎言。然而，面对事实，凯西疯狂的“臆想”行径并没有得到丝毫收敛。这一次，她已经开始着手对案件进行“调查”，并假想着抓到了绑架凯莉的凶手。令人迷惑不解的是，与之前的故事相比，这个故事编得实在太过幼稚，且漏洞百出。我们不禁思忖，凯西这次又抱着怎样的打算？她希望继续愚弄大家吗？好吧，我们姑且将这个谎言称作凯西故事 3.0 版本。现在看来，凯西显然不打算收回孩子被绑架的谎言——为了向大家解释自己为何在长达 31 天的时间内没有报警，她编造出了一个受人挟持的故事。

8 月 5 日，乔治接受了询问。从凯莉尸体被找到之日起一直到审判开始，这个男人的态度由合作逐渐转变为对抗，最后再次转向合作。在大陪审团进行听证前，我曾经与他有过一次交谈，当时他的态度非常配合。自那以后，我就没有再与他见面交谈过。所以，这次询问进行时，他的态度转变着实令我大吃一惊，毫不夸张地说，他简直将我当作仇敌般对待。凯莉死了，警方又将调查重点瞄准了他的家人，这事儿让他很不舒服。

可以看出，这几个月来乔治确实经历了生不如死的痛苦煎熬。当凯莉的尸体被找到后，他被难以抑制的痛苦与绝望推向了悬崖边缘。2009 年 1 月，这名前警长甚至企图自杀，这种行为确实令人惊骇。作为一名父亲，我对他的处境深表理解，也颇感同情。

不难想象，乔治的整个世界已经被冷酷的现实撕成碎片。在公众眼中，他家里发生的一切事件就像辛普森案一般精彩纷呈。没有了凯莉，他就失去了生活的全部意义，他真的不知道该如何坚持下去。他的内心时刻被巨大的内疚与痛苦所充塞，最后彻底崩溃了。

乔治所承受的压力实在是太大了。我也是一位父亲，也曾经历过许多痛苦矛盾的日子。但是，像他这样面对自杀的绝境我还从未遇见过。2009 年 1 月 22 日，星期六，安东尼的家庭律师布拉德·康威拨通 911 电话，声称乔治在当天早晨 8 点 30 分离家出走，随身携带着几瓶处方类药品和一些家庭照片，目前音讯全无。“我们担心他可能会自杀。”康威焦急地告诉接线员。

第二天，警察在代托纳比奇的一家汽车旅馆内发现了烂醉如泥的乔治，当时他的精神已近崩溃。警方在现场还搜查到一封写给妻子的遗书，共计八页。这是一封未完成的遗书，乔治在其中坦言自己这些年来带给辛迪太多的失望，他对此表示歉意，并请求妻子原谅自己。

“我对这个世界已经毫无眷恋，亲爱的，请你不要感到惊讶，也不必哭泣。我要去陪着小凯莉。我已经这样老了，应该离开这个世界的是我，而不是小凯莉。想到这个，我就无法抑制自己的悲恸。

“我已经活得够久了，我现在可以去死了，我不是个好男人，这辈子没有带给你、李、凯西，尤其是小凯莉应得的幸福。”

对于小凯莉的死亡以及凯西的入狱，乔治感到非常自责，认为全是自己的错：“一年来，我一直迫使自己不要乱想，我一直在尽力搜索着小凯莉的下落，我一直告诉自己不要悲观不要消极……而最后的结果呢？现在，坐在这里，我已经彻底崩溃了，我无法原谅自己，我本来应当能够再多做一些事情的。我没想到，孩子离家这么近，她一直离我们这么近。为什么她会睡在那里？究竟是谁把她一个人孤零零丢在那片黑暗的沼泽？为什么会对她下此毒手？究竟是为了什么?”

乔治随即被警方送往医院进行心理治疗，之后不久出院回家。2009 年 8 月，我们第二次见面。

凯莉的遗骸被找到之前，乔治积极配合警方的调查，态度非常友好。饶有趣味的是，辛迪在场时，乔治对我们的叙述是一个版本；辛迪不在场时，其叙述则是另一个版本。二者间的冲突表明乔治当时所处的位置十分尴尬：一方面是富有理智与经验的前警探做出的符合逻辑的判断，一方面是一位饱受折磨、濒临绝望的外祖父与父亲的慈爱之情的自然流露。从情感而言，乔治希望自己的外孙女根本没有死，自己的女儿也并非令人厌恶的杀人恶魔。但是从理性分析，尤其是多年的职业经历使得他的潜意识中充满了恐惧与绝望。

此刻，乔治正面临着两种选择，无论他是否意识到了这一点：或者勇敢地面对现实，追寻真相；或者相信凯西的谎言——正如辛迪选择的那样——让真相与正义永远滚蛋。如果站在乔治的角度上考虑，我们不得不承认，这种选择颇为艰难。事实是，如果他选择了服从自己的理智，更加冠冕堂皇地说，如果他选择了追寻人间的正义，他又能得到什么呢？无非是坟墓中永远沉睡的外孙女、监狱里终身服刑的女儿以及永远不会原谅他的行为的妻子。最坏的情况是，安东尼夫妇的婚姻也许最终走向解体。

日子一天天过去了，乔治的抉择方向也变得越来越明朗。其实，当他从自杀的阴影中走出时，就已经做出了决定——他必须坚定地支持妻子与女儿，他要竭力维持这个随时可能分崩离析的家庭。在公众场合，他总是与妻子辛迪肩并肩地站着，默默地支持着她的所有言辞，坚决否认女儿凯西的罪行。面对媒体发言时，他也总是与妻子的情绪保持着同步，虽然眉宇间带着几分疑惑与踌躇。自然，在这种状况下，乔治与警探、检察官们之间的关系日趋恶化，态度中充满了敌意与对抗。

本次询问中，我强烈地体会到了乔治的这种抵触情绪。当我针对工具间里便携式汽油罐上的胶带进行询问时，乔治的反应就是一个很好的例子。凯莉失踪后，警方曾向乔治打听，前些日子里是否发生过什么不同寻常的事情。乔治向警方提起了那件汽油罐失窃案，并说凯西事后已经将汽油罐归还回来。

根据乔治的证词，这两个汽油罐在案发伊始就被拍照留档，当时正值夏季。12 月 11 日，凯莉的尸体被发现。法医的鉴定结果表明，尸体上的胶带与汽油罐上的胶带系同一种类，警方立即将胶带连同汽油罐一起扣押封存。因此，我们可以断定，汽油罐上的胶带是在案发前，也就是 6 月份缠上去的。

但是，当我这次向乔治询问汽油罐上的胶带时，他却闪烁其词。乔治向我们解释道，由于汽油罐的活塞丢了，所以他养成了在罐体通风口缠裹胶带的习惯。

我向他出示了涉案物证，其中包括两个金属汽油罐。乔治很清楚，我希望从他那里证实这样一个事实——凯莉尸体上缠裹的胶带正是从他的家中获取的。作为一名老警探，乔治当然明白胶带是连接凯西与凯莉的尸体之间的关键证据。因此，他事先精心编造了应对之词，开始与我玩起了文字游戏。

拿起一张照片，我问乔治："这个汽油罐上贴着一段胶带纸，您能够辨认出来吗？"

"我并没有将胶带缠到那个位置。"乔治回答。

"这么说，您认出它了，是吗？"

“我只是认出了这个汽油罐，但没有承认胶带是我缠的。这活儿干得太稀松，我不会做出这样的活儿。”

“好的。那么，您以前是否看见过这样的胶带缠在这个汽油罐上?”

“不是这个尺寸。没有见到过，先生。”

为了不激怒乔治，我做出让步：“好吧。你刚才说，是自己将胶带缠在汽油罐的通风口上，是这样的，对吗?”

“唔，嗯……我不能确定自己做这件事情的确切时间，但是我确实做过这件事。每次将胶带缠在这个特殊的通风口位置时——就是您刚才指给我看的位置，我的活儿总是做得干净漂亮——所以，那个胶带不是我缠的，那不是我干的活儿。”乔治解释道。

“您的意思是这活儿干得太粗糙?”我好奇地问他。

“胶带的尺寸太大了。我绝对不会那样做，也不会将胶带缠在那个位置。我会将胶带用剪刀裁小，裁得尺寸正好，刚刚能够盖住气口就行。”

这真是一个奇怪的声明。看起来乔治好像在对警方进行谴责，认为是他们将胶带故意缠在汽油罐上。我必须指出的是，警方对汽油罐进行拍照是在 8 月，那时小凯莉的尸体还没有被发现，因此不可能有人预料到案件的侦破将会与汽油罐上的胶带产生密切联系。我不明白乔治对我说这些话的目的究竟是什么，而他此刻脸上的表情清楚地表明，连他自己也不知道应当将这个蹩脚的谎言引向何方。

接着，乔治开始否认自己在报警后又使用过这两个汽油罐。也就是说，从 6 月汽油罐被盗窃，又被凯西送回来之后，一直到 8 月被警方扣押、查封之间，他没有再次使用过汽油罐。但是乔治忘记了一件事，他曾经用它们修理过后院的草坪。当他意识到这一破绽时，连忙说自己除草时使用的是两个新的。我追问他购买新汽油罐的时间，他回答在旧汽油罐被盗之前就已经购买了新的——这就有些匪夷所思了，很显然，乔治的谎言编得并不严密。

我问他："问题是，你为什么要购买新的汽油罐？难道你已经预料到旧的汽油罐将会被人偷走吗？"

"好吧，我现在已经被你问糊涂了，"安静了一会儿，乔治抬头回答道，"请您不要绕来绕去地审讯我。"

乔治坐在那里，沮丧地垂着头。望着他窘迫的表情，我真是感到既难过又心酸——很明显，乔治在竭力保护着自己的女儿。这个男人天性质朴正直，不善于随机应变，遇到问题的第一反应就是一口咬定、死死扛住。乔治迫切地希望在胶带证据方面帮助凯西，正如辛迪拼命将在电脑上检索氯仿的行为揽在自己身上一样。但是，有些事情并非仅凭着逻辑合理就可以完事大吉的。汽油罐上的胶带是侦破此案的重要证据，而乔治此刻正力图割断它与案发现场产生的任何联系。为此他设计了一个十分奇特的借口——汽油罐上的胶带是警察缠上去的。这可能是他绞尽脑汁才想出的唯一说辞。尽管如此，我还是认为乔治在该案中扮演的角色根本不同于辛迪，他做这一切的目的固然是出于对家庭的忠贞与热爱，更重要的是，这个男人同时还背负着责任与良心。

望着这令人痛心的一幕，我不禁黯然神伤。这一切都是凯西·安东尼干的好事，正是这个不安分的姑娘将这个原本温馨的家庭搞了个天翻地覆。如果凯西不出事，安东尼一家确实堪称模范：乔治与辛迪都有稳定的工作，且薪水不菲。夫妇俩无论在同事、朋友还是邻居中的口碑极佳，人们真是挑不出他们一点儿毛病。简单说，看着他们一家，就像欣赏着一幅和谐美好的亲情画卷——夫妇之间充满着爱与忠贞，共同将一双儿女抚养成人。他们的儿子李也是一位真诚、善良、教养良好的青年，并不像妹妹凯西一般特立独行。

小凯莉的失踪与遇害彻底打破了安东尼家族的平静，而凯西的所作所为对每一位家庭成员的影响也难以估量。其中，辛迪受凯西言行的影响最大，程度也最深。无论在案发前还是案发后，每当乔治企图对女儿的谎言做出进一步探究时，辛迪总是及时出面制止，并一再提醒他“你已经不再是一名警探，你没有义务或者权利去调查这些事情”。面对警察、面对媒体，辛迪也严阵以待，随时准备着对不利于女儿的言论进行坚决的反击。案发之前，辛迪一直惮于对凯西采取强硬措施，就是因为凯西手中握着令她胆寒的撒手锏——如果辛迪逼得太紧，凯西将会把凯莉从她身边永远夺走。这是怎样一种令人潸然泪下的母女关系，这又是怎样一种令人身心疲惫的爱，辛迪真的不想失去她们其中的任何一个——凯西是她的亲生骨肉，凯莉则是她所有的阳光与欢乐。

坦率地讲，我对安东尼夫妇的处境深表理解与同情。不难想象，任何一位家长面对如下情景，心中将会是怎样的焦灼不安与悲恸欲绝：他们望着镜子中的自己一遍遍地追问，女儿凯西亲手杀害了可爱的小凯莉，这一切都是真的吗？这种惨剧为何偏偏发生在自己身边？此时此刻，他们没有任何外来力量可以依靠，也没有任何行动指南或者心理调整技巧可供参考。他们所面对的是一种从来不曾经历的黑暗与痛苦，这种黑暗与痛苦无边无际，无从摆脱。虽然安东尼夫妇的行为渐趋非理性，虽然他们的态度保持着一贯的冰冷与敌意，我还是一再提醒自己：理解他们，原谅他们吧，他们所经历的煎熬与折磨是任何人都无法想象也难以承受的。关于安东尼夫妇还将与我们对抗到什么时候，谁的心中也没底儿。但是有一点我必须指出，如果他们企图通过做伪证来包庇女儿，继而影响对案件的调查与审判，这还是有相当大的难度的。恕我直言，与凯西相比，他们的撒谎技巧还太过青涩。也就是说，如果他们希望成功地骗过世人，还需要经过一番刻苦的训练。至少，他们应当首先说服自己相信这些谎言。

第十六章　辩方“梦之队”

12 月 11 日，小凯莉的遗骸被发现。这一事实不仅改变了案件的侦查方向，也给辩方律师团带来了强烈的冲击。随着各项关键性证据逐渐浮出水面，尤其是面对检方量刑建议的变更，辩方不得不对他们的答辩策略做出重大调整。在一片紧张与混乱的局面中，何塞·贝兹依然显得十分平静。

进入专案组不久，琳达、弗兰克和我就达成了默契——由我负责扮演激怒贝兹的角色，利用前沿证据科学在正面战场与他进行对抗；而琳达与弗兰克则扮演调停者的角色，在司法程序上与贝兹保持必要的沟通与联络。当然，这并不意味着琳达与弗兰克对贝兹抱有好感。顾及我的感受，琳达一再向我解释，为了工作需要，她不得不在与贝兹的交往中尽量做到和颜悦色。其实，琳达是多虑了，我并不会因为自己扮演的角色而感到委屈。坦率地说，于公于私我都不喜欢这位律师先生，我一开始就对他抱有偏见。原因究竟是什么，我也说不清。是因为贝兹先生的长相吗？哦，当然不是。说句公道话，这个家伙仪表堂堂，气质不俗，给人第一眼的印象相当不错。我喜欢看电影，对音乐剧也颇为着迷，贝兹的形象总是令我想起《窈窕淑女》中的一句台词，好像是亨利·希金斯教授对那位富有心计的匈牙利语言学家佐尔坦·卡巴西所做的一段描述：“他款款穿过整个大厅，高贵华丽、气宇轩昂，每一个毛孔都向外散发着无穷魅力。”

用这句台词来对贝兹的相貌进行描述，真是再恰当不过了。

在这个男人身上，确实散发着一种与其整体气质格格不入的魅力——一种难以言喻的傲慢与轻浮，令与之相处的人感到十分不安。之所以称之为“格格不入”，是因为我见过许多律师，他们也或多或少地散发着令人尴尬的傲气，但是，与贝兹不同，这些人或者已经功成名就、声望逼人，或者闯荡江湖多年，有资本摆出趾高气扬、虚张声势的吓人姿态。要知道，这种令人厌恶的神态并不是每一个人都能驾驭的，你至少得在这个圈子里做出点儿什么骇人听闻的事情，才能让那些目光浅显、经验不足的家伙信以为真。否则，西洋镜被揭穿后的场景是非常尴尬的。很明显，贝兹并不属于上述的任何一种人。他不过是一个刚刚迈入司法界的无名之辈，既没有接手过哪一桩产生较大影响的案子可资炫耀，也没有摸爬滚打的实战经验，更缺乏夯实的法学功底。

与专案组其他人一样，接手这个案子之前，我从来没有听说过何塞·贝兹的名字。与贝兹开始打交道之后，我坐下来，粗略翻阅了关于这位律师的一些背景信息。贝兹今年 39 岁，是一位来自基西米地区的刑辩律师，最近才加入了佛罗里达州的律师协会——据说是其信用记录方面惹了些小麻烦，导致律协对其展开了长达八年的调查。根据相关媒体介绍，对贝兹的信用调查主要涉及两个方面：其一是他未能按时按约地向前妻支付子女的抚养费，其二是他的金融贷款存在着不洁记录。

贝兹生长在纽约城的一个单亲家庭，由母亲一手带大。后来，母子俩移居到南佛罗里达州，贝兹进入本地高中就读。九年级时，贝兹辍学。17 岁时，贝兹与一位姑娘结婚，并育有一个孩子。之后，他获取了普通同等学历证书，并于 1986 年入美国海军服役，驻扎在弗吉尼亚州的诺福克。三年后，贝兹退役，参加了迈阿密戴德社区学院和南佛罗里达大学的入学考试，随后进入迈阿密法学院的圣托马斯分院学习。

据媒体介绍，被律师协会拒绝后，贝兹曾尝试着做过一些小本生意，但均以失败告终。这些生意包括两个出售比基尼的网上小店，分别叫作“波波比基尼”与“巴西比基尼”专营店。闲暇之余，贝兹也承担过协助迈阿密戴德郡警署进行案件调查的任务。随后，这种向警署提供协作性服务的经历居然成为贝兹在公司网站招揽客户的噱头——“受理过多项刑事案件，经验丰富”，他可真是大言不惭啊。不客气地说，他根本没有上过真正的法庭，凯西案是他接手的第一桩正儿八经的案子。

在检察署干了近三十年，我接触过形形色色的律师。空闲时也曾与他们轻松地聊天，甚至与其中的许多人成为好朋友。在我看来，有些人做律师纯粹是因为对法学理论的痴迷或者对法律职业的热爱，这些人通常抱着比较复杂的心理踏入了律师行业——他们或者希望以滔滔雄辩征服整个法庭，或者希望满怀激情地扶弱惩暴、替天行道，这种沉甸甸的成就感与难以推辞的责任心令他们工作起来热血沸腾、不知疲倦。而另一些人的职业目标则相对简单——对于他们而言，做律师其实就是在做买卖，一个案子就是一笔交易。贝兹毫无疑问属于后者。在他眼中，接手刑事案件如同打理比基尼生意一样简单，他只要像推销比基尼一般在法庭上倾力推销自己的观点即可。话说回来，我不得不承认，他确实是个出色的推销员。

贝兹这样的律师我并不是头一次遇见。通过代理案件来获取金钱与名望本来无可厚非，而且我相信大多数律师或多或少都抱着这样的目的。我理解律师的职业性质，因此，在法庭上我们是剑拔弩张的对抗者，出了法庭却是谈笑风生的老朋友。但是，很遗憾，我估计自己与贝兹之间不可能建立这样的亲密关系——并非是我对他所孜孜追逐的目标不予认可，而是因为我不赞同他为了达到目的不择手段的处事原则。

排除一切外界干扰，尽力为当事人争取最大化的合法利益，这是任何一位优秀的律师所必备的职业素养。要做到这一点，他们必须将自己的主观判断抛在一边，在法庭上采取攻防结合的策略，对案件证据进行逻辑缜密的分析，并以饱含激情的语言说服陪审团接受于己方有利的观点，为当事人做出轻罪或者无罪辩护。如果一位律师做不到这一点，他就无法在司法界长久立足。另一方面，每一桩刑事案件尘埃落定后，律师之间，乃至他们与法官、检察官、警探之间的交往却必须做到坦诚相待。原因很简单，没有人愿意与自己不信任的人交朋友。一旦走出法庭，每个律师的一言一行均代表着整个律师行业的精神气质，他们对于维护人类社会的正义与公平、促进人类社会的发展与进步均是至关重要的。

在与贝兹律师打交道的过程中，我发现了他的一个致命弱点——无论做什么事情，他都是草率而为、随性而动，做事仿佛不经过大脑思考。更令人不解的是，每当做出一项决定后，他并不会像常人般密切关注事态的发展，而是将其抛在脑后，自此不闻不问、听天由命。典型的例子是，在整个诉讼过程中，贝兹采取的诉讼行为几乎都是临时起意，旨在对我们发起突然袭击，这真是令人疲于应对。另外，正式审判开始前，他似乎对向法庭提交各项审前动议颇感兴趣，动辄提出一连串针对性极强的抗议或者申请。但是，贝兹似乎并不知晓动议提交后必须尽快搜集证据，以期在听证会上支持己方的观点。相反，他在听证会前并不做任何准备，总是在会议进行到一半时就万分尴尬地站在法官面前，显出一副不知所措的样子。结果，不仅控辩双方白白浪费了大量的时间与资源，他自己的动议申请也经常不了了之。与搭档们在一起闲聊时，我们总是对这位不按规矩出牌的律师抱怨颇多——他不仅擅长做一些上不得台面的小动作，而且做事情拐弯抹角，让人不得要领。

说实话，最初接触贝兹先生时，我曾想方设法尝试着让自己理解他、接受他，甚至欣赏他。因为我知道，在未来数年内，我将不得不与这个人频繁地打交道。但是，贝兹随后的行为彻底摧毁了我原本对他抱有的期望。这位律师有一个令人难以忍受的嗜好——非常喜欢在媒体上抛头露面。不仅如此，他还总是面对镜头故作姿态，随意对案件做出一些不负责任的评论。我认为，贝兹先生也许根本不具备律师的基本职业道德。律师执业纪律明确规定，辩护律师不得做出任何可能对陪审员发生潜在影响的引导性评论。显然，贝兹不希望自己受到上述条款的禁锢。

令人无奈的是，这种所谓的执业纪律徒有虚名。对于公然违反它的人，它并不具备任何制裁力。案件审理初期，我们曾提出申请，要求法庭发布噤声令——案件判决结果公布前，禁止任何新闻媒体对案件进行报道。当然，也禁止任何涉案人员在媒体上发表演讲、声明、接受采访，对正在审理的案件进行评论，以免对陪审团产生倾向性影响。媒体对我们的该项提议大为不满，多次听证会后，这项提议还是被法庭驳回了。

我们的担忧不无道理。这件幼童失踪案本身就吸引了全美民众的广泛关注，小凯莉遗骸的发现更是令大家惊骇不已，各种版本的猜测与推断应运而生，而这一切都给贝兹带来了难以抑制的兴奋与唾手可得的机会。看来，贝兹十分乐于跻身于媒体镜头前滔滔不绝地对他人评头论足，兴致来时他还会信口开河地向媒体泄露案件的最新进展。正是由于贝兹颇为卖力地上蹿下跳，也正是由于他与媒体的通力合作，整个案子的影响面变得越来越大，诉讼风险也变得越来越高——无论是对于控方还是辩方。我们意识到，这场诉讼正向着难以控制的方向发展着，无人能够对最终的结果做出预测。

发现凯莉的尸骸之前，虽然辩方组成了正规的律师团，但真正参与该案的律师并不多，主要由何塞·贝兹与他的助手亚当·加百利与何塞·加西亚唱主角，这两位律师助理在案件开始时就一直为贝兹打着下手。除此之外，凯西的辩护律师团成员还包括迈克尔·沃尔什以及乔纳森·卡森，他们二人加入此案的时间稍晚一些，主要负责此案的民事诉讼部分。（塞奈达·费尔南德斯·冈萨雷斯女士已经对凯西提起了民事诉讼，要求其恢复自己的名誉以及各种侵权赔偿。）无论是沃尔什还是卡森，我都只是匆匆见过几面，却始终搞不清他们的诉讼地位——他们到底是在为贝兹干活儿还是具有各自的独立性？不管怎么说，贝兹应该是此案辩护律师团的主要负责人。

随着案情的进一步明了，辩护律师团内第一位重量级人物出现了。他是特里·雷纳蒙，一位来自迈阿密州的资深死刑辩护律师。大约在2008年秋季，雷纳蒙就开始关注凯西案，并加入了辩护律师团。当时，我们正在考虑是否应当就凯西案向法院提起死刑量刑建议——虽然当时还没有发现受害者尸体，但我们仍然遵照法律程序向辩方提交书函，要求他们针对量刑建议提供各种可能的辩护意见。

雷纳蒙撰写了简短的意见函，对我们的量刑建议进行了回应。其主要辩护理由是凯西是一位好母亲，没有任何不良记录，如果日后发现小凯莉的尸体，那么她极有可能是死于意外事故，而非蓄意谋杀。老实说，这份意见函并没有多大用处，它并没有提供新的证据证明被告具有减轻处罚的法定量刑情节，比如说凯西的精神状况是否可疑，或者其童年是否经历过虐待、性侵等关键性证据。最终，雷纳蒙的意见函并未影响我们量刑建议的提出。据我们所知，

2008年10月，我们宣布将对凯西提出死刑建议后，雷纳蒙就悄然离开该案的辩护团队，留下贝兹一人独掌大权。

当罗伊·克罗发现了沼泽地里的秘密后，所有一切都发生了极大的变化。2008年12月，小凯莉的尸骸发现不久，琳达·肯尼·巴登就加入了凯西案的辩护团队。巴登女士是来自新泽西州的一名辩护律师，对法医学颇为精通，其丈夫迈克尔·巴登则是一名享有盛誉的法医病理学专家。我以前对巴登女士有所耳闻，却从未打过交道，而且对她的第一印象并不好。加入凯西案辩护律师团一个月后，巴登女士与丈夫合著的新书大张旗鼓地出版发行了。我记得书名好像叫作《骨骸正义》。所以，毫无疑问，现在她成了媒体聚焦的中心，而她本人看起来也对这种炙热的关注与吹捧颇为享受。后来，与巴登女士一起询问了几位证人后，我对她的印象大为改观——简单地说，这是一个知道自己在做什么的女人，我对这样的女人始终抱有敬意。

巴登加入辩护团队的早期，贝兹曾经向法庭提交了多达二十余项的“紧急”审前动议，要求辩方专家参与对案发现场证据的采集与鉴定。其中一份动议提出，由辩方的证据病理学专家作为第二验尸员，对检方法医加拉瓦利亚博士的验尸工作进行监督。针对这项提议，我们当然没有任何异议，但是高傲的加拉瓦利亚博士一口回绝了。她回应说，自己工作时不需要闲杂人等在一旁指手画脚，否则，这项鉴定任务她将转给其他人来完成。贝兹与巴登又提出一项申请，要求法庭指定一位特定的证据学专家对证据的鉴定过程全权负责，他们还建议设一个专门的鉴定主任角色，由法官将某些权责过渡给他，由他来主持辩方证据的鉴定。在此程序中，检方的鉴定人员将完全被排除在外。

1月8日，法庭召集我们到庭，又对贝兹提起的另外16项“紧急”动议进行了听证。其中大多数申请他们完全可以通过普通书函索取，或者依据程序在证据开示阶段获取，而另一些要求则无论他们采取何种程序也不可能得到满足。我们估计这些动议的内容均出自巴登女士之手，因为她对佛罗里达州的法律并不熟谙，因此申请书漏洞百出。最终，这些动议均被法庭驳回了。基于必要的礼貌，也是为了给日后进行的庭审工作打基础，我们同意辩方律师可以前往案发现场观摩，前提是奥兰治警署已经完成了基本的勘察工作。

同时，我们也利用这次机会向法庭提出了一项审前动议：禁止任何人将小凯莉的遗骸照片对外公布。据我们耳闻，在贝兹的撮合下，凯西以 20 万美金的价格将凯莉遗骸的照片出售给美国广播公司。无论消息是否可靠，我们都不希望这些照片在整个美国大地上风传——孩子已经遇害，从人道主义角度出发，我们有义务保护她的形象不再遭受任何形式的歪曲与侵害。辩方思虑片刻，答应了我们的请求。法庭随即颁布了禁止令。因此，除了作为证据在法庭上向陪审团出示之外，这些令人睹之落泪的照片并没有流传到民间。

我们这样做还出于另一个考虑。一般而言，除了代理费等正常费用的收取，当律师介入当事人的其他经济利益时，通常会隐藏着极大的诉讼风险。关于贝兹与凯西之间针对凯莉遗骸照片的出售事宜，我们虽然有所耳闻，却并没有证据可以证明。我们所担心的是，如果贝兹瞒着凯西私下与其他人进行了交易，凯西事后获知实情并因此与贝兹翻脸，我们的一切努力将有可能付诸东流——由于利益冲突，凯西很可能会对她的律师提起指控，在这种情况下，之前发生的所有诉讼将面临着丧失法律效力的风险。也就是说，一切都会被推倒重来，这当然是我们最不愿意看到的结局。

谨慎起见，我向法庭提交了一份审前动议，要求法庭举行不公开听证会，以确认以下事实：无论凯西与贝兹之间存在着何种交易，凯西均对此有所了解，并且自愿放弃由于利益冲突而对贝兹提起指控的权利。这一次可把辩方律师彻底惹毛了，贝兹当庭翻了脸，对我破口大骂。斯特里克兰法官的脸色也很不好看，认为我们的举动太过唐突，给庭审带来了不必要的麻烦。但紧接着，他意识到了我们的良苦用心，毕竟，法庭有义务保证各种预防性建议的妥善实施。因此，他稍作斟酌，批准了听证会的举行。

听证会在第23层大法庭的陪审团休息室举行。本次听证会只有七人参加：我们检方三个人、贝兹、凯西、斯特里克兰法官以及法庭书记员。听证开始后，斯特里克兰询问被告是否有出售照片一事。不出所料，凯西一口承认确有此事——她已经将自己女儿凯莉的照片与影碟出售给美国广播公司，获取20万美元。望着我们目瞪口呆的模样，凯西似乎感到十分好笑，她神情自若地向我们解释，她接受这笔交易的主要目的是为了给自己筹集辩护费用。听证过程中，贝兹一再声明，自己并没有直接经手这笔钱，而是由美广公司先打到自己的信托账户上，然后根据案情需要随用随取。他随后补充道，这笔钱中的八万九千元是自己应得的佣金，其余的十余万也已经花掉了大部分，主要用于案件的调查与证据的采集。

担心我们没有听明白，贝兹进一步解释道，巴登女士是与凯西单独签订雇佣合同的，但是现在还未向其支付费用。目前看来，这笔钱显然不够用。法庭里一片沉默，包括斯特里克兰法官在内的所有人都不知该说些什么才好。最后还是贝兹首先打破僵局，他发誓并没有将此案件向任何媒体爆料以换取经济利益，而且，他保证他的当事人凯西小姐也没有这样做。斯特里克兰此刻一脸凝重，并没有对此问题深入探究。其实也不必再多问什么，我们只要明了其中的一点就足够了——由贝兹牵线搭桥，凯西将自己女儿的照片卖掉了。

得知实情的那一刻，我真是感到恶心极了。凯西卖掉小凯莉照片的时候，毫无疑问已经知道孩子遇害了。这到底是一位怎样的母亲，居然狠得下心来出售自己已经死去的孩子的照片，并且赚了一大笔钱？美国广播公司的行为也真是龌龊，道貌岸然的它居然参与了这样一起毫无人性的交易。我本来还想进一步搞清楚其中究竟隐藏着哪些令人难以启齿的内幕，但是斯特里克兰法官显然不愿这样做，他认为听证会上获取的信息已经足够了。可以看出，斯特里克兰当时的情绪也非常低落。他望着地面，满脸忧伤，甚至不愿抬起头来与凯西的目光对视。离席时，斯特里克兰向我们微微点头致意。事实证明，我们最初的疑虑不无根据，并且已经尽了最大的努力避免未来风险的发生。

2010 年 3 月开始，凯西案的整个辩护团队就在经费问题上陷入了麻烦，而此时的凯西一贫如洗。根据联邦《刑事辩护援助原则》的规定，州政府不会为其他州的辩护律师提供往返差旅费用。因此，我们估计巴登女士很快会撤出辩护律师团。果然不出所料，又支撑了一段时间，完成了法医角色的扮演之后，巴登于 2010 年 10 月匆匆离开佛罗里达州。

此后，辩方律师就像走马灯般换来换去，无论是在证据勘察阶段、交叉询问阶段还是进入正式审判阶段。每当有新的面孔出现，贝兹总会大张旗鼓地将其吹捧为某一领域的专家。而媒体也很吃他那一套，与其配合默契。看来，一旦谁与这个案子牵上关系，就立刻会声名大振，成为为凯西进行辩护的“梦之队”的成员——这份荣耀实在是难得一求，很有点当年对辛普森进行“世纪审判”时的味道。

整个律师团队中，最令我们惊奇的是托德·马克鲁索的加盟。

他是加利福尼亚州有关人身伤害刑事案件的最为著名的刑辩律师之一。马克鲁索并非佛罗里达州本地的执业律师，因而不是佛罗里达律师协会会员。他若想在本地接手刑事案件，必须向当地法庭提出特殊申请。这种申请通常被大家称作“下不为例”原则，或者叫作“只限此次”原则，主要针对那些并不属于特定辖区的律师在该辖区进行诉讼时适用。提交申请后，法庭要求马克鲁索公开声明自己是加利福尼亚州律师协会注册会员，且声誉良好，没有不良记录，也没有身负等候律师协会裁决的事宜。

马克鲁索按照要求向法庭提交了声明。琳达随后查阅了加利福尼亚律协网，却发现马克鲁索正处于律协的调查之中，案由涉嫌“不当使用客户财产”。巧的是，佛罗里达州本地的一家媒体也发现了这一消息，并抢先于我们在法庭上提出异议之前对此事进行了揭露。马克鲁索随之提交了一份修正答辩状，对其行政秘书的严重工作失误提出指责，说自己并不知晓正处于律协的调查之中。最终，斯特里克兰法官批准了他的申请令。

后来，我们听到一个传闻。当时，凯西案的辩护团队陷入了资金困顿，马克鲁索为其提供了七万美金的赞助，替贝兹解了燃眉之急，同时他也提出一个条件，就是必须成为此案的辩护律师。最终，马克鲁索加入了此案的辩护团队，但他的如意算盘落空了——事实上，在整个案件的审理过程中，他仅仅露了一次脸，站在法庭上向陪审团证明郊区大道附近展开的搜索行动的次数。不久，他在加利福尼亚州的案件东窗事发，加利福尼亚州律协要求他迅速返回辖地接受调查。这样，在 2010 年 4 月，马克鲁索正式宣布从凯西案中撤出。

2009 年 4 月，鉴于检方已经提交了对被告的死刑量刑建议，根据法律，被告人有权获得一名专业死刑辩护律师的法律援助。这种情况下，特里·雷纳蒙又一次进入大家的视线。很显然，雷纳蒙并不想再次加入凯西的辩护团队。2009 年 5 月，雷纳蒙接受了《奥兰多前哨报》专栏作家哈尔·波德克的采访，解释了自己不愿为凯西一案进行辩护的理由：首先，他没有机会与凯西面对面地交谈，因而对被告人的情况一无所知。其次，他抱怨贝兹与他的辩护策略并不默契，他主张从对被告的精神鉴定方面入手，尝试着为凯西争取减轻处罚的判决，而贝兹并不认可自己的建议。而且，由于贝兹是凯西一案的主辩律师，他在此案中并没有决策权。

与哈尔·波德克的交谈中，雷纳蒙坦言，媒体的过度介入已经给整个案件带来了不小的麻烦。雷纳蒙着重强调，死刑辩护律师的答辩策略必须得到尊重，无论是谁承担这项职责，他都应该对整个案件进行独立评估，拥有独立的发言权，而不应依附于辩护团队中的任何一个人。雷纳蒙的评论是中肯的，其要求也是正当的。但是很显然，贝兹绝不会允许他拥有“独立”的评估权与发言权。

“我真的很希望他们能够说动一些大牌的（死刑辩护）律师加入辩护团队，”雷纳蒙说道，“这将是贝兹所做出的最为明智的一个决定，对日后案件的庭审大有好处。”

最终，贝兹真的按照雷纳蒙的建议这样做了。他邀请了安德里亚·莉昂作为凯西的死刑辩护律师。莉昂女士来自芝加哥，是芝加哥德保罗大学的临床医学教授，兼任死刑案件司法中心主任。不仅如此，莉昂女士还是一名坚定的反对死刑运动的支持者。后来我们得知，莉昂所在的司法中心曾经向凯西的辩护律师团提供了一笔不小的赞助。

刚开始，莉昂显示出十分干练的形象，俨然是一位颇具头脑的女强人。我还清晰地记得第一次与她进行交谈时的情形。那一天，琳达、弗兰克和我在电梯里与她巧遇，她颇有风度地与我们探讨起案件的进展，然后向我们保证，大家以后再也不必为那些没完没了的新闻所打扰了——辩方律师团从此将不会召开任何记者招待会，这仅仅是“贝兹的喜好”，而不是“她的做派”。我当时长吁了一口气，庆幸总算遇见了一个靠谱的专业律师，并天真地认为情况将会发生很大的改善。令我跌破眼镜的是，此次交谈后不久，他们就召开了一个记者招待会，接着是下一个、又一个招待会。而且，正如我们之前谈到的巴登女士，莉昂女士也很快出版了一本著作，书名颇具诱惑性——《死亡天使：我的死刑辩护律师生涯》，合著者埃兰·德肖维茨。更令人惊奇的是，2010 年 1 月，在美国有线电视台“今日秀”节目中，莉昂居然面对主持人梅瑞迪斯·薇拉信口开河，声称“凯西根本没有杀害自己的女儿”。当薇拉向她质疑理由与根据时，她又对证明自己观点的证据讳莫如深、闭口不谈。我本来认为，伊利诺伊州的法律应该与佛罗里达州一样，禁止涉案律师在审判前对代理案件做出明确的判断。现在看来，是我错了。

后来，一名奥兰多本地的辩护律师由于在律师协会上的发言给自己惹上了麻烦。当时，他引用了莉昂女士 2008 年在奥兰多反对死刑会议上的发言，该次会议的主题是“来世之约”。在这次影响颇大的会议上，莉昂女士做了主题发言，告诫那些女检察官们“最好滚回家里，带上假阳具去充当男人”。这真是一个再奇妙不过的比喻，媒体闻言简直乐透了，添油加醋地对其进行描述。很快，这句话就传遍了整个美国——理由很简单，主管凯西案的首席检察官琳达正是一位女性。在那次大会中，莉昂女士的其他发言也引起了轩然大波，例如，她曾评价法官们一个个容貌丑陋不堪，而陪审员们则扮演着刽子手的角色。

为了更好地熟悉这个女人的办案风格，琳达事后观看了莉昂整个发言的录像。琳达发现，莉昂在发言中曾多次暗示，她首选的防御策略是寻找另一个嫌疑犯，以分散警方与检方对凯西的关注。据琳达分析，莉昂已经将替罪羊的人选确定——就是发现小凯莉尸体的罗伊·克罗先生。琳达的推测在随后的事实中得到印证：在莉昂加入辩护团队后不久，侦探莫蒂默·斯密斯就开始着手对克罗的历史进行调查，而莫蒂默·斯密斯是专为莉昂所领导的司法中心服务的。

虽然莉昂确实是一个十分有魅力的竞争对手，此案中最具噱头的辩护律师直到 2010 年 3 月才出现，他就是切尼·梅森。切尼·梅森被奥兰多的传媒报道评论为“一颗永不陨落的恒星”。过去，切尼曾经针对凯西一案发表过公开评论，对贝兹的一些做法大加质疑乃至指责，这多少令我们有一些意外。我们已经和切尼打了多年交道，我们太了解他了，也深谙他喜欢引起公众瞩目的高调个性。近年来，我虽然没有与他有过正面交锋，但是亲眼目睹过琳达与他在法庭上的对峙过程，时间大约是在一年以前。这是一位六十多岁的刑事辩护律师，虽然年事已高，却依然保持着矍铄的精神、突出的个性。说出来也许会冒犯切尼先生，我们总是喜欢将他比作那只可爱的来亨鸡——这是《兔八哥》中一个经典的卡通形象，无论是口音还是讲话的方式，他都与那只骄傲而善良的大公鸡像极了。无论是针对法律规定还是事实描述，切尼在讲话时总是喜欢夸大其词。但是，不可否认，他的话语具有极强的煽动性与说服力。

不管怎么说，切尼是一个经验丰富而且务实的老牌律师，我认定他将会使尽浑身解数来挽救这一场注定失败的官司。大家当时都很开心，庆幸我们终于等到了一位真正具有声望的辩护律师——毫无疑问，切尼的加入将会使得整个辩护团队的面貌为之一新，辩护策略也会做出重大调整，让这场戏演起来更好看。遗憾的是，经过几个月的磨合，我们发现“近朱者赤”的谚语并没有在贝兹身上应验，切尼反而被贝兹拉下了水，这着实令人感慨不已。

第一次见到切尼是在法庭上，他当时与莉昂站在一起。看见他们的第一眼，我就忍不住笑起来——二人像是来自完全不同的两个世界。切尼是典型的南部地区绅士，总是以保护人的身份出现在女士们面前，因此很懂得讨各种年龄女性的欢心。但是，如果女性以其对手或者搭档的面孔出现时，就是另外一种情形了，这一点可以从不久前他与琳达在法庭上的激烈交锋中得到验证。而莉昂完全是一副大都市律师的做派，拿得起放得下，根本不懂得示弱与谦让。西部大都市对南部老乡村，唔，这场戏一定好看得很啊。切尼常常对我们悄悄耳语，指责莉昂的那些审前动议是多么的愚蠢，就像他们之间的搭档关系一样荒谬可笑。看来两人是永远不会调和到一起了。我们估计，一旦死刑量刑建议被驳回，莉昂就会立刻设法从该案中抽身，理由是经费紧张。

安·芬奈儿于 2010 年 9 月加入了凯西案辩护团队。安是一名非常有经验的死刑辩护律师，业务水平与莉昂不相上下，却比莉昂多了一份低调与沉稳。我非常喜欢与安一起共事，虽然她是我们的对手。我知道安并不喜欢贝兹的做派。私下场合里，安多次对我抱怨，他们的团队就是一盘散沙，没有统一的计划，缺乏一致的看法——“其中的内情混乱得令你难以想象”。每逢此时，安总是望着天花板唉声叹气，后悔被卷入了这场官司。

最后一名出场的人物是来自佛罗里达州奥卡拉地区的一名民事律师——多萝西·赛姆斯，被誉为交叉询问专家与医学专家。开庭时，她的角色却完全转变为一名忠实的女仆。这真是一种非常奇怪的现象，贝兹与切尼对多萝西颐指气使的态度令法庭内的所有人惊骇不已。

以上就是凯西案的辩护团队的全貌。可以看到，他们远非辛普森辩护团队般的“梦幻组合”。贝兹将所有的决定权牢牢地攥在自己手里，许多律师都难以忍受这种掣肘专制的气氛。闹剧过后，尘埃落定，只有四位律师坚持到了最后的审判阶段，他们是贝兹、切尼、芬奈儿和赛姆斯。

第十七章　法庭令状

2010 年春，切尼·梅森加入辩护组不久，贝兹就向法庭提交了一份审前动议，对本案主审法官斯特里克兰先生的审判资格进行质疑。

这一动议引起了所有人的震惊。关于为何取消法官斯特里克兰对此案的审判资格，辩方的理由听起来颇为好笑：一名叫作德弗·克切尔的人以马瑞内德·德弗的网名发表了一篇博客，文中涉及他与法官斯特里克兰关于凯西一案的交谈。辩方律师阅读后认为，该篇谈话显示出斯特里克兰对本案抱有偏见，因此他理当回避。他们还对斯特里克兰进行了人身攻击，认为他喜欢沽名钓誉，热衷于在各种媒体上抛头露面——这一点尤其令人难以接受，他们将此评价用在自己身上倒是更为合适。另外，他们故技重施，提起这份罢免法官审理资格申请的时间又选择在周五下午，确切时间是在 16 时 48 分，与上次对克罗提出调查申请的时间一模一样。做出这项关键决定之前，贝兹并没有将此事通报给安东尼一家，更没有征得他们的同意。直到第二天，安东尼一家才通过媒体新闻获知此消息，这倒是符合贝兹的一贯风格。

斯特里克兰在答辩状中写道，对他“明显偏向检控方”的指控并非事实。同时，这种评价“对检察官们也不公平……事实上，无论是琳达、弗兰克还是阿什顿，他们中的每一个人均因我对辩方的放任态度颇为不满，并与我在法庭上进行过争论”。

最终，斯特里克兰主动要求回避此案。在这种情况下，他也只能做出这种选择。回避申请中，他写道："罢免建议中关键的一点是，辩方律师认为我是一名'喜欢与各种媒体打交道的好出风头者'。我想，这一指控真是具有非凡的讽刺意义。"对于斯特里克兰此处的评论意见，我们也颇为赞同。

在贝兹与切尼的运作下，斯特里克兰法官卸去了本案主审法官的重任。但是，贝兹等人没有预料到，斯特里克兰法官的位置将由贝尔文·佩里法官取代——于我们而言，这真是再好不过的消息。不出半天，佩里法官接手此案的消息就不胫而走，大家议论纷纷，将此事传为笑谈，认为贝兹聪明反被聪明误，这次吃了大亏。

恕我直言，谈到斯特里克兰法官，我并不十分认可他在法庭上对控辩双方的驾驭能力——他的修养与耐性实在是太好了，面对贝兹的无理要求，他总是微笑着保持沉默。或者说，为了息事宁人，他选择了对有碍公正审判的行为的容忍甚至纵容。贝兹想方设法利用一切机会向法庭提出审前动议，唯一的目的就是让我们花费大量的时间来听取他的牢骚与谩骂。他动辄对佛罗里达州检察署与奥兰治警署的工作大加抨击，却又拿不出任何证据。斯特里克兰法官对此事睁只眼闭只眼，固守着不介入、不干涉的应对策略。当然，这种审判风格对于绝大多数案件是适合的，因为很少有律师会像凯西的辩护律师团一般琐碎难缠。但是针对这个案件，斯特里克兰法官的处置方法就有欠妥当了。事实上，一想到大家将被贝兹与切尼牵着鼻子走，奔波往返于各种各样无休无止的审前听证会，我们就万分沮丧。

不得不承认，一旦走上法庭，我就会一改往日的腼腆与内向，变得好斗起来。琳达曾经笑称，法庭上的我是充满了攻击性的——这既是我的劣势，同时也是我的优点。当法官怠于履行自己的职责时，站在法庭上的我往往会产生一种替天行道的冲动，虽然这不是我一贯的风格。我无法容忍贝兹之流对国家司法资源的滥用与践踏，更不能容忍他们对于案件调查的干涉与操纵。曾经不止一次，我私下对琳达说："想象一下，如果现在换个法官……比如说，如果佩里法官在场，他将会采取怎样的措施?"每逢此时，琳达与弗兰克总是会嘲笑我异想天开，我们三人谁也没有预料到事态竟会发生这样令人吃惊的转折。

事情的经过是这样的：斯特里克兰法官提出回避申请后，按照规定，第九巡回法院的首席法官佩里有权另行指定一名该案的主审法官。大家焦急地等待着佩里法官的最后裁决。最终，佩里先生指定由自己来代替斯特里克兰的位置。这个决定真是令所有人大吃一惊。切尼大概做梦也想不到，他们费尽心机将斯特里克兰法官赶走，却迎来了另一位有过之而无不及的首席大法官——佩里先生的严厉与谨慎在整个法律界是闻名的。过去的岁月里，佩里法官曾与我合作过多次。总的说来，我对他的印象非常好：这是一个执着于追寻法律正义的完美主义者，具有很高的法学修养，办案时尤其注重细节，对司法程序的执行更是一丝不苟。而且，司法界人士都知道，佩里对于那些复杂棘手、影响面较大的死刑案件非常感兴趣。一旦机会允许，他就会试图接手这些案件。因此，佩里法官的此项决定本来应该是预料中的事，琳达、弗兰克和我均感到十分欣慰。

我曾说过，一些人从事法律职业纯粹是出于对司法制度与法学理论的热爱。佩里法官正是这样一种人。或者说，审理案件已经成为他生活中不可或缺的部分。佩里的父亲是奥兰多第一批非裔警察。1977 年，佩里获取了德州南方大学瑟古德・马歇尔法学院的博士学位，成为佛罗里达州第九巡回法院的助理州检察官。1989 年，他被选为第九巡回法院法官。1995 年，在总统的提名下，佩里升任巡回法院的首席法官，并于 2001 年获得首席法官的连任资格。

佩里法官的身高只有五英尺两英寸，却是法律界人尽皆知的一位大人物。大家往往对他在案件审理过程中所表现出来的耐心与智慧感到惊讶。法庭审理陷入僵局时，佩里法官总是表现得从容自若，并善于在极短时间内将各种危机轻松化解。前些年，我曾经在法庭上多次向佩里法官发起挑战，但是最终，他凭借着深厚扎实的法学涵养与真诚智慧的处事原则彻底征服了我。在我看来，佩里法官仿佛是一个颇为独特的综合体——他拥有大法官瑟古德·马歇尔的法学修养、萨米·戴维斯的领袖气质、杰克·尼科尔森的坦率耿直以及比尔·考斯比颇具亲和力的外表魅力。当然，说佩里法官的涵养了得，并非意味着他打算向各种卑劣行径一再妥协。相反，他从不屑于聆听来自任何一方的连篇废话，更不能容忍在庭审过程中被别人牵着鼻子绕来绕去。可以预料，作为本案的主审法官，佩里先生的耐性与涵养将受到极大的考验，无论这种挑战是来自控方的凌厉攻击，还是来自辩方的倾力防御。

2010 年初，切尼加入凯西的辩护团队之前，也是在佩里法官接手此案之前，我们曾经对案件的进展速度非常担忧。当时，辩方律师团的工作效率低下，今天提起一个审前动议，明天递交一个采证申请，令案件程序始终滞留在预备阶段。这样拖下去，本案的证据开示期将无限期延长，所有的人证与物证都面临着难以预料的灭失风险。思忖过后，我们决定向斯特里克兰法官与辩方提出建议，由法庭签署一项令状，标明搜集证据以及向法庭提起审前动议的最后期限。征得法庭的许可后，琳达与我对涉案证据按照控辩双方的不同需要进行了分类，并根据难易程度列明了各项证据开示的最终期限。我们将申请提交给辩方，由他们提出修改意见，我们再次审查，如此反复多次，斯特里克兰法官终于确定了此案的审判日期——2011 年 5 月 9 日。虽然这是一年以后的事情，但我们心中总算有了底，至少贝兹不可能再无节制地拖延时间了。

审判日期确定后，整整一年内，我们都在为庭审做着最后的准备，工作强度之大可想而知。鉴于此案的特殊性，我们不能小觑审判中的任何细节，必须为所有可能发生的状况设计全套应对方案。说实话，我十分享受这个过程。就好像在解一道复杂的数学题，如果能尝试着利用多种方法得到答案，那将是一件非常令人兴奋的事情。与此同时，我也真切地感受到自己肩上的压力日复一日地增加着。

这段时间里，我们还不得不忍受一项特殊程序的折磨——检方向法庭提交了死刑量刑建议，因此引发了一系列针对死刑程序的特种审前听证会。前面已经说过，本案的辩护团队选择了一条颇为独特的辩护策略，他们经常一次性地提起多达二十余项的审前动议，要求法庭连续召集听证会。这种疲劳战术着实令我们困顿不堪，好在这些动议最终毫无例外地被法官驳回了。

听证程序中，我们还注意到一件事。与斯特里克兰法官的风格不同，佩里法官完全掌控着听证会的整个局面，他力图将听证会控制在最短时间内，并且对辩方装腔作势的行径提出了多次警告。我记得非常清楚，一次听证会上，佩里法官连续数次以不容置疑的语气打断贝兹漫无目的的陈述，礼貌地提醒他立刻回到正题上来。我当时对佩里法官的感激之情真是无以言表。而且，听证进行过程中，佩里法官还不失时机地暗示贝兹，他必须对自己之前向斯特里克兰法官做出的种种承诺负责。曾经有好几次，切尼与贝兹试探着向佩里法官再次提及已经由斯特里克兰法官做出裁决的申请，却遭到佩里法官的断然拒绝。令我们欣慰的是，佩里法官一再重申，控辩双方必须遵守由斯特里克兰法官签署的证据开示与审前动议的最后期限。这也意味着，无论出现什么状况，凯西·安东尼一案都将于2011年5月9日如期开庭。

佩里法官主持大局以后，辩方在庭内外的小动作仍然没有丝毫收敛。自从大陪审团提起了对凯西的起诉，庭审前的各项工作就因贝兹的有意识的不配合而屡遭障碍。例如，针对每一项权利的提起或者义务的履行，法庭均明确规定了最后的行使期限，辩方却对其视而不见、屡屡违约。即使最终勉强交差，也从来不承认自己的过错，反而强词夺理、推卸责任。这种毫无章法、效率低下的办案方式严重影响了我们的工作进度，对于整个案件的审理也颇为不利。

由于辩方一再设置人为障碍，开庭前的各项工作进展得颇为不顺，尤其令人无法忍受的是，他们根本不尊重证据开示阶段所应遵守的各项法律规则。谈到证据开示，贝兹在法律界被冠以“突袭者”的“美誉”——曾经与他打过交道的检察官告诫我们，这个人在法庭审理过程中从来不按照证据开示规则行事，总是喜欢在最后一分钟内搞所谓的“突然袭击”。在莱科郡的一次庭审中，他曾因此种行径受到主审法官的严厉训斥。说到这一点，切尼却与贝兹大为不同，这是一位有着丰富经验的律师，保持着完好的信誉记录，始终严格遵照各项法律规定行事。开始时，我们将一切希望都寄托在切尼身上，盼望他能够提醒贝兹不要再搞这种令人生厌的小动作。作为同一个辩护律师团的成员，他理应对贝兹的此种行为有所遏制。

说来可笑，证据开示阶段，关于辩方手中掌握的证据信息，我们几乎一无所知。至2010年11月止，贝兹只向我们提交了一份专家证人名单，其中并未提及证人证词将涉及的主题与结论。根据证据开示规则，控辩双方必须向对方提交专家证人的鉴定报告。因此，辩方律师通常会私下与这些专家证人谈话，授意他们暂时不要生成任何纸质报告，避免向控方提交任何鉴定结论。一般情况下，控方无法从这些所谓的开示文件中获取实质性内容，但起码可以从专家的学术背景介绍中了解到一些暗示性信息，进而推断出该专家将要针对哪些内容进行鉴定。遗憾的是，在凯西案中，这一点完全行不通，贝兹至今没有给我们一星半点这样的暗示。

为了提高对专家证人进行质证的效率，我们向法庭提交了审前动议，要求辩方提供必要的证人资料，包括来往信件、电子邮件、双方协议等。这些文档至少可能提供一些线索，让我对这些证人的专业领域有一个大致了解。听证会上，佩里法官否决了我绝大部分的申请，却也额外地增加了一些我并未提及的申请——他要求贝兹在一定期限内向控方提供关于这些专家证人的履历信息以及学术背景，还要求贝兹另附一份关于专家证据涉及主题的简要说明。我不得不对佩里法官的敏锐反应与处事风格大加赞赏——他的建议虽然听起来更加温和一些，却有助于我从中获取更多实质性的内容。

法庭规定的期限到了，贝兹却没有向我们提交任何文档。我立即联系贝兹谈及此事，他轻描淡写地告诉我，他早已将这件事忘记了，并答应第二天补交资料。拿到贝兹的资料后，我匆匆地浏览了一遍。不出所料，这份资料几乎是空白的，其中根本不包含任何实质性内容——我通过互联网查阅到的专家背景都比这份简介详细得多。同时，贝兹也没有按约向我们提供关于证词主题的任何描述与介绍。我向贝兹指出了这一点，之后，我们又通过电子邮件交换了彼此的看法，主要是对佩里法官签署此项动议时的用语进行讨论。结果一无所获，我与贝兹谁也不愿屈服于对方。

在我看来，佩里法官在令状中的用语非常清晰，但是很明显，贝兹并不这样认为。无奈之中，我向法庭提交了一份审前动议，要求佩里法官对辩方应当向法庭提交哪些资料进一步阐明。佩里法官随即罗列了五项资料，指示辩方必须立即向控方提供，包括每位专家证人在开庭时表述的观点、所依据的客观事实或理论基础。文末，佩里法官再次确定了辩方提交上述文件的最后期限。

后来，我确实收到了贝兹提交的资料。但里面除了长篇累牍的针对我个人的谩骂挖苦之词外，并不包含令状中明确提及的五项资料。我不相信贝兹真的愚蠢到此种地步，居然敢冒险向佩里法官提出挑衅。现在看来，他的行为就像我那不足八岁的儿子，你越是催促他，他越是慢慢腾腾，以示对你的不满与挑衅。时间已经十分紧迫了，鉴于已经给了贝兹两次机会履行证据开示义务，这次我毫不客气地向法庭提交了申请，要求法官追究贝兹的法律责任，并按照超期时日予以罚款。

听证会上，贝兹并未对我的质疑提出反驳，而是集中火力对我进行人身攻击。佩里法官确认贝兹并未按照事先的法庭令状行事，因而违反了证据开示规则。但他并未对贝兹判处蔑视法庭罪，而是进一步督促他尽快提交专家鉴定报告书，另外，佩里法官还下令贝兹向州政府支付一笔费用，作为控方为了满足其各项审前动议的经费开支，算下来大概有六百多美金。如此折腾一番，我们终于收到了贝兹的证据开示报告。

一个月后，贝兹向法庭提交动议，要求启动“Frye 标准”听证程序，针对维斯博士关于“气味”证据的专家证词的有效性进行认定。一年来，我们一直在等待贝兹提出这项动议。但是，当我阅读了贝兹的申请报告后，却无法准确判断他对于维斯博士鉴定结论的质疑点究竟建立在何种基础之上。毫无疑问，维斯教授的研究课题是非常前沿的，我们也做好了充分的准备应对听证程序中的各项质疑，但我还是从贝兹的行动中嗅出了什么不同寻常的味道——看来他又准备对我们搞一次突然袭击了。尽管如此，我还是对听证会的顺利通过充满了信心。毕竟，维斯博士的此项技术已经在相关专业领域内得到了普遍认可。

我将自己的疑惑向佩里法官做了陈述。再次阅读申请报告之后，佩里法官认可了我的观点，认为申请书中并没有提出具体的疑问事项。开庭时，佩里法官要求贝兹就具体事项向控方提出质疑。无奈之中，贝兹对申请事项做了解释，我这回终于明白了他的意思，也自信会给他一个满意的答复。接着，佩里法官责成贝兹将口头所述整理成书面资料，再次向法庭递交。令人咋舌的是，贝兹再次提交的申请内容依然模糊不清，完全不是自己当庭陈述的内容。

这种情形真是令人发狂。这是证据开示的最后一个回合，很明显，我们之间并不存在任何用语或者理解方面的误会。为了拖延时间，贝兹在故意装糊涂——我对他的伎俩已经看透了，耐性也已达到极限。留给我们的时间不多了，我决定不再陪他玩这场无聊的游戏。很快，我向佩里法官提交了一份审前动议。

“尊敬的法官先生，大家都可以看到，贝兹先生再次对您签发的法庭令状视而不见，”我在动议中陈述道，“为了保持法庭的威严以及您本人的尊严，我希望您能够对该种行为加以约束，并对其屡次蔑视法庭的行为予以惩戒。”假如佩里法官真的采纳了我的动议，那么贝兹的麻烦就大了，他将面临着短期监禁或者罚金。贝兹很快针锋相对地提出了答辩状。这份答辩状的措辞的激烈程度超过了以往任何一份。他指责我是一个骗子，竭力向我身上泼着污水，用语下流肮脏，恕我此处无法复述。不过还好，贝兹的辱骂之词仅仅针对我一个人，而非整个控方。

佩里法官对我们的辩论不置可否。他将这份动议放在一边，耐着性子先行审理其他申请。接近傍晚时，佩里法官再次拿起动议，思忖片刻后，他望着我和贝兹说："你们最好能够协商着解决这个问题，我等着你们最后的决议。"

琳达、弗兰克、贝兹、切尼·梅森、多萝西·赛姆斯以及我陆续进入了副审判室。辩方的态度突然有了一百八十度的转变，他们友好而亲切地望着我们，希望双方能够心平气和地进行交流。显然，他们不愿看到贝兹先生在大庭广众之下走上被告席，无论最终对其蔑视法庭罪的指控能否成立。而他们每个人的心里也十分清楚，贝兹屡次拒不执行法庭令状的行为已经令整个辩护团队的声誉蒙羞，也许，这种颇不专业的辩护策略最终会搞得控辩双方两败俱伤。

贝兹缩在墙角里，冷冷地不置一词。切尼首先打破沉默，向我征求意见："先生，您打算怎样解决这个问题？"

我告诉切尼，我只是希望贝兹按照法官的要求提交答辩申请，具体指明他对哪些问题抱有疑问。这一点非常容易做到，贝兹只要将自己的法庭口头陈述整理成文字资料提交即可。同时，我希望贝兹就对我的人身攻击行为向我公开道歉。

"如果这两个请求能够得到满足，我将向佩里法官要求撤回对贝兹藐视法庭罪的指控。"我认为自己已经仁至义尽了。两年来，我一直压着性子容忍贝兹，今天，我要将公道全部讨回来——他曾经站在哪里恣意侮辱我，我就要他站在同样的地方向我正式道歉。

切尼满口答应了我的要求。我将贝兹在听证会上口述内容的副本交给切尼，多萝西快速将其誊写到一份黄色的司法文件上。很快，一份新的申请完成了。切尼将其呈递给佩里法官签署，然后由贝兹签字确认。我仔细阅读了一遍，感到非常满意。

返回法庭后，我向佩里法官陈述道："尊敬的法官，经过协商，我们已经达成了一致意见——如果贝兹先生愿意向我道歉，并且严格遵照您之前签署的令状行事，我将撤回对其蔑视法庭罪的指控。同时，我希望辩方能够向法庭提交一份文书，保证以后将严格遵守各项法庭令状。”

贝兹满脸不情愿地向佩里法官呈递了那份誊写在黄色司法文件上的申请。这份申请对维斯博士鉴定结论的质疑做了细化，范围也确定了许多。随后，贝兹当庭向我道歉，承认自己在法庭上言行失当，也承认对我的谩骂之词多不属实。贝兹进一步解释道，他之所以做出这些不冷静、不理智的事情，是因为急于为被告凯西争取更多的利益。我接受了他的道歉，并与他握手言和。事情总算告一段落，我终于能够静下心，全力以赴应对即将到来的“Frye 标准”听证会。

2011 年 4 月，“Frye 标准”听证会如期举行，我亲历了 30 年职业生涯中最不可思议的一幕情景——贝兹对维斯博士的鉴定结论狂轰滥炸，完全超越了自己亲手签名的申请书所列明的质询范围。我当时被惊得呆若木鸡，佩里法官也紧张地盯着贝兹，手中紧紧握着法槌，随时准备驳回他的质询。当辩方申请被法庭接连三次驳回后，贝兹恼羞成怒，开始大发牢骚。面对众多旁听者，贝兹声称自己之所以在申请书上签字，是因为受到了他人的胁迫，在这种情形下，申请书中的全部内容理应无效。他突然转过身用手指着我，强调我就是当时强迫他签字的人。

闻听此言，我惊得下巴都快掉下来了。一个月前，他在我们面前丢够了脸，今天却站在法庭上企图以该种独特的方式来挽回颜面。面对着贝兹出尔反尔、撒泼耍赖的行径，我一句话也说不出来。还好，佩里法官的反应极快，他并没有如我一般狼狈不堪，而是微笑着对贝兹说：“好极了，贝兹先生，本法官今后将再不会相信你的任何承诺，包括你亲笔签署的所有法律文件。”

最终，“Frye 标准”听证会顺利通过了维斯博士的鉴定理论，承认他的研究成果是建立在相关领域研究者的普遍认可的基础之上，完全符合刑事案件的证据标准。因此，法庭签署令状，准许维斯博士的出庭资格。闻听此项令状，我们都松了一口气。

“Frye 标准”的顺利通过是我们的一项重大胜利。可惜，这份胜利的喜悦我们并没有时间来细细品尝——离正式开庭已经不足一个月了，在最后的裁判到来之前，我们不得不谨慎小心地应对被告律师团发出的每一个弧线球。

第十八章　惊天谎言

正式开庭前八周，我们已经进入战备状态。琳达、弗兰克与我不分昼夜地坐在会议室，对凯西案所涉及的证据资料逐一梳理，并对辩方可能采取的策略进行分析，准备了多份评估报告。

但是，越临近审判，我就有一种预感越发强烈，这种想法令我深感不安。怎么说呢，我总是认为，我们不可能就这样平平静静地步入法庭。正式开庭之前，一定还会发生些不同寻常的事情。究竟会发生什么？我也不得而知，但它也许会成为案件宣判前最令人兴奋的一桩新闻。要知道，本案的被告是凯西·安东尼女士，辩护律师是何塞·贝兹先生。他们已经给大家带来了太多的惊喜，有他俩在，发生任何变故都不会令我们感到意外。

之前的数月中，警方已经采集到大量证据，证明犯罪现场与安东尼住宅间存在着难以割断的联系，这一切均使得“小凯莉遭到陌生人绑架”的谎言不攻自破。但是，直到 2011 年深冬，辩方律师依然坚持着他们早先的观点——凯西被羁押时，受害人小凯莉仍然活着。

根据辩方律师的观点，凯莉被杀害以及抛尸的时间正好与凯西被羁押的时间重合，这是凯西不在现场的关键证据。因此，凯西不可能是谋害凯莉的凶手，那位谋杀犯至今依然逍遥法外。

之前，我们已经了解到，辩方律师团曾将全部赌注押在艾奎搜救队身上，希望利用搜救队队员的证词证明凯西被羁押时小凯莉仍然活着的事实。然而，通过对搜救队队员的证词进行分析，我们可以做出结论：凯西被羁押期间，搜救队并没有对那片沼泽地进行过搜索。很明显，凯西一直在撒谎，无论她出于怎样的动机。接手该案以来，我们已经不止一次地见识了凯西虚构故事的能力：事发当晚，凯西煞有介事地向哥哥李求救——小凯莉被保姆绑架了，接着，环球影城里，她昂首挺胸地带着一群全副武装的警察横冲直撞，试图寻找一间并不存在的办公室，即使在狱中，她仍在编造故事，称保姆冉妮绑架了孩子，并对她施以恶狠狠的威胁。如今，一系列如山铁证呈现在凯西面前，关于这名神秘的绑架者的种种说辞越来越站不住脚。所有的迹象表明，凯西很快将会有新的动作，我们已经能够感受到这种扑面而来的气息，这种熟悉而又令人不安的气息。后来的事实证明，凯西这次讲述的故事将会令所有人大惊失色——如此生猛荒诞的情节，显然已经超越了普通人可以承受的伦理底线。

“Frye 标准”听证会结束后，控辩双方向法庭递交了出庭证人名册，证据开示程序正式结束。无论是我们还是辩方律师团，现在都可以松一口气了。双方屏气凝神，静候正式审判的到来。

但是，此刻我们依然抱有一个疑问：“Frye 标准”听证会进行时，我们收到了来自辩方的证人名册，上面赫然列着两个陌生的名字——一个是来自奥兰多的精神病学专家杰弗里·丹泽博士，一个是来自劳德代尔堡的心理学专家威廉·维茨先生。我以前听说过丹泽博士，他是一名法医精神病学专家，工作职责包括对被告人的精神健康状况进行评估鉴定并出具法医意见。2008 年 7 月，根据斯特里克兰法官的要求，两位法医曾对凯西的行为能力做出司法鉴定，丹泽博士就是其中之一。鉴定报告显示一切正常，除了凯西与生活环境中出现的某些人可能相处得不太融洽，但这根本不是什么大问题，我们每个人都会有这种情况。

令人感到蹊跷的是，在贝兹提交的法律文书中，并没有透露这两位精神病学专家的证词将涉及何种辩护主题。看来，这家伙又准备在法庭上对我们搞突然袭击了。“Frye 标准”听证会接近尾声时，我们向佩里法官提交了一项议题：鉴于法庭已经责成所有专家证人提交出庭做证时所依据的鉴定报告，我们希望丹泽医生与维茨医生也不例外。

芬奈儿当庭向我们保证，她将与两位医生立刻取得联系，要求他们在 4 月 8 日星期五前向法庭提交鉴定报告，那时距离正式开庭只有不到四周的时间。当时的情形紧迫，我们必须迅速决定是否对这两位证人进行审前询问，可笑的是，我们直到此时都不了解证人证词的主题将会涉及哪些方面。

当天下午的听证结束后，我急匆匆赶去幼儿园接孩子，琳达与弗兰克则径直回了家。跑出法庭我才想起，妻子早晨已经答应代替我去接孩子，因此我放慢了脚步。到达停车场时，我的手机响了，芬奈儿请我返回法庭，说有事情与我商量。我到了第 23 层，发现芬奈儿、切尼、贝兹都站在法庭里等着我。

芬奈儿告诉我，她已经与两位医生取得联系，但他们说无法赶在周五之前提交报告，因此，芬奈儿希望我们一起向佩里法官做个解释。同时，他们还想知道，庭审当天将会有哪些检察官出庭支持公诉。我们通知了佩里法官，很快，他只身返回法庭，身边没有书记员陪同。

我们站在陪审团座席附近，由芬奈儿针对鉴定报告提交日期一事向佩里法官进行解释。就我而言，稍晚一点儿也没有大碍，但是日期一定要确定，不能无限期延长。毕竟庭审就在眼前，留给我们的时间很有限。

“你这是什么意思?”佩里法官十分严厉地斥责道，“为何不与其他文件一起提交? 遮遮掩掩的，你们到底想干什么?”

佩里法官随后带着我们进了法庭后的法官休息室。大家围桌而坐，佩里法官冷冷地看着芬奈儿。芬奈儿解释道，凯西在女儿失踪后的 31 天内没有报警，这确实令人匪夷所思。辩方之所以请两位心理精神科专家出庭，是希望针对此事向大家做个解释。

我将信将疑地问道：“你们还没有玩够吗? 又要向我们兜售什么耸人听闻的故事?”

听见我这样问，坐在一旁的贝兹忍不住咯咯笑出声来，看起来得意极了。他胸有成竹地向我们宣布：凯莉是因为一场意外事故淹死的，而凯西因为误信了某人的话，因此替某人背了黑锅。我再一次惊得目瞪口呆——他们终于承认，凯西从一开始就知道凯莉已经死了，但是紧接着又找了不知哪位替死鬼来为凯西圆谎。

“他是谁?”我嘟囔道。

“乔治。没错，就是凯西的父亲——乔治·安东尼先生。”贝兹轻描淡写地吐出这个名字，就像这是一个再自然不过的答案。

我紧紧地盯着贝兹，终于忍不住爆发出一阵大笑，即使佩里法官就坐在身边我也顾不了那么多了。“我已经等不到那一天了，”我提高声音，“老兄，我现在就想见到凯西，我们立刻来个交叉质证，嗯?”这显然不是我职业生涯中最引以为豪的一刻，但是经过这漫长的一天的煎熬，我所有的愤怒与疲惫终于不可抑制地倾泻而出。

这简直荒谬透顶。两年多来，我们一直有预感，凯西最终会想办法找其他人来做替罪羊，就像她最初将责任一把推给冉妮一样。我和琳达以及弗兰克也曾争论过多次，猜测凯西下一个版本的故事主角将会是谁。她这次的故事编得实在是太好了，既有小凯莉的意外身亡，又牵扯上了父亲乔治。说实话，我们也预料到了这两个情节，但是将其设计为两个单独的线索，并未将它们整合融入同一个故事中。看来，我们的想象力还是太贫乏了。

我走下楼，拨通了琳达的电话。琳达当时不在，我在自动答录机上留言："我已经知道凯西故事的新版本了。"

不一会儿，琳达就给我回了电话。"她一定是疯了！"听了我的叙述，琳达在电话里喊道。弗兰克得知消息后也深感诧异，大家都不知道整桩案件将被凯西引向何方。

事后，琳达想方设法从贝兹那里套取了这个故事的各种细节。故事梗概是这样的：6月16日清晨，凯西被父亲叫醒，告诉她凯莉在游泳池里淹死了。案发当时只有乔治在场，他应当对孩子的死负全部责任，而凯西对此一无所知，她是无辜的受害者——将自己身上的污垢与血迹擦洗得干干净净，这正是凯西的一贯风格。

接下来的星期一，我们终于拿到了精神心理科专家的鉴定结论。丹泽医生在报告中对凯西做了心理学意义的评估，主要是针对其弑子行为的可能性做出鉴定。维茨医生的鉴定也很笼统，主要针对被告的思想性干扰、心理创伤造成的精神异常等因素进行评估。通常，这些鉴定是作为刑事被告的抗辩事由最后呈交法庭的。由此可以断定，凯西已经开始做最后的挣扎了。

对于凯西4.0版本的故事情节是何时形成的，我们不得而知，这只有凯西与她的律师们心里明白。但是，琳达对谎言形成的时间有一个大致推算——证据开示阶段，2010年9月，切尼曾向加拉瓦利亚博士询问，凯莉是否有溺毙而亡的可能性。琳达认为，切尼当时的意图正是尝试着为凯莉的死亡寻找另一种可能的原因。但是，当时的切尼还坚持着陌生人绑架了凯莉的说辞。因此可以推定，直到2010年9月，4.0版本的故事情节还基本未成熟。

2011年初发生的一系列事情似乎可以为琳达的推论做出佐证。

一天，贝兹出乎意料地拨通了琳达的电话，询问我们是否愿意做一笔交易，条件是不再向法院提交死刑建议。如果我们答应，凯西将会和盘托出事情的真相，而且她的手中有十分关键的证据，也会一并提交给我们。

我们立即邀请辩方坐下商谈，私下对他们建议的可行性做了探讨。但辩方对凯西新编故事的各种情节避而不谈，只是一再催促我们保证不再提交死刑建议。因此，这次谈话没有取得任何实质成果。我们将会谈结果报告了劳森检察长。说实话，我们每一个人对凯西即将讲述的故事都十分感兴趣。但是，我们也深知，凯西口中的证词不会对案件的审理造成任何影响，身为检察官，我们绝不应当以案件的核心利益去换取个人好奇心的满足。

不得不承认，辩方律师当时开出的条件实在是太诱人了，他们似乎可以无条件地让我们的好奇心得到满足：控方先听取凯西的陈述，合适的话，双方坐下来商谈变更量刑建议的事宜；如果控方认为不合适，可以继续向法庭提交死刑建议。过了一段时间，辩方却又附加了苛刻的条件：控方如果听取了凯西的供述，就必须撤销死刑建议——他们一贯是这样出尔反尔。最终，我们对凯西的故事不再感兴趣，毕竟这是一个张口就编出各种谎话的女人，她永远不会讲出事情的真相。我们达成一致意见，拒绝了辩方提出的交易条件，声明控方不会以量刑建议去换取被告口中所谓的事实真相。

现在，我们终于获悉了辩方的撒手锏，之前这些令人迷惑的事件也就有了合理的解释。当切尼向加拉瓦利亚博士询问凯莉是否有溺毙而亡的可能性时，他们就已经开始了这种打算，一直到凯西将父亲也牵扯进案件中，两件事混合到一起的时间应该是在 2010 年秋季。到了 2011 年初，贝兹向琳达提出交易筹码时，他们还未料到我们会直接拒绝交易条件，也就没有想到邀请精神病学专家来对凯西的一系列可疑行为做出解释。为了令凯西故事 4.0 版本更为充实可信，他们最终在故事情节中加入了精神病学专家的证词。

拿到鉴定报告后，我们约请这两位专家证人来检察署进行交谈。当天上午，丹泽博士在辩方律师之前抵达我们的办公室。我注意到，当时丹泽博士的表情似乎十分紧张，他以一种十分奇怪的方式表达了自己的焦虑之情："先生，由我来做这些信息的'vector'，真是令我很不自在。"

我听后感到很迷惑，对丹泽博士稍加安顿后，转身走向自己的办公室，在电脑上查阅"vector"一词的含义，我想搞明白他的这句话到底是什么意思。结果出来了——"vector"，一种传播病毒的运载工具。

辩方律师出现后，丹泽博士再次表达了对自己将成为"vector"的焦虑。他一再强调，在一项对某人提起的"非常、非常严重的指控中"，如果没有其他证据证明，他的证词也不应当作为法庭可以采信的证据。一句话，他不愿成为一项孤证的代言人。

我认识丹泽博士已经二十多年了，既请他做过控方的专家证人，也在法庭上对他进行过交叉质证。他做出的鉴定结论时而有利于辩方，时而又有利于控方。坦率而言，有时候我确实认为他接受了被告方的好处。另一些情况下，他能够如实对被告人的症状进行准确评估，遇到可疑情形时，会毫不犹豫地指出症结所在，建议法庭再做进一步观察。

我与丹泽博士的第一次交锋发生在对一桩强奸杀人案的指控审理中。被告被指控虐奸了一位十岁幼女，并残忍地将其杀害。在法医学鉴定报告中，丹泽博士认为被告属于精神病患者，但同时又坦言自己手中并没有多少事实可以证明这一鉴定结果。我虽然对他的鉴定结论持反对态度，却又对他的坦率与勇气深表钦佩——法医精神病学本来就是一门不具特定客观性的科学，因此我对该门科学的许多定论并不认可。谈到对所谓的精神病患者是否应当追究刑事责任的话题，我与丹泽博士之间更是存在着尖锐对立。简单说，我们之间学术观点的根本立场迥异。尽管如此，我依然认为他是一个诚实、正直的学者。这样的人值得我去尊敬。

在我印象中，这么多年来，我从未见过丹泽博士拒绝任何案件的司法鉴定申请，也从未在走上证人席时表现出任何的犹豫与不安。因此，那天清晨他在例行询问开始前的表现确实令我惊讶。据我分析，他那天并没有将自己看作一名精神病学专家，而是一台奇怪的“vector”——一台用来传播谎言等病毒的载体。这种比喻真是令人哑然失笑。毫无疑问，对于丹泽博士而言，他是认真的，他为此心存惶恐。以丹泽博士的精神气质来看，选择这样一个奇怪的词汇来描述自己扮演的角色一定经过了深思熟虑，他深知自己的证词将会为凯西的谎言提供强有力的佐证。作为一名医学工作者，他并不情愿被别人当作工具利用，因此在最后一刻吐露了心声。我对丹泽博士当时的选择深表敬意。

在丹泽博士提供的他与凯西在狱中交谈的副本中，我们发现其中大多数内容涉及凯西个人生活的背景，这并没有什么新奇之处。翻到最后，我们终于发现了新大陆——据凯西陈述，她从八岁开始就一直受到其父乔治的性侵害。最初时，她为父亲进行口交，稍后即尝试了所有正常或不正常的体位，这种情形一直持续到她十岁左右。丹泽博士的访谈笔录中记载着，家庭成员中，对凯西进行过性侵害的不止乔治一人。据凯西陈述，十几岁时，她有一天在睡梦中惊醒，发现哥哥李压在自己身上，抚弄着自己的胸部。她一把将哥哥推开。哥哥尴尬地站在一边，然后溜走了。

接着，丹泽博士的笔录跳到了凯西所描述的 2008 年 6 月 16 日安东尼家里发生的一幕：清晨9点，凯西正在酣睡，突然被父亲的喊声惊醒："天哪！凯莉到底去了哪里？"

凯西说，因为担心小凯莉也遭到父亲的猥亵，她总是要求孩子睡在自己身边。但是那个早晨，凯西睡得特别沉，也醒得特别晚。凯西认为自己平常并不会睡得这样不省人事，因此不排除父亲在前一天夜里给她服用药物的可能性。接着，乔治开始匆匆忙忙地四处寻找凯莉，最后在泳池里找到了她。

读到此处，我们发现这个故事的情节已经产生了明显的纰漏——贝兹告诉琳达是凯西"发现"了凯莉的尸体，而凯西这里的叙述却是乔治发现了凯莉的尸体。根据丹泽博士记载的故事版本，乔治抱着凯莉的尸体走进屋，孩子浑身上下湿淋淋的。乔治将孩子放在地板上，对着凯西怒吼："凯西，这一切都是你干的好事！"

凯西闻言跑回自己的卧室——这就是她最后一次见到孩子的情形。

丹泽博士说，他一共与凯西进行了三次谈话。我们检查了记录，三次谈话中，凯西的故事版本都是一样的，没有任何矛盾之处。

丹泽博士带给我们的真是一发重磅炮弹——令人难以置信，凯西成功地再次编造了一个引人入胜的故事，她在其中依然扮演着楚楚动人的受害者角色。

丹泽博士继续解释道，凯西曾经对他说，凯莉绝不是因为意外事故而坠入泳池溺毙的。她不相信凯莉能够自己爬进泳池，她不可能自己将放在泳池旁的梯子立起来。因此，凯西怀疑是乔治蓄意淹死了凯莉，或者是他对凯莉实施了猥亵行为后为了灭口将孩子杀死，虽然她无法提出任何证据证明父亲之前曾经有过此类行径。

这份笔录其实站不住脚。大家应该还记得，在凯西第一次被捕入狱时，根据法庭令状，两名法医与她进行了谈话，询问她是否受到过家庭暴力、家庭虐待或者是性侵害。当时凯西毫不犹豫地做出了否定回答。当时丹泽博士也是参与人之一。后来，他为凯西进行了明尼苏达多向人格测试，这是一种心理学家对待评定个体所进行的标准测试，其中包括500道问答题，从待评定个体的答案中可以发现其潜在的精神疾病与人格障碍。测试结果表明，凯西在各方面的得分均在正常范围内，丹泽博士描述她“目前处于一种愉快安乐的生活状态”，但是有一点，当她提到父亲时，表现出的感情是“愤怒而焦虑”。

当天我们并没有对丹泽博士进行审前询问，因为他带给我们的故事太令人措手不及了。我们约定，几天后会再次邀请他前来谈话。

我们没有更多时间来对询问策略做出调整，按照事先安排，当天下午应该对维茨博士进行询问。

与丹泽博士交谈时的情形一样，我们仔细地研读着维茨博士与凯西的会见笔录。维茨博士情绪稳定，并不像丹泽博士那样心神不宁。

谈到自幼经历过的性侵害，凯西对维茨博士的陈述与对丹泽博士的陈述基本一致：八岁时，她就与父亲发生了性关系，包括各种方式与体位。但是有一点引起了我们的注意，她告诉维茨博士这种性关系一直维持到青春期——比告诉丹泽博士的终结时间要晚得多。她甚至怀疑凯莉是她与父亲的孩子，直到联邦调查局对凯莉尸检 DNA 的检测结果出来，她才放下心来。关于哥哥李对她的性侵害，她曾尝试着向母亲寻求保护，但辛迪却对她破口大骂，说她本来就是个“婊子”。

在维茨博士的陈述中，对于悲剧发生当天的情形，凯西又增加了许多细节，之前她给丹泽博士的只是一个故事梗概。但是，关于她如何被乔治的喊声惊醒，以及如何看见他抱着凯莉走进屋里，这些大致情形没有出入。

这些细节主要集中在对凯莉与乔治衣着的描述上。凯西告诉维茨博士，凯莉前一晚上床睡觉时穿着一件小睡袍，但是抱在乔治手中时却换了一身衣服，上身是粉色T恤，下身是条纹短裤——凯西在此希望暗示维茨博士，乔治曾经为小凯莉换过衣服。凯西还披露了一个细节，当时乔治上身是湿的，下身却毫无水渍。维茨博士向她解释道，也许孩子掉到水里，乔治探出身去拉孩子，但是下半身仍然站在岸上，所以没有弄湿衣服。但凯西不这样认为，她坚称是父亲站在岸上，然后将凯莉摁入水中——总而言之，凯莉的死并不是一起事故，而是乔治杀害了她。

凯西告诉维茨博士，当时，乔治冲着她喊："你干的好事！都是你的错！你是个不称职的母亲！"说完，乔治就抱着凯莉走出屋子。她当时并不能确定孩子是否已经死亡，事实上，她一直认为孩子还活着。在接下来的31天内，乔治不断地向她保证，孩子一切安好。因此，她也就放下心来，没有报警。

说到这31天，凯西声称自己过得糊里糊涂，已经记不起来自己曾经做过什么事以及为何要这样做。她一再向维茨博士强调，自己不是个耽于肉体享乐的女人。关于肩膀上的文身，她解释道，这完全是一个反讽——正因为当时的生活状态糟糕极了，所以她才选择了将"美好生活"的字样文在自己的肩膀上。针对凯西的此番解释，我们没有要求维茨博士向我们提供权威的心理分析，毕竟这是我们第一次打交道。

最初，我们与专家见面的目的是希望获取一些基本信息，以便再次对其询问时能够做到有的放矢。我们已经与丹泽博士约好了第二次见面的时间。但是，约定见面的当天早晨，我们接到了贝兹的电话，说他已经撤销了丹泽博士的证人资格，所以也就没有必要再对他进行任何询问。贝兹挂掉电话前小声嘟囔着，他与丹泽博士现在已经到了检察署门口，但他很快会将他送回去。

我匆匆跑出门，拦住贝兹的车，要求贝兹与丹泽博士进来喝杯咖啡再离开。时间紧迫，我开门见山地向丹泽博士提出了种种质疑。贝兹立刻提出异议，并给佩里法官拨打电话，阻止我向丹泽提及更多的问题。佩里法官答复道，如果我认为确有必要继续对丹泽博士进行询问，应当向法庭提交一份申请，或者与贝兹达成协议。

维茨博士本来也安排在同一天进行第二次询问，因此，当我们与他进行交流时，贝兹没有再行阻止。维茨博士说他已经翻阅了丹泽博士的会谈笔录。他提醒我们注意丹泽博士对凯西进行的明尼苏达多向人格测试的结果分析，据他个人认为，测试结果均在正常值范围内。在此之前，维茨博士同样也要求凯西做过成套的心理测试，包括对待评定人是否具有创伤后应激障碍的试题设计（这种症候是由遭遇性暴力或性引诱等行为引发的），测试结果显示凯西并没有遭遇过此类侵害。针对此项结果，维茨解释道：“我并没有对凯西的这种症候进行专门检测，她的表现向我们表明，她正在竭力否认自己受到性侵害的历史。也就是说，她努力说服自己进入编造的情境中，最后连她自己也信以为真了。”

“那么，你的意思是说，当凯西说凯莉与保姆在一起时，她心里真的是这样认为吗？”我问道。

“是这样。”维茨回答。

“当她带着一大群警察在环球影城里晃来晃去时，她真的以为自己是在那里工作？”

“是这样。”

“那么，最后她在大厅里站住了，然后宣布她欺骗了大家，这又怎样解释?”我追问道。

“这些人对于自己所编造的情境能够进出自如。”多巧妙的回答!

我不是心理学家，所以无法想象一个所谓的“精神病患者”能够如此自如地进行角色转换。

结束了对心理精神科医生的询问，我们双方达成了协议：这些询问笔录不得向公众泄露，因为其中涉及的话题太过耸人听闻。因此，直到现在，这份谈话笔录仍然处于保密状态。作为控方，我们希望尽量保护乔治，令其不至于在审判的前几个星期就陷入铺天盖地的媒体热议之中。我很关注乔治是否会在众目睽睽之下针对女儿的指控有所辩解，如果有任何办法能够减少该事件对他的伤害或者影响，我愿意竭力去促成。而辩方的目的就不一样了，贝兹之所以会同意不对此事声张，目的只有一个——他希望在庭审当天造成轰动性效应，这样，他就又可以过一把上报刊头版头条的瘾。

无论控辩双方的动机如何，佩里法官批准了暂时封存所有笔录与文档的协议。最终，不知贝兹出于怎样的考虑，他同样撤销了维茨博士的出庭做证资格。完成了对这两位精神病学专家的询问后，我们向法庭提交了一份申请，要求指定联邦级病理专家对凯西的精神状况再次做出鉴定。虽然这项申请通常适用于被告是精神病患者的情形，面对本案的复杂情节，为了谨慎起见，我们坚持要求进行这项法医鉴定。佩里法官批准了这项申请——如果贝兹准备在法庭上提交一份关于凯西精神状况的鉴定意见，那么控方也有权提交自己的鉴定结论。

我们没有料到，此时事态又发生了转折。征得佩里法官的同意后，切尼拍拍贝兹的肩膀，二人走到后排座椅小声交谈起来。很显然，对于辩方而言，由控方的相关专家对凯西进行病理鉴定充满了风险——控方病理专家将主导与凯西的交谈方向，辩方此时会失去对整个局面的控制。而且，当控方的专家与凯西单独在一起时，还可能获取一些重要的未披露信息，这对于将来的庭审结果可能会大有影响，而凯西本人并不会意识到这一点。

二人返回时，突然向大家宣布，他们已经决定将两位精神病学专家从出庭证人名册中剔除出去。后来，我们发现，事实上他们还保留了一位出庭专家，但是并没有提前通知我们，以期在正式审判时给我们来一次突然袭击。

我猜到了贝兹正做着怎样的打算，他希望达到两个目标：第一，他希望凯西亲自站在陪审团面前陈述自己的故事。此时，她是以当事人的身份出现，因此可以得到一个非常有利的法律条文的保护——不得强迫被告自证其罪。下一步由精神病学专家对其故事的真实性进行所谓的“鉴定”就可以了，包括 2008 年 6 月 16 日发生的一切以及乔治与李对凯西的性侵历史。第二，凯莉失踪或死亡后 31 天内，凯西并未向警方报告，这一点是她一系列谎言中的硬伤。针对此点，贝兹希望能够由精神病学专家向陪审团做出解释。但是，据我估计，贝兹一定没有料到我们也享有对凯西的精神状况进行鉴定的权利，因此他当场就傻了眼。幸亏切尼在关键时刻拉了他一把。尽管如此，我们还是对他最终做出的决定表示赞赏。

虽然两位精神病学专家证人的出庭资格被贝兹撤销了，但我们依然很好奇，乔治与辛迪对此事有所耳闻吗？辩方撤销了专家证词，并不意味着他们对鉴定事项的彻底否认。乔治仍然存在着随时被拖入泥塘的可能。

就在这段时间内，一天晚上，马克·利普曼（安东尼夫妇当时的代理律师）突然在各大媒体公布了一份奇怪的新闻稿，声称乔治·安东尼与凯莉的失踪毫无关系。这暗示着乔治很可能已经知道了凯西对自己的指控。与琳达通过气后，我在办公室拨通了马克的电话。我们心中也有自己的盘算：我们希望先向马克打探一下，安东尼夫妇是否听到了一些传闻。如果答案是肯定的，鉴于凯西在狱中所做的极富煽动性的指控，我们想知道安东尼夫妇是否已经转变了态度，愿意在法庭上讲出事实真相。但是，在通话过程中，我发现马克与我所谈论的事件完全不同。

"马克，对于最近的传闻，你有什么看法?"我开门见山地问道。马克告诉我，几天前，贝兹曾希望与辛迪谈话，前提是乔治不在场，因为他们已经发现了事关乔治的重大线索。当辛迪瞒着丈夫匆匆赶到马克的办公室时，贝兹、多萝西、芬奈儿已经在电话那一头等着了。贝兹告诉辛迪，凯西已经告诉他凯莉就死在安东尼居所内，这完全是一场事故。贝兹还向辛迪透露，州检察署已经开始对乔治进行调查，乔治的手机通讯记录显示，他与凯莉被害案有重大关系。

我彻底沉默了。很明显，可怜的马克只了解到整个故事的冰山一角。贝兹的所作所为真是太令人失望了，在我接触过的所有律师中，他是最没有人性的一个。我一直认为，无论面对何种情形，刑辩律师的道德底线是绝对不应伤及无辜。但贝兹显然不会赞同我的观点。

事情既已发生，对其再行指责也无益。辛迪，这个可怜的女人，两年来一直苦苦捍卫着女儿抛给她的大把谎言，却永远不会想到自己的家居然会成为女儿口中凶案的发生地。再加上她的丈夫可能卷入了这场凶杀并且面临着控方调查，种种情形错综复杂交汇在一起，这一切已经超出了辛迪能够承受的心理范围。于我而言，贝兹此种行径的动机实在卑鄙，无论他事后如何辩解这一切都是为了凯西的利益。简单说，贝兹这样做的目的只有一个——阻止乔治配合控方出庭做证。他特意告诉辛迪检察署正在对乔治进行暗中调查，分明是给她施加压力，挑拨她与乔治继续保持对我们的敌视态度。

“贝兹撒了谎，你听好，贝兹告诉辛迪的纯粹是一派胡言，”我在电话中告诉马克，“事情远不是像他所描述的那样。”我记得当时在电话中爆了粗口，责骂贝兹是个爱撒谎的“狗娘养的”。

我怒不可遏了。虽然辛迪与乔治始终与我们保持着一定的距离，在小凯莉的尸体被发现后，他们为了庇护女儿凯西甚至不惜与我们翻脸，但我们一直都能够理解他们，尊重他们。这对普通夫妇承受了太多的不幸，没有人有权利在这种境况下落井下石，卑鄙地利用他们、恐吓他们、捉弄他们。

如今，贝兹向安东尼夫妇隐瞒了如此重要的真相，就是为了在开庭时令乔治措手不及，造成“轰动性”的效果。同时，他还编造了肮脏的谎言向安东尼夫妇兜售，意图挑拨他们与控方之间的关系。这种行为实在是太过骇人听闻。加入专案组以来，我不止一次地努力控制着自己的情绪，尝试着说服自己，“哦，算了，贝兹不可能做出这样的事情”，“即便他真的犯了这些错误，也是无心而为”——我尽量站在他的角度考虑问题，将他的行为向善意的方面去理解，结果却发现自己错得一塌糊涂。

我向马克简要澄清了贝兹口中的“控方对乔治已经展开调查”的谣言，同时告诉他我手里还有一些更坏的消息在等着乔治。为了解开精神心理科医生对凯西行为所做鉴定的谜题，我与琳达交换了意见，决定邀请马克、辛迪、乔治一起来检察署谈话。我拨通了马克的电话。

“我想同你的当事人谈谈，”我告诉马克，“如果方便，请通知他们与你一起来检察署。我已经对你说过，贝兹欺骗了辛迪，他在耍弄安东尼夫妇。当然，安东尼夫妇可能也不会信任我们。无论如何，请你转告他们，如果他们愿意，可以自行查阅辩方律师将向法庭出示的对话笔录，亲眼看看凯西到底对精神病学专家们说了些什么。你听好，笔录副本现在就在我们的手里。”我并没有向马克暗示任何笔录细节，只是告诉他这两份笔录均出自精神病学专家之手，完全符合证据规则，具有证明效力。

马克迟疑了一会儿，开始小心翼翼地向我询问具体情形：“他们认定是乔治将尸体处理掉了吗？”

“不是，比这个还要糟糕。超出了你能够想象的范围。”

马克放下电话，转身与安东尼夫妇简短交流了一会儿，告诉他们贝兹要的花招。辛迪的火暴脾气一点即着，她立刻拨通贝兹的电话，对他破口大骂。她还告诉贝兹，她将与丈夫赶往检察署亲自阅读精神病学专家与凯西的对话笔录。

挂断辛迪的电话后，贝兹立即给佩里法官发了一封电子邮件，指责我们违反了佩里法官“不得向公众透露精神病学专家询问笔录内容”的法庭令状。

琳达向佩里法官辩解道，禁止令适用的范围仅仅针对公众档案馆，却没有限制我们根据笔录调查案件的真相。而且，基于贝兹的可耻行径，我们必须以事实来驳斥他的谎言。事后，贝兹依然在这个话题上与我们纠缠不休，佩里法官坚决而及时地回绝了他的异议。

事实上，即使这两份笔录真的被封存，我们也会根据自己的询问笔记与回忆向乔治询问一些问题。另外，安东尼夫妇有权获知事情的真相——他们的宝贝女儿凯西到底向精神病学专家们陈述了些什么，毕竟乔治是凯西故事中的男主角。当然，为此我们也要承担较大的风险——这无异于授辩方以把柄，他们可以指控我们对证人进行了诱导或者恫吓。但此时已经顾不上这么多了，对于乔治与辛迪，我们感觉自己有义务让他们知晓实情。也许这是一种我们心中所坚守的道德底线。说实话，我们根本不指望以此作为交换来打动辛迪，使得她对我们的态度来一个一百八十度的大转弯，这种期望未免太过幼稚了。但是至少，我个人认为，辛迪也许会转变对凯西一味袒护的态度——面对乔治与凯西，如果二者只能择一拥有，辛迪也许会选择自己的丈夫。

乔治与辛迪到达时，面容憔悴、气喘吁吁、情绪敏感而不安。我们简单地问了好，然后他们就坐在沙发上，有些不知所措，也有些局促腼腆。

我平静地望着这对夫妇。已经有很长一段时间我们没有见面了。记得上一次与他们打交道是在“Frye 标准”的听证会上。但我们当时并没有深入交谈，只是礼貌地彼此点头致意。遇到议程紧张时，我们会匆匆擦肩而过，甚至连招呼也来不及打。

这次见面前，我已经做了精心安排。我告诉马克，我们将先与他见面，向他详细介绍整个笔录的内容。至于是否将笔录内容告诉安东尼夫妇或者披露到何种程度，均由马克视情况而定。按照计划，我们请安东尼夫妇在会客室稍作等待，然后将马克请进办公室。

琳达与我将情况简明扼要地告诉了马克，马克在笔记簿上罗列了所有线索及要点。最后，他合上笔记簿，做了个手势，告诉我们他感到十分震惊，而且他根本无法理解贝兹的行为：“我真不敢相信贝兹居然对辛迪编造了这样的谎话，说实话，他的胆子真的是太大了。”接着，马克向我们提出了一些问题，我们详细地进行了解释。

“好了，现在由你决定是否将笔录内容向你的当事人透露，”琳达说，“我们可以为你们提供单独对话的空间。别忘了，我们就在隔壁办公室里等你的消息。如果安东尼夫妇有什么疑问的话，我们很乐意进行解释。有一点，请你告诉他们，他们今天来这里的身份并非证人，因此我们不会向他们提出任何问题。”

马克走进会客室，他与安东尼夫妇之间的交谈大约持续了半个小时。之后，马克进来找到我，说辛迪与乔治想跟我们谈谈。当我与琳达随着马克一起回到会客室时，看见辛迪黯然神伤地坐在沙发上，低垂着眼睛，喘着粗气。乔治坐在辛迪身边，满脸通红，泪痕斑斑。他的状况看起来很不好，就像是有人站在他的面前再次杀害了小凯莉。我哀悯地望着这个男人，一时不知该说些什么才好。

“我想告诉你们，这些都不是真的。”乔治艰难地说道。

辛迪拍拍他的手，安慰他道：“好了，亲爱的，大家都不会相信这些话。”

乔治哽咽难言，但还是一次次地向我们保证：“我只想让你们知道，我说的每个字都是真实的，任何情况下我也不会做任何更改。”

我记得辛迪此时插了一句话，大概意思是“原谅凯西吧，这孩子一定是发疯了”。我们听后深感欣慰，至少她现在不是事事袒护着凯西了。但是，发生的这一切足以改变她在法庭上的证词吗？没有人能够猜到。

可以确认的是，安东尼夫妇当时对我们不再充满敌意了。凯莉是在凯西的监护下遇害的，当他们意识到这一事实后，应该可以缓解与我们之间的紧张关系。虽然他们不可能成为我们公诉方的支持者，但至少不会再像以前那样固执了。

当然，安东尼夫妇绝不是贝兹手中唯一的一张王牌，我们已经做好了充分准备来迎接正式庭审过程中贝兹将带给我们的种种“惊喜”，希望我们到时可以轻松应对。毕竟，我们已经从事公诉人职业多年，而贝兹也不是唯一一个喜欢在庭下搞小动作的律师，他那所谓“突然袭击”的策略我们早已见惯不怪。

辩护律师们之所以青睐这种策略，是因为佛罗里达州的证据开示制度存在着明显漏洞——如果辩方律师在正式开庭时向陪审团提交了某项证据，而该证据在审前证据开示阶段并没有被出示，虽然辩方违反了证据开示规则，但这项证据并不会因此被法庭排除，也就是说，它依然具有证明效力。大多数辩护律师都深谙此项规则的漏洞，因此经常冒险将各自的撒手锏留到正式开庭时才出示——所谓对控方进行“突然袭击”。几年前，针对此项漏洞，法律也曾做过修订，授权主审法官对这些违反证据开示规则的律师判处蔑视法庭罪。但时至今日，几乎还没有人因为此事受到处罚。规则无法改变，我们只能尽最大的努力做好充足的准备，到时候随机应变。

临近审判，一切平静如水，没有丝毫迹象向我们暗示这场大戏将如何上演。但有一点可以肯定——我们已经大致掌握了己方与对方手中所有的证据链，也大致了解了对方的辩护策略，因此，我们对即将到来的审判充满信心。关键的一点是，由于贝兹解除了两位精神病学专家的出庭资格，凯西必须亲自出庭做证，并接受控方的质证。琳达决定亲自出马对凯西进行交叉询问，她已经迫不及待地等着那一天的到来。

接下来将要启动的是陪审团成员的遴选程序。谈到本案的陪审员，我真切地希望他们是充满了智慧、爱心与耐性的公民，拥有足够的生活经验与敏锐的洞察力，谨慎、执着地探寻着事实真相。我们果真能够如此幸运吗？没人能够给我们确切的答案。但是，根据以往的经验，我们越是希望遇见一个这样的陪审团，越是难以如愿。毕竟，这已经远远超出了我们可以控制的范围。

第三部分

第十九章　陪审团组成

人们常说，佛罗里达州检察院的办案风格非常高调，每一桩案件都能在全国范围内引起轩然大波。这种评价可真是太过保守了。事实上，佛罗里达州的法律赋予了媒体多种参与案件审理过程的途径。毫不夸张地说，其中有些法律就是专门为了媒体参与案件的方便而量身定做的。例如，根据证据开示规则，控方在向辩方进行证据开示的同时，也必须向媒体披露这些证据。此外，我们的司法系统还允许媒体在法庭内自由拍照甚至录影。就是在这样一个对媒体宽容友好、信息透明、看似公平的辖区内，我们却遭遇到前所未有的麻烦。

一般情况下，媒体总是会不停地向承办案件的司法部门提出各项要求，督促其披露案件的最新进展。在那些影响较大的案件中，它们还会要求控方提供证据开示阶段所列证据的副本影印件。由于本案涉及的证据文档过于庞杂（最终达到 25 000 个证据目录），我们不得不专门注册了一个网站，各大媒体可以随时点击进入，浏览我们已经提交给辩方的所有证据。前一段时间，由于双方忙于审前质证工作以及各项审前动议的提交，网站更新速度很慢。即便如此，媒体的新闻中也没有一天不提到凯西·安东尼的大名。

不可否认，有时候，这些经由媒体参与的对案件细节的报道反而对我们有利。最初，辩方总是喜欢借媒体之口兜售自己的立场与观点，而我们并不愿意对他们的言论做出公开回应。后来，我们发现，媒体通常会将控辩双方的审前动议与答辩进行完整报道，这正是一个向公众澄清事实的好机会。如此，撰写各项审前动议就成为我必须严肃对待的工作，尤其要掌握好必要的分寸。一般而言，控辩双方的动议申请并不会引起媒体的特别关注，但是当双方意见产生冲突时，媒体的信息披露就成为我们向外界传达自己话语的难得机会。而且，最终这也变成了我们与公众进行交流的唯一方式。

令人惊讶的是，人们对该案似乎抱着不同寻常的热情与关注，他们不知疲倦地通过互联网追踪着整个案件的进展。最典型的例子是，有相当一部分民众仔细研读了 25 000 多条证据目录，然后将对本案的分析结论发表在各自的博客上。另外，我们还收到了大量的电子邮件，获悉了公众针对该案的种种看法与建议，其中不乏十分中肯而精辟的观点。值得一提的是，一些法学造诣颇深的人士也参与了此项大规模的讨论，他们对目前采集的证据进行了专业而审慎的剖析，给了我们很大启发。看来，公众对本案的参与程度已经大大超过了我们的预料，从搜集、接受信息到消化、分析信息，继而得出或主观或客观的结论，这一过程进展得异常迅速。我注意到，辩方律师确实利用了公众信息来搜集各种可能的辩护策略，我在互联网上亲眼看到过这样一些帖子，它们涉及对凯莉意外溺毙可能性的分析，对安东尼家庭成员关系的种种质疑，甚至还包括对被告人自幼遭受性侵害可能性的猜测。总而言之，这实在是一场十分精彩的大戏，可惜我当时没有工夫去细细品味。

然而，我们不得不正视这样一个事实，目前情形于我们而言并无益处。按照佛罗里达州法律，如果公众舆论对某桩案件在庭审前进行了过多干预，并且已经形成了压倒性意见，那么该案将不得不面对变更审判地点[①]的抉择。也就是说，如果有种种迹象表明，某桩案件原始管辖地的陪审团受到当地舆论的影响，可能会影响每一个陪审员做出独立的裁决意见，法律将授权法庭另择他地进行审判。根据联邦最高法院的意见，地方法庭决定另择他地进行审判前，应当首先由本地陪审团进行审判，如果确实无法保证理想的审判环境，再进行下一步考虑。但是在司法实务中，联邦法院的上述意见形同虚设，大多时候地方法院并不会严格执行——他们宁可直接变更陪审团，这样来得更省事，所面临的风险也更小。

在我的职业生涯中，曾经遇到过五次异地审判的情形，均是由于审前的公众舆论对案件的干预已经达到登峰造极的地步，因此在案发地组织一场公平正义的审判的可能性极为渺茫。凯西案也不例外，关于案件最新进展的报告充斥着每一天的新闻报道，即便是一些微不足道的细节也可能引起媒体极大的兴趣。终于有一天，媒体将凯西在监狱食堂的购食清单大大咧咧地公布于众，引起了轩然大波。此时，我们都意识到，在奥兰多组成陪审团已经不可能了，变更审判地点的裁决恐怕无法避免，虽然这并不是我们希望看到的局面。

此前，当全美舆论开始关注小凯莉的影踪时，我们就已经意识到，针对最终案件审判地点的选择，我们也许会与辩方展开一场交锋。贝兹曾经向法庭提交过变更审判地点的动议，但是他提出的备选地点居然是戴德郡，这真是太好笑了。众所周知，这是他发家的老本营。法官一口回绝了他的提议。佛罗里达州法律赋予法官对案件审判地点的选择权，其中一个重要的考虑因素是，变更后审判地

① 此处不等同于改变审判管辖。在此种情况下，公诉人、辩护律师、主审法官均可以不做变更，而仅仅是重新选择另一个地点的陪审员资源库。——译者注

点的人口比例构成与原审判地必须一致或近似。根据我们的经验，一旦进入变更审判地程序，众多无法预料、无法控制的因素交错在一起，最后的结果往往是我们不愿看到的。因此，一桩案件在审理前受到公众舆论的过分关注反而不是一件好事。佩里法官开始与附近辖区的首席大法官们套近乎，希望他们能够取代他的位置对案件进行审理，但是谈到最合适的法官人选，最终还是非他莫属。这是佩里法官的一贯作风，他喜欢办理这些案情复杂、矛盾尖锐并且涉及死刑建议的案件。我所经历的五次异地审判，其中四桩案件的主审法官都是佩里。对于如何能够将此类案件的管辖权顺利转移到自己手中，佩里法官早已熟谙于心。

谈到陪审团，有一点可以确定，无论案件在何处审理，陪审团必须在审判期间与公众彻底隔离。也就是说，一旦被挑选为本案的陪审员，在裁决结果出来之前，他们将被集中在一个相对封闭的空间——所谓“镀金的牢笼”之中，避免受到任何外界舆论的影响。此项规定的目的在于防范陪审员们从媒体或亲朋好友中获取一些倾向性评论，对他们的独立判断产生影响。另外，我们还向法庭提出了一项变通申请，并获取了佩里法官的同意——既然已经打算将陪审团成员隔离，那么我们就不必再选择其他城市审理此案，这样可以节约一大笔法官、检察官、陪审团成员飞往另一个城市的差旅及住宿开支。最后，我们达成一项决议：从奥兰多之外的城市选择陪审团成员，但是审判仍然在奥兰多本地进行。当然，这些外地陪审员一下飞机就会被“软禁”在奥兰多当地旅馆内，禁止他们与任何新闻媒体及公众接触。说实话，促成这项决定我是抱有一些私心的。这样我就不必与丽塔和孩子们分离六周甚至更长时间，直到整个庭审结束，我只要花一周的时间参与外地陪审团成员的遴选程序即可。

佩里法官参办此案后不久就明确表示，庭审开始前，他绝不会提前向我们透露最终的陪审员来源地。他担心，如果媒体知晓了这个消息，将会一天二十四个小时在案件管辖地的大街上晃荡，向每个路人询问对该案的看法。如果这种情形发生，所有的陪审员资源库均会被媒体舆论污染，我们将不得不到月球上去选择合适的陪审员。随着开庭日期的临近，佩里法官仍然对陪审员来源地守口如瓶。他当初许诺开庭前两周进行公布，后来又改口为一周，最后决定推迟到开庭前一周的星期四才向大家公布。在此期间，佩里法官时不时会向我们透露一些线索，将大家的胃口吊起，然后会颇为孩子气地咯咯笑起来。他在拿我们寻开心，而且也十分乐于看见我们焦急难耐却又不知所措的模样。

佩里法官还给媒体对此案件的报道大开绿灯：只要媒体愿意签署保密协议，就可以提前一天获知陪审团来源地，这样便于他们事先安放采访设备，但是绝对禁止向公众透露。佩里法官的初衷是好的，但该项建议随后遭到一些媒体的攻击，认为让他们签订保密协议是不公平的。最后，地方法院做出判决，如果媒体凭借自己的能力通过跟踪办案人员得知了具体的陪审团成员来源地，佩里法官就不得强迫他们签订保密协议。

审前一周的星期四终于到来了。那天清晨，法庭通知琳达与贝兹前去开会。佩里法官要求他们二人在印有他的签名的法庭令状上签字，这些令状主要涉及案件当事人、参与人以及需要提前安排旅程的出庭做证的人员。但佩里法官一再强调，不许透漏陪审团来源地，否则将以蔑视法庭罪进行处罚。我们一直在琳达的办公室等待消息。不多时，琳达欢快地走进来，表情振奋，开心得像一只嘻哈猫。

“亲爱的，你们所能猜到的最好的结果是什么？”她笑眯眯地问我们。

“塔帕市。”我回答。

琳达摇摇头，转身望着弗兰克。后者对她耸耸肩。琳达走向自己的座位，然后向我们大声宣布道：“是派内拉斯郡。”

真是妙不可言！贝兹借机打回老本营的愿望未能得逞，却便宜了我们——我马上就可以回家乡啦！

自从我调走后，派内拉斯郡的刑事法庭发生了很大的变化，但我前几年曾经与佩里法官一起在那里办过案，因此对那里的格局布置还算熟悉。法院就在本郡最大两个城市之间的机场附近，向南是圣彼得堡——我自幼生长的地方，向北则是克利尔沃特。我们将陪审团来源地向劳森做了汇报，他立刻拨通派内拉斯郡巡回法院检察长伯尼·麦克卡波的电话。麦克卡波告诉劳森，他早在数月前就从派内拉斯郡的首席法官那里得知了这一消息。麦克卡波先生非常热情，答应将自己的办公室留给我们使用，并提供其他一切方便。

第二天，辩方向法庭提交了陪审团来源地异议，佩里法官非常得体地处理了这件事。一大早，我们就被紧急召集在佩里法官办公室举行听证会。辩方律师提交了他们的异议申请，理由是两个审判地之间的居民人口构成存在着明显的差异，派内拉斯郡的西班牙裔居民人口数比奥兰治郡少很多。佩里盯着贝兹看了一会儿，做出了解释：“先生，请您听好，我们现在只有两个符合法律规定的地点，也就是说，受到舆论影响最小的适合选择陪审员的地点只有两个——一个是派内拉斯，另一个是杰克逊维尔。你认为派内拉斯不合适，那么，杰克逊维尔如何？”杰克逊维尔位于佛罗里达州东北角，向来民风淳朴保守，因此对于被告而言，那里绝不会是开庭审判的首选地点。无奈中，贝兹撤回了异议申请。

星期五清晨，《圣彼得堡时报》以很大篇幅介绍了新近发生在本地法院内的状况：许多陪审团候选人聚集在那里，法院餐厅新进了大量新鲜的食品，停车场也被警戒线围了起来。从逻辑上分析，这里很可能要发生什么不同寻常的事情，也许对凯西·安东尼一案的审判将在这里进行。我的妹妹朱迪一直关注着此案的进展，她匆匆打电话向我询问这篇报道是否属实，我告诉她下周一就会得到准确消息。

媒体的嗅觉十分灵敏，他们似乎已经觉察到了一些苗头。根据法院的裁决，控辩双方均不得阻碍媒体以合法方式获知变更后的审判地点，因此我们十分担心媒体车会聚集在我们住宅外，随时跟踪我们的去向。最后，我决定临行前一晚就住在办公室，第二天直接搭琳达的顺风车去派内拉斯郡。第二天是周日，一大早琳达就赶到检察署来接我。当天她穿着随意，上身是一件看起来很潮的蓝色卫衣，前襟印着大大的阿拉伯数字，下面是白色休闲裤，还戴着一副镶白边的太阳镜。琳达这一身便装令我看起来很不习惯，也许灰色或黑色的职业装更适合她。我笑着钻进车内，和她一起出发了。

从奥兰治郡到派内拉斯郡的车程大约需要两个小时，我俩边走边聊。抵达派内拉斯郡酒店时，看见弗兰克已经站在停车场等候我们了。琳达钻出车门，弗兰克一看见她就哈哈大笑：“琳达，不错的行头，真是很漂亮啊。”

“谢天谢地，”琳达从车的一侧绕过来，大声对弗兰克说，“我们当中总算还有人对我感兴趣。你知道吗？我和一个木头人一起待了整整两个小时。我们谈天说地，他却没有对我的这身行头做任何评论。”琳达笑着向我挤挤眼。

直到此时，我才恍然大悟。被羁押入狱那天，凯西戴着手铐被押入警车，后面跟着两位警官。媒体随后公布了她当时的一张特写，后来这张照片家喻户晓：凯西身着胸口印有数字的天蓝色短袖卫衣，戴着一副白色太阳镜。琳达看了这张照片后，立刻去商店为自己置办了这副与凯西一模一样的行头。我早已将这事忘得干干净净，现在才回忆起来。看着我不知所措的模样，琳达与弗兰克再次开怀大笑，我也被他们的情绪感染了。是啊，我们已经好久没有这样放松过了。

集合完毕后，琳达提了一个建议。因为第二天官方才会正式宣布陪审团来源地，所以我们今天仍然要隐藏自己的身份，尽量不给佩里法官惹麻烦。琳达提议我们着便装去郡法院散散步，顺便拍几张照片，为这一历史时刻留个纪念。晚饭后，我们步行到郡法院选景拍照。法院门口已经停着众多媒体采访车，因此我们一行并未引起大家的注意。最终，我们走到法庭对面的停车场，琳达仍然穿着凯西的一身装束，弗兰克上身休闲 T 恤、下身牛仔裤，我则穿着一件夏威夷风情的花衬衫。我们三人一起在派内拉斯郡刑事司法中心的铭牌前合了影。

第二天清晨，陪审团成员遴选程序的第一天。一大早，我们三人驱车赶赴刑事司法中心。在那里，大家得到贝弗莉·安翠卡的热情接待。贝弗莉是州检察署的首席助理，也是检察署办公室的副主任。在她的引荐下，我们与汤姆·迪博探长见了面。贝弗莉与汤姆为我们不遗余力地提供了各项帮助，不但专门为我们配备了助理，而且将他们的会客室腾出来给我们使用。在整个陪审团遴选阶段，汤姆源源不断地为我们提供了每一位候选人的详细背景资料。此外，州检察署办公室的地理位置也十分优越——他们与法院在同一座办公大楼里，还恰好与刑事法庭在同一层。一走出检察署办公室的门，我们就可以直接进入刑事法庭。

因为涉及众多的旁听者，巡回法院的首席法官允许陪审团遴选程序在刑事司法中心面积最大的法庭里进行。法庭旁边还有一个休息室，以往是大陪审团庭下审议的场所，现在用来做陪审团候选人的休息厅。这个法庭确实非常宽敞，容纳150个旁听者毫无问题。

作为案件的主审法官，佩里先生总是强调这次陪审员的遴选程序将会采用特殊方法。为了理解他的此项变更对于整个案件庭审的重要性，我先向大家解释一下陪审员遴选程序的常规方式。首先，“遴选”一词在此处使用得并不准确，听起来这个程序好像是控辩双方打开候选人花名册，然后挑选一些各自看着顺眼的人，就如看着菜单点菜般随意自在。事实完全不是这样。我认为，此处更为恰当的名称应该是陪审员“排除”程序。在此程序中，你并没有权利选择你看着顺眼的陪审员，你能做的仅仅是“敲掉”你不喜欢的陪审员。排除某位候选人资格的具体方法包括两种——一种叫作无因回避，控辩双方享有无须说明理由而请求排除某位候选人的权利，也叫作绝对回避权。至于一桩案件能够使用几次这样的权利，要依照案件的重要程度以及各个辖区的具体规定来确定。另一种叫作有因回避，它是一种相对于绝对回避权的任意回避权，法律没有对这种要求回避权的次数进行限定。常规方式是，首先由法官助手从当地选民登记手册中随机抽出候选人名单，再由法官根据案件情况确定候选陪审员的人数。接着进入正式的遴选程序，法官和控辩双方均须出庭，候选陪审员则依照抽签确定的编号顺序坐定。全部陪审员候选人集中在一间屋子里，接受法官以及控辩双方的概略询问。询问完毕后，控辩双方还要根据座位表挑选候选人个别询问，直到满足陪审团构成的人数限额（死刑案件一般是12人）。这种程序给控辩双方都提供了一项便利条件，他们能够很轻松地从座位表中得到即将接受质询的候选人的信息，并且有充足的时间做出抉择——接受他，还是排除他。

以上是陪审员遴选程序的常规做法。鉴于佛罗里达州的法律并没有对该程序制定操作指南，因此法官有权利根据情况对上述操作进行变通。一般情况下，法律并不对控辩双方对候选人的询问权施加限制。而且，一直到陪审团宣誓之前，控辩双方始终有权对候选人进行调整。有些时候，辩方律师会利用上述法律，不断地在庭下搞些小动作，以赢取对己方更为有利的陪审员。而法官们是对这种行径深恶痛绝的。因此，本案中，佩里法官对该程序做出了变更。最初从选民登记册中随机选取的候选人有 150 个，我们开始进行第一轮遴选——召集 100 名候选人，将那些有特殊困难的，比如因为经济或者个人生活原因而无法完成长达六至八周听审程序的人通通予以排除。这下子，我们手中剩下了只占原来数目一半的候选人。对于剩下的候选人，佩里法官要求他们逐一对某些特定的话题展开讨论，包括对公众利益或者死刑的看法等。

在接下来的一天半里，我们不停地重复着这个程序。这真是极其枯燥的一项工作。坦白说，我对陪审员遴选程序非常反感。尤其是在死刑案件中，你不得不面对同一个问题上百次地聆听不同人的看法。芬奈儿作为辩方的主持人在此环节精心设计了 11 项话题，对每一个候选人进行提问与评估。当她提问到第 40 个人时，我已经将所有问题烂熟于心了。谢天谢地，这里只有 50 名候选人。如果这种程序要针对 200 名候选人做出，我不一定能够支撑到最后。我望着芬奈儿，确实很佩服她的敬业精神。最终，她完成了全部询问工作，也因此患上了重感冒。好在芬奈儿的身体素质非常过硬，她在几天之内就完全康复了。

在我们对那 100 名候选人进行最初的遴选工作时，佩里法官将剩下的 50 名候选人召集在大厅，准备接受下一轮询问。琳达经过大厅走廊时，远远地发现一张面孔，感觉十分熟悉——这是一个身材瘦小的老年女士。琳达匆匆向我走来，告诉我她好像认出了一位事前参与过此案的证人。当初，琳达亲自参与了大量的对艾奎搜救队队员的质证工作，她问我是否能够回忆起其中有两个来自派内拉斯郡的老年女士，她们也是搜救队的志愿者，其中一人相当饶舌——如果你问她现在是几点，她会将如何制作手表的方法都告诉你。经琳达提醒，我模糊回忆起当时发生的事情，确实有这样一位女士接受了我们的质证。琳达继续说，如果本案陪审团的候选人中果真有那个饶舌的老妇人，我们就惹上麻烦了，她一定已经将自己参加搜救队的经历向其他陪审团成员做了详细介绍。

琳达将自己的发现与担忧向佩里法官以及辩方律师做了汇报。事不宜迟，我们立即将候选人请入法庭进行辨认。琳达的直觉很准，那位饶舌的老妇人果然就在其中。接着，我们又与其他陪审员进行了谈话，结果证明，最坏的情况真的发生了：她已经向全部人透露了自己曾经参与该案搜救工作的经历，并详细描述了整个搜救过程。佩里法官果断地排除了这批候选人的全部资格。如此，我们在这一天的后半天就无事可做了，不得不耐心等候下一批候选人的到来。这可真是太神奇了，派内拉斯郡总共有 90 万选民，其中只有一位选民参与过此案的调查，却恰好在星期一时被电脑随机选中，成为此案的陪审员候选人。这真是令人难以置信的巧合，也给我们带来了莫大的麻烦。

对陪审团成员的询问程序延续了整整一周仍未结束。我们每天一大早就来到法庭，听取询问，中午在法庭餐厅用餐，继续工作到下午 6 点，然后回酒店吃晚饭、休息……这活儿简直将大家都累垮了。佩里法官本来指望在一周之内就将陪审团选定，但看着这令人绝望的工作进度，也显得不耐烦了。他宣布，大家必须在休息日加班加点，尽快完成遴选程序。周六下午，丽塔与孩子们来到派内拉斯郡，我向法庭请了假去陪家人。见到他们的感觉真是太棒了，我将自己从沉闷的桎梏中解放出来，感受到了久违的轻松。周日早晨，我和丽塔带着孩子们去了海滨，午饭后他们就离开了。当天下午3点左右，我真是累垮了，不得不继续休息。而且，不止我一人，大家都被陪审团的工作拖得筋疲力尽。第二个星期的周三，正午时分，佩里法官不得不宣布临时休庭——贝兹在浴室里吐得一塌糊涂。这个可怜的人儿为了保持脑子清醒，不得不一罐接一罐地饮用红牛饮料来提神。这些饮料将他的胃彻底搞垮了。

虽然此项工作乏味至极，但不得不承认，这也是我参加过的技术含量最高的陪审员遴选程序。我们利用互联网进行细致谨慎的搜寻，生怕哪一位候选人针对此案已经发表过倾向性看法。结果证实，确实有两位候选人在“聚友”网和“推特”上发过关于此案的评论，我们随即将他们排除出候选人资源库。

日子一天天地过去了。随着遴选工作接近尾声，我们不得不正视一个非常严酷的现实：在派内拉斯郡，关注此案的公众几乎与奥兰治郡一样多——几乎没有人对此案一无所知，媒体的过分宣传几乎毁灭了我们所认为的每一个合适的候选人的独立判断性。这些候选陪审员们不仅对本案有所耳闻，其中的大多数甚至已经形成了对此案的固定看法。

我们所要面对的是一例典型的全部利用间接证据定案的刑事案件。也就是说，被告的罪行必须依靠一系列完整无缺的证据链展示才能认定。大多数谋杀案中，警方获取的均是间接证据。理由很简单：谋杀行为很少在公共场合施行，大多数都是秘密进行的，因此基本不会存在目击证人。在一桩谋杀案的侦破过程中，凶手是谁，他的动机是什么，作案手段如何，针对这些问题，我们唯一可以依靠的只有间接证据。

曾经有媒体嘲笑这些间接证据，认为它们充满了令人生疑的特性，根本不足以支持控方的指控。但是，请不要忘了，如果我们手中握有一系列扎实、确凿的间接证据形成的证据链，它的证明力将远远高于单纯的目击者证词。当然，也必须意识到，利用间接证据支持指控的最大劣势是它们对陪审团的要求甚高——陪审员必须集中精力聆听交叉质证环节，善于思考推断，甚至要求陪审员们具有高于普通人的智商。总而言之，间接证据的定案功能毋庸置疑。在我职业生涯中所接触的七十多桩谋杀案件中，绝大多数以间接证据定案。而那些至今依然在服刑的罪犯，大多数是被间接证据送进了死囚牢房。

经历了长达三周的煎熬，我们终于敲定了本案的陪审团成员。我们真心希望遴选出的陪审员具备以下素质：首先，他们关注着这桩案件，并且发自内心地愿意为这个可怜的小姑娘做些什么。我指的并不是走上大街去游行、抗议，他们只要放下自己手头的事情，静下心来，愿意为帮凯莉讨回公道而努力。其次，他们能够迅速投入陪审员角色，愿意付出努力来思考、理解我们所提交的一系列证据之间的紧密联系——不仅指那些前沿的科学证据，而是将所有证据作为一个整体进行考虑，然后运用自己的判断力推出结论。法庭不可能将已经做好的现成东西呈现给他们，我们向法庭提交的证据也并非浅显明了到不需要任何推敲分析就可以定罪。所以，陪审员们必须耐心、细致地将所有证据拼接成一幅完整的图案，然后运用自己的常识对全案进行斟酌，继而做出独立的判断。我想，要做到这一点，并不需要他们受过正规教育甚至高等教育，但确实需要一定的理解力与判断力。最后，他们必须对法律抱有崇敬与信任之情，并愿意承担做出重大决定的责任。

令我们感到难堪的是：第一，那些对本案非常关注的陪审员，那些迫切地希望为小凯莉讨还公道的陪审员，他们关于本案的所有信息均来源于媒体报道——他们被小凯莉的悲惨遭遇深深打动，因而主动地四处探寻着媒体发出的声音。第二，那些善于凭借理性分析问题的陪审员，其获取的所有“证据”也是得益于媒体新闻的披露，他们正是根据这些资料做出逻辑分析，继而得出“独立”的结论。第三，那些对于法律充满了崇敬与信任之情的陪审员，总是非常坦率地承认自己对该案已经形成了固定看法。最终的结果是，那些我们最希望能够明辨案件是非的候选者已经对所谓的证据进行了审视，并且在此基础上得出了自己的结论。该种结论固然在一定程度上反映了公众对此案的态度，亦即“民意审判”的裁决结果，但是根据法律规定，这些人都将被排除在正式陪审团成员之外。

吵吵嚷嚷，讨价还价，控辩双方经过 11 天的时间，终于确定了陪审团成员。整个过程中，我们没有放过一次行使否决权的机会。当然，辩方行使否决权的次数也绝不亚于我们。最后敲定的陪审团由 5 名男士与 7 名女士构成，其中包括非裔美籍男士与女士各一名。陪审员的背景资料大致如下——

一号陪审员：一位上了年纪的妇人，已婚。她的职业是护士，现已退休，继续从事着健康顾问的工作。她看起来和善友好，但不像是能够主事负责的人。陪审员的主要职责是进行独立判断，而健康顾问的角色却是向咨询者提供建议，这种建议往往具有多向性。因此，她不一定能够顺利地完成这种角色转换，也不一定能够顶住压力坚持自己的见解。简而言之，她的入选对我们既无好处也无弊端。

二号陪审员：一位美籍亚裔绅士。他声称已经对此案有所了解，即便如此，他还是解释道，自己将会不抱任何成见地参与本案审判。我比较欣赏这位先生，但他并非陪审团主席的合适人选。辩方律师并没有对此人的陪审资格提出异议，虽然他坦率地承认自己认为凯西有罪。这一点着实令我们感到吃惊。

三号陪审员：詹妮弗·福特女士。之所以在这里披露她的姓名，是因为审判之后的媒体访谈中她已经向公众公布了自己的身份。这是一位三十多岁的在读学生，专业是医学护理。看起来她的职业生涯开始得有些晚，因此我揣摩着她的生活中一定发生过某些变故。边工边读的生活十分艰辛，因此，我们希望她对凯西无所事事的蛀虫般的生活方式有所不满。我的印象中她似乎没有孩子，这可不是什么好事。当时弗兰克明确表示对她没有好感，理由是不喜欢她的态度与气质。后来我们发现，弗兰克的直觉是正确的。

四号陪审员：一位四十多岁的美籍非裔女性。宣誓时，她做出了这样一份声明：她并不认为自己拥有对他人进行审判的权利。也就是说，她并不希望站在陪审员席上对他人的清白或者罪恶进行裁夺。后来，迫于压力，她对自己的声明做了修正，使它听起来显得不是那样刺耳——虽然她抱有上述信念，但并不影响其承担陪审员的义务。我们对她作为本案陪审员的资格提出异议，但是辩方立刻提出反对，指责我们的异议建立在种族歧视的基础上。我个人认为这个女人明显没有履行陪审员义务的能力，原因很简单，她认为自己没有权利对他人进行审判，而陪审员的唯一职责就是明辨是非、做出裁判。所以，当佩里法官驳回我们的异议时，我感到十分吃惊。我们的异议完全符合法律，我们的行为也完全建立在理性基础之上。我当时非常希望佩里法官已经洞悉到我们遗漏的某些方面，因而为了我们的利益驳回了异议。但这位女士怎么看起来也不像是对控方有利的陪审员，毫无疑问，她“认为自己没有权利审判任何人”，也就意味着她将“不会给任何人定罪”。

五号陪审员：“手推车夫人”。她的工作主要是推着流动便当车售卖午饭，因此获得这个绰号。这是一位上了年纪的女士，几乎没有接受过正规教育。当时，如果有其他更合适的人选，我们就会立刻换掉她。这位女士一生辛勤地工作，抚养大了自己的孩子。所以，我们希望她能够凭借自己丰富的人生经验做出独立的判断，尤其是当凯西口中的4.0版本故事被提交陪审团时。

六号陪审员：一位面包师，已婚，有孩子。很显然，他并不希望加入陪审团，却没有合适的理由可以推脱掉这份职责。他的孩子还很年幼。如果我没有记错的话，他曾经说过这样一句话：如果一位母亲在自己的孩子死亡后（不管是意外还是蓄意杀害）立刻去参加派对，我对这种行为是绝对不能容忍的。这是一个对我们非常有利的陪审员，但仍然不是我们寻找的陪审团主席。

七号陪审员：一位四十岁出头的白人女性。我感觉她的职业与儿童或者儿童福利有关。我喜欢这位陪审员，她看起来受过良好的教育，并且情绪稳定、头脑冷静。事实证明，她也是整个审判过程中唯一落泪的陪审员，当书记员宣读最终的判决结果时，她忍不住潸然泪下。

八号陪审员：一位五十多岁的白人女性，为美国电报电话公司服务了多年。她看起来并没有受过多少正规教育，但是应该拥有丰富的生活经验，这正是我们的期望所在。

九号陪审员：一位五十多岁的白人男性，从未有过婚姻经历。但是据其所述，他与侄子、侄女们感情非常亲密融洽。他来自印第安纳州，拥有一家木材加工厂，现在处于一种半退休的生活状态。这位陪审员看起来温良恭顺，不会以势压人，甚至看起来相当脆弱——这是一个典型的附和型陪审员。

十号陪审员：一位四十多岁的白人男性，从未有过婚姻经历，至今独居，在电信公司工作。他的个头很高，也非常友善，但是一看就十分没有主见，属于那种多年与你为邻却从来不会引起你的注意的男人。这样的人讨人喜欢且易于控制——这是各类公司主管眼中最为理想的员工。

十一号陪审员：一位高中体育教师，来自匹兹堡——琳达的故乡，因此琳达对他十分欣赏，当然，可能还包含一些其他因素，比如这家伙长得相当帅气，站在人群里非常醒目。据他所述，他之前对此案并不了解。作为一名高中教师，我猜想他可能有过被学生欺骗的经历。而且，作为一名颇有魅力的男性，他也许会经常担心遭遇那些心怀不轨的女生的虚假指控，比如性骚扰之类的。如果这种情况确实存在，那么，当辩方指控乔治对女儿进行性侵时，这位陪审员将是有利于我们的。琳达不遗余力地推荐着这位陪审员，并悄悄告诉我们，他将是陪审团主席的理想人选。

十二号陪审员：这是我最喜欢的候选人。当时辩方律师已经用尽了他们的异议权，因此对这位陪审员他们无话可说。她是一位坚定的死刑支持者，虽然是否赞同死刑对本案并无大碍，但至少可以看出这是一个有主见、敢坚持的女人。她年过六旬，已经退休，但是依然在一家连锁超市工作。我不清楚她是否受过基本教育，但确实希望她具有一般的生活常识，这已经足够了。

最终，我们确定了 12 位陪审员，另外还有 5 位候补陪审员。也就是说，在庭审开始前，我们保留着以候补陪审员替换正式陪审员中任何一位的权利。但是考虑到候补陪审员的背景资料，很难说他们会比现任陪审员更为胜任陪审工作。而且，一旦启动替换程序，就会涉及对整个陪审团的再一轮平衡，也就意味着我们还要在这里滞留一些时日。

坦率地说，我们对本案陪审团成员的遴选结果并不满意。我认为这个陪审团冷漠（而非冷静）有余而激情不足，离我们最初的理想状况相距甚远。即便如此，我们也必须全力以赴地放手一搏——不久后的将来，这个陪审团将会主宰凯西·安东尼的命运。

第二十章　寻找真相

2011 年 5 月 22 日，庭审前一天，我与乔治·安东尼进行了最后一次谈话。当天下午，他在律师马克·利普曼的陪同下来到检察署，形容憔悴。令人欣慰的是，乔治这次的态度有了明显的改变，似乎又回到了我们第一次谈话时的状态，友好而谦逊。看来，他已经接受了女儿凯西与凯莉之死有关的事实。就在当天，他终于向我吐露了心声。这事若是放在以前，我是想也不敢想的。

"我知道，凯西与凯莉的死有关，"他告诉我，"但我不清楚是使用了什么方法。"

可以看出，说出这句话时，乔治的心已经完全碎了——一边是女儿，一边是外孙女，都是他最亲爱的人。他是如此爱自己的女儿，同时又对外孙女的遇害伤心欲绝。两年来，这个坚强的男人时刻挣扎在地狱烈火般的煎熬之中。

"我很抱歉，我们确实不希望影响您与女儿之间的关系。先生，您能理解我的话吗？"

"谢谢您的好意。两年多了，所有人都围绕着凯西在转，关注她又说了些什么、做了些什么，却从来没有人为我的小凯莉说句公道话，这对凯莉太不公平。"他哽咽着回答。

我被他的这句话深深打动了。是啊，作为一位焦灼难耐的父亲，作为一位伤心欲绝的外祖父，乔治一语道破了这桩案件目前的症结所在。我用力地拍拍他的肩膀，希望能够向他传达自己的同情与理解。

接着，我向乔治透露了一些我们在公诉过程中将要采取的策略与步骤，看来他对我们的安排十分满意。当我告诉乔治，我们对他进行交叉询问的第一部分将主要围绕着小凯莉的话题进行时，这个男人的眼睛突然间变得闪闪发亮。他真是太思念自己的外孙女了，他迫不及待地要告诉大家关于小凯莉的一切——两年多了，所有人都在兴致勃勃地议论着凯西，却已经将这个可怜的女孩渐渐遗忘。

我告诉他，虽然辩方律师已经取消了丹泽博士与维茨博士的出庭计划，我们还是得做最坏的打算。他们现在手中依然握着那张牌不放——我指的是那段乔治对凯西进行过性侵的证词。但是，我们并不知道他们何时会打出这张牌，以及如何打出这张牌。我向乔治说，万一真的出现了这种情形，希望他不要紧张，也没有必要感到局促不安。他必须立刻地、坚决地对这项指控进行否认，反驳理由必须充分，最好能够冷静、妥善地配合我们驳回这项指控。我将可能涉及此话题的每一个质证环节细细地解释给他听，并安慰他不必紧张，站在法庭上，他所需要做的只有一件事——如实陈述所有的事实，既不夸大也不隐瞒，讲实话就行。

在那次会谈中，乔治似乎抱有一种十分强烈的欲望，他希望将所有压抑在胸中的话语一吐为尽，只此一次。三年了，他确实需要找个人来好好倾诉一番。我与乔治之间的交流在理解与信任的氛围中进行着。很快，我们就遭遇到一个尴尬的话题——关于乔治曾经自杀过的那段经历。我对乔治表示了歉意，告诉他我并不愿意提及这个令人伤心的话题，但是我们无法回避它，尤其是在对凯西的谎言进行驳斥之时。我告诉乔治，如果辩方指控是他杀害了小凯莉，那么最具有反驳力的证据就是那封未完成的遗书。提及这一点，似乎对乔治的打击颇大。我担心他还未完全从那次心灵的重创中走出。

出乎我的意料，乔治这次显得很坚强。他反过来安慰我："俗语讲得好，'世上的一些事情，看起来令人无法招架，但只要它们没有将你彻底毁灭，就会令你活得更加坚强'。不要担心我，先生。"现在，我心里的一块石头总算落了地。我确实希望他能够走出阴影，在法庭上应付自如，这样对我们双方都十分有利，也许我们终将等到案件真相大白的一天。

会谈中，乔治突然转过身，像孩子一般注视着我的眼睛问道："总算盼到了这一天，审判就要到来了。先生，我能获知事情的真相吗？"

我抬起头，仔细审视着面前的这个头发花白的男人。将近三年了，我们与他的关系一直若即若离、时好时坏。那一刻，我突然对这个男人所遭遇的一切不幸都产生了强烈的共鸣。他不应该遭受如此残酷的折磨。在这种处境下，任何一个男人，无论他有多么坚强，都可能随时崩溃。即便是现在，要求他完全接受这样一种事实也是十分困难的——他最宠爱的外孙女凯莉遇害了，凶手正是他的女儿。而且，即使陪审团果真采信了我们的证据，认定对凯西一级谋杀罪的指控成立，也并不意味着乔治能够完全接受这项判决。另外，还有一点令我十分担忧：交叉质证阶段，由于情绪波动，乔治很可能会在某些问题上保持沉默。对于这种基于人性弱点产生的突发事件，我们无法预料，也难以掌控，只能听天由命。虽然我一再安慰乔治，一切将会进行得非常顺利，但我心里十分清楚，以我30年的从业经验——无论是在交通事故部还是重案谋杀部——正义从来不会以你所热切期待的模样出现。或者说，正义的实现并非都是在宣告判决的那一刻，这次也不例外。面对乔治，我想对他说，总有真相大白的一天，但同时我也负有责任提醒他理智地对待一切。

毕竟，这个男人已经被谎言欺骗了多年，并养成了欺骗自己的习惯。

“先生，我不得不提醒您，虽然我不愿意这样说，也许，我们永远都不会知晓事情的真相。原因想必您也明白——只有您的女儿凯西清楚究竟发生了什么，但她选择了沉默。所以，我们将不得不面对这样一个事实，那就是，真相大白的那一天我们永远也等不到了。”

但是，我们手中掌握着事情的真相吗？我们心中所确认的真相到底是什么？我们认为案件的来龙去脉又是怎样？根据现有证据显示，是凯西杀害了自己的女儿。而且，我们也以合众国的名义将所有证据提交给陪审团，由他们来判定案件的真相、主宰凯西的命运。大量的警探、检察官、法医、专家花了将近三年的时间，废寝忘食地奔波着、工作着、实验着，就是为了搞清楚一个事实——凯莉究竟是如何死亡的。这并非是法庭上必须呈交的结论，甚至在我们内部也对此存在着不同的意见，但它确实是我们整个案件侦破的主要方向与线索，因此也成为起诉书中必须澄清的问题。

在所有的刑事案件中，检察官手中的证据均来源于每一位警探的辛勤工作及众多专家的鉴定意见，我们不能辜负大家的心血，必须尽最大努力在法庭上还原事件真相。本案中，当我们拿到奥兰治警署搜集的所有证据时，我们对此案的大致情况已经有了基本推论，剩下的工作就是去固定证据，去证实或者推翻各种假设。现有证据显示：凯莉的颅骨上缠着三道胶带，交叉覆盖在口鼻位置上；凯西在凯莉失踪后曾经做了文身，在肩膀上刺绣了“美好生活”的意大利语，意即摆脱了女儿之后开始的另外一种梦寐以求的生活。还有其他一系列证据均将矛头指向凯西——凯莉尸骸附近散落的维尼小熊儿童抱毯、包裹孩子尸体的洗衣袋，还有那卷德国汉高产胶带。此外，专家们运用最前沿科学技术做出的法医鉴定结论也对凯西十分不利——那辆庞蒂克轿车后备箱中散发出的强烈尸臭以及其中发现的与小凯莉完全匹配的毛发，这一切都证明了轿车后备箱中曾经藏匿过小凯莉的尸体。

事实上，我个人认为，即使抛开上述所有证据不提，仅有一个事实就足以说明凯西具有谋杀孩子的重大嫌疑——在凯莉消失的整整31天中，她没有向任何人报告过孩子失踪的消息，包括警方、父母与亲朋好友，这本身就是一种犯罪。不仅如此，她还编造了种种理由竭力搪塞母亲的追问与搜寻。如果凯西对自己的这种反常行径没有正当的理由进行解释的话，就一定是向大家隐瞒了案件的实情。警方介入后，她依然满口谎言，干扰警方的办案思路，阻挠警方对凯莉行踪的追索。所有的涉案警探都不得不对凯西过硬的心理素质心存敬佩，她可以毫不费力地将各种谎言进行到底：从一个并不存在的“影子凶手”保姆冉妮开始，再到一个她已经工作了四个半星期的根本不存在的办公场所。依照常人的理智分析，一个悲伤欲绝的母亲是不可能演出这一场场闹剧的。当时，联邦调查局并未对凯西使用测谎仪等技术手段。但我相信，即便使用了测谎仪，她也能够毫无悬念地通过各项测试。这是一个撒谎成癖且毫无心肝的女人，测谎仪实验在她面前简直就像小儿科游戏般容易应付。

除了这些对罪名指控有利的证据，我们还不得不考虑那些证明力比较薄弱的证据。其中致命的一点是凯莉的死因不明。正如上文所述，这个案件中，我们据以定案的证据皆是间接证据。庞蒂克轿车后备箱内高浓度氯仿的存在，暗示着凯西在孩子身上使用了化学药剂，也许正是氯仿使得孩子陷入了昏迷状态。但是，在安东尼住宅内并没有搜查到这种化学药剂。另外，虽然我们在安东尼住宅的电脑中检查到“如何配制氯仿”的历史检索记录，但日期显示是在2008年3月，亦即检索是在凯莉失踪三个月前进行的，这就给我们的证据链造成了断裂，因此大大降低了该组证据的说服力。

如上所述，由于氯仿检索记录的日期与凯莉失踪日期距离较远，这份证据的证明力明显削弱了。但是，我们还发现了一个与之有密切联系的间接证据——在凯西的前男友利卡多的博客主页上，转载着这样一幅有趣的图片，暗示着氯仿这种麻醉药剂的烈性：一对恋人在餐厅幽会，男孩向女孩倾斜身子，亲吻着她的颈部。同时，男孩用手帕遮住了女孩的视线，图片主题是“利用三氯甲烷（氯仿）占有她”。

也许正是这张图片引起了凯西的好奇心，继而决定对凯莉使用氯仿。但我们依然不能确认在法庭出示这种间接证据是否合适，对陪审团是否会采纳该项证据也没有十足的把握。同时，技术人员的鉴定报告显示，安东尼住宅电脑记录中检索到的关键词除了“氯仿”、“如何配制氯仿”外，还有一个令人触目惊心的短语——“如何快速折断人体脖颈”。

另一个必须面对的棘手问题是，我们询问的每一个人都宣称凯西是一个好母亲——她从来没有当众虐待过小凯莉，或者丢下她不闻不问。（凯西经常将凯莉丢给母亲照看，这一事实也许不属于他们所说的不称职范围。）凯西的朋友们做证说，凯西很喜欢自己的孩子，没有人目睹过她在自己的孩子面前发脾气，更没有显示出不耐烦的神情。小凯莉总是穿得漂漂亮亮，房间里也收拾得整整齐齐。除此之外，凯莉还拥有许多玩具。在大家眼里，凯西确实是一个称职的单身妈妈。

我们一直期待着能够从辛迪那里得到一些公正、客观的证词，这样对事情真相的披露将大有帮助。辛迪的同事们均证实，辛迪曾向他们不停地抱怨自己的女儿凯西，说她不配做一个母亲——每天急着去泡夜店、与男友谈恋爱，根本不照顾小凯莉。我们也了解到，辛迪对凯西的这种失职行为颇为愤慨，最后竟闹到威胁凯西剥夺她对孩子的监护权的地步。如果辛迪能够站在法庭上将这些事实陈述出来，我们就可以轻而易举地击破“凯西是一个完美的年轻妈妈”的童话。辛迪的证词虽然不会使得大家立刻转而认为凯西是一个暴力母亲，但也不至于在法庭上出现一边倒的证据，这样就可以给陪审团一个完整的印象，让他们思考一下凯西到底是一个怎样的母亲。很遗憾，我们最终也未能得到辛迪的积极配合。

除了上述的不利之处，我们还面对着一个难题：本州法律对控方检察官的出庭支持公诉做出了严格限制——公诉人不得在法庭上引导陪审员过分关注受害者的状况。上诉法院对这一违规行为极为敏感，尤其禁止公诉人借陈述之机诱发陪审团成员对受害者的单纯同情，这将会导致整个案件审判被宣告无效的风险。相反，辩方却可以利用任何机会引起陪审团对被告人的同情，法律对此不做任何限制。如此，为了减少案件被改判的风险，即使是再优秀的法官也有可能犯此错误——他们往往将事关被害者的但与本案并无密切关联的证据通通予以排除。

总而言之，我们认为，本案胜诉的可能性是非常大的。如果遇到一个达到平均审判水平的陪审团，上述所列的微弱劣势我们可以轻松克服。我们计划在开场陈词中就向陪审团介绍小凯莉，这种场合下对受害者的概略陈述不会引发技术犯规的风险。其后，这个可怜的小姑娘就不得不沦为刑事证据意义上的一个符号，我们将无法再次引导陪审团对她施以关注。关于开庭陈述中对小凯莉的种种描述，我们无法保证其中有多少内容能够潜入陪审员的心中，并随着审判的进行逐渐生根发芽；我们也无法保证在长达数周的审判接近尾声时，还有多少陪审员能够回忆起小凯莉那双无辜的大眼睛，感受到她正安静地注视着法庭的每一个人。但我们确实希望，当每一个陪审员在投出自己的一票时，能够体会到小凯莉那温暖的呼吸，触摸到她那羞涩的微笑。

按理来说，如果案件的受害者是孩童，人们通常会对他们抱以较大的同情。但就我的办案经验而言，假如凶手是孩子的父母的话，这种同情心就会大打折扣。如果杀害孩子的凶手是个陌生人，这种情况反而会好得多，因为陪审员很快就能够进入角色，裁判被告是有罪还是无罪。但是，如果是父母们实施了这种罪行，这实在是太骇人听闻了，案件本身就已经超越了陪审员的理性思考范围，尤其是针对那些极为幼小、没有一点儿反抗力的幼儿。因此，对于陪审团而言，这种弑子案是所有案件中最为棘手的。

好了，现在请允许我将控方的指控意见完整地呈现给各位读者。大致说来，控方对该案的所有推断建立在如下事实基础之上：

据我们观察，凯西全部的生活重心就是她自己，希望所有的人或事都围着她转。当然，青春期的孩子们都会经历这样一个阶段，随着年岁的增长，他们会慢慢地从这种极端自我的状态中走出，逐渐成熟起来。但是显而易见，凯西似乎一直未能跨越这个阶段。我们不知晓凯西与母亲辛迪之间的关系究竟如何——辛迪一直在竭力掩饰着、隐瞒着这一切，但是从知情人口中以及我们亲眼观察得知，二者的关系并不融洽，甚至还存在着肢体冲突。

凯西现在与父母住在一起，因此乔治与辛迪对她抱有很大的期望。他们希望女儿能够找到一份稳定工作，过正常人的生活，甚至对家庭有所贡献。凯西为何没能找到工作，我们不得而知，可能性很多——也许她比较慵懒，也许她希望多陪陪小凯莉，或者她认为自己有权利不去工作。毕竟，向父母撒谎说自己已经找到了工作，总比向父母解释自己为何没能找到工作简单得多。但是，凯西面对着一个现实而急迫的难题：没有工作，就没有薪水；而她已经向父母撒谎说自己有了工作，再张口要钱就太没有道理了。在这种怪圈中，她开始偷父母的钱。很快，这也成为一种习惯，像所有谎话般可以信手拈来。

所以，当时的凯西在这种状态中应付自如：她的背后有父母为她撑腰，他们认为她有着固定的工作，拿着固定的薪水。因此，她可以在任何不被人注意之处顺手牵羊，并且已经养成了习惯。另一方面，与她那牙牙学语的宝贝待了一整天后，凯西在傍晚迫不及待地要出去见朋友泡酒吧，就像许多年轻人一样。但是，据辛迪的同事们透露，辛迪从不允许凯西因泡夜店整宿不归。辛迪一直以为凯西有工作，她白天在外上班，晚上应当在家陪陪孩子，履行做母亲的义务。凯西当然无法向母亲解释自己已经陪小凯莉玩耍了一整天，这样说等于不打自招，她已经找到工作的谎言就会穿帮。

2008 年年初，当凯西与利卡多发展为情人关系后，经常要在深夜与利卡多幽会。这时，凯西告诉父母，自己已经被提升为环球影城的项目策划人，因此可享有弹性工作时间。这个谎话编得太棒了，这下她就可以恣意享受与利卡多的约会时光，甚至彻夜不归了。为了与利卡多过夜更为方便，她还向父母虚构了一个天才保姆——冉妮。这个保姆租住着一间面积极大的公寓，晚上凯莉可以睡在那里。必要时，凯西也可以一起睡在那张床上。凯西向母亲解释，凯莉睡在冉妮公寓里有许多好处，譬如：如果凯西下夜班太晚，就可以直接去冉妮那里陪孩子睡觉，而不必将孩子叫醒再开车一起回家。事实上，那些“加班到很晚”的日子里，凯西与凯莉一直都是与利卡多睡在一张大床上，凯西睡在中间，利卡多与小凯莉一左一右睡在两边——这有利卡多的证词可以证实。

在凯西的眼里，利卡多是一个很适合做凯莉父亲的男人。这是一个相对安静的小伙子，没有过多的派对缠身，晚上总喜欢宅在家里看电视或者读书。所以说，此时的凯西、凯莉与利卡多过得就像一家三口般其乐融融。看来小凯莉也十分喜欢这种爸爸、妈妈都陪在自己身边的生活。但是好景不长，凯西又开始与托尼·拉冉罗约会。

托尼与利卡多是两个类型的男孩子。托尼在一家夜总会做兼职，因此是个典型的夜行动物。他的生活作息中不可能给一个蹒跚学步的小孩子留下空间。但是，此刻的凯西为何不将凯莉留给母亲照看呢？据我们推测，是因为辛迪总是在凯西耳边抱怨其不履行做母亲的职责，凯西对这套说教烦透了——曾经有一段时间，凯西经常将孩子扔在金蒂维康保中心就走，声称自己要去上班，要求母亲帮忙照看孩子，而不管母亲愿不愿意。这样一来，辛迪成为专职保姆，她对女儿的火气也越来越大。这些都是辛迪的同事们向我们提供的线索，而她本人则竭力避免谈到这些事，对自己与女儿之间的关系也讳莫如深——因此，上述辛迪同事们的证人证词立刻降格为传闻证据。我们暂且不管这些证据的证明力，依着这种思路继续分析下去。6 月 15 日，这对母女之间积压已久的冲突终于剧烈升级，一场不可避免的家庭大战爆发了。

在那段日子里，辛迪对凯西的一系列行为已经忍无可忍，脾气也越来越失控：她和乔治的现金经常不翼而飞，信用卡也屡屡被人盗用，凯西要么将凯莉一把推给她照顾，要么霸占着凯莉不让她与孩子见面——家里到处是一片乱糟糟的情形。辛迪的怒火越烧越烈，早就想找个机会教训凯西。引爆母女俩之间最终冲突的导火索是一张凯西的照片——凯西参加了“脸谱”网的一项派对，号称“脱衣宝贝”的运动，并将自己的照片发在了博客上。照片上的凯西全身裸露，只裹着一张美国国旗，手中拿着一瓶啤酒。看到这张照片后，辛迪怒不可遏，与凯西大吵起来，甚至发生了肢体冲突。据我们推断，就在那天晚上，6 月 15 日夜，凯西做出了一个令人胆寒的决定——将凯莉从母亲手中夺走，永远不会再让母亲见到孩子。

我猜想，也许凯西告诉自己，将孩子杀掉是对孩子未来最好的安排；也许凯西告诉自己，绝对不能让凯莉在辛迪的关注下成长，像她一样成为受害者；也许凯西告诉自己，小凯莉很快就会牙牙学语，到那时，包括虚构的保姆、虚假的工作在内的一切谎言，以及她用谎言搭建起来的整个世界都将轰然坍塌——这真是一个至理名言：当你欺骗别人时，首先是在欺骗自己。当然，上述思想活动仅仅是我们根据案件证据进行的单方面推断，凯西当时究竟抱有怎样的动机，只有上帝才会知道。

凯西动手了。她首先迫使女儿吸食氯仿，目的是为了让孩子丧失意识，减轻孩子的痛苦。孩子昏迷后，她将胶带在孩子的小鼻子与小嘴巴上牢牢地裹了几圈，确定孩子无法再顺畅地呼吸。最后，她用小凯莉生前最喜欢的维尼小熊抱毯将她包起来，塞进庞蒂克轿车的后备箱内。做完这一切后，凯西开着车去了托尼的公寓，而后备箱中就藏匿着小凯莉的尸体。第二天，凯西趁乔治与辛迪都去上班的空隙开车回家，将车子停在了自家车库。她从储物架上翻到了两只垃圾袋以及一只洗衣袋，随后将凯莉的尸体塞进袋子里，准备到后院里挖坑埋掉。但是家里的工具间被乔治锁上了，她没有找到合适的挖掘工具。因此，凯西敲开邻居布莱恩·伯纳的门，谎称自己要去后院挖一些竹笋，向他借了一把铁锹。

凯西拿着铁锹回到自家后院，那里围着高达 6 英尺的栅栏横挡板，从院子外面基本什么也看不见。她首先将凯莉的尸体放在草坪上，开始为女儿挖掘墓穴——放置凯莉尸体的那片草坪正是后来警方寻尸犬表现出异常兴奋的位置。但后来不知是什么原因，也许是体力不够，也许是心存惊惧，凯西放弃了将这片草坪用作凯莉墓地的想法。她再次将凯莉的尸体塞进轿车后备箱，在第二天或者第三天开车去了那片沼泽地，向里走了 20 英尺，将凯莉的尸体丢弃在那里。

我认为，凯莉遇害后，凯西一定没有静下心来认真思考过，自己究竟应当如何去做才能逃脱法律或者命运的惩罚。她那随机应变的优秀潜力与信口而来的编谎能力使得她在一次次紧急状况面前化险为夷，也使她的侥幸心理越来越强。这不禁令我想起斯嘉丽·奥哈拉小姐的一句名言："明天，等到明天，我再去考虑这些令人烦心的事情。"

凯西的借口太逼真了，居然能够将孩子"失踪"的消息向母亲隐瞒了长达 31 天的时间；凯西的运气太好了，居然在整整六个月内都没有人发现小凯莉的尸体。但我们也从凯西驾驶过的庞蒂克轿车的后备箱中获取了三项铁证——腐尸的气味、具有暗色条带（死亡暗带）的毛发以及高浓度的氯仿——这些均是据以定案的基础证据。而那些缠绕在小天使的颅骨上的胶带则是我们据以定案的关键证据。最后，凯西肩膀上的文身为自己的作案动机做出了生动的诠释：她很快就要开始享受那令人艳羡的"美好生活"，前提是小凯莉必须永远消失。

这就是在我们眼中事情的全部真相。我们已经做好充分的准备，应对辩方律师提出的一切挑战。

第二十一章　粉墨登场

2011年5月23日，星期二。清晨，确切时间是上午8点13分，我下了车，迈步走向奥兰治郡法庭。这条路我不知已经走过多少次，却从来没有像今天感觉这般特殊。法庭周围处处弥漫着兴奋与骚动的气氛，甚至达到了狂热的程度，似乎这里即将进行的并非是刑事案件的审判，而是一场获奖电影的首映式。经过一组列队等候入场的公众时，我听见人群中有人在高喊我的名字，顿时起了一身鸡皮疙瘩。我告诉自己要保持镇静，转身向人群挥挥手。这种场合里，断少不了媒体记者们的身影，他们聚集在我们面前，一边后退一边为我们拍照。每逢此时，我都会为他们的敬业精神而感慨不已。

法庭对面是一片大约五英亩的闲置地，地产所有权归一家颇有实力的开发公司。在这片空地上，一座写字楼正在建设中，目前却正成为“凯西军营”（这是我们对媒体的戏称）的驻扎地。我们了解到，这栋未竣工的写字楼已经被真理频道策划组整体租赁，并且将其中的单元格分租给其他媒体，包括头版头条新闻频道、美国有线电视新闻网等。作业车上遍布着卫星天线与接收器，与全国各地的新闻媒体之间进行实时数据传输。同时，采访梯、帐篷、背景幕布等布满现场，《每日公报》与《晚间新闻》节目将对庭审实况向全国各地进行直播。法庭北面还有一座写字楼，面积比正对面的写字楼稍小一些，也被奥兰治本地的两家新闻媒体租赁，上面遍布着摄影器材与通讯天线。

凯西案之前，我也曾办理过一些在本州乃至全国具有广泛影响的案件。审判进行过程中，有时是在宣判结束后，总会有民众主动前来向我们的胜诉表示祝贺，或者对我们的工作表示感谢。每逢此刻，我都会很享受这种恭维，丝毫没有被打扰的不快与尴尬。这件案子却不同，每当我们进出法庭大门，就会有无数聚光灯在我们眼前闪耀，即便只是一次无关紧要的小型听证会也不例外。我对媒体记者的此种行为颇不以为然，他们已经为此浪费了数百小时的录影带，只是在不停地记录着我们从法庭进进出出的过程——不错，就是我们日常走路的样子。

休庭时，有人在法庭外拦住我，请求与我合影。我感到有些意外，于是礼貌地回绝了他们。午餐时，我发现一群十几岁的小姑娘在餐厅门口探头探脑，指指点点。当我用完午餐返回法庭时，一位中年女士走到我的面前，那群小姑娘立刻叽叽喳喳地追上来，好像我是哪位大牌体育明星似的。最终，她们围住我，要求与我合影。

那一刻，我意识到，对于她们而言这张合影十分重要。她们可以拿着它在亲朋好友们面前炫耀一番。并不是说我是什么了不起的大人物，而是我手里的案件着实不同寻常。这样看来，这桩案件让我一下子变得小有名气了，这倒也不坏。

但是，于我而言，这桩案件与其他案件没有丝毫不同，我确实为它付出了精力与心血，却并不会因此对其抱有过高的期望。将近三十年的职业生涯中，我接手了七十余桩刑事案件，经历了种种情形下的悲欢得失，此刻已经能够对任何裁判结果处之泰然。令我感慨的是，由于此案的广泛影响，我居然也拥有了自己的崇拜者，这真是令人啼笑皆非。说实话，要想在这桩案件中得到公众的承认可不是一件容易的事。庭审的第一天，当琳达、弗兰克与我步入法庭时，人群开始向我们欢呼致意——他们确实是在“欢送”我们入场，仿佛这里即将上演的是一场精彩纷呈的体育赛事。我顿时感到手足无措，不知应当如何面对此情此景。要知道，我们手中是一桩涉嫌谋杀亲子的惨案，遇害者是一位不满三周岁的小姑娘，而被告就是她的母亲。我看不出当时人们的欢呼雀跃代表着什么，而这种颇为热烈愉悦的气氛也与这场严酷的审判格格不入。

法庭门前的安检通道挤满了持票等候的旁听者。琳达、弗兰克与我绕到副楼的旋转门前，验证 ID 卡后直接进入法庭。此外，我必须强调一点，控辩双方在出庭时对衣着的选择十分重要，尤其是陪审员就坐在你对面的时候——无数次血的教训告诉我们，在长达数周的审判里，陪审员在百无聊赖中通常会对法庭内的每一个细节进行观察，而这种观察的结果往往会对最终的判决产生不可估量的影响。琳达事先就向我们透露过，出庭当天她的行头会一改往日的风格，希望我们到时候不要太过惊奇。一般而言，琳达出庭时总是选择格调保守的着装，通常是黑色、褐色的西服，或者是灰色的职业装。但是今天，她却出人意料地换了一身非常抢眼的橘红色短装，看起来真是漂亮极了。我们知道，琳达对此套行头的选择也是控方整个公诉策略的一部分——她必须在最短时间内成功地攫取全部陪审员的目光，才有可能圆满地完成开庭陈述的任务。弗兰克与我则身着普通西服，我依旧佩戴着杰瑞·加西亚风格的领带。这里需要声明，我并非“感恩而死”乐队的粉丝，但我确实喜欢这条领带。我们乘坐电梯直接抵达第 23 层的法庭大厅。审判将在罗杰·A·贝克法庭进行，这是一个多功能审判庭，一般用作大陪审团案件、备受公众瞩目的案件以及涉及多名被告的刑事案件的开庭审理。

罗杰·A·贝克法庭内的布置也颇具匠心：天花板高达两层

楼，通风性能良好，包厢能够容纳一百多名旁听者。法官席的背后有两扇面向南方的落地窗，通过它们可以看到奥兰多的全景。唯一美中不足的是审判庭内的音响效果不是十分理想。确定审判地点后，佩里法官接连签署了多项命令，派遣工作人员调试法庭内部的音响。工人们花费了三四天的时间才将那些嘈杂的回音完全消除。审判当日，整个法庭的音响效果堪称完美，无论身处审判庭的哪个角落，均能清清楚楚地听见每一位发言者的陈述。

凯西案公诉组成员共计五位，除了琳达、弗兰克和我之外，还包括两位年轻的助理——马里奥·佩雷斯先生和艾琳·札亚斯女士。在案件的调查与准备起诉阶段，他们一直是我们的得力助手，因此对整个案情比较熟悉。庭审过程中，马里奥与艾琳各司其职，配合我们做了很多幕后工作。马里奥的主要任务是操作电脑。依照琳达原先的计划，希望雇用一个专业的媒体演示公司，协助我们在法庭上向陪审员展示证据图片与相关鉴定结论的数据图表。如今的陪审团对控辩双方的陈述方式十分挑剔，他们希望尽可能地看到更多前沿技术在法庭上的运用。因此，琳达打算投其所好，引起他们对本案的兴致。为了使我们的开庭陈述进行得再醒目些，琳达向办公室打了很多篇报告，但最终还是没有获准得到这笔额外经费。无奈之中，我们只好自己购买了一些演示软件，由马里奥尝试着在法庭放映。因此，马里奥是真正的幕后英雄，他为我们后来的开庭陈述与总结辩论工作立下了汗马功劳。遗憾的是，虽然最终的演示效果已经比之前提高了几个档次，却仍然没有达到预期效果，琳达对此耿耿于怀。

艾琳是控方证人的调度秘书，负责控方证人出庭程序中各项意外事件的协调。这是一项十分琐碎而艰苦的工作，必须细致严谨地对待。同时，担当证人调度还意味着对另一种风险的承担——质证过程中，公诉人很可能因为种种难以预料的复杂状况冲着她大发脾气，虽然并不是针对她工作的失误。漫长的庭审过程中，艾琳将要负责多达75位证人的出庭工作，这一数字令我听起来就头痛。周一下午，我们五个人坐在办公室，做了最后一次战略部署与分工。大家各就各位、严阵以待，对即将到来的审判满怀信心。至于庭审中会遭遇怎样的情形，审判结果又将如何，那只有交给上帝去定夺了。

琳达、弗兰克与我的分工非常明确。我的主要任务是负责对专家证词进行解释，同时控制乔治·安东尼的证人证词。弗兰克则负责控制凯西的朋友以及李·安东尼的证人证词。琳达负责所有参与此案调查的警探们的证人证词，还包括交叉质证环节中对辛迪与凯西的询问。从辩方最近一系列的举动看来，我们判断凯西将会亲自出庭做证，她将是辩方对我们进行俯冲轰炸中的重磅炸弹。尽管如此，我们对此并不感到过分担忧——琳达是一名交叉质证的老手，经验丰富。而且，据我所知，她一直期待着与凯西真枪实弹地进行一次交锋。

开庭前半个小时，法院的过道里就挤满了民众与媒体。人们彻夜排队等候，就是为了能够获取一张旁听证。如今，法庭里黑压压坐满了人，审判很快就要开始，幕布即将拉开，我们已经为这一刻准备了将近三年之久。法警列队进入法庭，站在陪审员席旁，神情肃穆；法庭秘书与速录员在法官席的侧前方落座；陪审团也已经各就各位，另外还有三位候补陪审员。

公诉人席坐落于法庭右侧，正面对着佩里法官，与辩护席近在咫尺。我坐在中间，左右分别坐着弗兰克与琳达。琳达的座位紧挨着辩护席，辩护席的长桌靠着法庭右侧的帷幕，依次坐着切尼·梅森、何塞·贝兹和多萝西·赛姆斯，另外还有一些助理律师。安·

芬奈儿匆匆出庭，主要负责向法庭陈述这样一个事实——在最近发生的一起刑事案件中，联邦法院法官裁定死刑判决违宪。

凯西进入法庭时引起旁听席上一阵骚动，大家纷纷站起身来一睹这位年轻母亲的真容。凯西身着一件白色带扣的九分袖衬衫，浓密的褐色头发在脑后束成一个马尾。她脂粉未施、面色阴沉、始终撅着嘴，看起来怒气冲天，似乎随时准备着向某人发起攻击。

佩里法官宣布审判开始，首先由控方进行开庭陈述。琳达站起身，开门见山地告诉陪审团成员，她将为他们讲述一个可爱的小姑娘的故事，她的名字叫作凯莉·玛丽·安东尼。琳达这样做的目的是希望受害者的形象能够给陪审员的心灵带来冲击，提醒陪审员意识到受害者的存在。陪审团遴选阶段，将近三周的时间里，12 位陪审员耳中听到的均是凯西·安东尼的名字，眼中看到的均是凯西·安东尼的形象，而可怜的凯莉不过是整个案件的一个小小的注脚。通过各种人性化的描述，琳达努力向陪审团揭示这样一个事实——凯莉是一个曾经生活在这个世界上的有血有肉的孩子，是一个具有强大生命力的活泼的小姑娘。如其他牙牙学语的幼童一般，她有哭有笑、贪玩爱闹。她是一个活生生的人，她有生存的权利，也有生存的欲望。只有明确了这一点，陪审团才有可能公正无误地做出最后的裁判。

庭审之前，我向琳达提了一个建议，请她将凯莉生前的最后一张照片与案发现场的照片进行对比性播放。也就是说，首先向陪审团展示父亲节那天辛迪带着凯莉去疗养院看望曾外祖父时的照片，那时的小凯莉笑容满面，完全是一个可爱小天使。接着再播放警方在沼泽地里发现小凯莉残骸时的照片——这是她短暂人生旅途中的最后一张照片，由于我们的一再坚持，这张照片从未向公众发布过。两张对比如此鲜明的照片必将给陪审团造成强烈的视觉与心理冲击，此时再由琳达向他们解释其中的来龙去脉，效果也许会更好。

琳达的开庭陈述棒极了，她圆满地完成了自己的任务。然而，令我们沮丧的是，琳达声情并茂的陈述并没有达到当初预期的效果。整个过程中，我逐一观察着陪审员们的表情，原以为可以在他们的目光中读出惊骇与震怒。但是很遗憾，在他们的脸上我没有发现任何情绪波动的迹象。显然，他们并没有被这些图片所打动。面对这组图片，居然有人可以保持如此的镇定吗？这简直令人匪夷所思。也许我们的陪审员都是些喜怒不形于色的理智之人，也许他们在竭力控制着自己的情绪，因而带给旁观者冷漠的假象。

接下来，按照小凯莉被家人报告失踪一直到尸体被发现的时间顺序，琳达站在公诉方的立场对这段时间内发生的事件进行了客观陈述。她有条不紊地回顾了整个事件的经过，并对犯罪嫌疑人的每一项行为进行了分析。琳达将陈述重点放在凯西的一系列谎言上——谎言是如何开始的，凯西对其进行了怎样的修改，最终又产生了怎样的版本，这是一个循序渐进的完整过程。我们的主要目的并非单纯地展现事实，而是让陪审员们对凯西的撒谎行径有一个清醒的认识。凯西之所以编造出这样荒诞离奇的谎言，并非仅仅出于撒谎的本性，而是有着更深刻的目的。这些精心编织的谎言一旦遭到警方质疑，凯西就会将其向另一个更为高级的版本推进。她尤其善于见风使舵、投其所好，编造出种种令听众着迷的细节，尽力延长这些谎言的生命力。根据目前情况分析，辩方极有可能将凯西最终版本的故事作为撒手锏在法庭上抛出。虽然还无法断定它将以怎样的面目出现，但是我们现在就必须争取陪审员的信任，努力使他们意识到，凯西之所以编造出这个荒诞不经的故事，是因为前一个版本的谎言再次被警方揭穿了。

倾听着琳达铿锵有力的发言，我突然意识到，开庭陈述时我们有必要略过一些细节，在更为合适的时候再提及它们。采取这样的策略可以使陈述内容更加言简意赅、情节紧凑，因而给陪审团成员留下更为深刻的印象。不一会儿，琳达似乎也意识到了这个问题，因此十分明智地将凯西身上的文身等细节均刻意略过不谈。

琳达的开庭陈述对庞蒂克轿车中发现的物证做了简要回顾，虽然这些证据在报告中所占比重并不大。她谈到了凯莉的尸骸被发现的过程，并且向陪审团揭示了案发现场采集的证据与安东尼住宅之间的密切关联。最后，琳达总结道，从凯莉失踪的第一个晚上开始，凯西就开着车与男友一起兜风、看电影、做爱；在其后的 31 天内，凯西更是肆无忌惮地泡夜店、与男友约会、参加“火辣身材”选美大赛、彻夜狂欢……总而言之，这位母亲在女儿失踪后的一系列行为已经超越了常人能够理解的范围。显而易见，正是凯莉的“失踪”使得凯西过上了梦寐以求的“美好生活”，她十分享受这种失去了女儿羁绊的无拘无束的日子。因此，我们可以毫不犹豫地做出推论——杀害小凯莉的凶手正是她的母亲凯西。在这里，我们以联邦政府的名义，代表佛罗里达州检察署向凯西提出一级谋杀罪的指控。

开庭陈述结束了。琳达向大家充分展示了一位一流的检察官应当具备的卓越素质，她的表现堪称完美。在长达两小时十五分钟的案情综述中，琳达的陈述谨慎沉稳、简洁扼要而又不失激情。在我看来，她已经圆满地完成了这项艰巨而重要的任务，为其后的质证阶段打下了坚实的基础。最为关键的一点是她将凯西惯用的撒谎伎俩呈现在陪审团面前，并恰到好处地解释了凯西为何会选择某个谎言版本，又为何会将其升级为另一个版本。这样，当辩方手中掌握的撒手锏抛出时，陪审团必然会理性地思考一下，难道这是又一个谎言吗？难道这是上一个谎言的升级版吗？

控方陈述完毕后，已经快到中午了，佩里法官宣布休庭。大家都对琳达的口才钦佩不已，纷纷向她点头致意。琳达的个性向来低调，从不愿意成为公众注视的焦点。但是，如果以一个检察官的基本素养对她进行考评，她倒是十分乐意接受这种赞美与鼓励。午餐时，琳达容光焕发，心情看起来很好。我们也一样。

下午轮到辩方进行开庭陈述，贝兹首先登场。关于他的当庭表现，我认为只能使用“古怪”这个词来描述。说实话，这么多年来，我从未见过如此凌乱不堪的开庭陈述。正如我们所料，贝兹一出场就将凯西谎言的最终版本抛了出来。令所有人惊奇的是，他随后并不围绕其进行陈述，而是直接跳到了另一个话题。整个陈述过程中，我们根本找不到所谓的答辩主题，贝兹一会儿东敲敲，一会儿西打打，迫不及待地将所有线索（并非证据）呈交给陪审团。最后，大家总算对辩方的辩护意图有所了解，那就是小凯莉的死亡完全是一场意外，因此没有人应当为这场悲剧负责。此外，贝兹还对涉案人员喋喋不休地进行指责，例如抱怨乔治·安东尼随意处置凯莉的尸体，抱怨罗伊·克罗恣意破坏案发现场，甚至对警探们的现场勘察工作横加指责，大肆辱骂。

开场白中，贝兹对陪审团许诺，只有他才能够告诉大家凯莉·玛丽·安东尼身上究竟发生了什么事情，这着实吊起了大家的胃口。贝兹的此番言辞具有很大的风险性。一般而言，这已经成为一个潜规则——在陪审团与辩方之间可以达成某项默契，前提是辩方将向陪审团提交全部涉案证据并陈述整个案件实情。如果辩方不这样做，也就是他们向陪审团撒了谎而又被后者察觉，这将使辩方陷于十分危险的境地——陪审团感觉自己受了愚弄，将会一致做出对被告不利的裁决。

贝兹在这点上做得不错，他成功地将控方出示的证据与凯莉的真正死因进行分离。说实在的，对于一名律师来说，没有比意识到自己的当事人是一个习惯性的撒谎者更令人沮丧的了。因此，贝兹试图将这一切安排得真实可信，至少表面上看来如此。这样，当我们指出凯西的一系列谎言时，他们就可以辩解说凯西的谎言与凯莉的死因并无关联。

贝兹向陪审团指出，安东尼一家的亲情关系与普通人家并不一样，父女母子关系复杂到令人难以置信的地步。我敢担保，贝兹的此番陈述引起了陪审团极大的兴趣，大家希望能够听到相关心理学专家的进一步分析，并对安东尼一家发生的所谓“奇怪事迹”进行深入描述。但是，贝兹根本不可能满足他们的这些愿望，这个只有我们控辩双方心里有数——两位精神心理学专家已经被排除在出庭证人名单之外。究其根本，贝兹将全部的赌注都押在了这样一种假设之上：人们无论如何不会相信，一位母亲会杀死自己的亲生女儿，他们宁愿相信其他的一些解释，无论这种解释如何荒诞不经。退一步讲，难道陪审团不会要求贝兹对自己的开庭陈述做出证明吗？谈到这一点，我对凯西满怀敬佩，她张口就来的谎话将自己的亲生父亲推向了漩涡中心，而她自己反而变成了一位受害者。陪审团会买她的账么？无论如何，针对乔治的指控，贝兹没有其他任何证据可以证实，除非凯西亲自出庭做证。

此外，我还注意到一个十分有趣的现象：他们将被告的椅子调节到了最低高度，令凯西坐上去显得十分瘦小——从陪审席望去，只能看见凯西的头与一部分肩膀露在外面。此刻的凯西不再显得精明强悍，而是变作了一个楚楚动人的小女人。我一直在纳闷，陪审团能够看穿他们的鬼把戏吗？坦率地说，对于该案陪审团而言，做到这一点似乎并不容易。

当贝兹提及凯西自幼受到的性侵害时，凯西“难过”地趴在桌子上哭起来。此时，我忽然回忆起两位精神病学专家在访谈笔录中所做的注释：谈到遭受的性侵时，凯西表现出十分愤怒的表情，但是没有哭泣，这一点似乎并不寻常。很显然，凯西这次在法庭上刻意修正了自己的情绪，并对自己的演技充满自信。她此番的表现完美无缺。

有趣的是，在这个版本的叙述中，凯西将一些众所周知的事实与谎言糅合在一起，使得整个故事散发着动人的色彩。不得不承认，目前她撒谎的本领已经达到了登峰造极的地步，她甚至可以非常耐心地等待控方将所有的证据提交法庭，然后根据这些证据对自己的故事进行润饰。这样，她的故事就会显得更加真实可信。也许是受到凯西的影响，贝兹也开始利用控方提供的证据对己方的观点进行阐述。一个典型的例子是：凯西在参加舅舅的婚礼时已经怀孕了，但是她的父母却向宾客们竭力否认，说她不过是稍微长胖了一些——这是陪审团已经知晓的事实，贝兹却利用它来解释安东尼一家的亲情关系是多么的“混乱”。

如果你了解凯西的秉性，就会毫不犹豫地得出以下结论：撒谎是她生来具有的一种本领，她能够利用种种真实或者不真实的细节赢取倾听者的信任，继而向那些过于单纯的人们大肆兜售各种版本的谎言。这就是典型的凯西风格。从我接手这桩案件开始，亲眼目睹、亲耳闻听到的所有事实均证明，现在这个坐在被告席上的温顺恭良、谦卑柔弱的小女人绝不是凯西的真实面目。她一直是幕后的操纵者。不错，我说的就是她——凯西·安东尼，她是整个辩方律师团的主谋，而贝兹不过是个跑龙套的小角色。我们确实希望陪审团能够通过理智的分析看穿她的所有谎言，目前而言，他们很快将要听到的是又一个令人惊骇的故事——凯西谎言 4.0 版本。

贝兹一再声称，辛迪与乔治夫妇应当履行出庭做证的义务，比如对他们曾经在凯西幼年时将她扔在公交车轮下的行径进行解释，或者承认他们的家庭关系混乱不堪的事实。我不知道陪审团如何看待贝兹的此番指责，于我而言，迫使任何一对夫妇对自己的家庭关系进行污蔑性陈述都会令人感到愤怒。贝兹似乎在威胁着安东尼夫妇，他们对凯莉的疼爱以及渴望得知真相的心理都成为万死难辞的罪状。依照贝兹的逻辑，凯西就是安东尼一家的核心，所有的人都应当为她服务，无论凯西本人已经堕落到怎样的程度。贝兹还不停地暗示着乔治，作为一名父亲，他必须看管好自己的嘴，一切都要以凯西为重，不要一时意气用事而悔恨终生。贝兹忘了，我们坐在这里，陪审团坐在这里，大家此刻的责任只有一个——为小凯莉讨回公道。

在陈述中，贝兹承认安东尼一家历来对凯莉的安全十分关注，他们总是将梯子从露天泳池处移开，以免凯莉不小心掉进泳池。接着，他又告诉陪审团，6 月 16 日那天，他们忘记将泳池旁的梯子放倒，因而小凯莉爬上去失足落入水中。贝兹并没有向陪审团解释，安东尼一家为何会忘记将梯子从泳池处放倒，以及这场意外究竟是如何发生的。他只是希望陪审团相信他所陈述的就是“事实”。难道陪审团会相信这些未经证实的主观臆断，而置那些确凿的物证与证人证词于不顾吗？

更令人困惑不解的是，贝兹坚称，乔治于 6 月 24 日向警方报告两个便携式汽油罐丢失一事，完全是对凯西的栽赃。然而，他却未能向陪审团解释乔治为何要那样做。而且，既然凯莉的死亡与自己有关，乔治为何又会主动引起警方的注意？与其他大多数陈述一样，对这一切贝兹都闭口不谈。因此，只要你稍微思考一下就会发现，贝兹类似这样的陈述事实上没有任何法律意义。

说到底，这一切鬼把戏如果放到阳光下进行审视很快就会原形毕露。但是，也许我对该案陪审团成员的智商与理性太过乐观了——这一点贝兹比我要聪明得多，他认为略施小计就可以将陪审团玩弄于股掌之间，而事实上他真的做到了，对此我只有摇头苦笑。贝兹对待陪审团只有一个策略：将所有线索（包括臆想、谎言、故事等）再糅杂上一丁点儿的事实捏成团后抛给他们，然后由他们随意选择自己喜欢的那部分来享受，他们将会对整道菜赞不绝口。或者说，贝兹将数百条红鲱鱼都毕恭毕敬地呈献给陪审团，然后笑嘻嘻地望着他们，礼貌地邀请他们选择自己喜欢的一条尽情享用。事实证明，陪审团很吃他这一套。

贝兹还告诉陪审团："循着汽油罐上的这些胶带，你就可以判断出究竟是谁将凯莉的尸体扔在了沼泽地里。"很明显，他再次将矛头对准了乔治。但他紧接着又说，这件事也许不是乔治干的，他目前还没有找到确凿的证据。这种模棱两可的逻辑将我们搞得云里雾里、不知所措。我不知道陪审员们此刻是否与我们的感受一样。

贝兹不失时机地将话题转向那位公共事业管理公司的读表员——罗伊·克罗先生，是他发现了凯莉的尸骸。克罗先生的人品确实令人不敢恭维，但是也不应遭到贝兹如此不负责任的羞辱与谩骂。贝兹声称，12 月中旬，在克罗发现凯莉的遗骸之前，奥兰治警方已经对整个沼泽地区进行过地毯式搜索，但是并未发现任何异常。这一点纯粹是胡言乱语，他同样拿不出任何证据来证明。很明显，贝兹一再宣称的将向陪审团揭露的"事实"仅仅是其毫无根据的主观臆断。我当时很奇怪他为何总是盯着克罗先生不放，克罗与乔治之间没有任何关联，因此对于他们将乔治当作替罪羊的辩护策略毫无益处。

更为可笑的是，贝兹还义正词严地向陪审团透露了这样一个

“事实”，斥责克罗将自己打死的蛇类尸体的照片出售给媒体，并获得了两万美金的报酬。他希望借此告诉大家，克罗这个人是怎样的“道德败坏”。但是，贝兹似乎已经忘记了，就在不久前，他自己牵线，促成凯西将女儿的照片卖给媒体，赚了20万美金的报酬。这种极具讽刺意味的闹剧实在是令我们哭笑不得。

我们无法安排克罗作为控方证人出庭做证，这是实情。因为他始终不能令人信服地解释前往沼泽地的理由，也无法解释向警察做夸张陈述的动机。尽管如此，就连贝兹自己也承认，根据一系列证据推断，克罗绝非那个将凯莉尸骸放入沼泽地里的人。所以，贝兹在陪审团面前提及克罗，攻击他的人品如何败坏，这与本案根本没有关联。唯一的后果是浪费了大家的时间，耗费了大家的精力，并且伤害了一个无辜的公民。贝兹就喜欢这样，将所有的事、所有的人都扯进对陪审团的陈述中，然后乱搅一气抛在陪审团面前了事——也许这就是他的“营销”策略，我们不能忘记，他曾经开过若干家比基尼网络店。

总的看来，贝兹的陈述富有极强的辩论色彩——通篇陈述中，我们随处可见“也许是他，但也许不是他”的王牌逻辑，无论这种指控是针对乔治·安东尼，还是针对罗伊·克罗。更为荒谬的是，贝兹居然怀疑是乔治与克罗两人合谋害死了小凯莉。但是他忘了，二者根本素不相识。我现在总算明白贝兹的策略了，他企图将嫌疑犯的绳索套在每一个涉案人身上，就是为了向陪审团揭示这样一个事实：嫌疑犯很多，凭什么断定凯西就是凶手？看来，陪审团对贝兹的推论十分感兴趣。一个可能是，乔治将胶带缠在孩子的口鼻上导致孩子窒息而亡；另一个可能是，克罗在凯莉死后才将胶带缠在孩子的口鼻之上。但是，无论针对哪一种推断，贝兹都没有指明乔治或者克罗这样做的动机究竟是什么。贝兹一再强调那两个汽油罐，但是这项物证与他正讨论的主题毫无关系。我坐在公诉人席上，听着贝兹支离破碎的开庭陈述，忍不住吃吃地笑起来。我知道自己当时的表现很不礼貌，但是面对如此令人崩溃的开庭陈述，我一直在尽力地克制着自己的情绪，才没有发出更大的笑声。这也算是符合贝兹的“相对论”与“辩证法”吧，希望他能够看在这一点的份儿上原谅我。

贝兹还告诉陪审团，安东尼住宅里唯一可以与案发现场产生联系的就是那卷胶带。这显然是一派胡言——我们随后很快会向陪审团提交一系列证据，让他们看看警探们在安东尼家里究竟找到了些什么。

当贝兹进入总结性陈述时，他突然提高嗓门提到了乔治那次自杀未遂的行为，向陪审团暗示这正是乔治畏罪自杀的直接证据。他的逻辑很简单，如果不是乔治杀害了凯莉，或者说他至少与凯莉的死亡有牵连，他为什么要寻死呢？他还指出，通过那封遗书，可以推断出乔治的畏罪心理。但具体内容是什么，他却避而不谈。我当即决定立刻通知梅里奇探长将遗书递交法庭，作为呈堂书证展示给陪审团。

贝兹接着说，他并不认为乔治是杀害凯莉的凶手。我一下子提起精神，竖着耳朵继续听下去，因为我知道凯西先前讲过是父亲乔治溺死了小凯莉，这是她迄今为止最新的谎言版本。此时，我有一种强烈的预感——凯西谎言 5.0 版本即将诞生。不得不承认，这个姑娘的胆子确实很大，但我仍然不相信她能够在众目睽睽之下编造又一个离奇的故事。

根据美国法律规定，律师在法庭上的发言免遭法律追究的风险。也就是说，作为一位律师，贝兹可以随心所欲地在法庭上发言以制造轰动性的效果，虽然这是一种极不负责也极不尊重他人的行为，但没有人可以对他提起涉嫌诽谤的指控。不过，在我看来，如果一名律师没有事实根据却面对着陪审团为所欲为地发言，而他事后也并不打算以确凿的证据对自己的结论做出佐证，那么这位律师就缺乏基本的职业道德。显然，贝兹在这一点上与我的观点相左。

如果贝兹明知凯西不会出庭指证自己的父亲，那么他这种针对乔治的极具煽动性的诽谤行为就严重违反了律师职业道德。当然，贝兹事后也可以这样澄清自己的无辜："哦，真的很抱歉，当初我还以为凯西会出庭做证并支持我的观点呢。很遗憾，她并没有这样做。"

这也正是这场审判最不同寻常之处。贝兹声称由于家庭氛围的影响，凯西罹患了某种人格障碍。当时他的心里十分清楚，辩方不可能对这一结论进行证明。贝兹竟敢信口对陪审团给出某种结论，而他并不打算在随后的程序中对这一结论进行证明，这一点真是令我目瞪口呆。美国相关法律规定，开庭陈述时，控辩双方均应简洁地阐述己方的基本观点，明确下一阶段的举证方向。因此，双方所述事项必须具有相应的可采信证据进行支持，所提到的物证与证人证词亦必须在"出示证据"的程序中得以兑现。总之，双方均不得涉及缺乏可采信证据支持的事项。否则，法官可以应对方的异议或者依职权予以制止，并在必要时对陪审团提出相应忠告。我以前从来没有遇到过这种情况，陪审团居然会径直采纳一位辩护律师的所有陈述，却不要求他拿出任何证据进行证明。因此，我不得不向贝兹表示由衷的敬意，对于本案的陪审团而言，他似乎具有难以抗拒的魔力。

我们认为，聆听了辩方缺乏主题、逻辑混乱的开庭陈述，再加上我们之前罗列的即将展开辩论的证据清单（包括凯西的撒谎行为、凯莉尸骸的发现、案发现场与安东尼住宅之间的紧密联系等），陪审团必定会认定贝兹的陈述并不靠谱，恰如凯西的又一个谎言。但是，得出这个结论需要陪审员们耐心地倾听、细致地思考，如果这些他们都做不到的话，至少应该根据已有的常识做出准确客观的判断。只有这样，他们才能够在即将进行的举证与质证环节发挥应有的作用，谨慎而认真地履行陪审员的职责。

接受审前培训时，陪审团已经得到如下指示：开庭陈述阶段，控辩双方所述均是没有经过证明的事实。陪审团应当就双方的陈述持怀疑态度，直到他们提供了确凿而充分的证据。毫无疑问，在随之进行的举证环节，控方可以对琳达陈述的每一句话提供确凿的证据支撑，贝兹却无法做到这一点，他所做的绝大部分陈述均没有事实根据。我们希望陪审团能够清醒地意识到这一事实。毕竟，做到这一点并不难。

第二十二章　好戏连连

临近审判，我们面对着一项复杂而艰巨的任务，必须尽快确定证人的出庭顺序。这是我非常愿意承担的工作，其中奥妙很多，也充满了风险。无论是对于控方还是辩方，若希望获得胜诉，合理安排证人的出庭顺序是至关重要的。它可以充分展示控方在公诉过程中将要采取的策略，也是贯穿控方向法庭提交的检控意见的一条暗线。一般而言，根据不同的案情需要，我们会选择不同的顺序模式：有时证人的出庭顺序由法律规定的对证据的采纳顺序而决定，我们必须首先向陪审团出示某项证据，提示他们该项证据与案件事实之间存在怎样的关联，然后才能期望他们对这些证据予以采信；有时针对同一项事实的证明需要若干证人的证词合力完成，这时我们就不得不请多位警探、鉴定人同时出庭，以多项证明形成的证据链向陪审团揭示某项事实；有时证人的出庭顺序根据对方证人的出庭顺序而决定，这就要求我们在法庭上能够随机应变，同时具有快速、准确的判断力。事实证明，一旦我们延误了己方证人的出庭时机，或者根本未对己方证人的出庭顺序做出特殊安排，这两种策略上的失误均会给对方造成可乘之机，导致最后的被动局面。另外，我们还必须注意一点，要充分考虑证人证词所包含的情感因素，它们施加给陪审团的压力将是毋庸置疑的——无论是有利影响还是不利影响，这些证词均直接决定着最后的裁判结果。最后，我们还必须随时关注陪审团的情绪变化，也就是考虑到他们的注意力可能持续的时间，绝不能设计太过复杂的出庭顺序，否则他们会很快感到厌倦。

我们向法庭提交的出庭证人共计七十余人，其中关键性证人只有十人左右，包括安东尼夫妇、维斯博士、加拉瓦利亚博士、警犬驯导员等。他们均与本案的关键证据密切相关，可以站在专业角度向陪审团解释轿车后备箱内的腐尸气味、高浓度的氯仿、凯莉的毛发等证物在案件的定性中具有怎样重要的作用。

开庭前，弗兰克与我将一块白板摆在办公桌上，开始商量控方证人的出庭次序。突然，琳达抱着一大堆色彩斑斓的即时贴走进门来。弗兰克向我眨眨眼，我会意地笑了。琳达是个典型的色彩分类控，总是喜欢将待办事项贴上各色标签以示区别。这次也不例外，她不顾我们的嬉笑，旁若无人地给弗兰克的证人贴上了红色的即时贴，给我的证人贴上蓝色，她自己的则是绿色。不得不承认，琳达这样做给我们带来了极大的方便，这种以颜色对证人进行分类的优越之处十分明显——每个证人由谁负责，哪些证人负责某一项观点的证明，在图表上一目了然。证人的出庭顺序主要由我设计，拟出初步计划后，再由琳达与弗兰克进行微调。我的基本方案是按照事件发生的时间顺序排列证人的出庭顺序，从 6 月 16 日乔治作为第一顺序开始，在凯莉失踪的 31 天内，分别由凯西的朋友、乔治、辛迪、李等人出庭做证。接着，围绕那辆庞蒂克轿车中发现的线索安排证人出庭——它被凯西停泊在什么地方、被拖车拖到什么地方、乔治与辛迪去取车时发现了后备箱中的腐尸气味等。设计这种出庭顺序的好处是始终给陪审团留有悬念，促使他们去主动追寻事件的真相。

接下来，时间到了 7 月 15 日，辛迪正式向警方报告小凯莉失踪了。我们会交叉介绍辛迪与凯西在此之后的种种表现，并且引入警方证人——尤里·梅里奇探长，他是凯莉一案的主要负责人。接着，由梅里奇向大家介绍环球影城内发生的闹剧，以及对凯西实施逮捕的理由。此时，陪审团应该有足够的心理准备接受本案的关键性证据，包括寻尸犬接近庞蒂克轿车后的强烈反应、轿车后备箱内腐尸气味的分析报告、凯莉毛发的鉴定结论、电脑中关于氯仿的检索记录等。这一系列证据将会向陪审团透露一些凯莉遇害的真正内幕。

介绍完涉案证据，我们请陪审员稍作休息，然后向他们展示凯西与亲人及好友的狱中通话以及录影资料，揭露凯西的真实面目。接下来，凯西谎言 3.0 版本出台——由李向大家讲述妹妹对他所说的一切，在布兰查德公园发生的令人震惊的一幕：冉妮光天化日之下抢走了凯莉，并恶狠狠地威胁凯西不许报警。凯西是在 2008 年秋天向哥哥讲述这个故事的，因此下一步应该转到 2008 年 12 月 11 日，凯莉的尸体被发现的那一天。针对这一事件，我们会要求大批控方证人出庭做证。

关于凯西肩膀上的文身，我将它从时间顺序中剔除出去，留待总结陈述时再提及。这个文身将作为我们所有推理的最佳佐证，它生动地披露了凯西在摆脱掉女儿的羁绊后的真实心态。

得知凯西的最新故事版本以及贝兹的答辩计划后，我们曾经打算变更已经计划好的证人出庭顺序。但是琳达坚持原先的战略步骤，担心此刻变动计划会影响整个公诉任务的顺利完成。思忖再三，我们决定请乔治作为控方第一位出庭的证人。之所以这样做，是出于以下考虑：如果辩方律师对乔治提出指控，认为他涉嫌猥亵幼童并且掩盖凯莉的死讯，那么让乔治作为首位出庭证人将大有好处——他可以立即对辩方的指控做出否认。虽然这样做可能使得陪审团对于凯莉的行踪不再感到好奇，但同时也可以让他们洞悉凯西在这 31 天内一直在撒谎的事实。事实很明显，诚如凯西所述，如果她亲眼看到凯莉已经死了，而且是父亲处理了她的尸体，那么，她为什么要在其后的 31 天内继续对所有人（包括自己的父亲）撒谎？她这样做的动机何在？

控方向陪审团提交证人证词的第一天，乔治第一个走上证人席。他穿着一件非常正式的白色衬衫，扣子一直系到最上面一排。他看起来有些紧张，但还算从容镇定。我向乔治询问了发生在 2008 年 6 月 16 日之前的事情，他简明扼要地做了回答。令我放心的是，乔治的回答一以贯之，始终坚定而准确——无论是最初面对梅里奇探长，还是后来面对我，乃至今天面对整个陪审团。他回答询问时的感情也是真挚的，无论是谈到凯莉在他身边玩耍时的欢欣，还是孩子失踪以后的惶恐，以及看到孩子尸体时的绝望。最后，我不得不向乔治提及一个尴尬的话题：贝兹在开庭陈述中指控他处理了凯莉的尸体，并且曾经对凯西有过性侵行为，请他针对贝兹的指控做出回应。我希望乔治能够理解我，我必须帮助他洗清这项罪名。

提及这个问题时，我选择了一种对话式的语气，并且小心翼翼地调整着自己的语调，希望将对这个男人造成的伤害降到最小。我顿了顿，给他一个喘息的机会，字斟句酌地问道："凯莉是否是被淹死的，而你亲手处理了孩子的尸体？"乔治在回答这个问题时哽咽难言，好久没有说出话来。最终，他发誓说自己从未做过这样的事。与此同时，凯西在被告席上望着父亲不停地摇着头，紧紧闭着眼睛——她又开始演戏了。乔治接受质询的整个过程中，凯西长时间地盯着父亲，眼睛里似乎要迸出火光来，但乔治始终没有向她看过一眼。

接下来，我开始提及那个最令人难以启齿的话题——他是否对凯西实施过性侵。如果答案是肯定的，那么辩方就有足够的理由来解释为何凯西会在孩子失踪的 31 天内保持沉默——她从八岁起就一直遭受父亲的蹂躏，并对此习以为常；孩子的尸体是被乔治处理掉的，她惧怕自己的父亲，因此只有对母亲撒谎，更不可能寻求警方的帮助。

为了避免被那些不必要的细节所纠缠，我要求乔治给陪审团一个干脆明了的答案："先生，请您回答，你是否对自己的女儿有过性侵行为？您可以只回答'有'或者'没有'。"整个法庭陷入死一般的沉静中。我再次提示乔治："如果您认为回答这个问题将会对您造成情感上的伤害，您也可以选择沉默。""不！先生，"乔治抬起头来斩钉截铁地回答道，他的眼眶中满含泪水，"绝对没有发生过这样的事情。"接下来，对于辩方提及的所有指控，乔治都非常坚决地一一否认，目光中不再有心痛，也不再有犹豫。

漫长的一天终于结束了。我们对乔治——这个坚强的男人深表敬意，他顶住了来自辩方律师与自己女儿方面的重重压力，冷静地向陪审团做出了确凿可信的陈述。琳达、弗兰克与我离开法庭时的感觉轻松极了，这真是令人压抑的一天，好在我们圆满完成了任务。

控方提交证人证词的第三天，由弗兰克主持对己方证人的询问。如前所述，他负责询问的证人是凯西的朋友们。人数很多，也许整个询问过程会持续一至两天。弗兰克必须将分散在全国各地的这些二十多岁的新新人类们聚集在一起，然后逐一对他们进行询问。这些孩子并不容易打交道，他们有些根本不愿配合我们的工作，有些则不愿与凯西一案有所牵连。因此，在我们三人中，弗兰克的任务最为艰巨，也最富有挑战性。

弗兰克首先从托尼·拉冉罗的室友开始询问，他们分别是卡梅隆·坎帕纳、南森·里斯尼维兹和罗伊·克林特。弗兰克出色地完成了对他们的询问，证实了在凯莉失踪的 31 天内，凯西随心所欲地至少编造了三个不同版本的谎言，来应付三个人对小凯莉行踪的询问。第二个出场的是布莱恩·伯纳，他是安东尼一家的邻居。凯西在 2008 年 6 月 17 日曾向他借过一把铁铲。伯纳的证词揭示了凯西曾经企图在自家后院埋藏凯莉尸体的事实。另外还有两个在富鲜夜店工作过的女孩——杰米·瑞兰德和艾丽卡·冈萨雷斯。共计有 21 位凯西的朋友出庭做证，目的是引起陪审团正视这样一个事实——大家都与凯西交往过，也都被她欺骗过。

当然，在对凯西的朋友进行询问的过程中，也是险情迭出。一位叫作玛利亚·凯什的女人，是托尼一名室友的女友，与凯西相识。她证实，凯莉失踪后的某一天，她曾经搭过那辆庞蒂克轿车外出办事，当时车里并没有腐尸的臭味。最初陈述中，玛利亚说自己搭过凯西的车，但已经回忆不起具体的日期。当弗兰克当庭询问她是否记得哪一天搭过凯西的车时，她的回答却变成了 6 月 16 日。玛利亚的回答令所有人大吃一惊，这将为贝兹提供一个绝好的反击机会——6 月 16 日那天，凯莉的尸体并没有隐匿在车上。

好在玛利亚的证词很快就被推翻了——玛利亚的男友立刻出来证实，她是在凯莉失踪之前而非之后搭过凯西的轿车，这一点他记得很清楚。真是虚惊一场。尽管如此，我现在仍然清晰地记得，自己当时的心怦怦地跳个不停。

下一个出庭证人是凯西的现任男友托尼，他的证词涉及一个更为隐秘的话题。最初接受调查时，托尼告诉警探，凯西曾经向他透露过自己受到家庭成员性骚扰的历史，但是涉嫌者并非是父亲，而是她的哥哥李·安东尼。交叉质证时，贝兹针对托尼与凯西之间的对话内容提出了多项询问。如果托尼与凯西之间确实进行过这样的交谈，那么贝兹此刻引用的就是传闻证据。我们立刻意识到贝兹犯了一个大错误，该种行为将给辩方带来极大的技术风险——辩方此刻主动引入了传闻证据，并且针对该证据向第三人进行了询问，这就意味着他们认可了控方对案发前凯西的行为进行调查的资格，控方因此可以顺理成章地向法庭提交凯西的刑事案底记录——她曾因伪造支票而被好友艾米提起了指控。

我们向法庭提出反对意见，要求法庭认定辩方针对传闻证据进行询问的行为违例。佩里法官思忖片刻后，提出休庭。他请陪审团返回酒店休息，然后将控辩双方召集在一起谈论案件。他希望亲自调查托尼证词的性质，然后再决定是否向陪审团披露此项证词。佩里法官向托尼提问，凯西第一次向他承认自己曾经受到哥哥性侵是在什么时候。

“在 2008 年 6 月 30 日至 7 月 5 日之间的某一天。”托尼回答道。

佩里法官又问托尼，他是否知道李对凯西做了什么。托尼回答，李企图抚摸自己妹妹的乳房，但是凯西说他最终没有得逞。

紧接着，佩里法官想要知道凯西是否对托尼透露过关于其父亲当时行为的信息：“你能否告诉我们当初凯西是怎样描述安东尼先生对她的虐待行径的？越详细越好。”

“‘袭击’，我记得当初凯西用了这个词。”托尼回答道。

“在你看来，‘袭击’是什么意思？她后来没有向你解释这个词的含义吗？”

“我认为这是一种惩罚。”托尼回答道。佩里继续问：“除了这个词，她还说其他什么了吗？”

“据我所知没有。”

最终，佩里法官认定托尼的上述证词属于传闻证词，根据传闻证据规则，这些证词不具有法律效力，因此不必向陪审团提交。

控方提交证人证词的第四天，乔治·安东尼又重返法庭。这次，他的证词内容主要涉及两个汽油罐上发现的胶带，这些胶带与凯莉尸骸上缠裹的胶带来源于同一厂家。记得当初针对汽油罐上的胶带对乔治进行询问时，他曾经企图编造谎言帮助女儿逃脱指控，因此我对他此番出庭做证的过程十分留意，做好了最坏的打算，也想好了应对措施。

回溯至 2009 年夏天，当提及汽油罐上缠裹着的胶带时，乔治说那并不是自己缠上去的，言外之意是警察们将胶带贴在汽油罐上，目的是诬陷凯西。听了此番拙劣的谎言，我深感遗憾——为了包庇女儿，这名前警官不惜牺牲自己的荣誉做了伪证。

然而，凯西非但不领父亲的情，反而当众编造故事，揭露父亲与自己之间存在着乱伦的荒淫行径。乔治这次会改变自己的证词吗？谁也不能做出准确的预测。站在证人席上，乔治声称，当凯西将汽油罐还给自己时，通气阀门上并没有盖子，也就是说凯西将阀门上的盖子搞丢了。接着，乔治说自己亲手将胶带缠在了阀门上，他记得很清楚，那一天是 2008 年 6 月 24 日。乔治这次的陈述与之前的口供完全不一样。我早就预料到乔治会这样做，一有机会他就会试图帮助自己的女儿，这是一种本能，一种舐犊情深的本能，他无法控制自己。

交叉询问的过程中，贝兹已经注意到乔治的前后证词并不一致。因此，贝兹的最后一个问题单刀直入，再次向乔治提出了相同的话题："当凯西将汽油罐还给您时，上面有胶带吗？"

乔治当时有些紧张，他并没有直截了当地回答贝兹的问题，而是支支吾吾地针对其他话题进行了叙述，看起来颇为吃力。他并没有意识到，贝兹向他询问这些话题的唯一目的就是要扰乱他的心绪。

这种情形对我们可是大为不利。乔治一向对贝兹颇有微词，曾多次警告女儿换掉这个律师。如今，凯西居然对他提起了猥亵、乱伦的指控，他推断一定是贝兹在背后捣鬼——在乔治眼中，凯西对贝兹的建议只有顺从的份儿。但是，事实也许并非如此，据我们判断，对乔治的一系列指控完全符合凯西一贯的风格。我们暂时不讨论这个话题。目前，问题的关键是贝兹心里十分清楚乔治对自己没有好感，因此决定利用乔治大做文章。他有意激怒乔治，让乔治在陪审团面前流露出对自己的明显敌意。遗憾的是，乔治并没有看穿贝兹的用意，眼看就上了钩。我当时很想大声提醒乔治："不要再理会贝兹，也不要再陪他玩游戏，直接回答他的问题即可!"但我最终还是忍住了。我发现，乔治远非我想象的那般愚蠢，他似乎在主动配合贝兹的询问，将罪责往自己身上揽——也许这正是他保护女儿的特有方式。毕竟，如果一个无辜的人希望将自己牵扯进某桩刑事案件中，总会发现许多简单可行的办法。当然，这仅仅是我的直觉在推测。

贝兹知道乔治将会继续在胶带问题上纠缠不休，他会竭力否认案发现场的胶带与自己住宅之间的某种联系。但是，我们的手里至今还保留着这样一份录影资料——"寻找凯莉"活动指挥中心的标语上也贴着大量的胶带，而它们与案发现场发现的胶带一模一样。这使得乔治看起来像个撒谎者，如果说最初的证词是为了保护女儿凯西的话，那么现在他只是希望保护自己了。

最终，乔治回答贝兹，当凯西将汽油罐还给他时，上面并没有缠着胶带。我想不通，乔治为何要参与这场危险的游戏呢？他现在已经径直跳进了贝兹设计的陷阱。我真想一巴掌打醒他。更为糟糕的是，这才仅仅是个开始，我知道，贝兹接着要做的下一件事就是询问乔治每隔多长时间会修整一次草坪。

“您每周都修整草坪吗?”贝兹问道。

“嗯，一个多星期，或者两个星期，十天左右。”乔治回答道。他的回答是极不明智的。我原希望他会简单地回答：“对，夏季我每周都修剪一次草坪。”随后，贝兹提起了乔治的报案电话，电话里乔治声称自己的工具间被盗了。这好像在对陪审团进行着某种暗示——乔治企图陷害凯西。

我发现，在任何问题上，乔治都喜欢与贝兹唱反调。但是他既没有凯西的撒谎天赋，也不懂得如何把握好行为的分寸，反而将自己逼入了绝境。一般而言，遇到该种情况，律师们都会提醒证人注意以下事实：“先生，请注意您的言行，您此刻的一举一动都可能有助于被告摆脱所涉嫌的指控!”但乔治才不会在乎这些，被告就是他的女儿，他的一切行为都是可以被理解、被原谅的。乔治尽情向贝兹发泄着愤怒与不满，却没有意识到，在陪审员眼中，自己失态的言行似乎暗示着什么，或者说，自己在竭力隐瞒着什么。望着乔治的拙劣表演，我们束手无策，只是希望陪审团能够理解乔治此刻的情绪，洞悉这种情绪的发泄仅仅针对贝兹一人，绝不代表乔治参与了这桩谋杀案。

乔治陷入贝兹的圈套，一时间乱了分寸，使自己的行径看起来十分可疑。我实在看不下去了，决心替这个可怜的男人解围。我打算通过一些精确的细节向他发问。比如说，在2008年6月，乔治还根本不会意识到这些汽油罐或者汽油罐上的胶带将会与凯莉的被害产生关联。因此，我向乔治提问，凯西还给他这些汽油罐后，直到凯莉的尸体被发现之前，这段时间内他是否动过汽油罐。乔治回答说“没有”，他将汽油罐放在工具间后就没有再使用过它们。得到乔治的答案后，我转身向陪审团提示，一个人如果参与了一起谋杀案，就不可能将证据完整无缺地保存在自己身边，这是一般智商的人都会考虑到的事实。我不确定自己的提问是否能够替乔治解围，但我确实希望可以指引他跳出贝兹的陷阱。

乔治的做证结束后，一向沉默的陪审团连续向佩里法官提出两个关于自己履行职责的问题——当时，15位陪审员中有12位是正式陪审员，其余3位是候补。他们希望现在就能够知晓哪些人（12位）具有对此案的裁决权——究竟是排在前12位的是正式陪审员，排在最后3位的是候补陪审员，还是不按照座位的排序随机确定正式陪审员的名单？另一个问题是，如果被确定是候补陪审员，他们是否可以立即回家，而不必与正式陪审员一起待在法庭内继续耗费时间？面对这两个问题，我们面面相觑。今天是开庭第三天，他们却已经迫不及待地探讨起回家的问题，这实在不是什么好兆头。

当天晚上，陪审团又向法庭提出了新的要求：他们长期被隔离在酒店内，深感无聊，因此希望观看一些电影碟片作为日常消遣。我随手翻了翻他们列出的碟片目录，却惊奇地发现，其中的一些陪审员尤其嗜好儿童卡通片，这真是令人难以置信。佩里法官随后签署了一项令状，要求法庭根据陪审团的要求提供各种影碟。最终，清单上的影片目录已经达到二百余部，却仍然无法满足所有陪审员的要求。现在回想起此事，我非常理解陪审员们的心情，对他们当时的境遇深表同情，但同时也必须指出，在该案的审理过程中，确实存在着司法成本超额支出的问题。

后来，我们了解到，该案的陪审员非常关注自己在履行职责期间的福利待遇。大多数时间里，他们兴致勃勃地讨论着影片的情节与酒店的餐饮，为了吃饭与娱乐问题争执不休，却没有一个人关注过本案的证据问题，或者至少提出一些质疑。事实上，他们压根就没有提到关于本案证据的一句话乃至一个词。庭审期间还发生了一件颇为可笑的事情：一位陪审员的纯净水喝光了，他望着法庭副理，远远地向他举起手中的空水瓶，又夸张地晃了晃，暗示其立刻为他去取水，似乎法庭副理是他的私人仆役。这个举动将法庭副理搞得非常恼火，休庭后立即向佩里法官提出了抗议。

审判期间，佩里法官对陪审员们照顾得十分周到，希望其所做的一切能够令他们感到舒适、愉快、满意。例如，陪审员们希望观赏到塔帕湾曲棍球的决赛赛事，佩里法官立刻与电视台协调，专门调出当日的实况录像送到酒店。但陪审员们却不领情，声称录像带并非现场直播，因而不够刺激。于是，佩里法官再次出面与当地电视台协调，专门为陪审员下榻的酒店安置了卫星信号，可以满足他们观看全美各种体育赛事现场直播的愿望。再如，有的陪审员提出在休息期间希望品尝到不同风味的椒盐酥脆饼干，佩里法官立刻要求工作人员前往超市采购，然后亲自将饼干送到陪审员休息室。可以说，佩里法官对陪审团的态度是殷勤的、真挚的，他一直在尽力满足他们的每一项要求。

再次开庭后，弗兰克继续对“凯西的朋友们”进行询问，其中一位是凯西的前男友利卡多·莫拉莱斯。弗兰克向利卡多询问了关于安东尼一家的基本情况，包括凯西与女儿凯莉之间的关系。利卡多回答说，自己最后一次见到凯莉是在 6 月 10 日，那天凯西提出和自己分手。交叉询问时，我注意到贝兹对待利卡多的态度十分恶劣，他指责其向杂志社出售了小凯莉的部分相片，相片中的小姑娘身着粉色 T 恤，上面用花体印着“小包装里的大麻烦”的字样，表情非常可爱。贝兹步步紧逼，要求利卡多承认自己因为这些照片获酬 4 000 美金的事实。这实在是欺人太甚，贝兹可能早已忘记了自己为凯西与电视台做掮客的历史，而他们当时获得的酬金是 20 万美金！

对利卡多的询问完毕后，弗兰克对利卡多的朋友特洛伊·布朗进行了询问。之后是特洛伊的前女友梅丽萨·英格兰，凯西的另外四个朋友伊尔森·多诺薇、但丁·萨拉蒂、克里斯多夫·斯图兹和马修·克里斯普。以上证人均证实曾经受到凯西的欺骗，并且由于欺骗事件与凯西的关系变得逐渐疏远。交叉询问阶段，贝兹眼看无法推翻凯西经常撒谎的事实，于是将话题转到了母亲的责任上，引导上述证人承认凯西是个不折不扣的好母亲。

现在回想起来，当时我们忽略了一个常识——当一桩事实被重复多次之后，效果反而过犹不及。我们向法庭提交了十多项证人证词，目的是证明凯西撒谎成性。但是当这种千篇一律的询问与回答反复多次后，陪审员的耐心就会达到极限，继而认为这件事其实没有什么大不了的。正如在厌恶疗法中，医生会让患者大量接触他所讨厌的事情，当患者的厌恶情绪达到饱和后，就会逐渐从中解脱出来。我们当时的目的是希望陪审团注意到这样一个事实，凯西在凯莉死亡后还是装着一副若无其事的样子，似乎什么也没有发生过。事实上，从其朋友们的证词中可以推断出，没有了凯莉的羁绊，凯西的日子过得更为惬意。考虑到陪审团的情绪，我建议弗兰克抓住重点，删略具有相同内容的证人陈述。但是琳达不同意，她认为不应当临时改变预先的计划。弗兰克领会了我的意图，示意我不要与琳达争论，他会想办法将询问过程进行得更为紧凑些。

望着辩护席上眉飞色舞的贝兹，我突然产生了一种强烈的预感——凯西可能不会亲自出庭做证。依照凯西的性格，她不可能站在证人席上，众目睽睽之下接受控方的质证。也就是说，贝兹所有的开庭陈述不过是哗众取宠，在庭审的第二阶段——提交证据的环节中，他将无法向陪审团出示任何证据以期对开庭陈述进行佐证。我把自己的想法告诉了两个搭档，但琳达与弗兰克都认为我疯了。

他们反驳道，贝兹是一名职业律师，他不会不知道庭审时的证据原则，凯西一定会走上证人席讲述自己的故事，继而对贝兹的开庭陈述进行解释。我当时没有说话，因为我明白他们是以通常人的标准来衡量、审视贝兹。也许他们忽略了这样一个事实——贝兹绝不是一位平庸的刑辩律师，凯西也绝不是一位普通的柔弱女性。三年来，我们与贝兹打过无数次交道，血的教训告诉我们，他原本是一个出尔反尔、心胸狭小的投机商，所谓的律师职业道德在他眼中贱若草芥。例如，他向法庭提交了无数的审前动议，却不允许我们做出任何辩解，一旦我们提出一些针对性的动议，就会立刻对我们横加指责。贝兹刚愎自用、鲁莽专断的性格在开庭陈述时表现得淋漓尽致——他上演了一场独角大戏，口若悬河地向陪审员兜售着自己的观点，却忘记了这些观点大部分是没有任何证据可以证实的。在一般律师看来，贝兹的此种行径令人惊骇，毫无疑问，他是在自掘坟墓。但贝兹显然并不这样认为，他自我感觉良好，认为自己尽可以信口开河，编造一些没有事实根据的噱头，而陪审团也会认可自己的所有观点。

5 月 27 日，西蒙·博彻站在了证人席上，他是约翰逊汽车修理站的经理。当初辛迪与乔治就是从他的修理站将那辆庞蒂克轿车取回的。西蒙证实，当时那辆车的后备箱内散发出的气味强烈而且持久，闻起来像是尸体的臭味。西蒙还说，自己从事这行已经二十多年，其间在废弃车辆管理部做了两年的经理，闻到过从车辆中散发出的各种味道。他很确定地说，从这辆轿车后备箱中散发的气味毫无疑问是腐尸的臭味。当他与乔治一起打开后备箱时，里面突然飞出了一大群苍蝇。他们看见后备箱内有一个垃圾袋，当初还以为是这个袋子散发出的气味，因此立刻将它扔到了垃圾堆。但是毫无效果，这种强烈的气味仍然充斥于车内，一点儿也没有减轻。

5 月 28 日，辛迪·安东尼出庭做证。这将是一场情感大戏，由琳达负责询问。在这个回合中，控方的主要目的是要请辛迪对安东尼住宅处搜查出的物证进行辨认，以便与凯莉尸骸发现处采集到的物证相互印证。也就是说，辛迪将根据需要对凯莉卧室中的一系列日常用品进行辨认。一个多小时的质证过程中，辛迪的情绪数度失控。我们不得不要求休庭，让她稍稍平复一下激动的心情。

据辛迪回忆，她最后一次与凯莉见面是在 2008 年 6 月 15 日，那天正好是父亲节。接下来，辛迪谈到了保姆冉妮，这个被虚构出来的女人自从 2006 年起就一直出现在安东尼一家的生活中。按照时间顺序，辛迪尽力回忆了凯莉失踪的 31 天内发生的种种情形。此时，琳达向辛迪提问，她是否曾于 2008 年 7 月 3 日在“聚友”网上创建了账号，目的是与凯西进行交流，希望见到外孙女凯莉。贝兹闻言，立刻起身制止了琳达的询问，理由是该项提问涉及传闻证据。法庭同意了贝兹的异议。

佩里法官提醒琳达，她只能针对辛迪在“聚友”网个人主页的发帖进行询问。然而，凯西并没有在网上回复过母亲的帖子，琳达怎么可能了解到母女之间实际交流的情况？事实上，凯西在“聚友”网的个人主页上，保存着大量“每日心情”的标签栏，从中我们不难看出一些端倪。例如，凯西曾经保存过这样的心情记录——“最糟糕的一天，谁也靠不上，只能靠自己”、“予之，亦可夺之”、“每个人都免不了撒谎，每个人都逃不脱死亡，生活就是一场折磨”等。但是，由于贝兹的一再反对，琳达无法要求辛迪从自己的角度对上述标签做出解读。

在诸多条框的限制下，琳达根本不可能向陪审团揭示出这对母女关系的实质状态。辛迪承认，当得知凯西与凯莉在环球影城娱乐中心玩耍时，她曾飞车到影城门口堵住凯西，但是凯西却抢先一步逃掉了，之后就一直不肯接听她的电话。她与凯西在“聚友”网上的交流是凯西出走后母女俩的第一次交流，遗憾的是，她的热情并没有得到女儿的回应。

辛迪曾经在“聚友”网的个人空间内发布过一个非常著名的帖子——“我的宝贝不见了，有谁看见了我的小凯莉？”正是这个帖子引发了全美民众对这位外祖母的同情。琳达希望辛迪能就“不见”一词做出详细解释，是否她当时仍然认为凯莉非常安全地与凯西待在一起？辛迪解释道，当时她的心情异常焦灼，也非常愤怒，认为凯西欺骗了自己，一次次地要弄着自己。“不见”是指凯莉从她心窝里飞走了，而非物理意义上的完全消失。琳达逐字逐句地将话题引到辛迪在网上发帖的内容，是希望向陪审员们展示案发时这对母女间的关系已经恶劣到何种程度，但陪审员们并没有注意到琳达的用意。接着，琳达向辛迪询问，凯莉失踪的 31 天内她是否与女儿取得过联系。辛迪说她最终不得不放弃通过电话与女儿交流的可能，转而向她发送手机短信息，恳求她允许自己与凯莉通话，但凯西依然非常冷漠地拒绝了她的请求。

我个人认为，在这 31 天中，凯西编造的种种借口着实荒诞不经，任何人稍加思考就会指出其中的大量破绽，而精明的辛迪居然对此深信不疑，其中必定另有隐情。一种可能是，小凯莉在辛迪心目中的地位无可取代，她日夜担心凯西会将孩子从自己的身边抢走。而凯西深谙辛迪的软肋，于是动辄以女儿来威胁母亲。也许当时辛迪非常害怕，如果将凯西逼急后，凯西会带着凯莉一走了之，那样她就永远也见不到小凯莉了。在这种情况下，辛迪妥协了，强迫自己接受凯西的谎言，毕竟小凯莉这张王牌当时掌握在凯西手中。

琳达接着向辛迪提及了庞蒂克轿车里的气味，请她解释报警时曾经对接线员讲过的话语的含义。当时的辛迪完全处于崩溃边缘，她带着哭腔对接线员喊着："我女儿的车里有该死的气味，闻起来像是尸体的味道。这该死的车！"时隔三年，辛迪声称自己对案发当日的情形已经记不清了，轿车内的味道也许并不浓厚，自己是小题大做了。后来，她认可了乔治的解释，认为是某个垃圾袋散发出的味道。同时，辛迪还告诉琳达，自己在医院做事，因此闻到过尸体腐烂的气味。

闻听辛迪的证言，琳达沉默了片刻，接着向陪审团出示了控方的证据——这是一盘报警电话的录音带，时间是 2008 年 7 月 15 日夜。当时，辛迪连续三次拨通了 911 报警电话，所有的电话录音被完整地保存下来，并经许可后在法庭上播放。第一段录音开始播放后，陪审员们一改往日慵懒疲惫的姿态，瞬间变得亢奋起来。听到自己的声音在法庭内回响，辛迪最初感到颇不适应。紧接着，她似乎回忆起一幕幕往事，联想到亲爱的小凯莉已经不在人世，辛迪心如刀绞。她用手捂着嘴，紧闭着双眼，看起来悲恸欲绝。报警录音响彻整个法庭，通过滚动的大屏幕，人们还可以阅读辛迪与警方接线员之间的对话字幕。很明显，辛迪在电话中的语气越来越焦躁不安。

第一个报警电话中，辛迪向接线员报告自己的车子被盗，而小偷此刻就坐在自己身边，她的语气恼怒而激动，很明显她对自己的女儿充满了怨恨。第二个报警电话是辛迪从自己的住宅拨出的，当时的她心慌意乱，一次次地向接线员重复着凯莉失踪的事实。第三段报警电话中，辛迪已经彻底崩溃了，她歇斯底里地对着接线员嚷道，凯莉被保姆绑架了。

在当庭播放第三段报警电话录音时，辛迪已经支撑不住了。她艰难地回忆起自己第一次听到凯莉失踪时的情形，泪珠一连串地从面颊滚落。录音播放过程中，辛迪的头始终低垂在胸前，一只手捂着双唇，由于啜泣，她的双颊涨得通红。最后，她不得不将整张脸都埋在手心，俯在证人席前的挡板上大哭起来。

录音继续播放着，很快进行到凯西从母亲手里拿过电话与接线员通话的这一段。凯西平静地告诉接线员自己的女儿已经失踪31天了，自己一直在寻找着她的踪迹。此时法庭里起了一阵不小的骚乱。大家还未从辛迪歇斯底里的喊叫声中缓过气来，冷不丁听到凯西与接线员间的这段冷静而沉稳的对话——一个母亲，一个女儿，面对凯莉失踪的事实，二人的反应对比实在是太过强烈了。录音带终于播放完毕，佩里法官立即宣布休庭。此刻，辛迪将头向后仰仰，努力坐直身体，力图尽快恢复常态。

辛迪在聆听这份录音带时的反应已经说明了一切。当她认为凯西从她手里抢走了凯莉时，她迫不及待要向凯西讨个说法。但是当她发现凯西不仅仅针对她，而是不打算让所有人见到凯莉时，她又开始感到释然，认为没有必要如此担忧。

接着，琳达向大家出示了凯西与亲朋好友们在狱中谈话的录音证据。当时，凯西因为涉嫌儿童监护过失罪与向警方虚假陈述罪被羁押入狱。这些对话中，凯西极端地以自我为中心，完全不顾及他人的感受。在我看来，这些对话显示了一个原汁原味的未做任何矫饰的凯西，她的真实本性在其中暴露无遗。此时，辛迪的情绪已经有所缓和。她安静地坐在一边，手从抖动的双唇上移下来，表情一片茫然，呆呆地听着录音，看上去已经筋疲力尽了。

录音先从凯西与克里斯蒂娜·切斯特之间的对话开始。克里斯蒂娜是凯西的好朋友，通过她与凯西的对话，我们可以窥视到坐在被告席后的这位年轻母亲真实的内心世界。对话中，克里斯蒂娜一直设法将话题引向凯莉，而凯西却喋喋不休地谈论着托尼，渴望立刻得到托尼的电话号码。无奈之下，克里斯蒂娜问凯西，是否托尼与凯莉失踪事件有关联，凯西一口否定了她的猜测。当凯西数次向克里斯蒂娜询问托尼的电话后，克里斯蒂娜实在受不了了，她问凯西干吗非要和他说话不可，凯西以一种十分奇特的甜蜜的语调回答道："因为他是我的男朋友。"

克里斯蒂娜又说道："我爱凯莉，一旦她发生了什么不测，我会受不了，我会死掉的。"说着她就大哭起来。这可将凯西惹火了，她对着听筒说："上帝啊，跟你们这群疯子谈话完全是在浪费时间，我也要疯掉了。"

听到这里，证人席上的辛迪开始哭泣起来，她的头垂得更低了，似乎为自己女儿的冷酷无情而伤心，她摇着头，喃喃道："她不该这样讲，不，她不能够这样对待克里斯蒂娜……"当听到录音中凯西说自己的朋友与家人都令自己失望时，辛迪又开始低头啜泣。凯西坐在被告席上，与自己的母亲只有数尺之遥，却对这些录音毫无反应，只是冷冷地望着哭泣的母亲。

交叉询问阶段，我们又看见了在过去三年内一直在思想上飘忽不定的辛迪，那份针对女儿的特有的矛盾心理卷土重来。她花费了大量的时间与心血向陪审团描绘出一个理想化的女儿的形象——凯西是一位称职的母亲，即使这么长时间以来一直陷于凯西精心构建的谎言中，她还是千方百计地寻找借口去说服自己接受这份谎言，理解这份荒谬。对于辛迪而言，凯西编造的一系列谎言并非谎言，而仅是一些虚构的故事情节，就像小孩子们经常在脑海中设想的虚幻人物一般。

现在，站在证人席上的辛迪竭力洗刷自己女儿身上的污点。这对母女身上的相互依赖与安慰是显而易见的——辛迪为了不让女儿遭受任何指责，宁愿与所有人翻脸。也许她对凯莉之死深深地自责：如果自己不将凯西逼得那么紧，如果自己能够在凯西夜不归宿的问题上更宽容一些，如果自己能够不去上班在家待着照看小凯莉，这一切就都不会发生了。具有讽刺意义的是，辛迪处处为凯西着想，面对在法庭上喋喋不休地为自己辩解的母亲，凯西的态度却并不感激，也谈不上友好——听着母亲的陈述，凯西的嘴边挂着冷笑，目光里充满了嘲弄，她甚至连看都不愿看辛迪一眼。

辛迪关于自家泳池旁梯子的陈述引起了大家的注意，但是她已经记不得事情发生的具体日期了。站在陪审团面前，辛迪说这件事情发生在 6 月 16 日夜间。当她下夜班回到家后，发现梯子立在泳池里，而且通向后院的门也开着。辛迪清楚地记得，前一天晚上她是将梯子放倒在泳池边的。

值得一提的是，针对自己曾经闻到过的汽车后备箱内的异味，辛迪的证词始终是坚定不变的。贝兹曾试图诱导辛迪说那种气味不一定是腐尸的臭味，他出了一道单选题让辛迪回答："那种气味到底是垃圾的味道还是尸体的味道?""说实话，是尸体的味道。"辛迪诚实地回答，在这个问题上她没有丝毫的犹豫。

琳达对辛迪的询问完毕后，弗兰克请艾米·休伊曾迦出庭做证。艾米曾经是凯西最亲近的闺密，也是她悄悄告诉了辛迪凯西的秘密，并领着辛迪前往托尼的公寓门口堵住了凯西。那一天是 7 月 15 日，其后才有了辛迪的报警事件。据艾米回忆，7 月 15 日下午，凯西从托尼寓所出来，望着自己与辛迪站在门口，她的眼中燃烧着愤怒的火光——一场母女之间的大战即将爆发。最终，凯西被辛迪押上车，坐在副驾驶位置上，自己则坐在后排位置。当时凯西铁青着脸，双手交叉放在胸前，一言不发地盯着前面，"就像一个十几岁的孩子做了坏事被母亲抓了现行"。在车内，辛迪与凯西的对话也是一厢情愿的，凯西始终避重就轻，或者沉默，或者简单地应付了事。当时辛迪一再追问凯莉的下落，凯西却死死咬定一句话：

“保姆冉妮正在照看着她。”

李·安东尼——凯西的哥哥，是弗兰克负责询问的另一位证人。李走进证人席时，凯西忍不住落了泪。令我们失望的是，李如今的态度与2009年夏季为我们做证时大不一样，开庭前，他甚至拒绝了弗兰克的约谈。我们知道事情起了变故，他已经不再是对我方有利的证人。

两年前，李在回答我们的询问时态度非常配合，对我们所做的陈述与先前对警探做的证词也完全一致。尤其可贵的是，李的立场保持着中立，观点也较为客观。他像拉家常般与我们进行交谈，主动透露了许多涉案线索。但是现在站在法庭上，弗兰克发现，他很难再从李的口中问出实情。李尽量使用简短的词汇来回答所有的提问，态度也变得非常生硬。即使是非回答不可的时候，他也仅仅是进行冷冰冰的陈述，完全没有了当初谈话时的热情与主动。如果说在庭审过程中他也有一丝一毫的感情流露的话，那就是他表现出了对自己妹妹的明显的厌恶之情。每当弗兰克询问关键问题时，李的最初回答总是“我不记得了”，弗兰克不得不一次次地对他进行提醒。事实上，李当时的表现完全像已经忘记了过去发生的绝大部分事情。无奈之下，弗兰克将当初的笔录拿出，帮助他回忆曾经向警方做出的陈述。

作为一名检察官，我也承认这种情况十分棘手。李的态度的转变确实令我们感到震惊。我们先前将重点完全放在了辛迪与乔治身上，担心他们改变证词，却没有料到李的身上也会出问题。我并不清楚是什么原因改变了李在此案中的态度与立场，但是其中必有蹊跷。站在证人席上，李的证词已经变得面目全非。

当弗兰克询问李7月15日晚上他与凯西的谈话内容时，李回答说他一再追问凯西为什么不让大家见到凯莉。弗兰克问道：“她当时怎样回答?”李说:“我记不起来了。”经过一番提醒,李低下头想了想,然后回答道:“凯西对我说,她自己也许是一只发了疯的母狗。”

当弗兰克询问,凯西是否曾经对他描述过辛迪对她的指责,李再次陷入了失忆状态。弗兰克将以前的询问笔录翻开,请李回忆一下。李看了一眼笔录,说自己回忆起来了,当时母亲曾经说凯西是个不负责任的母亲,还说凯西不配做母亲,生下凯莉是凯西犯下的最愚蠢的错误。

贝兹开始对李进行交叉询问。这一次,他希望引用凯西曾经对李讲过的话作为辩方论据。但是他忘了,这种证词属于传闻证据,根本不具有法律效力。当初贝兹对控方证人托尼·拉冉罗曾经使用过这一招,在我们的竭力反对下他才未能得逞。由于佩里法官针对贝兹的行为已经提出过警告,此时我们决定不作声,任由贝兹将这场戏演下去,然后在时机合适时进行反击,向法庭提交凯西案发前的犯罪记录。我清楚地记得,当时佩里法官表现出了一种十分好笑的神情,他似乎已经知道了我们将要实施的策略,而贝兹却一无所知。直到我们要求佩里法官认定凯西之前涉嫌支票诈骗的指控,贝兹才恍然大悟,像是被人猛击了一拳,神情沮丧地站在那里。佩里法官认可了我们的申请,但是在签发令状之前,他希望控方能够考虑一下贝兹所提出的证据是否与本案有较大关联。那天晚上,我们对这一话题进行了讨论,最终达成一致意见:贝兹所引入的陈述对本案的定性影响甚微,不值得我们在该话题上花费如此大的精力。因此,我们撤回了申请。佩里法官再次警告贝兹引入传闻证据的后果,我们都希望他这次能够长点儿记性。

第二十三章　铁证如山

贝兹对凯西的家庭成员及朋友们的交叉询问进行完毕后，我们请参与此案侦查、勘验的警方工作人员以及专家证人出庭做证。

奥兰治郡警署的警官们首先出场做证，包括兰登·弗兰彻、阿德利亚纳·埃塞维多、阿曼达·马克林和雷金纳德·霍斯，他们都是在2008年7月15日接到辛迪的报警电话后赶赴现场的一线警探。接下来，我们请尤里·梅里奇探长出庭做证，他是警方调查此桩案件的主要负责人。梅里奇向陪审团陈述了案发当天半夜赶赴安东尼家录取当事人口供的情形，并且介绍了第二天他与凯西一起前往各个地点寻找保姆冉妮的简要情况。他向陪审员指出，第一次听见凯西的陈述时，他就已经对她产生了怀疑，因为她编造的故事太过离谱。而且，询问期间，凯西的语气镇定平淡，情节与情节之间衔接流畅，没有停顿，也没有回忆，令人不得不怀疑这份口供的真实性。

交叉询问阶段，贝兹对梅里奇进行了猛烈抨击，声称自己手中有证据证明梅里奇对凯西抱有成见，因此该项证词的客观性十分可疑。贝兹所谓的证据是梅里奇发表在博客标签中的一句话，上面称自己是“奥兰多的神探狄克·崔西”。法庭要求贝兹承担举证责任，证实梅里奇的某项行为或者言论显示出对凯西的成见，但贝兹与其助手商量了多时，也未能提交进一步的证据。事实上，无论在办案资质、信用记录还是人品方面，梅里奇探长均没有可被攻击之处。

在贝兹对梅里奇探长进行交叉询问的环节中，出现了一些令人忍俊不禁的场景。例如，梅里奇向陪审团陈述，第一次为凯西录口供时，曾经询问凯西是否服用过毒品。随后贝兹却向梅里奇提出了这样一个问题——

“也就是说，你曾经询问过被告，她是否自杀过?”

梅里奇闻言一愣，随后立即反应过来。他装着一副迷惑不解的样子慢吞吞地回答道：“先生，我想自己并没有问过凯西是否曾经自杀，这实在是一个愚蠢的问题——如果她这样做过，当时就根本不可能站在我的面前了。”当时法庭里有人忍不住首先咯咯笑起来，随后引起哄堂大笑，大家都被这情景逗乐了。

梅里奇探长退席后，6 月 2 日，庭审第八天，我们向佩里法官以及陪审团提交报告，通报控方举证程序已经过半——我们希望大家能够理解我们的工作，控方正在争分夺秒地推动着案件的进展，目的是不浪费每一个人尤其是陪审员们的宝贵时间。

我们的下一个证人是杰夫瑞·霍普金斯，也是凯西与母亲辛迪捉迷藏时多次引用的挡箭牌。我们请杰夫瑞来向大家展示凯西是如何利用与他交往的细节编织了一个个动听的故事。杰夫瑞向法庭陈述，他与凯西初中时就认识了，但只是点头之交。他告诉过凯西 2002 年自己曾经在环球影城工作，之后就离开那里。而在凯西的故事版本中，杰夫瑞不仅一直在环球影城工作，而且还是她的同事。与我们从凯西嘴里获取的信息不同，杰夫瑞根本就没有孩子，更不会介绍一个叫作冉妮的保姆给凯西。但是，杰夫瑞承认，毕业多年后，2008 年的 7 月，他曾经在奥兰多的一个酒吧里偶遇了凯西，两人聊了几句。我们推测，正是这次邂逅为凯西提供了灵感，使得杰夫瑞成为她对母亲编造的故事中的男主角。

杰夫瑞·霍普金斯是证实凯西连篇谎言的最有力证人，他的出现彻底摧毁了凯西继续愚弄众人的意图。杰夫瑞与凯西在中学相识，二者是普通同学关系，当时凯西是一个颇为讨人喜欢的姑娘。多年后，他们在奥兰多的一家夜店里相遇，彼此聊得很开心，分手后再未联系过。又过了三年，凯西已经成为全美家喻户晓的人物，杰夫瑞却不得不站在法庭上与她面对面进行对质。杰夫瑞无论如何不会想到，自己已经成为一位女子呓语中的未婚夫。

杰夫瑞之后，梅里奇探长再次走向证人席。这一次，他向陪审团讲述了环球影城办公区内与凯西一起经历的奇遇。回忆起那神奇的一天，梅里奇向大家细致描述了凯西是如何带着一大批全副武装的警探在主题公园办公区内横冲直撞的情景。提到当时为什么不阻止凯西的疯狂行为，梅里奇解释道，大家从警多年，却从未遇见过如此理直气壮的撒谎者，因此都想看看这个充满自信的姑娘最终将如何收场。梅里奇陈述期间，我们向陪审团播映了当时警方在主题公园内追踪拍摄的整个过程。

梅里奇探长做出的第二项证词涉及凯莉一案的搜寻范围。据他所述，凯莉失踪的消息传出后，一直到凯莉的尸体被发现前，他共计收到了来自全美的六千多封邮件，大家对凯莉十分关心，纷纷向警方提供这个小姑娘可能的行踪。这个数据证实了全美有多少善良的人们希望凯莉还活在人世间。遗憾的是，大家的希望最终均成了泡影。

贝兹对梅里奇的质询主要集中在安东尼住宅的泳池问题上。他说自己感到很奇怪，既然辛迪曾经说泳池的梯子被人移动，而且侧门洞开，为何梅里奇从来没有向凯西询问过关于泳池的事情？梅里奇探长解释道，案发第二天下午，在环球影城的安保部里，艾伦警官曾多次询问凯西，凯莉是否有失足落入泳池的可能。当时，艾伦警官还安慰凯西，如果真的发生了这种可怕的事情，请她不要有太多的顾虑，也不必承担太大的压力——这毕竟是一起意外事件，警方不会追究她的刑事责任。但凯西很坚定地一口否认，说无论如何不会发生这种事情，她心里清楚得很，凯莉是被保姆冉妮绑架了，而不是发生了什么意外。她说得如此斩钉截铁、不容置疑，而且她又是失踪女孩的亲生母亲与唯一证人，警探们当时没有理由不相信她。之后，警方按照凯西所提供的线索去调查保姆冉妮，关于泳池一事也就暂时放在一边了。

梅里奇探长做证后，犯罪现场调查部的同事们走上证人席，庭审进入了漫长的证据展示程序。我的同事们向陪审团一一出示了涉案证据，每一份证据都附加着十分详尽的外观描述与精确的地点介绍。特殊情况下，他们还需要进一步就鉴定结论向陪审员们做出解释。警探们分别向陪审团出示了从庞蒂克轿车、安东尼住宅的电脑、停车场内的垃圾堆里采集到的证据——查瑞蒂·比斯利副探长出示了从安东尼住宅的电脑里检索到的历史记录；阿维达·麦克布莱德出示了停车场垃圾堆里采集到的证据；赫拉尔多·布罗伊斯则对庞蒂克轿车内的证据进行了归纳总结。虽然这个阶段的询问由弗兰克负责，但是当需要打开密封证据箱，向法庭出示庞蒂克轿车后备箱内采集到的纤维束时，我的内心还是忐忑不安。我快步走向证据箱，准备帮弗兰克一把。工作人员将罐体密封得很严，我们费了好长一段时间才将它打开。一揭开盖子，那股熟悉的气味便扑鼻而来——看样子，这种气味保存完好，三年了，没有发生丝毫变化。

关于腐尸气味的另一个重要证人是寻尸犬驯导员詹森·弗基探长，他是奥兰治郡警署 K9 特警组负责人。6 月 7 日，当弗基探长站到证人席上时，整个陪审团都像打了兴奋剂一般纷纷坐直了身子，看来他们对将要进行的一幕很感兴趣。弗基探长首先向陪审员介绍了自己的工作职责以及警犬吉瑞斯的资质证明，接着详细描述了他带着吉瑞斯在庞蒂克轿车后备箱内以及安东尼住宅后院中作业时的情景。据弗基探长介绍，吉瑞斯自从出生之日起就开始接受特殊训练，成为一名合格的寻尸犬，主要用来对血迹、骨骸以及尸体进行搜寻，所接受的作战口令是"寻找弗瑞德"。介绍了吉瑞斯的作业领域后，我们为陪审团放映了一部从高空直升机拍摄的寻尸犬吉瑞斯在夜间工作的视频短片。片子中，通过红外线视频可以看到弗基探长的身影，他在一片树林中前前后后地活动着。树林中还有一个湖泊，吉瑞斯看不见湖内被淹死的人，但是我们透过红外线视频可以看见湖内的人体。只见吉瑞斯一步步向尸体靠近，最后在距离尸体不足一码的地方停住，开始狂吠起来。它利用敏锐的嗅觉为尸体准确定位的本领可见一斑。

贝兹先是企图通过质疑吉瑞斯的资质来削弱该项证据的证明力，但是他没有得逞。随后，他又指责弗基探长未将吉瑞斯对凯莉尸体进行搜寻的过程拍摄下来。陈述过程中，弗基探长承认，吉瑞斯只是在安东尼住宅游戏室周围表现出异常兴奋的样子，而对安东尼住宅的后院草坪并不感兴趣。贝兹牢牢抓住这一事实，兴奋地向陪审团宣称这条寻尸犬的工作成果并不十分可靠。

凯伦·劳也是联邦调查局痕迹分析部门的颇负盛名的资深专家，她供职于弗吉尼亚匡蒂科地区犯罪科学实验室已经 11 年了。劳对庞蒂克轿车后备箱内发现的一根九英寸长的毛发做出鉴定，声称这根毛发是凯莉尸体上脱落的。6 月 4 日，出庭做证时，她特别向陪审团指出了那根头发接近根部区域内存在着不同寻常的暗色条带，她将它称作"死亡暗带"——只有从死后腐烂的尸体上才能采集到这样的毛发。她的这项证词随后被斯蒂芬·肖的鉴定结论所验证。肖是联邦调查局毛发纤维分析专家，他对凯莉颅骨上的毛发做了勘验。肖向法庭证实，自己曾经做了多次实验希望推翻劳的理论假设，但无论自己如何努力，也无法从存活生物的毛发中制造出这种“死亡暗带”。因此，肖认为劳的结论是准确无误的。

辩方始终未能找到一位可以对凯伦·劳与斯蒂芬·肖的鉴定结论进行质疑的专家证人。我们的专家再次重申，这根用作证据的头发并非是凯莉死亡前就脱落的头发，它是随着凯莉尸体一起腐烂的。而且，在安东尼住宅中的梳子上采集的凯莉头发也不具有这种独特的“死亡暗带”。综合考虑以上证据，可以推断出轿车后备箱内存放的是凯莉的尸体。

6月6日，星期一，控方出示证据的第十天。这天是阿帕德·维斯博士出庭做证的日子，他是我们控方的第41个证人。我不得不对维斯先生的学者风度表示敬仰，即使谈到最令人难堪的话题时，他的态度也是从容而专业的。刚开始，他耐心而详细地向陪审团介绍了尸体腐烂的各个阶段，谢天谢地，这些描述并没有引起后者的任何反感。接着，在叙述事实或者解释原理时，维斯的目光始终与整个陪审团进行着接触与沟通，这份自信与亲切赢得了陪审团的极大好感。整整一个小时内，维斯博士不厌其烦地向陪审团介绍了该项研究的背景资料，他的讲解不仅没有令陪审员们感到不耐烦，反而获得了大家的高度信任。接下来的物证出示程序烦琐而枯燥，但维斯博士对科学研究的真挚热情感染了整个陪审团，他像孩子一般不断地调整着自己的语调，企图调动大家的积极性——“现在，女士们、先生们，请注意，最为有趣的时刻就要来临了！”不得不承认，维斯博士的表现完美极了，即使他在整个出庭过程中有过紧张与不安，他也掩饰得很好，包括我在内的其他人完全看不出来。

维斯博士的证词对于案件的定性非常重要。在前几天的证人证词中，我们已经利用人类嗅觉与警犬的嗅觉对庞蒂克轿车后备箱内的腐尸臭味进行了证明，而维斯博士的工作则是从客观角度对上述证词进行科学论证。我们希望能够将这些证据整合起来，为陪审团提供一个完整的观念——庞蒂克轿车内的气味究竟意味着什么。如果他们认可维斯博士的研究结果，那么将会得出车厢内曾经藏匿着小凯莉的尸体的结论；如果他们对这项前沿科学技术持保留态度，那也没有关系，他们依然可以从前两项传统证据中做出同样的推断。

我对维斯博士在陪审团面前的现场演示非常赞赏。绷紧的神经一松懈下来，就犯了一个该死的错误。当时我的手里拿着五个金属罐，每个里面装着一小片从庞蒂克轿车里采集到的受污毡毯的样本。当维斯博士向我示意时，我立即递给他一个金属罐，却没意识到在匆忙之间将它们搞混淆了。当维斯博士将这个金属罐拿去做现场演示后，我才突然意识到自己拿错了金属罐——这个罐子原本是送到联邦调查局进行勘验的。我当时尴尬极了，但也不得不硬着头皮将正确的金属罐再次递交给维斯博士。维斯博士却毫不慌张，气定神闲地在众目睽睽之下又做了一遍实验，得出了预料中的结论。

维斯博士是尸体气味研究领域最权威的专家，凯莉的尸体还未被发现前，他就已经接触了那辆庞蒂克轿车，并指导奥兰治的警探们从后备箱内被污染的毡毯上剪下若干块样本，送回橡树岭国家实验室进行勘验。他使用气相色谱仪与质谱分析仪对取样进行了分析，并对这种复合气味进行过滤分解，成功捕获了尸体腐败后的特有气味。当时他发现样品中包含着多达 41 种化合物，其中包括异丁酸，这种化合物在尸体开始腐败的第一时间就会在体内形成并持续向外围空间散发。

维斯博士向陪审团形象地描述了这样的一幅情景：金属罐在实

验室被打开的一瞬间，自己是怎样跳着后退了一大步——这种气味实在是太过强烈了。庭审前，琳达、弗兰克与我曾经设想让陪审员自己将密封罐打开。为了不重蹈辛普森案的覆辙，我事先将这些样品中的两罐拿到奥兰治警署麦克·文森特技术中心做了检测，证实里面的气体保存得完好如初。后来讨论时，我们认为这种要求陪审员亲自闻嗅气味的行为可能会引起一些法律上的麻烦——尤其是面对像贝兹这样的对手。我们可不想让这份关键证据面对任何潜在的风险，于是最终放弃了这种设想。

庭审过程中，当辩方律师呈交证据时，我再次萌发了让陪审员参与证据勘验的念头。当时由我对控方证人进行交叉询问，我向陪审员们出示了几件在拖车场垃圾堆里取回的涉案证据，然后亲眼看见陪审团的一位女士在用鼻子闻嗅我递给她的垃圾碎片。因为辩方一直坚称车内的异味是来自垃圾而非腐败后的尸体，我认为自己完全可以引导陪审员们亲自闻一闻这两种气味，他们自然会利用自己的鼻子分辨出二者的不同之处。

事实上，引导陪审员参与气味勘验的这一想法来源于佛罗里达州立大学列文法学院的安迪·雷蒙教授，他也是控方证据搜集过程中的法律顾问。一次谈话中，他提到了在过去的判例中，曾经允许陪审员参与对案件的勘验，主要是利用嗅觉对证据进行鉴定。但这些都是20世纪二三十年代发生的事情了，当时的法律允许陪审员们亲自对被告进行闻嗅勘验，以确定他们是否真的饮了酒。后来，我向佩里法官提出建议，是否可以将我们保存尸体腐败气味的密封罐列入可以申请陪审团直接闻嗅的证据清单，但佩里法官一口拒绝了我。在他看来，要求陪审团成员在法庭上闻嗅沾有腐败尸体气味的毡毯碎片，这种行为将要承担极大的诉讼风险。他行事一向谨慎，决不允许案件在自己手中发生任何闪失。

另一方面，维斯博士向陪审团出示了那辆庞蒂克轿车后备箱内含有高浓度氯仿的勘验结论。他指出，车内氯仿的浓度指数十分惊人，高达正常情况下的一万余倍。在他二十余年的职业生涯中，从未遇见过如此高浓度的氯仿存在的情形。就我看来，维斯博士的这一发现在整个案件中是至关重要的。我们手中已经掌握了可以置小凯莉于死地的作案工具——布基胶带，而高浓度氯仿的存在则暗示着在何种前提之下使用这种工具——很明显，凶手先是使用氯仿使得受害人陷入昏迷状态，然后从容不迫地给她的口鼻缠上了一圈圈的胶带。

让我们一起来回顾 2008 年秋季发生的一幕。当时，我们已经对安东尼住宅的电脑产生了怀疑，因此拨通了凯文·斯滕格先生与约翰·丹尼斯·布莱德利先生的电话，请求二者赶往现场进行支援。前者是奥兰治警署网络证据实验室的负责人，后者是电脑专家与网络开发设计师。斯滕格先生经过勘验得出结论：安东尼住宅电脑的未分配磁道空间内储存着关于“氯仿”的历史检索记录。布莱德利受雇于加拿大一家名为“寻址”的软件公司，当时他已经为自己的雇主研发出一套程序，通过它能够将已经删除的数据全部恢复。因此，我们将斯滕格先生在安东尼住宅电脑上捕获的已删除信息提交给了布莱德利先生，请他完成进一步的解码工作。

必须肯定，这项工作是许多人的心血结晶。奥兰治警署的同事们发现了检索记录，却无法确定检索的具体日期与网址。而布莱德利正好研发出这种解码软件，可以试着将上述难题解决，也就是将检索记录的网址、时间以及使用的相关引擎通通还原。通过密码追踪，布莱德利先生发现该电脑于 2008 年 3 月曾经有过两次对“氯仿”的检索记录，一项检索关键词是“氯仿”，另一项是“如何配制氯仿”。遗憾的是，他新研发的软件犯了一个小小的计算错误，导致最终的分析结果是：安东尼住宅的电脑对“氯仿”一词的检索在一个月内高达84次。辩方抓住了这项错误，抢在我们之前将该数据提交给陪审团参酌，旨在质疑勘察结果的可靠性。这项无关案件实质的差错事实上掩盖了勘验结果本身的重大意义，我们之前所做的一切努力都付诸流水。但是话又说回来，虽然计算上的差错对该项证据的可信度造成了难以弥补的冲击，但就这项证据本身而言，还是能够引起陪审团的足够关注的。

网络证据与氯仿证据出示完毕后，我们再次请李·安东尼走上证人席。电脑虽然可以为我们提供大量的客观线索，却无法完全替代证人证词的地位。在这个回合中，弗兰克请李陈述了妹妹凯西关于布兰查德公园内凯莉被保姆绑架的说辞，这也是我们已经熟知的凯西谎言3.0版本。我们希望陪审团能够通过李的陈述了解到凯西是一个多么天才的撒谎者，能够轻松地在两个完全不同的谎言版本中穿梭自如。一旦警探发现凯西的陈述有不实之处，她就能够非常熟练地编造出下一个谎言进行搪塞。李的证词说明，凯西对自己在7月16日夜所述的谎言版本进行了更新，同时他的证词也为我们下一个阶段的证据出示工作埋下了伏笔——凯莉的尸体被发现了。

6月10日，加拉瓦利亚博士出庭做证，她曾经负责对小凯莉的骨骸进行尸检，是我们的关键证人。她向陪审团出示了自己的验尸报告，证实孩子的死亡性质是他杀，但是致死原因不明。我安静地望着加拉瓦利亚博士一步步得出自己的结论，没有对她提出过多询问，希望将这个机会留给辩方律师。我猜测切尼·梅森将会主持对她的交叉询问。同时，我心里清楚，无论是谁在加拉瓦利亚博士面前都讨不了便宜，切尼也不例外，虽然他是一个真正的好律师。

果不其然，贝兹让位给切尼，由后者主持对加拉瓦利亚博士的质证程序。切尼的专业素养要比贝兹强许多，一场好戏即将开幕。切尼必定会向加拉瓦利亚博士提及许多问题，而后者也绝不会示弱，她必然会以迅捷的反应能力与无可辩驳的专业知识对质询进行圆满的解答——加拉瓦利亚博士的鉴定结论在证据学界是十分权威的，出道以来，她还没有经历过亲自出具的证据被法庭驳回的历史。切尼首先向加拉瓦利亚博士发难，为何她如此确定地证明受害人是死于谋杀而非意外溺水事故？加拉瓦利亚博士简短地回答："如果孩童发生意外溺水事故，百分之百的案例中人们均会立刻向他人请求援助。"她进一步解释道："如果孩子不幸身亡，无论尸体多么僵硬，人们都会拨通 911 电话报警，希望孩子还有生还的希望。据我所知，在目前归档的所有意外溺亡案例中，这种比例是百分之百。"当切尼进一步提出质疑时，加拉瓦利亚博士斩钉截铁地说："如果凯莉是意外身亡，她的监护人没有理由不报警，这仅是一场事故，他们不会因担忧受到惩罚而选择隐匿尸体。"另外，加拉瓦利亚博士指出，即使孩子已经溺亡，也没有理由在她的口鼻之上缠裹层层的胶带；而当孩子还存活的时候就被在口鼻上缠裹胶带，这就是确凿无疑的谋杀行为。切尼还对她提出了一些专业领域的问题，加拉瓦利亚博士均以扎实的专业知识与丰富的实践经验毫不迟疑地做出了完美解答。

加拉瓦利亚博士之后，迈克尔·沃伦博士走上了证人席，他将向陪审团出示整个庭审过程中最为震撼人心的证据。沃伦博士是佛罗里达州立大学人体鉴别实验中心的负责人，为了证明胶带确实可以用作凶器，我们请求他运用多媒体技术向陪审团展示这一过程。我们向沃伦博士提供了三张照片：一张是凯莉遗骸的颅骨照片，一张是凯莉生前脸部的特写照片，还有一张是现场发现的布基胶带的照片。沃伦博士将胶带照片与颅骨照片分别用作横竖坐标，确定了合成后图片的尺寸大小。之后再将这两张照片不断地进行缩放调整，呈现出相同比例、完全重合的效果。最后，根据解剖学原理，沃伦将凯莉生前脸部特写照片中的上下颚骨与鼻骨不断调整缩放，使得三张照片完全重合。做完这一切后，沃伦博士运用网络视频设计出溶入溶出的效果，使得凯莉的颅骨照片平稳地过渡到生前面部的特写照片，紧接着又滑回颅骨照片。此时，胶带照片覆盖在前两张照片之上，暗示着凯莉生前死后胶带缠裹的位置——它们完全重合了！旁听席上发出了一阵惊呼，在法庭上目睹的这一幕真是令人惊骇，也令人倍感愤怒。但是，当我转头观察陪审员们的表情时，发现他们仍然端坐于座，无动于衷。此时，被告席上发生了一件谁都料想不到的事情——凯西在观看了沃伦博士的证据展示后，情绪突然变得激动起来，她看上去像是受了很大的刺激，也像是歇斯底里。最终，佩里法官不得不向大家宣布："女士们、先生们，鉴于被告安东尼小姐的身体状况，今天的审判到此为止，我宣布休庭。"在一片混乱中，当天的庭审匆匆结束。

辩方律师对此项证据的展示方式表达了强烈的愤怒，他们谴责该项证据具有强烈的煽动性，并认为它所展示的情景仅仅是诸多的可能情景之一。他们竭力游说佩里法官否定该项证据的有效性，并很快提交了一项申请要求宣布当天的审判无效。佩里法官回复道，鉴于此项证据与案件事实存在着"高度关联"，他决定驳回辩方的两项申请。

第二天，审判继续进行。我们请控方证人尼尔·哈斯凯尔博士出庭，他是我们的第 60 位证人。哈斯凯尔博士是著名的法医昆虫学专家，就任于印第安纳州伦斯勒大学圣·约瑟夫学院法医生物科学系，是相关领域中的权威学者。哈斯凯尔博士指出，他在庞蒂克轿车的后备箱内发现了嗜尸性昆虫的踪迹——一种被称作"棺材蝇”的寄生群。据哈斯凯尔博士分析，凯莉的尸体曾经很短暂地在这辆轿车的后备箱内藏匿过。接着，他将后备箱内发现的嗜尸性寄生群与凯莉尸骸现场发现的嗜尸性寄生群进行了对比，证明了二者之间的进化群态是一致关联的。

专家证人中最后一个出场的是伊丽莎白·方丹。方丹是联邦调查局潜在指纹分析中心的工作人员，在对涉案胶带上的指纹进行勘验的过程中，她发现了一个小小的心形痕迹。当这个证据被公众获悉后，布基胶带上留存的心形痕迹就仿佛拥有了自己的生命。各大网络都转载过这样一张图片：凯西的唇部被贴上了胶带，与凯莉尸骸上缠裹的胶带一模一样，胶带上还装饰着一个亮红色的心形标记。不得不承认，这是典型的“媒体审判”引发的结果，在这种审判中，根本谈不上证据确凿，事实与猜测完全混为一谈。幸好这个陪审团始终身处世外桃源，他们对此一无所知。

方丹指出，她在那条布基胶带上看到的痕迹酷似一个心形图案，但是当时并没有将它拍摄备案。她详细地向陪审团解释，胶带上留有的心形痕迹很像是将创可贴从皮肤上撕掉后留下的那种白色印记。

当这项证据最初进入我们的视野时，我便认为它的性质太过模糊，因此并非理想的呈堂证据。而且，现在辩方竭力辩称小凯莉是溺水而亡，乔治·安东尼与此事有牵连，这项证据就变得更加无关紧要了。另一方面，现场胶带上的心形印记与安东尼住宅里发现的记事簿上的心形贴画之间的尺寸并不是完全对应，所以我始终认为这个在距案发现场 30 英尺之遥的安东尼住宅发现的心形贴画并不具有太大的证据意义。但是，琳达一再坚持庭审时出示此项证据，最终我选择了妥协。

控方最后一个出场的证人是鲍比·威廉姆斯——那位曾经为凯

西服务过的文身师。据他所述，在凯莉失踪后的那个星期，凯西曾经光顾了他的文身店，要求在自己的肩膀上绣上“Bella Vita”的字样。这是一句意大利语，含义是“美好生活”。我们向陪审团展示这件证据的目的在于向他们明确无误地揭示这样一个事实——杀害了小凯莉后，凯西终于过上了梦寐以求的“美好生活”。我个人认为该项证据对于陪审团的最终裁决是至关重要的。女儿死后，凯西在自己的肩膀上文上了永恒的字迹，借以庆祝自己美丽人生的崭新开始。这难道不足以解释凯西那令人发指的作案动机吗?

当然，对于这个文身，凯西也有自己的一套解释。据她所言，这个文身其实是自己当时生活状况的反讽写照，她当时的日子过得糟糕极了，所以才文上这个字样。我们认为这种解释太过牵强。辩方也没有对这个证据本身提出过多质疑。令我们惊奇的是，贝兹居然向文身师质疑，意大利语“Bella”的含义是否真的是“美丽”或者“美好”?最后的结果毋庸置疑，贝兹没话可说了。

6月15日，星期三，庭审的第19天。清晨，针对凯西一案，我们代表佛罗里达州检察署向法庭提出歇诉。佩里法官批准了我们的提议，宣布控方举证、辩方质证程序正式结束。我们对这一回合中向陪审团提交的所有证据充满信心。从第一个证人乔治·安东尼开始，我们已经尽了最大的努力向法庭出示采集到的所有证据。一直到最后一个证人鲍比·威廉姆斯为止，我们向法庭指明了凯西的作案动机。幸运的是，所有的证人都经受住了交叉询问阶段的考验，我们也自认为对这些间接证据的运用已经达到了最为理想的状态。同时，我们十分清楚，辩方律师在开庭陈述时抛给了我们一个烟幕弹，其中隐藏着锐利的刀锋——凯西最高版本的谎言还未露出真容，我们期待着能够早日看到辩方手中握着的王牌。

第二十四章　无罪的羔羊

控方歇诉后，佩里法官宣布控方举证程序结束，庭审随即进入辩方举证阶段。贝兹的“梦之队”向法庭提交的证人名册上罗列着45位出庭证人的名字，其中大多数是专家证人，他们将对控方提交的鉴定结论进行反驳。

庭审前，根据佩里法官的令状，贝兹极不情愿地向我们提交了各位专家证人的鉴定报告，我也抓紧时间进行了浏览，发现辩方提出的质询均在我方能够回应与控制的范围之内。但是有一点我还无法进行推断——既然贝兹已经撤销了那两位精神病学专家的出庭做证资格，他们将以何种方式向法庭提交乔治曾经对凯西进行过性侵的证据？与此相关联的一个问题是，如果他们无法证实乔治对凯西的性侵行为，凯西又会编造怎样的谎言来使自己逃脱惩罚？此处还涉及一个关键性问题，贝兹的手中还有其他的证据可以证实凯莉是溺水而亡吗？这可是目前为止他们手里最大的王牌啊。

前面已经说过，我的直觉告诉我，凯西将不会亲自出庭做证。琳达与弗兰克对我的猜测不以为然。他们认为，除非贝兹疯了，否则他绝不会在开庭陈述中提出如此多吊人胃口的观点，却在举证环节中告诉大家他手里并没有相应的证据可以提交。但也说不定，法庭上任何情况皆有可能发生。如果凯西果真有胆量出庭做证，那么她带给大家的将是一个悲戚哀婉的家族故事。抛开凯西所有陈述的真实性不提，最令我们兴奋的是，她将站在证人席上接受控方的交叉询问。琳达对此程序十分憧憬——为了这一刻，她已经等了整整三年。

事先，我们已经浏览了辩方的证人名册。很明显，辩方的辩护要点将放在对凯西的日常品格进行考察的基础之上：2008 年 6 月 16 日之前，没有证据证明凯西曾经虐待过凯莉，或者存在对她疏于监护的行为。而且，辩方将针对我们缺乏直接证据的弱点进行大肆攻击，例如作案现场没有目击证人、胶带上没有提取到凶犯指纹、DNA 检测样品已经被严重破坏等事实。针对此种状况，我的任务是对辩方证人进行交叉询问，向他们揭示这样一个事实——证据瑕疵的存在并不会影响整个案件的性质。诚然，由于沼泽地等恶劣环境，我们不可能提取到他们一再要求的凶犯指纹，但这一点并不代表着凶犯指纹不存在。

第一个出场的辩方证人是奥兰治警署的副探长赫拉尔多·布罗伊斯。这是布罗伊斯探长第三次站在证人席上，当然，前两次他是作为控方证人出庭做证。布罗伊斯就他曾经奉命搜查过的场所进行做证，包括托尼·拉冉罗的轿车后备箱，还有一些他没有搜查过的地方，包括安东尼住宅的主卧室等。贝兹要求布罗伊斯探长出庭做证的目的是谴责警方将过多精力放在凯西身上，而忽视了对其他犯罪嫌疑人的调查。

贝兹要求出庭做证的第二位与第三位证人分别是联邦调查局训练有素的两位特工。他针对尸体上缠裹的胶带的提取方法向两位证人提出了质询，主要目的是为了让他们下不来台。而且，如果连联邦调查局的采证方式与鉴定结论都存在问题的话，那么控方的其他证据就更不足以采信了。第一位证人是西瑟·希伯特，联邦调查局 DNA 证据专家。希伯特做证道，在涉案胶带上确实采集到了指纹 DNA，事后却发现这个指纹是工作人员疏忽之中留在胶带上的，因而是没有意义的——这件事确实令联邦调查局颜面无光，却与本案毫无关系。第二位证人是洛里·格茨曼，一位文档证据鉴定工作人员。据她所述，她并没有发现心形痕迹出现在涉案胶带上，这项证词与我们的证人伊丽莎白·方丹的证词正好相反。我事先已经说过，这个心形图案的出现与本案的关系并不大，辩方纠缠于这些琐碎的细节，无非是为了削弱控方证据的可信度。

为了反驳控方法医昆虫学专家哈斯凯尔博士的证词，辩方邀请蒂姆·亨廷顿出场。这是一位只有 29 岁的法医昆虫学博士，内布拉斯加州肯考迪亚大学的助理教授，曾经在哈斯凯尔博士的指导下进行过科学研究。亨廷顿博士个子很高，戴着厚厚的近视眼镜。他的长相让我想起了伊卡博德·克兰恩，这是华盛顿·欧文的作品《无头骑士》中的一个著名形象，不过他比作品中的乡村教师年轻了将近四十岁。开庭前，哈斯凯尔博士告诉我，亨廷顿将会针对他的证词提出相反意见。即便如此，这位年轻人品行优秀，是非常正直而真诚的。

哈斯凯尔博士的证词涉及庞蒂克轿车后备箱内发现的嗜尸性寄生群，亨廷顿的证词主要针对此点进行反驳。他对这些嗜尸性蝇类的存活周期以及进入后备箱的方式进行质疑，也就是说，如果小凯莉的尸体曾经在后备箱内藏匿过，那么应该能在那里发现大量的蝇类尸体，而事实上这些蝇类的残骸并不多。

哈斯凯尔在鉴定结论中已经对此点进行了说明：由于凯莉的尸体被垃圾袋与洗衣袋层层包裹，再加上后备箱的密闭性非常好，因此这些蝇类无法接触到凯莉的尸体。在我们看来，这种争论不过是两位学者之间正常的意见分歧。贝兹却不这样认为，他径直向亨廷顿发问，要求他当庭回答一些超越其专业领域范围的问题："亨廷顿先生，在您看来，后备箱内毡毯上的可疑痕迹是否属于尸体腐败后渗出的体液?”

我站起来表示反对，认为这个问题已经超出现任证人的专业范围。但是亨廷顿博士却不以为然，声称自己有资格对此问题发表见解，因为自己在十多岁时曾经在殡仪馆打过工。佩里法官核准了亨廷顿博士对此项证明的资格，但同时提出，是否采纳这项证据应当由陪审团来做最终的决定。这是控方在整个庭审过程中首次行使反对权。我们万万没有料到，这仅仅是噩梦的开始。在辩方举证的整个阶段，贝兹将引导着己方证人一次次突破事先向法庭提交的质证范围，由许多并不专业的专家对一些十分专业的问题给出草率的鉴定意见，我们只得一次次站起来表示反对。庭审之前，我们已经从贝兹那里领教过多次这种小动作，同时，我们也不得不承认，他的这种策略最终还是得逞了——控方频频行使反对权，因此打断了审判的正常进行，旁听席上的听众与陪审员开始表示出明显不耐烦。也难怪，他们并不了解这些证人证词已经超过了其专业领域范畴，也没有意识到这些证词事实上并不具有法律效力。

佩里法官针对该违规行为对贝兹发出了多次警告，但他依旧我行我素，将佩里法官的告诫当作耳边风。是的，贝兹在挑战佩里法官的耐心极限。很不幸，佩里是一个十分有修养的法官，他的耐性深不可测。

接下来，亨廷顿向陪审团陈述了自己曾经就凯莉一案设计的实验。他将一只猪的尸骸搬到汽车后备箱内，让它在相对密闭的空间内自行腐烂。接着，他向陪审员们展示了一组照片，上面记录着猪肉在不同腐烂阶段的形态，以及特定阶段猪肉上产生的嗜尸性寄生群。这时，琳达凑近我的耳朵悄悄说：“他怎么没有用毯子将他的猪肉层层包裹起来？这与案情是有出入的啊。”我笑着向琳达点点头。接着，琳达轻声问我，是否有胆量在交叉询问时针对此事向亨廷顿博士问个明白。我向她眨眨眼，点点头。

交叉询问阶段，我首先向亨廷顿提出一个质疑："先生，看来您的实验的目的是模仿案发时的环境空间。但是，众所周知，被害人的尸体是被毛毯、垃圾袋、洗衣袋层层包裹起来的。而在您的实验中，并没有将这只小猪的尸体用毛毯包裹起来，也就是说，您的情境假设与案发当时情境并不相符。对于这一点，您将作何解释呢?"

接着，我立刻向陪审团解释道，刚才有人希望我这样询问亨廷顿先生，不过是开个玩笑而已，请大家不要介意。此刻，陪审团仍然正襟危坐、不苟言笑，亨廷顿先生却忍不住咯咯地笑出声音来。

亨廷顿是辩方的首位专家证人，他认为庞蒂克轿车后备箱内的异味来源于垃圾，而非腐尸。他的证据是当乔治与停车场管理员一起打开车辆后备箱时那些嗡嗡乱飞的苍蝇。交叉询问阶段，我向他质疑，是否有证据证明那些垃圾中存在着可以散发出如此强烈味道的食品？他是否亲眼对那包垃圾进行过勘验？他的回答是否定的，说自己仅仅查看了勘验照片。我立刻向法庭要求调取勘验现场的照片。

亨廷顿博士挑出一张照片，上面有一个奥斯卡·梅尔牌意大利蒜味香肠的包装袋，他对我说："看见了吗？包装袋里还有肉的残渣，如果它们腐烂了，就会产生这种气味。"

我向法庭要求按照照片提取证据实物。我们的现场勘察人员已经将这些实物证据进行特殊处理，脱水干燥后密封在一个个证据袋中。我将这堆证据送到亨廷顿面前："先生，请帮我找出来您刚才在照片中看到的蒜味香肠的残渣。"

"哦，不，不是，这真是太糟糕了。这根本不是什么蒜味香肠，而是它的包装纸。抱歉，照片中我没有看清楚。"亨廷顿博士叠声说道。事实证明，垃圾中并没有什么可以散发出腐尸气味的物品。

维尔纳·斯皮茨博士是一位年过八旬的法医人类学家。在20世纪80年代和90年代前期，他是法医人类学研究领域的绝对权威。过去十年里，他接手了一系列影响较大的案件，包括辛普森案与菲尔·斯佩克特案。现在，他再次主动介入此案。我想，斯皮茨博士之所以不顾高龄，依然辛勤地工作着、奋斗着，是因为不希望自己在相关学术领域中的地位被他人所取代。

斯皮茨博士的证词具有双重意义。首先，他对加拉瓦利亚博士的尸检鉴定做出了质疑，指责她疏于对凯莉的颅骨进行解剖，这是违反法医解剖常规流程的。其次，斯皮茨博士语出惊人，声称凯莉的颅骨被人移动过。也就是说，有人将它从案发现场取出，带回家贴上胶带以后又重新放回案发现场。

斯皮茨博士随后对凯莉的骨骸进行了法医鉴定，将颅骨打开后发现其中有一些残留物质——据其解释，这是脑浆干涸物。他分析称，当凯莉尸体的脑组织开始腐败时，颅骨是被人侧放着，因此偏向一边，造成了脑浆的沉积。我们将这项实验叫作大脑遗骸鉴定。

交叉询问阶段，我首先针对斯皮茨博士对加拉瓦利亚博士的指责进行质疑。众所周知，斯皮茨博士是法医人类学基础教科书的编撰人之一，我将一本他亲自撰写的教材放在他的面前，向他提问："先生，这是您发行量最大的教材版本。请您向我们指出，这本教材里哪一部分写明，对一具已经高度骨骸化的尸体进行尸检时必须解剖颅骨，这是一项'常规流程'?"

斯皮茨博士迅速地翻阅着教科书，却未能找到任何关于此结论的叙述。接着，我又问道，他是否记得一些其他人的著作，将对颅骨的解剖规定为尸检的常规流程。他想了想，再次摇摇头。接下来，我要针对他刚才谈到的"颅骨被人移动过"的推测进行询问。

我提出了一个疑问，是否有人能够做到这一点——将凯莉的头盖骨与下颌骨从尸体上取下，将它们根据解剖学结构对合得天衣无缝，然后在二者之间缠裹上胶带，再将二者放回尸体的原来位置。斯皮茨博士回答，这种情形不能排除，尽管操作起来确实有一定难度。

我向斯皮茨博士出示了案发现场的勘验照片。照片上，小凯莉的几撮头发漂浮在水面，正好覆盖了整个头盖骨的后部。如果头骨被人移动过，当他放回原处时，如何将这些脱离头皮的头发伪造得如此逼真？我向斯皮茨博士指出，头发覆盖头盖骨的形态并没有表明颅骨曾经被人向一面侧放过。

斯皮茨博士闻言变得十分恼怒，因为他根本无法回答我的提问。最后，他猜测也许是法医对这些照片做了手脚，才使得颅骨的头发与颅骨之间结合得天衣无缝。随即他又怀疑警察对颅骨本身做了手脚，之后才拍摄得到这些照片。总而言之，斯皮茨博士在此次出庭过程中表现得并不理智，完全丧失了大家学者的风范。极度的尴尬之中，他走下证人席。

威廉·罗德里格斯博士是一位法医人类学专家，供职于美国国防部武装部队病理研究室。这是一个隶属于华盛顿特区的独立机构，承担着对军事病理学进行研究的重任。（例如，这个机构曾在美越战争 20 年后对其病理案例进行追踪研究。）我阅读了罗德里格斯博士的鉴定报告，发现其证词与控方证词并不冲突，因此决定放弃对他的交叉质证。星期六清晨，罗德里格斯走上证人席，向法庭证明自己的研究领域以及专家资质。据其所称，自己是“法医人类学研究中心”的创始人之一。这个中心的名声非同小可，它就是闻名世界的“尸体农场”，坐落于田纳西大学诺克斯维尔分校，是全美第一家也是最为权威的对腐败尸体进行研究的机构。此言既出，立刻吸引了我的注意力。我对这一领域的研究专家十分熟悉，之前向大家介绍的维斯博士的实验室就建在那里，却从未听到过威廉·罗德里格斯的大名。凯西案的整个庭审过程对全国进行着直播。在罗德里格斯博士出庭做证后的几天内，我们陆续接到许多来自田纳西大学“尸体农场”的电话，声称威廉·罗德里格斯向法庭撒了谎——他根本不是“农场”的创始人，而仅仅是从“农场”毕业的学生。

让我们的话题还是转回庭审现场。罗德里格斯博士对涉案胶带的黏性开始大谈特谈，却没有意识到这个话题已经超越了他向法庭提交的证词范围，也超越了自己的专业领域。我站起来向法庭表示反对。来来回回的争论后，佩里法官裁定该话题将涉及一项崭新的证据。斟酌之下，佩里法官要求休庭，下周由我们对罗德里格斯博士进行交叉质证。

法庭上的气氛剑拔弩张，但控辩双方仍然保持着应有的庭审礼仪。此时的我们并不知道法庭外的民众已经乱成了一锅粥。事情的经过是这样的：前一天夜晚，民众们就开始排队购买今日的旁听票，但第二天凌晨时却被告知门票已售罄。在这种情况下，各种小冲突不时发生，最后演变成肢体冲突。今天凌晨5时，两个男子企图插队购票，排了一夜队的人群将所有不满与疲惫发泄出来，接着引爆了一场群殴事件——人们为了观看这场马戏秀，居然不惜拳脚相加。这次法庭外群殴的全部过程被媒体不失时机地直播到全国各地，这真是令人厌恶。每逢目睹这样的场景，我就会联想起古罗马斗兽场外人们抢票时的画面，而我们就是即将上演的血淋淋的竞技比赛的主角。这一恶性事件发生后，法院改变了售票规则，所有的票都将在前一天傍晚分售出去，庭审当天不再售票。

罗德里格斯博士出庭做证的当天傍晚，我与家人以及几位朋友一起在佛罗里达州“冬日公园”里用餐。忽然，我接到了来自加拉瓦利亚博士的紧急电话，说她刚刚接到来自华盛顿特区的一个电话，罗德里格斯博士的上司——美国五角大楼武装部队病理研究室的上尉希望能够立刻与我通话。我匆匆从餐桌上告辞，来到“冬日公园”芝士蛋糕工厂附近的休息室，拨通了上尉的电话。上尉告诉我，他观看了今日的庭审，发现罗德里格斯博士作为辩方证人出庭做证。他坦率地通知我，罗德里格斯博士的这一行为将引起一系列来自军方的麻烦——作为一名军方工作人员，他未经授权擅自出庭做证，属于十分严重的违规行为。如果他继续这样做，将面临着被除职的危险。我听到这个消息感到十分惊讶，深思之下，认为自己不应参与上尉对此事进行决策的过程。据我估计，下周一开庭时，罗德里格斯博士将不会出现在证人席上接受我们的交叉询问了。现在回想起来，当初罗德里格斯博士走上证人席时，首先向大家宣布自己是以非公职人员的身份出庭做证，原来这是有原因的。我记得他当时说道：“我认为有必要向法庭通告，我此次出庭做证没有索取任何薪酬，也不代表任何机构的意见。”

令我吃惊的是，周一早晨，罗德里格斯博士如约站在了证人席上，继续接受我们的交叉询问。我不知道上尉是否与他沟通过，但是我不希望他因为出庭做证而受到军方的惩罚，更不希望他因此丢了饭碗。思忖之下，我向佩里法官提交了申请，将我与上尉在上个周五的对话透漏给他。佩里法官立即宣布休庭，带着辩方律师进入了休息室进行商议。贝兹与罗德里格斯博士紧张地交流着，一会儿出来告诉我们，他希望能够继续作为辩方的证人接受质证。没过多久，贝兹又跑出来告诉我们，罗德里格斯博士改变了主意，他不愿因此次做证而失去工作，因此决定退出。

两天后，贝兹向法庭提出动议，要求控方撤回对凯西的所有指控，同时提交了一项指控，声称我操纵他人对证人打击报复，涉嫌干预证人做证罪。贝兹指出，我私下联络了罗德里格斯博士的上司，与其联合起来对证人施加压力，并以解雇工作相威胁，导致证人最终不愿做证。闻听此项指控，我的情绪十分低落，保持着沉默，不愿再与贝兹多说一句话。琳达却被贝兹这种无耻的行径彻底激怒了。她厉声向贝兹发出警告——作为一名律师，他必须对自己在法庭上所说的每一句话承担法律责任：如果他们有任何证据能够证明对我的指控，就必须向佛罗里达州律师协会提交报告对我展开调查；如果他们手里没有证据，她将立刻向律师协会提出控告，要求吊销贝兹的执业资格。

“得了吧，你们不能想怎么说就怎么说。你们到底懂不懂规矩？贝兹先生，请不要在这里装傻，你的证据呢？把你的证据拿给我看！”琳达冲着贝兹声色俱厉地斥责着，并且告诉他，干预证人做证罪是一项十分严重的指控，如果他们没有足够的证据可以证实这项指控，她发誓会给他们点儿颜色看看。两分钟后，切尼·梅森的一名年轻助手走过来向我们报告，辩方已经做出决定，撤销对我的指控。此时，辩方团队内的争吵仍在升级。对于贝兹的古怪行径，连佩里法官也只有苦笑，不得不表示自己已经江郎才尽、无可奈何了。

6月21日，辩方证人简·博克出场。博克女士是一位法医植物学专家，曾于2009年2月1日对案发现场进行过勘验。博克女士根据凯莉残骸附近的落叶层分布情况，认定尸体是在被发现前两周才被人藏匿于沼泽地的。我向她询问凯莉尸骸的埋藏时间是否可能比两周更长一些，她想了想，点点头。我进一步向她指出，凯莉的一些骨骸深埋于四英寸厚的淤泥之下，对于这一点，她又将如何解释？博克女士竟然回答说，那些骨骸有可能是由某只野狗叼到那里，然后埋起来的。我闻言大吃一惊，不得不竭力控制住自己的情绪，才没有当面冒犯这位女士。

理查德·埃克兰布姆博士，是一名来自荷兰的“触碰 DNA”[①]研究领域的专家。他主要针对当事人接触过的物体上遗留的皮肤表皮细胞 DNA 进行分析，继而向法庭提交鉴定结论——凯莉颅骨的胶带上是否留有适合进行 DNA 检测的痕迹。

埃克兰布姆先生最初向法庭提交的报告只有短短的一行字，上面写着“目前为止，还没有发现任何可以进行‘触碰 DNA’研究的合适样本”。既然他没有做出任何鉴定结论，我们也就没有必要要求他到检察署接受例行询问。现在，他却大大咧咧地出现在证人席上。我们感到很疑惑——这也许是贝兹给我们的又一个“惊喜”吧。对于埃克兰布姆先生未经询问程序就直接站在证人席上做证，我不得不再次起立表示反对，声称除非休庭进行补询问，否则埃克兰布姆不得作为证人。我已经做好了充分的准备应对他的证词，但是也必须对庭审中出现的分歧性勘验结果保持警惕，并要求法庭对那些违反诉讼程序的行为进行制裁。

---

① 一种法证学意义上的 DNA 指纹鉴定方法。“触碰 DNA”方法的工作原理是：调查人员从案发现场取得细胞，并利用一种称为聚合酶链式反应（Polymerase Chain Reaction，PCR）的过程，制作出 DNA 上 13 个位点的许多副本。然后加入荧光化合物，让它们自动附着到这些副本上。这样，该细胞拥有者独一无二的法证学 DNA 指纹便会浮出水面。整个过程只要几天时间。DNA 上的 13 个位点是仔细筛选的结果，因为人与人之间这 13 个位点有很大差异，但是它们不会揭示诸如种族或性别之类的特定信息，也不会体现出人体健康水平或遗传性疾病的存在情况。来自两个不同个体的 DNA 指纹拥有相同遗传特征的概率几乎趋近于零。“触碰 DNA”之所以得名，是因为这种方法主要分析凶手在犯罪现场触碰武器、受害者或其他东西时留下的皮肤细胞。这种分析少许皮肤细胞获取遗传信息的技术相对较为新颖，大约在 21 世纪初才出现。在 20 世纪 80 年代，为了对某一证物或受害者身上残留的 DNA 进行分析，勘验人员需要的血液或精斑大小约为直径 2.4 厘米。20 世纪 90 年代，所需样本大小减少到了直径 1.8 厘米，再后来变成了“只要能看到，就能进行分析”的程度。而“触碰 DNA”方法不需要找寻任何肉眼能看到的东西，也不需要任何血液或精液样本，只需要提取七八个最外层皮肤细胞即可进行操作。参见中生网．何为“触碰 DNA”（Touch DNA）．见 http：//www.seekbio.com/biotech/study/molbio/2009/q821254047.html，2009-12-10。——译者注

佩里法官这次是真的发怒了——贝兹对他的一再警告置若罔闻，一次次突破程序规则，不断制造一些小插曲打断审判进程，这一切令他实在恼火。他这次动真格的了，开始寻找证据证实贝兹是“恶意”地一再违反证据开示法律规定与庭审规则，他虽然对贝兹已经警告过多次，却收效甚微。为了不影响庭审进度，佩里法官采取了迂回战术，虽然认可了埃克兰布姆的证人资格，却警告陪审团不得采信他的证词，因为该证据属于非法手段获取（由贝兹以“恶意”手段获取），因此不具有法律效力。佩里法官还当庭宣告，审判结束后，他将撰写一份制裁令，针对贝兹本人严重违反法律规则及执业纪律的行为在全州进行通报，但是后来他并没有这样做。最后，站在证人席上的埃克兰布姆先生声称，他的鉴定结论是“尸骸上缠裹的胶带上遗留的指纹是否符合‘触碰 DNA’检测样本的要求，这一点并不确定”。既然如此，我对他的交叉询问就十分简单了。事实证明，贝兹的“伏击战术”又一次失败了。

马库斯·贝恩·怀斯博士是橡树岭国家实验室的分析化学家，又一位气味证据研究领域的专家，也是维斯博士的同事。我猜测，辩方邀请他出庭的目的是希望推翻维斯博士关于轿车后备箱内含有高浓度氯仿的鉴定结论，他们的理由是送检样本中的氯仿含量不可量化。果然，怀斯博士对上述鉴定结论展开了抨击。但是，当他以另一种方法对样本进行检测后，鉴定结论却与维斯博士相差无几。在法庭上，怀斯博士对维斯博士在分析化学领域取得的成绩给予了充分认可，却同时指出，分析化学并非维斯博士的专业领域。我们不禁为贝兹感到悲哀，他邀请怀斯博士出庭做证，却没想到后者的质疑仅仅针对实验的运作方式，结论与维斯博士完全相符，间接证实了我方证据的准确性。

肯尼斯·富尔顿先生是佛罗里达国际大学化学系的教授，他将针对车厢内的氯仿含量以及后备箱内纸巾上遗留的可疑液体进行做证，以此反驳维斯博士的鉴定结论。维斯博士认为，轿车后备箱内的气体包含着五种化合物，这是尸体腐败后特有的产物。富尔顿博士对此鉴定表示认可，但同时指出，这五种化合物也可以在家庭垃圾中发现，例如车内后备箱的垃圾中包含着干奶酪的残渣，当它们腐烂后同样可以产生这些化合物。我再次将实物证据放在富尔顿教授的面前，请他辨认哪些垃圾可以产生这些气味。与亨廷顿博士的情形相仿，最终，富尔顿教授表示自己的推论是不成立的。

谈到纸巾上的可疑液体，富尔顿教授认为其可能来自于乳类、奶酪类以及动物类脂肪。他着重提到了那些维尔维特牌奶酪以及意大利蒜味肠的包装纸，这些都有可能是纸巾上液体的来源。在我对他的交叉询问阶段，富尔顿教授承认，这种液体也可能是尸体腐败后渗出的体液，但仍不排除诸如上述物质等其他来源。

6月23日，星期四，辛迪·安东尼再次站在了证人席上，这次她是作为辩方证人出庭。对于辛迪而言，“氯仿”是一个非常敏感的话题，此时的她依然坚定地选择了对女儿凯西进行袒护。站在证人席上，辛迪声称自己曾利用家里的电脑检索过“氯仿”关键词，当时她怀疑自己的宠物犬是因为吃了大量的竹叶而生病，而竹叶中可能含有氯仿，所以她想上网查查究竟是怎么一回事。但是，辛迪一口否认自己曾经输入过“如何配制氯仿”等关键词。

交叉质证阶段，琳达·布尔迪克再次显示了自己强硬而智慧的一面。她开门见山地询问辛迪具体检索的关键词，辛迪坚称自己只是检索了“氯仿”，而非“如何配制氯仿”。接着，琳达向辛迪询问其在电脑上进行检索的具体日期。

“辛迪女士，你说自己在家中的电脑上检索了关于‘氯仿’的关键词，但是你的陈述与你单位的出勤记录并不相符。你确认自己没有将检索日期搞错吗？据你所述，在2008年3月28日的下午，2点16分至2点28分之间，你坐在家里的电脑旁检索了‘氯仿’。你确定在陪审团前做出这样的证词吗？”

“是的，可能是的。”辛迪的语调开始犹豫不决。

琳达随即向陪审团出示了辛迪单位的出勤记录，上面显示着2008年3月28日下午2点到5点，辛迪一直坐在自己的电脑桌前办公。也就是说，辛迪为了包庇女儿向法庭撒了谎，如果这份证词对于案件的性质起着至关重要的作用，那么她将涉嫌伪证罪。好在直到我退休为止，州检察署都未对其提起伪证罪的指控。

显然，“氯仿”已经成为本案的关键证据。辩方随即邀请凯文·斯滕格警官出庭做证。凯文·斯滕格是奥兰治警署网络证据部的队长。在这个回合中，辩方抓住了我们的疏忽之处，做出了有力的回击。在网络专家约翰·丹尼斯·布莱德利先生的帮助下，我们利用其新研发的软件成功地找到了安东尼住宅电脑上的“氯仿”检索记录。当然，这是在斯滕格警官之前所完成工作的基础上取得的。据斯滕格警官鉴定，布莱德利先生研发的软件的精确度非常高。但是，如前所述，在这项软件的自动检测报告中，显示安东尼住宅电脑对“氯仿”一词的检索高达84次，在每一次后面都标注着精确的检索日期与时间。

在寻求布莱德利先生的帮助之前，斯滕格警官也曾使用过类似的软件对检索记录进行分析，但准确度不高。他的检测报告显示，关于“氯仿”的检索记录在某一网站上只有一次，却被“聚友”网链接转载了84次。后来，我们将斯滕格警官与布莱德利先生的两份报告都呈交法庭，并转交到辩方律师手中。辩方邀请斯滕格警官出庭，就是为了质疑这两份检测报告的可信度。我们当时也不知道到底哪一份报告结果更为精确，但这种分歧并不会影响到我们希望通过该证据向法庭证明的事实——安东尼的住宅电脑上确实存在着关于“氯仿”的检索记录，承认这一点就足够了。遗憾的是，陪审团成员并没有抓住问题的核心所在，他们的注意力已经完全被贝兹所吸引，令我们的证据看起来充满疑点。

斯滕格警官使用不同的软件系统对电脑中被删除的检索记录做了分析，结果与布莱德利先生的检测报告基本一致——二者均显示，安东尼住宅电脑在同一时间内存在着同样的检索记录。除了以“氯仿”作为检索词外，还显示着另一个令人瞩目的检索词组——“如何配制氯仿”。遗憾的是，这些异常重要的信息在陪审员那里并没有引起足够的重视，他们只是盯着那些无关紧要的数字——1次？还是84次？

接下来，李·安东尼再次走上证人席。与辛迪一样，李也毫不犹豫地表达了对妹妹的呵护与宠爱。我想，这也许是死刑的独特魅力使然吧。质证阶段，李曾经谈到了凯西怀孕那段时间的事情。当时他还没有从家里搬出去住，看着妹妹的身段一天天变得臃肿起来，就去悄悄向妈妈打听是怎么一回事。但辛迪对此话题似乎并不感兴趣，三言两语就将他打发走了。李随后也没有再多问，这毕竟不关他什么事。后来他观察到父母对凯西怀孕一事如临大敌，甚至开始为孩子准备婴儿床与淋浴盆了。

如今，站在证人席上的李完全将自己的父母当作了替罪羊，对他们大声斥责。他说父母将妹妹怀孕一事看作家族的奇耻大辱，拼命在所有人面前掩饰这一切，就连他对此事也一无所知，并且错过了小外甥女出生的珍贵一刻。李的这种拙劣表演恰恰是贝兹希望看到的——他希望陪审团能够注意到，这并不是一个健康、正常、和睦的家庭，其中隐藏着太多的秘密，每个家庭成员都是事实上的受害者。

贝兹并没有对李涉嫌性侵凯西一事提出询问。后来，我了解到，李曾经站在安东尼夫妇的律师马克·利普曼先生面前，坚决否认了这项指控。

在对辩方证人进行质证的整个过程中，贝兹一直扮演着主要询问者的角色。我清楚地记得，当切尼·梅森加入辩护团队时，曾经十分高调，舆论也对其显要身份颇为青睐。但是在长达六个半星期的审判过程中，我们并没有听到多少切尼的声音。前面已经介绍过，切尼是一位受人尊重的资深律师，但他所接手的案件多为离婚案件或者引起社会广泛关注的案件。在本案中，他仅参与了包括对加拉瓦利亚博士的质证在内的寥寥数次交叉询问，在整个案件中占的比例极小。据说，切尼先生这次在辩护律师团中的主要角色是对外寻求经济支援——当我们在派内拉斯郡挑选陪审团成员时，切尼正急匆匆地为辩护律师团联系下榻的宾馆。

有一次，在庭审进行到一半的时候，切尼给弗兰克递了一张纸条，上面记载着关于法庭的一些琐碎信息：法庭的天花板上贴了多少块瓷砖、上面嵌了多少顶吸顶灯，诸如此类。可见他当时有多无聊。切尼知道自己将无法在诉讼中成为主角，因为这个案件“彻头彻尾是贝兹的”。正因如此，切尼始终无法全神贯注地投入诉讼，他只是在一旁无所事事，做一些旁敲侧击的活儿。佩里法官对证据进行甄别时，切尼耸了耸肩，用他那十分浓厚的南方口音慢吞吞地说：“我一直在教这个孩子应当如何遵守我们的证据规则。”我们有时也与他聊起案件的相关话题，他总是专注地望着我们，然后说：“抱歉啊，我可不知道，这是贝兹一个人的舞台。”

但是，审判临近尾声时，切尼坐不住了，他认为自己有责任为凯西做点儿什么。他私下约见了琳达，准备为凯西的有罪答辩探探口风。琳达告诉他，如果凯西为自己的行为做有罪答辩，那么她可以设法以二级谋杀罪与凯西达成协议，刑期大约是 30 年。凯西也可以就加重过失杀人行为进行有罪答辩，但是她必须向我们证明自己行为的性质。也就是说，她必须告诉我们整个事情的真相，我们才可以在量刑时帮助她。如果她拒不认罪，或者不解释清楚她究竟对小凯莉做了什么，我们是不会与她做有罪答辩交易的。

切尼事后找了凯西，希望她做有罪答辩。贝兹最初对切尼的想法不屑一顾，但是后来也产生了浓厚的兴趣。6 月 25 日，星期六，我们约佩里法官在法庭后的休息室里商谈此事。但是切尼告诉我们，凯西根本不愿意配合。每次切尼提到有罪答辩时，凯西总是直勾勾地瞪着他，似乎根本不知道什么是认罪，也不知道这样能给她带来怎样的好处。切尼最后挠挠头对我们说，根据凯西的表现，他很怀疑这个女人的行为能力是否正常。

一般而言，当辩护律师对被告的行为能力产生质疑时，法庭必须立刻对此展开谨慎调查。据切尼所述，在有罪答辩这一话题上，凯西的态度固执极了，她完全拒绝就这个话题展开任何讨论。如果切尼执意要为她讲解什么是有罪答辩时，她就开始自言自语或者走来走去地做其他事情，似乎切尼根本不存在。虽然我们并不认为凯西的精神状况出现了异常，为了谨慎起见，还是立刻对她申请了行为能力的法医鉴定。

切尼是一位具有丰富经验的律师，经过长达一个多月的庭审，他已经预感到己方将会输掉这场官司，因此提前准备善后工作，以便尽可能地为被告降低诉讼风险。可以看到，切尼对自己的委托人还是非常忠实的，这也是一名称职律师应当具备的基本素养。谁知凯西并不买他的账，这一点使他颇感烦恼。经辩方律师提议，我们同意向媒体透露审判的最新进展——对凯西的精神状况做出法医鉴定。凯西再次被带到了我们的老朋友杰弗里·丹泽医生的面前进行对话，同时还有另外一位精神病学医生参与了司法鉴定，他是来自佛罗里达州塔拉哈西市查特胡奇地区的哈利·麦克·克莱伦斯教授。

我以前从来没有听说过这种因“偏执综合征”而丧失行为能力的案例。经历长时间的庭审后，由于压力过大，人们容易罹患官能代谢失调症，但这远远扯不上行为能力的削弱或丧失。两位医生的鉴定结论很快出来了：凯西一切正常，毫无疑问是完全行为能力者。她只是不希望与控方达成辩诉交易，除此以外没有其他意思。既然话已经说到这个份上，我们也就不再提有罪答辩这一话题了。

旁听者与陪审团都渴望着罗伊·克罗先生在法庭上出现。6月28日，克罗作为证人进入法庭。切尼·梅森将对他进行询问。由于众所周知的原因，克罗日常的名声并不好，因此我们不可能将其列入控方证人名单。于是，克罗成为辩方的重要证人。他们邀请他出庭做证，主要是为了羞辱他，继而使其证词的可靠性大打折扣，同时还可以将嫌疑引到他的身上，让他成为凯西的替罪羊。克罗在法庭上再次重述了自己发现小凯莉尸骸的经过，并且说自己曾于8月11日、12日、13日连续三天拨通911电话报警。接着，陪审员们听了克罗三次报警的电话录音。他还说，自己最后一次报警时，就站在距离凯莉尸骸不足20码的地方。询问阶段，辩方律师对克罗由于报告凯莉行踪而获取的奖金数额十分感兴趣，克罗说自己最终得到了5 000美元的奖金。切尼又问克罗，他是否曾描述过自己发现尸体的行为是“中了大奖”，而且对别人说过不希望自己的前妻知道这件事。克罗很坦率地承认了这些言辞，并说那是在开玩笑的场合讲的话。

由于辩方一再声称是克罗从安东尼住宅拿走了布基胶带，交叉询问阶段，我问他是否认识安东尼一家，或者曾经接近过安东尼的住宅，包括汽车、车库等。克罗的回答是否定的。第二天，辩方邀请克罗的儿子布兰登·斯帕克斯出庭做证。斯帕克斯并不是克罗抚养大的，因此这对父子之间的感情十分生疏。斯帕克斯声称，2008年11月，自己的父亲曾告诉过自己，他已经发现了凯莉的头骨，他就要发大财出大名了。但是克罗对儿子的证词一口否认，说自己根本没有与儿子进行过这样的对话。

6月30日，乔治·安东尼第五次站在证人席上做证。贝兹先发制人，炮轰乔治既然闻见了车厢里存在尸体的异味，却为何不采取有效措施进行调查；同时质疑乔治的言论，声称他在一次公开场合中暗示外孙女的尸体将在沼泽地里被发现。最初，乔治保持着镇定，冷静而准确地回答了贝兹的提问。但是，当贝兹提起2009年那场自杀未遂事件时，乔治忍不住哽咽起来，当众落泪。

贝兹质问乔治，他的那封遗书中的内容是否暗示着自己有罪。当时，我并不希望由贝兹告诉陪审团那封遗书里写了什么，这样会带有很大的倾向性描述，我希望陪审员们能够自己阅读那封遗书，然后再对乔治当时是否企图畏罪自杀做出判断。但是，我此刻不确定佩里法官是否会允许陪审员们阅读遗书的全文。我花费大量时间对这封遗书进行了研究，认为自己能够将整个内容大体复述出来，但那也太耗费时间了。我起立对贝兹的询问进行反对——那封遗书并没有陈列于证据目录中，如果辩方律师执意要提到它，我可以将它呈交法庭，我的手里有副本。很明显，贝兹并没有料到我的手里也有这份遗书。但他丝毫没有表现出心虚的模样，反而继续依照自己的版本向陪审员们解读这封遗书的内容。不得已，我再次表示反对，并将争端提交法庭。

处理这件事时，佩里法官再次显示出他应付此种突发情况的精明与老练。他宣称，这份遗书的内容与本案争议相关，因此可以作为证据向陪审团出示。很明显，贝兹理解错了佩里法官的意思，认为法官只是允许他一人在陪审团面前陈述整个遗书的内容。他随即向乔治展开了猛烈的攻击，暗示这场自杀的闹剧是乔治谋划已久的一场骗局。

看到贝兹步步紧逼着父亲，要求他重述那段令人伤心的自杀经历，凯西面无表情地坐在被告席上，没有任何情绪上的波动。

证人席上的乔治竭力控制着自己的情绪，打起精神回答着贝兹的一个个问题。他承认自己购买了一把手枪，并且准备向凯西的朋友们进行调查，究竟是谁杀死了外孙女凯莉。但贝兹依然不放过他，再次向他提及了那个最令人难堪的话题——“先生，你到现在还是不肯承认与自己的女儿凯西发生过不正当关系，嗯?”

“先生，我绝没有做过那样对不起女儿的事情。”乔治的眼中含满了泪水。

“仅仅是没有做过‘那样’的事情吗，嗯?”贝兹奚落道。

我不得不出面为这个令人同情的男人解围。我向乔治询问道，当他得知凯莉的尸骸被发现时，内心是怎样的感觉。乔治痛苦地回忆道：“一种伤心与绝望，我落了泪，我的心都被掏空了，我不知道应当如何面对这一切，不知道怎样才能陪着妻子与儿子应对以后的日子。”乔治开始啜泣起来。

交叉询问阶段，我将乔治的遗书作为证据向陪审团出示，贝兹立刻跳起来表示反对。这时候佩里法官站起来说话了，他示意贝兹保持冷静——大家刚才已经达成协议，将乔治的遗书列入证据审查的目录。因此，这份证据理所当然应当呈递给陪审团过目。接着，佩里法官不顾贝兹错愕的神情，将这份长达八页的遗书呈递给陪审团阅读。这份遗书是警察在佛罗里达州代托纳汽车旅馆中发现的，当时乔治还没有全部完成，其中的内容饱含着对妻子、子女们的浓浓爱意以及深刻自责，读来令人心碎。阅读完这份遗书，我想任何一个人都不会认为乔治与凯莉的死亡有任何牵连。贝兹没有料到我会要求陪审员们亲自阅读这份遗书——这次他又搬起石头砸了自己的脚。

乔治之后，一名叫作克里斯托·霍洛威的女人出现在证人席上，据说是乔治的情人。霍洛威的绰号是“克鲁兹小溪”，是一名自愿加入寻找小凯莉的团队的志愿者，但并非德州艾奎搜救队的成员。据霍洛威所述，她与乔治在为了搜寻凯莉而临时搭设的帐篷内相识，当时二人一起为搜救队的队员们分发饮料等必需品。接着，她又认识了辛迪，成为安东尼一家的朋友。2008 年秋，她与乔治·安东尼发生了性关系。其后，二人一直保持着这种关系，直到 2009 年 1 月乔治自杀前夕。

但是，霍洛威当初对警方可不是这样陈述的。2010 年，警方向她询问时，她说乔治曾经告诉过她，如果凯莉真的死了，那就很有可能是一场事故。当警方问及她与乔治之间是否存在男女关系时，她坚决予以否认。但是后来，她却将自己与乔治之间的情人关系爆料给《国家询问者》，并因此获得 4 000 美元的报酬。此后，她就一直以乔治情妇的身份出现。

站在证人席上，乔治否认了二者之间的情人关系。霍洛威掏出手机，向陪审团出示乔治曾经发给她的短信息：“想念你，我的生活里不能没有你。”乔治承认这条信息是他发给霍洛威的，但又解释道，这条信息的本意是鼓励更多的志愿者加入到搜寻凯莉的队伍中来。

霍洛威解释，自己当时向警方撒谎是为了保护乔治不受伤害。她事后向报刊承认二者之间的情人关系，则是因为她相信这份报刊可以如实披露事件真相，而不是为了获取那 4 000 美元的报酬。据霍洛威所述，乔治相信凯莉是死于一场事故。交叉询问阶段，我向霍洛威提出一系列问题。最终，她不得不承认乔治从未明确地提及凯莉的死因，而且也不可能处理过凯莉的尸体。

乔治是辩方出庭名录中的最后一位证人。根据贝兹的开庭陈述中罗列的事实与观点，现在到了凯西出庭做证的时候了，但我们依然不能肯定她是否会站在证人席上与父亲当面质证。如果凯西真的选择了站在证人席上，那么她将向大家讲述一个令人惊骇的家庭悲剧——她从八岁起就沦为父亲性侵的受害者，女儿小凯莉被父亲猥亵后杀害在自家的泳池内，而她出于对父亲的畏惧，一直保持着沉默，甚至不得不向所有人撒谎。我们相信，这些细节一旦披露，将会在全美民众中引起轩然大波。更为重要的是，如果凯西真的将自己的 4.0 版本故事搬上法庭，那么她将不得不接受控方的交叉询问，对于这一点，她是有清醒意识的。在此关键时刻，辩方要求暂时休庭，他们需要时间征求凯西的意见。不一会儿，贝兹出来宣布，当事人凯西・安东尼小姐不愿出庭做证。此刻，我真的为贝兹感到尴尬与羞耻——如果没有凯西的指证，他的开庭陈述就纯粹是一派胡言。

13 天后，辩方向法庭提交了所有证据，也完成了对控方所有证据的攻击，包括对罗伊・克罗先生、乔治・安东尼先生的交叉质询以及对各项法医鉴定的质疑。但是，他们始终没有对己方在开庭陈述中罗列的事实进行证明。这一点真是令人惊讶：他们没有说服凯西出庭做证，他们没有证据证明凯莉在泳池中溺毙，他们也没有证据证明凯西由于幼年时遭遇家庭性虐待精神上受到重创，因而无法分辨出谎言与事实之间的区别。辩方能够站在证人席上对我方证据进行反驳的人数逐渐削减，其信用度也逐步降低；而我方的证人数量保持着不变，且所提供的证据均为铮铮铁证，没有一项可以被辩方驳倒。总而言之，此次庭审最为诡异之处是辩方没有对自己的开庭陈述提交一项证据进行证明，这在我 30 年的职业生涯中是闻所未闻的。

所有的刑事审判中，双方均提交证据之后，国家还赋予检察官一项权利——我们可以对辩方的任何观点进行驳斥，前提是掌握了确凿的证据。然而，在大多数案件中，我们并不会对辩方的主张进行反证，因为这是一件十分困难的工作，所面临的风险也颇大。例如，双方交叉质证后，可以预料到陪审团已经十分疲惫，他们渴望着早日进入审议阶段。这时如果你再不识趣地提出对辩方的证据进行反证，那么无疑会惹恼他们，认为你在有意地浪费他们的时间。因此，在辩方提交证据的最后一个阶段即进行有效地反驳是最为明智的选择，因为这段发言将是陪审员们在法庭上听到的最后一段话。我们认为，必须抓住这个机会，向陪审团指出，辛迪关于自己在电脑上对“氯仿”进行检索的证词是虚假的。我们已经获取了其工作单位的出勤日志，证实在同一时间内她正坐在单位的电脑前办公。对此，辛迪解释道，上班时间抽空回趟家是十分普遍的做法，大家都这样做，而不会在出勤日志上留下记录。琳达认为，必须针对此点向辛迪做进一步询问，彻底搞清此事。

我们从辛迪的上司那里取到了辛迪工作电脑的使用记录。这台电脑的数据库设有密钥，只有辛迪才能进入界面录入数据。调查显示，在安东尼住宅电脑对“氯仿”进行检索的同一时段内，辛迪正使用单位的工作电脑录入护理病人的数据资料。很明显，辛迪向陪审团撒了谎。辛迪所在的单位是金蒂维国立康保中心，中心派了副经理约翰·迦姆泼兰专程从亚特兰大总部赶来奥兰多做证。不幸的是，由于辩方千方百计阻止他出庭，迦姆泼兰先生在奥兰多整整逗留了三天。他们一会儿说还未对其进行审前询问，一会儿向其要求查阅电脑记录副本，一会儿要求与中心总部通话，最后不得不向佩里法官提出动议，声称根据证据开示规则，开示阶段结束后另行提交的证人证词无效。

佩里法官回应道，他们应该首先检点自己是否严格履行了证据开示规则，他们的大多数证据都没有在开示阶段进行提交，因此对他们的动议进行了驳回。佩里法官还说，在自己的证人走上证人席前，他们的工作是好好审查一下证人所言是否属实，而不是制造种种法庭障碍阻挠发现事实。接着，佩里法官许可迦姆泼兰先生走上证人席做证。迦姆泼兰先生向陪审团出示了中心总部保存的辛迪工作电脑的日志记录，事实证明，辛迪已经涉嫌伪证罪。

另外，两位警署的电脑专家也对辛迪的证词进行了反驳。据辛迪所述，她当时是要检索“叶绿素”的相关信息，但是“叶绿素”（Chlorophyll）与“氯仿”（Chloroform）的前缀相同，在对特定单词进行检索时，一旦输入前缀 chloro-，电脑系统就会弹出各种相关词汇，提供给检索者做选择，因此自己无意中检索了“氯仿”的信息。桑德拉·考恩警官与凯文·斯滕格警官均对安东尼住宅电脑进行了勘验，结果证实根本没有“叶绿素”的检索记录。

我们接着对斯皮茨博士的观点做出了反驳。据他所述，凯莉的颅骨被人移动过，证据是颅骨内壁一侧伴有脑浆残骸沉积。我们请出布鲁斯·戈德伯格博士对这一论点进行反驳。戈德伯格博士是知名的法医毒理学专家，他对颅骨内壁进行了勘验。其鉴定显示，斯皮茨博士所认为的颅内一侧积淀的脑浆其实只是沼泽中的淤泥沉积，而非有机物，也就是说，这些东西并非脑组织残骸。

接下来，佛罗里达州立大学人体鉴别实验中心的负责人沃伦博士也对斯皮茨博士的证词进行了反驳。当时，斯皮茨博士曾质疑加拉瓦利亚博士的尸检技术，指责她在尸检时没有遵循例行规章流程对凯莉的颅骨进行解剖。沃伦博士指出，按照职业规范，对于一个只有两岁多的孩子，尸检时是不应将其颅骨锯开的。

控方针对辩方证据的反驳程序结束了。一切证据证实，凯西并不是一只“无罪的羔羊”，相反，她罪责难逃。小凯莉可以瞑目了。此时的我倍感欣慰——退休之前，我又成功地起诉了一桩故意杀人案，这桩案件将成为我的收官之作。

第二十五章　未完成的审判

控方的起诉意见已经提交给法庭，辩方的答辩意见也已经做出。经过无数回合的交叉质证，我此刻有足够的理由相信我们将会赢得这场官司。当然，辩方也可能抱着同样的自信。案子走到今天，只剩下最后一个环节的较量——控辩双方进入总结辩论程序。

早些时候，我们已经对庭审中的各项任务做出了详细的分工。琳达精彩的开庭陈述为控方最终的总结陈词奠定了坚固的基础。如今，我的任务就是与其前后呼应，为整个公诉任务画上圆满的句号。按照通常顺序，首先由控方进行总结陈词，接着是贝兹与切尼代表辩方做总结，最后再由琳达针对辩方的陈词发表最后的检控意见。在总结陈词中，我打算先带着陪审员们回顾被告凯西在被害人失踪的 31 天内的所作所为，主要涉及凯西在不同时期所编造的不同版本的谎言，同时对其隐藏于行为后的动机做出详细分析。

自从第一次站在陪审团面前做总结陈词，我就喜欢上了这场由控辩双方主宰的终结性辩论。对于整个庭审过程而言，这场辩论在很大程度上影响着最终的裁判结果。它就像圣代冰激凌上那最美味的樱桃，散发着诱人的色彩，令人跃跃欲试，并且不惜代价地去倾力获取它。

准备总结陈词的过程中，我制订了多种方案，其中考虑最多的就是所谓的“人之常情”，或者说是人类所特有的一种“常识观”——只要智商达到平均水平的成年人都应当具有这种分辨是非真假的能力。坦率地说，专业人士在处理案件的过程中运用最多的也是这种方法。穿越一切迷雾，我们只希望向陪审团提出几个简单的问题：凯西的所作所为能够显示出她是一名称职的、充满慈爱的母亲吗？如果她没有做错任何事，为何又要编造一系列谎言来遮遮掩掩？抛开一切细节问题不谈，让我们来看看那些法医鉴定结果，看看在 31 天内发生的事件的详细记录，看看那些编造得荒诞不经的谎言——一位母亲在 6 月的一天中午带着孩子离开了父母的住处，这是孩子最后一次在人们眼前出现。同样是这位母亲，在孩子“失踪”的当天傍晚满面春风地投奔男友，与其一起兜风、看电影、上床，迫不及待地开始享受摆脱了孩子的羁绊的自由空间。根据一般的常识，你会做出怎样的判断？我的经验告诉自己，这位母亲一直盼望着开始一种崭新的“美好生活”，前提是妥善处理掉自己年幼的女儿。此外，在女儿失踪后的一个星期内，这位母亲步履轻快地迈入一家文身店的大厅，兴致勃勃地要求技师在其肩膀上绣上“美好生活”的字样。面对此情此景，根据一般的常识，你又会做出怎样的判断？这个文身难道不是这位母亲当时心情的活脱脱的写照吗？还是这位母亲，在案发后不断地编造着一个个美丽的谎言，对包括家人在内的所有人撒谎，千方百计地阻挠警方去寻找这个可怜的孩子。根据一般的常识，难道她不是在竭力隐藏着什么见不得人的事情吗？当你听到拖车场的工作人员、经验丰富的犯罪现场勘察人员、一位前警官（恰恰是被告的父亲）以及在气味证据学领域研究了多年的专业人士做证说，在那辆庞蒂克轿车的后备箱内散发着尸体腐败的气味，根据一般的常识，难道你不认为汽车里曾经藏匿过一具尸体吗？当你阅读了关于轿车后备箱内发现毛发的鉴定记录，证实那是小凯莉的头发，而且头发脱落时孩子已经死亡，根据一般的常识，难道你不认为这个可怜的孩子的尸体曾经藏匿在车辆的后备箱内吗？

当你得知某人曾经在电脑上检索过“氯仿”以及“如何配制氯仿”的关键词，后来经证实藏匿尸体的车辆内含有高浓度的氯仿气体，根据一般常识，难道你不会将这两者有机结合起来，继而做出什么关键性的判断吗？

当凯西编造出不同版本的谎言来掩盖凯莉已经死亡的事实，当凯西在全副武装的警探面前依然咬定谎言不松口、拖延寻找孩子下落的时间，当凯西编造出一个个根本不存在的人物与地点竭力阻挠警方对案件的侦查，当凯西在被捕当天依然冷静地向大家抛出了又一个经过升级的谎言版本，根据一般的常识，难道你不认为她是在刻意隐瞒自己的罪行吗？

当你得知这个可怜的小姑娘的尸体最终在安东尼住宅附近的沼泽地里被找到，当你发现案发现场的大部分物证都与安东尼住宅存在着千丝万缕的联系，根据一般的常识，难道你不认为她是被住在那屋子里的某个人蓄意谋杀后藏尸灭迹吗？

最为关键的一点，当你看见这个可怜的两岁半的女孩的颅骨上紧紧缠裹着三条胶带，封闭位置恰好是绕着后脑、鼻子与口部，根据一般的常识，你会做出怎样的判断？她可能是意外致死的吗？

说实话，在与同事们做出分工计划的同时，我的心中充溢着一种十分强烈的使命感——历经了近三年的辛苦调查与取证工作，佛罗里达州公诉凯西·安东尼小姐一案即将开庭。是的，这将是我最后一次以佛罗里达州检察官的身份站在法庭上，也将是我最后一次代表合众国履行自己的职责。六个月前，检察署的同事们就已经为我举办了从检30周年的庆祝会。在这两年中，我完全可以以半赋闲的姿态待在家，安静地陪伴妻儿一起度过惬意时光。但是，出于一种难以道明的复杂心理，我选择了再次出征，选择了再次面对崭新的挑战。面临退休，时日无多，我必须竭尽全力为一位名叫凯莉的小姑娘寻求正义，将这场审判进行到底。

无论审判的结果如何，我都不会对自己参办此案的决定感到后悔。现在，如果让我再次做出抉择，我依然会毫不犹豫地选择站在公诉人席上。过去的三年中，我再次品尝到了作为一名律师、作为一名检察官的乐趣，当然，也收获了颇多感慨。无论这场官司是输是赢，都将为我的职业生涯画上一个完美的句号。话说回来，我坚信，这场官司我们非赢不可。我们的案子办得扎实可靠，我们手中的证据铁板钉钉，我们将以不容置疑的优势取得这场审判的胜诉。

2011 年 7 月 3 日，佛罗里达州公诉凯西·安东尼一案再次开庭，我平静地踏上公诉人席，向陪审团进行总结陈述。在过去的 33 天内，控辩双方完成了全部的出示证据与交叉质证环节，整个程序持续的天数正好比小凯莉的失踪时间多了两天。共计 141 位证人站在陪审团面前提供证词、接受质证。其中有些人还不止一次地走上证人席，例如辛迪·安东尼女士就被控辩双方交叉质证达到八次之多。

清晨，当我到达法院时，看见法庭周围的建筑物中——大小“凯西案营地”里伸出的无数摄像镜头正在对着自己，整个街道都被媒体的采访器械车堵得严严实实。这是我职业生涯的最后一天，我希望它将是安静而从容的。从我参与专案组的第一天起，就已经计划好应当如何面对这特殊的一天。

佩里法官示意法庭安静，继而宣布总结辩论程序正式开始。我十分镇静地走上公诉人席。面对黑压压的旁听者，面对无以计数的摄像头，我很满意自己当时轻松自如、胸有成竹的举止。一切都了如指掌，我甚至不需要打开事先准备好的发言提纲。就原汁原味地将这 31 天内发生的事件向陪审团做出陈述吧，简单朴实地告诉他们发生了什么事情，这些事情意味着什么。不需要过多地修饰与斟酌，也无需任何煽情与暗示，依据这铁一般的事实，根据自己的人生阅历，陪审员们将能够很容易地对此案做出独立、客观的判断。

总结陈词前，我花了一些时间来为自己的发言理清思路，希望一切都按照原计划进行。我将发言重点放在凯西的谎言上，在凯莉从人们眼前消失 31 天后，凯西在迫不得已的情况下告诉母亲自己的孩子失踪了。我希望陪审员注意到这一点——凯西的所作所为均是经过深思熟虑的，她的脑子没有疾病，精神亦十分正常，绝非分不清臆想与现实之间的区别的精神病患者。她一再地编造谎言、变更谎言，唯一的目的是操纵家人的关注目标以及警方的侦破方向。

为了证实这一点，我还提到了一个令人不能释怀的细节：凯莉失踪的当天，6 月 15 日，凯西将自己在“聚友”网的登录密码修改为“定时器 55”。这种举动放在其他人身上，可能仅是一个普通的数字，但放在凯西身上就大为不同了——从 6 月 16 日凯莉从人们眼中消失之日起，到 8 月 9 日凯莉的三周岁生日，其间正好经过 55 天。而“定时器”这一词汇很可能是凯西为了每次登录网页时提醒自己，距离凯莉被人发现失踪还剩余多少天。时间紧迫，已经进入倒计时。等到凯莉生日的那一天，她就不得不向大家交代凯莉到底去了哪里。正是这种想法使得凯西一次次在母亲面前修正自己的谎言，每当进入死胡同，她就会更新谎言版本，企图再次将家人玩弄于股掌之间。但是，凯西的如意算盘落空了，她没有料到，由于母亲的报警电话，警方在 7 月 15 日就介入了此案的侦查。这一天距离 8 月 9 日凯莉的生日还有二十多天，因此她还没有完全准备好自己的说辞。此刻的凯西虽然神情依然镇定，但毫无疑问也存在着隐隐的担忧——她现在面对的已经不再是母亲辛迪，而是奥兰治警署，这可是个危险的游戏，她必须全力以赴为自己洗脱谋杀犯的嫌疑。

随着案件的进展，连凯西自己也认为孩子被绑架的说辞太过荒谬时，她就开始酝酿下一个令人目瞪口呆的谎言——孩子不是被绑架了，而是被父亲猥亵后投入泳池溺毙了。我向大家解释一下当时凯西做出这个决定时的想法：凯莉的尸骸被发现了，案发现场散落着大量的物品——包括维尼熊儿童抱毯、德国汉高产布基胶带、垃圾袋、洗衣袋等，这些证据均将矛头指向了安东尼一家。此刻若是再咬定凯莉是被陌生人绑架，这种说辞就太过虚假了。因此，凯西必须迅速推出一个替罪羊来为自己受过。面对所有的安东尼家族成员，她选择了自己的父亲乔治・安东尼。

事实上，凯西讲述的故事有太多不符合逻辑之处。即使我们认为凯西口中的故事是真实的，也就是说小凯莉死于意外溺水，那么凯西其后的一系列行为与一般母亲应对突发事故的善后措施并不相称。我在此可以任意举几个例子。一般而言，当自己的孩子溺水而亡时，一位母亲的正常反应会是如何？她们会像凯西那样做、那样说吗？除非你就是凯西，除非你认可她的生活逻辑，否则你不会不立刻向 911 报告自己的孩子发生了意外，也不会不抱着自己的孩子向医院疯跑希望做最后的努力来挽救孩子。我们再来看看凯西做了什么：在孩子“溺水而亡”后，她不仅没有表现出一丝一毫的悲恸，反而将孩子的小小身躯裹上毯子塞进了垃圾袋、洗衣袋，并将她丢弃在深不见底的沼泽中，然后若无其事地与新结识的情人一起去泡夜店。

我已经预料到贝兹在总结陈词中将要说些什么，他的靶心依然对准乔治・安东尼先生。在此，我希望解释一下为什么乔治不可能参与这件谋杀案。凯莉活着的时候，他对这个小姑娘的宠爱无以复加，所有的邻居都可以证实这一点，他亲手为凯莉搭建的游戏室、亲手为凯莉修整的游戏室前的通道也可以证明这一点。凯莉的死讯传出后，他的整个世界都坍塌了——我观察过他的眼睛，这种对凯莉的舐犊深情是无法装扮出来的。请原谅，在此我不得不再次提到那封遗书，其中的内容已经说明了一切。凯莉的遗体被找到后，这个男人彻底崩溃了，他甚至希望以死亡来抵御对外孙女的思念之情。（另外，贝兹向陪审团隆重推出了一位将自己的故事随意兜售给报刊媒体换取酬金的女人——克里斯托·霍洛威。即使贝兹所述是真，乔治确实在外孙女失踪期间与其他女人鬼混，但这与凯莉被害案又有什么关系呢？如果贝兹以此事来暗示是乔治伤害甚至杀害了小凯莉，这就太过荒谬了。）

接着，我向陪审团简要回顾了控方已经搜集的各项证据，尤其强调了维斯博士关于轿车后备箱腐尸气味的证词。我还谈到了后备箱内发现的凯莉的毛发以及上面显示出的象征着死亡气息的“暗色条带”，证明这些毛发从凯莉头皮上脱落时她已经死亡。所有的证据中，最为关键的一项是凯莉的口鼻上缠裹的布基胶带。我不得不提醒陪审团，如果他们执意认可凯西的说辞，相信凯莉死于一场意外事故，那么对这些胶带又如何解释呢？这些胶带明确无误地向世人宣称着，凯莉确实死于谋杀，而非什么意外事故。这也正是辩方不惜花费大量精力企图将嫌疑引至克罗先生以及安东尼先生身上的原因。因此，在很大程度上，胶带是本案的定性证据，它是被告涉嫌一级谋杀罪的铁证。

总结陈词的最后，我向法官、陪审团与旁听者扼要地提及了控方所掌握的全部证据，以及通过这些证据可以得出的结论——杀害凯莉的正是她的母亲凯西·安东尼。这一结论是琳达、弗兰克、我以及所有奥兰治警署的警探、联邦调查局的特工、各个领域的专家共同努力获得的结果。当时，我并没有意识到自己的陈词居然持续了两个多钟头，我感觉走上公诉人席不过才短短的几分钟。说实话，我真恨不得占用二十四小时向陪审团进一步证实我们的观点，生怕自己履行职务过程中的任何纰漏将给这位已经遇害的小姑娘再次造成无法弥补的伤害。当然，法庭上的我同样能够以简单的一句话向陪审团概括整个事实——被告凯西渴望过一种自由自在的"美好生活"，而她那两岁多的小女儿不在她未来的人生规划之内。

接下来，是辩方进行总结陈词。我们希望听到贝兹针对控方陈词所提出的反对意见。佩里法官已经事先警告过他，不得再次就乔治对凯西的性侵假设进行陈述，因为他在举证与质证回合中并未出具相应的证据。贝兹闻言一愣，只好临时调整策略，将全部炮火集中在控方证据以及乔治·安东尼先生身上。他一边对乔治先生在外孙女失踪期间乱搞不正当男女关系的行径大肆侮辱（如前文所述，律师在法庭上享有诽谤罪的豁免权），一边对凯西撒谎的事实竭力粉饰。有时候他的论据听起来蛮像那么一回事，也似乎很有些说服力。但大多时候他的陈述脱节混乱，不断地变换着主题与方向，始终无法连成一个整体。很明显，辩方此次采用的策略是"胡子眉毛一把抓"，他们掏出口袋里的枪乱射一气，希望能够歪打正着。这可真是一场闹剧。我希望陪审团能够看出贝兹发言里的蹊跷——与开庭陈述一致，辩方的总结陈词也是断裂混乱、毫无章法的。

不得不提的是，在总结陈词阶段，贝兹还别出心裁地设计了一个演示板。这是一个巨大的圆形磁化模板，上面以扇形划分出15个区域，分别张贴着此次庭审中出庭的证人照片。随着贝兹的陈述，两名助手不停地转动模板并更换着证人照片。这是贝兹整个辩护策略的一大败笔——演示板的设置使得他的总结陈词看起来像是在主持一场幸运大转盘的游戏，在我看来，这并非什么幸运的事情。贝兹被轮盘转得晕头晕脑，我们也在一旁不明就里，不知他在耍着什么名堂。

贝兹提醒陪审团注意，凯西是十分宠爱凯莉的，凯西是一位称职的好母亲，这一点她的母亲以及朋友们的证词可以做证。这样一位慈爱的母亲，怎么可能像检察官所指控的那样冷血地杀死了自己的女儿？从开庭陈述的那一刻起，贝兹就不断地强调这一点，他手中只有这样一个撒手锏——凯西是个旁人眼中的好母亲，却拿不出其他证据来推翻我们的指控。接着，贝兹话锋一转，开始指责我们对凯西一级谋杀罪的指控，对我们的检控动机进行质疑，继而坚称无论如何凯西不能被认定为一个杀人犯，更不应当被判处死刑。有时候，我不得不对贝兹演讲时的魅力表示钦佩，他的演讲主题散漫、重点模糊，却又显现出一副铮铮铁骨、义愤填膺的模样。这一点对于陪审团最后的裁决是十分重要的。唯一的缺憾是，贝兹的演讲总是令人联想起他曾经的职业生涯，不可否认，他确实是一位具有极强的说服力的比基尼推销员。

对控方所持观点的质疑结束后，贝兹开始笨拙地摆弄起那架“幸运轮盘”。每逢谈论到一个日期，他都会将涉案证人的相片贴上去。我不知道贝兹此举的意义何在，但效果显然不佳——他对那些证人的容貌并不是很熟悉，因而彻底丧失了从容不迫的气度，显得手忙脚乱。后来，我们在报刊上还发现另一种评论：贝兹对于自己的总结陈词并无信心，他的陈述混乱不堪，因此借助这个噱头来转移陪审团的视线，掩饰自己尴尬的神色。

当贝兹谈论起乔治·安东尼先生时，还是老生常谈，认为乔治显然与凯莉之死有所关联。贝兹此次的关注点是那两个汽油罐。当时，乔治一发现工具间被撬而且汽油罐被盗，就立即打电话给 911

报警。贝兹对乔治的这个举动十分怀疑，声称没有人会在丢了两个汽油罐后去报警。（贝兹估计错了，如果当事人是我，也会立刻报警。）同时，贝兹还认为凯莉颅骨上缠绕的胶带也与乔治有关。好吧，就算贝兹的指证是有道理的，但是他并没有对此点进行深入论证，而是急匆匆地跳到另一个话题上——开始对奥兰治郡的警探们猛烈攻击，说他们将庞蒂克轿车后备箱内的垃圾匆匆进行干燥处理，就是为了阻挠陪审团成员闻到其中散发的气味，而这种气味正是车辆后备箱内异味的来源。这种针对警署或者检察署的严词攻击几乎每隔一刻钟就要上演一次，以至于佩里法官不得不多次对贝兹提起警告，要求他检点自己的言辞。

与辩方所持的观点相吻合，贝兹在总结陈词中对案发现场发现的种种证据以及安东尼住宅电脑里发现的“氯仿”检索记录进行了反驳。他对加拉瓦利亚博士和沃伦博士的证词不屑一顾，并粗鲁地嘲笑沃伦博士制作的演示视频是其主观臆想的结果。（在这部视频中，胶带缠裹的位置与凯莉的颅骨照片以及还原后的脸部特写照片完全重合，形象地揭示了案发当时的情景，产生了极为震撼的效果。就是在这部视频播放后，凯西一改往日毫不在乎的神情，突然晕倒在被告席上。）接着，贝兹对己方证人斯皮茨博士大肆吹捧，认为他的证据才是真实可靠的。随后，他又将话题跳至安东尼的家庭情况方面，认为辛迪对凯西怀孕后的反应揭示了这个家庭内部成员的关系并不和谐。

贝兹深知，我们手中还握着一张不容置疑的牌：他的当事人——凯西是一个彻头彻尾的撒谎者。他所能做的就是尽量将这一点弱化。为此贝兹甚至不惜与我们玩起了文字游戏，将凯西撒谎的事实描述为她产生的病态“幻觉”。作为一名推销员，贝兹不得不竭力向陪审团推销自己毫无依据的观点——凯西没有撒谎，她是病人，她所认为的“事实”就是这样，其中并不包含掩饰自己罪过的意味。贝兹进一步解释道，凯西编造这些谎言时并没有恶意，她只是一个“顽皮的”小姑娘，“天真地”将自己的臆想当作事实真相描述给大家听。

说到这里，贝兹又对奥兰治的警探们处理该案的方式进行了谴责。没过多久，他的话锋一转，险些再次让我陷入麻烦之中——贝兹又谈起乔治为了两个汽油罐于 6 月 24 日向警方报警之事，以及乔治在“寻找凯莉”指挥所到处张贴胶带纸之事，声称这完全是为了构陷凯西。贝兹说的这些话没有丝毫事实根据，但他偏偏感觉良好，因此在陪审团前的音调也高了八度，听起来像极了动画片中的米老鼠。我忍不住笑出声来，不仅是因为贝兹说话的音调，更是因为他所陈述内容的荒谬。好在我反应较快，立刻用手捂住嘴，才没有引起陪审团的不满。

贝兹却一眼瞥到了我的反应，这可是大大地激怒了他。他立刻转身，大声斥责我的自以为是与傲慢无礼。我承认自己当时的做法有失妥当，作为一名律师，尤其是作为一名检察官，我不应该对自己的行为不加控制，虽然我当时并无恶意。话又说回来，当时贝兹的表演也太过火了，我相信所有了解内幕的人都会对他的行径嗤之以鼻。

说实在的，在过去的三年内，我们已经见识够了贝兹说一套做一套的做派，我也受够了他对我施加的种种谩骂与人身攻击，甚至默默忍受了他对我毫无根据的刑事指控。不仅对待我是这样，贝兹对待其他人的态度也是如此，包括整个控诉团队，包括奥兰治郡警署涉及此案的辛勤工作着的同事们，都忍受着他接二连三的攻击与谴责。这些指责、谩骂与攻击没有一项是正当的，也没有一项具有证据支撑。更为重要的是，这些攻击性言辞根本不像出自一名专业律师之口，其中没有任何技术含量。因此，当贝兹莫名其妙地摇身一变，突然扮演起中规中矩的仲裁者角色时，我忍不住笑出声来。我承认自己的行为不妥，但是考虑到贝兹当时言论的荒谬性以及他在三年来对我的种种敌视与冒犯，我认为完全可以原谅自己的失礼之处。

对我的指责结束后，贝兹的话题继续回到乔治先生身上。这次他提到了那封遗书。在我看来，在这封遗书中，乔治流露出明显的对凯莉之死的伤心悲恸以及凯西涉嫌卷入案件的不安与焦虑。而在贝兹看来，似乎乔治企图自杀仅仅是因为警方对安东尼住宅进行了搜查，他认为自己难逃嫌疑与调查。贝兹的推测有一半是正确的，警方对安东尼住宅的搜查也许是乔治自寻短见的原因之一，但他绝非为了自己的命运而担忧，而是为了他的女儿凯西，后者涉嫌谋杀他的外孙女凯莉。作为一名退休警探，他当然知道这意味着什么，他无法面对这样的事实，却也不可能像辛迪一样坚决地庇护女儿，万难之中，他选择了结束自己的生命。

陈述完毕上述观点，贝兹将剩下的内容扔给切尼，由他去收场。当时贝兹的情绪仍然十分高涨，音调也十分夸张，但我吸取了上次的教训，竭力令自己保持冷静。令我十分好奇的是，贝兹的表演是否也给陪审团带来了同样的震撼？切尼随后起立发言，但他仅是根据美国宪法对人权的保护等陈词滥调发表了一通见解，补全了贝兹陈词的理论缺陷。当然，这个领域贝兹在庭审中从未提及过，我想他也没有能力去涉及。其余该说的贝兹已经都说了，所以切尼的这个补充发言的角色形同虚设。我一直在思考一个问题，本案庭审过程中，既然所有的风头都被贝兹抢去，正如切尼自己所述，这是“贝兹的案子”，别人休想插手，那么切尼参与此案的目的究竟何在？结果证明，同庭审过程中大部分时间内保持沉默一样，切尼的总结陈词也异常简短。陪审团还没有开始集中注意力聆听他的演讲，辩方的总结陈词已经匆匆结束了。

贝兹的总结陈词中有很大篇幅涉及对控方提交证据的质疑，因此琳达要求我再次站在陪审团面前进行回应与解释。我认为这并不十分合适。琳达是本案的负责人，理应由她出面做最后的回应。但是琳达说，贝兹在总结陈词中主要涉及了两点：一是对控方证据的质疑，一是对乔治先生的攻击，二者都属于我的分工领域，因此由我出面解释是最恰当的。我了解琳达的作风，她总是顾全大局，处处为了整个案件的利益考虑，从不计较个人得失。几番推辞之后，我答应她，针对证据等问题我可以做出回应，但是她必须负责其余事项的总结陈词。

我再次走上发言席，面对陪审团，首先将加拉瓦利亚博士与斯皮茨博士的证词做了对比，对斯皮茨博士荒谬的说法进行了驳斥（他认为凯莉的颅骨曾经被人取下来，在颅骨的口鼻部缠裹了胶带后又放回沼泽中）。接着，我再次出示了胶带等物证证实控方的观点。

如果要我列出审判中控方最大的优势，那就是我们拥有一支勤奋、敬业、严谨的专家证人团。因此，在最后的陈述中，我索性将我们的专家证人与辩方的专家证人的证词进行了直观的对比——法医昆虫学专家（控方的哈斯凯尔博士与辩方的亨廷顿博士）、法医解剖专家（控方的加拉瓦利亚博士与辩方的斯皮茨博士）。针对贝兹对维斯博士所提供证词的质疑，我从维斯博士的鉴定结论以及他本人的履历两个层面进行了回应——维斯博士为我们提供了改变侦查方向的关键线索，他所给出的鉴定结论经得起任何方式的检验，而他本人在证据气味学领域享有着崇高的声誉，其研究项目在整个刑事证据界都属于前沿课题。在维斯博士的鉴定报告中，多项数据准确无误地证明了凯西所驾驶的庞蒂克轿车的后备箱内藏匿过尸体。贝兹再三指责奥兰治郡的警探错误地对垃圾证据进行干燥脱水处理，破坏了原始证据散发的气味，但他并不能从这些垃圾中找出一项可以散发出这种尸体腐败后特有气味的物质。很明显，贝兹的结论仅仅来源于他的主观猜测，而我们的结论则有着坚实客观的科学数据进行支撑。同时，我认为有必要对贝兹关于乔治企图构陷凯西的观点做出驳斥，理由很简单，如果他涉嫌杀害小凯莉的话，怎么会愚蠢到将作案证据精心地保存起来，并且专门报警，继而引起警方注意呢？最后，我对罗伊·克罗先生所蒙受的耻辱进行了平反——贝兹一再暗示是克罗从安东尼家取到了胶带，然后匆匆赶往沼泽地，将凯莉的颅骨取下来，用胶带缠裹住口鼻部分，又将颅骨放回沼泽里。我告诉陪审团，克罗先生的名声虽然不是太好，但他做这样的事情是绝对不可能的。且不说他与安东尼家族成员并不认识，单单针对其作案动机，辩方就不可能提出令人信服的假设。因此，辩方针对克罗先生的质疑也是毫无根据的主观臆想。

我已经办了近三十年的刑事案件，知道在陪审员中普遍存在着一种嗜好——面对控辩双方均未提及的事项，他们总是忍不住要闭上眼睛猜测一番，在自己脑海中形成主观印象。因此，在提及己方证据后，我并没有进一步描述案发时可能的情境，而是留有充分的空间，希望由他们自己去想象那一幕幕情形：凯西使用氯仿令凯莉丧失了知觉，为了不让孩子发出声音，她将胶带缠在孩子的口鼻上。无论是故意还是过失，凯西都犯了故意谋杀罪。

最后，我提及了乔治的那封遗书，坦诚自己在当初阅读时曾数次哽咽。遗书的字里行间流露出的痛苦与自责，使我为这个男人所遭遇的不幸深表同情。

陈词完毕，我坐回原处。琳达随即站起来，却并没有立即开始自己的陈词，而是笑着对贝兹总结陈词时使用的“幸运大转盘”揶揄了一番，声明这些“花花草草”类的推销方式不是自己一贯的风格。琳达的陈词与开庭陈述前后呼应、严丝合缝。令人印象深刻的是，她始终在陪审团面前强调着一句话：“开庭陈述中控方提及的所有事项，在随后的举证与质证环节中都已经履行了完整的义务”，言外之意是暗示贝兹的开庭陈述并没有得到质证阶段任何证据的佐证。令人记忆犹新的是，总结陈词中琳达漫不经心地做出了一句评论，不幸一语成谶——

“女士们，先生们，我现在最担心的是，”琳达皱着眉头，忧心忡忡地对着陪审席说，“在这些极其雄辩的文字游戏背后，在这一堆花花绿绿的噱头背后，我们的生活常识与正常的判断能力会望而退却。”

她诚恳地请求陪审员们对控方所提交的证据给予应有的关注，对证据揭露的事实做出独立的判断。提到最初的绑架说辞，琳达请陪审员们思考一下，凯西为什么要编造这样的故事。无论是面对母亲，还是警探，她的故事版本都随着事件的发展不断地更新着、变换着。另一方面，即使凯西一时糊涂撒了谎，其后警方与母亲也给了她许多机会，她完全可以利用这些机会来更正所谓的“事实”——凯莉是死于一场意外事故。但是，凯西并没有这样做。直到所有的谎言都被揭穿，直到她眼看着“绑架”说辞已经走投无路，才忙不迭地抛出一个“意外溺亡”的故事来搪塞大家。

稍稍平静了一会儿，琳达播放了凯西在狱中与家人之间的第一次通话录音。录音中的凯西根本不在乎自己已经失踪了三十多天的女儿的安危，反而急切地渴望着与男友托尼通话。如果凯西与自己女儿的死亡无关，那么她的这种行为模式就已经远远超出了一般人的理解能力。之后，琳达又向陪审团再次重申了案发现场的各项物证与安东尼住宅之间存在的千丝万缕的关联，这些证据均说明凶手一定是凯莉最亲近的人。在相关证据排除了辛迪、乔治、李的作案的可能性后，那么还有谁的嫌疑最大呢?

最后，琳达向陪审团提出了一个问题：凯莉死亡后，是谁的生活过得更加自由、更加快乐？是谁在肆无忌惮地庆祝已经踏上了通往“美好生活”的列车？琳达随即播放了 7 月 15 日当晚辛迪得知凯莉失踪后向 911 报警的电话录音，她的声音听起来是那样的歇斯底里、惊恐不安；琳达又向陪审团朗读了乔治遗书中的个别段落，在得知凯莉遇害的消息后，这个坚强的男人的悲恸绝望之情溢于言表；接着，琳达播放了凯西与 911 接线员通话的录音，她的音调听起来却是那样的平静，那样的冷漠，其中夹杂着一丝被人打扰后的不快与难以觉察的不耐烦。另外，琳达将凯西肩部印有“美好生活”字样的文身照片以及凯莉失踪后凯西在富鲜夜店参加“火辣身材”大赛的半裸照片一并通过幻灯片出示在陪审团面前。此刻，法庭中是一片死一般的寂静，在场的每个人都在一个相对冷静的空间中思考着事情的真相。停顿片刻，琳达指着幻灯片，大声提醒陪审团成员：“女士们、先生们，我想，这就是你们一直在寻找的答案。”

琳达结束了自己的总结陈词，整个庭审过程告一段落。接下来，佩里法官向陪审员们宣读了一份冗长的陪审规则，提醒他们在稍后进行的评议程序中应当注意的各种事项。佩里法官尤其向他们指明，根据法律规定，控辩双方所主张的任何观点都必须附随确凿的证据，因此，辩方律师在庭审过程中的所有发言都不具有采信性，因为他们并没有提交相关证据。这也意味着，如果陪审团严格遵守了佩里法官的忠告，他们将不会采信贝兹在开庭陈述中的意见。理由很简单——整个举证及质证阶段，辩方都没有向法庭呈交任何一项相关证据。

指令宣读完毕之后，全体陪审员起立，退出法庭。当时，我们唯一能做的就是等待他们的评议结果。如果说等待陪审团宣读裁决结果是最令人揪心的时刻，那么等待他们达成一致意见的过程也好不到哪里去。我们在 7 月 3 日与 4 日连续两天进行了总结辩论，因此没有赶上 7 月 4 日的独立日庆祝。独立日剩下的半天里，法庭秘书安排我们在办公室里休息，随时准备再次出庭。我们三人坐在沙发上百无聊赖地通过电视观看着各地庆祝游行的实况直播。当天傍晚，我们重返大楼的 23 层法庭，等待陪审员们的审议结果。我坐在大厅的椅子里玩着手机游戏。这时，贝兹向我走来，我站起来，彼此寒暄打趣着。

贝兹狠狠地拍着我的背说道："你个狗娘养的，你是我所见过的最混账的检察官。"

贝兹能够这样说，确实令我很释然，虽然他过去几乎没有接手过什么像样的案子，因此能够认识的"狗娘养的"检察官寥寥无几。但是，我能感觉到他说这句话时的感情是真诚的，我也希望能够因为他的这句话将过去三年来的恩恩怨怨一笔勾销。做检察官这么多年，我与许多律师在法庭上剑拔弩张、针锋相对，法庭下却成为无所不谈的好朋友。遗憾的是，我认为自己与贝兹不可能发展为朋友关系，一想到他在法庭下做的那些小动作，我就无法释怀。

7 月 5 日，星期二，我的心情很好。这是辛迪首次拨通 911 电话后的第 1 085 天。一上午平安无事，大家都没有想到陪审团的裁判结果将会在这天做出，毕竟昨天才完成了整个庭审过程。中午时分，与琳达、弗兰克一起用餐后，我回到了自己的办公室。突然，电话铃响了，法庭秘书通知我陪审团已经达成了一致评议结果。我当时心里咯噔了一下，带着难以言喻的复杂心情赶赴法庭。半个小时后，我们获取了陪审团的一致裁决——对被告凯西提起的七项指控中，只有向警察虚假陈述等四项轻罪成立，其他三项重罪指控均不成立，包括一级谋杀罪、加重过失杀人罪、重度虐待儿童罪。

宣判后，在法院的记者招待厅内，检察长劳森将控方所有参案人员与警署警探召集起来，准备在记者发布会之前先行召开一个小型内部会议。与此同时，辩方的所有成员已经站在无数媒体的镜头前合影留念，庆祝这一历史时刻的到来。虽然我知道自己与贝兹根本不是一路人，但还是认为他在审判后的发言精彩极了，代表了相当程度的专业水准，对此我提出由衷的赞美。而切尼的表现就不敢恭维了，他在案件宣判后的言论显得相当幼稚，甚至将己方的弱点与不足完全暴露给媒体。我知道，在判决宣布前，切尼无论如何也不会料到他们将会赢得这场官司。也许是前后心理落差过大，刺激了这位南方绅士的荷尔蒙过度分泌，他居然伸出手来对着媒体的镜头手舞足蹈。更为离谱的是，他随后参加了与法院一街之隔的酒吧内的香槟派对，载歌载舞，欢乐无比。我们理解他当时狂喜的心情，但这种情绪在较小范围的私人聚会上发泄也许更为恰当。像他这样的年纪，像他这样的身份，实在是不甚妥当。

记者招待会一结束，我就应邀赶往纽约。在那里，我终于可以打破沉默，向大家披露三年来我们一直无法公布的调查细节。从那时起，我一直在讲述着关于这桩案件的庭内庭外发生的一切。

从纽约回来后，我花了几天时间收拾自己的办公桌与文件资料，准备办理退休手续。多年共事的战友们一个个来到我的跟前，向我表示他们对此案裁决的遗憾之情。他们明确地告诉我，他们将永远坚定地站在我这一边，站在小凯莉这一边。一星期后，我离开了检察署办公室，告别了我为之奋斗 30 年的检察官生涯。下一步，我将何去何从，那是明天再考虑的事情了。

虽然该案的判决结果令我大失所望，但我绝不会因此对自己的终身职业产生一丝一毫的怀疑与抱怨。我想，任何一位即将退休的检察官都走过了一段喜忧参半的路程。我已经竭尽全力向陪审团揭示了事情的真相，同时我也相信，奥兰治郡所有的警探、检察官以及工作人员都像我一样尽了自己的努力。“谋事在人，成事在天”，庭审过程中的种种偶然或者必然因素远非我们可以控制，我们已经尽力了，因此了无遗憾。

几周后，琳达与我的另一位好友萨拉·弗里曼为我在当地休闲中心举办了一场告别晚会。许多20世纪90年代曾经在重案谋杀组工作过的老同事都出席了这场派对，他们大多数如今也已经退休了。望着一张张熟悉而亲切的面孔，我的眼眶湿润了——不仅仅是因为与他们隔年重逢后的激动，更重要的是他们让我想起了以前一起承办过的各桩案件。是的，凯西案绝不是我办理过的唯一案件。正如我在法庭上向陪审团讲述的经历，我曾经将许多罪犯绳之以法，为受害人讨还了公道，向世道人心彰显了法律的正义。望着曾经并肩战斗过的老战友，我深刻地体会到，凯西案远不是我所经历过的最为艰难、付出最多心血的案件。某种意义而言，它是我职业生涯中参办的最后一桩案件，却并非我这辈子将接手的最后一个案件。

在那个愉悦的夜晚，我难得片刻安静，静静地坐在一隅。望着远远的喧嚣的人群，我又想起了发生在三年前的一幕。在那个闷热的中午，“每日新闻”咖啡馆里，琳达急切地对我描述着凯莉失踪一案的案情，热切地希望我加入检控团队。当时我完全可以拒绝她，然后安静地等待自己任期结束、办理退休手续。我也可以很容易地介绍其他人加入琳达的团队，然后以超然的姿态关注着案件的进展。这样，我就不必经历这三年的辛苦奔波，也不必接受这样令人匪夷所思的审判结果了。

但是，当时是案件本身的魅力吸引了我。如今，我依然无悔当初的选择。说实话，面对琳达的邀请，我之所以犹豫，是因为这个案子当时的动静太大了——我向来不喜欢在聚光灯下工作，不愿意被媒体的言辞所绑架，也并不指望着将本案当作自己告别检察官生涯的某种仪式。办理此案的过程中，整整三年来，我不仅经历了凌晨时分开始工作的那份孤独与辛苦，同时也心甘情愿地容忍着何塞·贝兹。

不，这些都不是我决心参办此案的原因。当初答应琳达时，我确实认为这个案子值得自己去期待、去争取、去奋斗——为了给凯莉·玛丽·安东尼主持正义，为了日后能够坦然面对她那双清澈透明、安静地望着整个世界的大眼睛，我至今无悔。

后 记

凯西·安东尼一案的判决公布后，一石激起千重浪。人们基于不同角度对本案进行评论，绝大多数声音传达的是愤怒与不解。最近的一项民意测验甚至表明，凯西是全美最遭人憎恨的女人。另一方面，公众对陪审团的裁决颇有微词，认为他们置诸多事实与证据于不顾，竟然认定凯西无罪，为了替一位凶残狠毒的“恶魔母亲”开脱罪责，不惜亵渎自己的神圣使命，他们简直就是一群疯子。

同时，公众对于公诉人履行职责的方式亦大加指责。作为一名检察官，我以前也接手过类似的案子，经验告诉我此刻绝不可意气用事，更不能对案件的宣判结果发表倾向性意见，但是我确实很难做到这一点。陷入这桩蔓延全美、引发民众热议的刑事案件的漩涡中心，聆听着公众对本案判决结果此起彼伏的愤怒声讨，面对着大家对联邦审判模式的痛心谴责，感受着民众对国家司法公正的失望之情，我的内心十分纠结，也十分痛苦。我真的想对大家说些什么，却又不知从何说起。我必须提醒大家，判决结果的形成并非用简单的一两句话就可以解释清楚。同时，本次判决的执行力亦不容置疑，没有丝毫回旋的余地。简而言之，该案已经尘埃落定，毫无进行补救的可能。那些善良的、义愤填膺的人们也许至今仍然无法接受这样一个事实：为何这位十恶不赦的“恶魔母亲”居然能够逃脱法律的惩罚？我与大家的心情一样，也无法接受这样的裁判结果。时隔数月，当我的心绪逐渐恢复平静，我开始对自己过去三年的工作进行反思，并形成了一些关于本案的个人看法，可能会有助于大家对这场审判进行特定角度的审视与剖析。

毫无疑问，辩护律师何塞·贝兹在这个回合中取得了完胜，虽然我不止一次地观察到这个家伙对庭审程序的常识性缺乏已经使得其辩护效果大打折扣。他的整个防御体系杂乱脱节、漏洞百出，他的开庭陈述亦是天马行空，没有任何事实与证据进行支撑。整个案件历经三年，我与贝兹在证据搜集、证据开示、审前动议等场合多次交手。但是，即便是今天，我仍然对他采取的辩护策略感到一头雾水。在我看来，他们所做的无非是将搜集到的所有涉案信息，无论是道听途说、主观臆想还是被告的谎言，通通抛给陪审员，然后静等奇迹发生。这种疯狂的辩护伎俩在我看来是难以理喻的。但是，不可否认，其中一项或几项信息确实起了关键性作用，辩方在烟里雾里大做手脚的行为也确实给陪审团造成了极大的错觉，以至于对最终的判决产生了难以估量的影响。他们真是太走运了。

好笑的是，在这场审判中，某种程度而言，辩护律师的种种努力恰好证实了被告罪行的确凿。与凯西在谎言被揭穿后的一系列反应相似，贝兹亦始终在竭力搜寻着所有可能的替罪羊，锲而不舍地对冉妮、罗伊、乔治等人展开了穷追猛打。他们往往是虚放一枪立刻撤退，一个不成再找一个，只要能转移陪审员对被告凯西的注意，抓住哪个算哪个。即便如此，我依然可以一针见血地指出，贝兹等人对被告的所有辩护都建立在凯西——这位谎话连篇、颠三倒四的女人的个人陈述基础之上，除此之外没有任何其他证据可以佐证。因此，他们抛出的论点看似惊人，实际上仅限于主观臆想，事实基础非常薄弱，甚至根本没有任何客观事实作为支撑。

那么，如果贝兹等人的辩护意见并非陪审团对本案定性的关键，还有哪些因素在起作用？这个问题困惑了我许久。这不是个三言两语就能回答清楚的问题，但依我事后分析，有两个因素对案件的最终裁判起了决定性的作用：其一是控方提交的证据，其二是陪审团的成员组成。

首先我们谈谈证据问题。如前所述，案件的判决必须建立在经过合法程序获取的证据的基础之上。此案中，诸多警探与各个领域的专家们联手对证据进行采集、固定与勘验，大家尽心尽职，花费了大量的心血，活儿也干得非常漂亮。但是，关键的一点是，这些送到我们手中的证据多数为间接证据。当然，间接证据如今已经成为许多谋杀案的定性证据，这本来不是什么问题。但是，我们面对的是一群没有受过专业训练的陪审员，如果你希望他们去理解间接证据在案件定性中的作用，就得颇费一番周折了——他们中的绝大多数并不愿意花费时间去思考各种证据之间的关联，也不愿意花费精力对整个案情进行简单的逻辑推断。因此，间接证据在他们的眼中基本上什么也不是。他们甚至还会振振有词地为自己的行为做出辩护："我们是严格遵照法律，我们是用证据说话，控方提交的所有证据中并没有凶手的指纹，也没有目击者的陈述，因此，没有一项直接证据证明是凯西杀害了自己的女儿。"

坦率地说，就控方证据本身而言，我们确实已经发现了两处硬伤。庭审之前，控方所掌握的事实中有两个疑点一直未能得到澄清：其一是被害者的死因与遇害时间。小凯莉被发现时已经成为一具高度腐化的尸骸，因而我们的起诉状中一直未能确切地指出她的遇害时间。也就是说，如果凯西在 3 月就开始准备作案（寻找或者制造氯仿），那么究竟在 6 月的哪一天她杀害了自己的孩子（利用氯仿的麻醉功能）？当然，对此我们自有一套理论自圆其说，但均为不确定的囫囵说辞，而且也不准备在法庭上针对此项疑义接受质证。另一个检控过程中遇到的麻烦涉及被告本人的品格证据。据其父母以及朋友们证实，被告凯西是一位慈爱的母亲，这种形象与我们对其冷血杀手的指控大相径庭。

诚然，我们不可能在短时间内发现有利的证据解释凯莉的死因与确切的遇害时间，也无法证实在3月到6月期间究竟发生了什么事件，成为凯西杀害自己女儿的导火索。但是有一点必须说明，来自凯西母亲辛迪的证词对“凯西是一位称职的母亲”的说辞构成了有利反驳。据辛迪的同事向我们透露，她不止一次地当众抱怨自己的女儿不是个称职的母亲。当然，除非辛迪愿意站在陪审团面前做证，否则这一证词是建立在当事人转述的基础之上，也就是我们所说的传闻证据，在法庭上不具有任何法律效力。面对这样的家庭悲剧，我们十分同情辛迪的身份与处境；另一方面，也热切地希望她能够选择为自己的外孙女申冤，而非仅仅袒护自己的女儿凯西。果真如此，她的证词将对我们极为有利，我们可以就此敲定凯西杀害女儿的动机。

抛开这一切假设与遗憾不谈，我之所以至今仍然坚信这是一桩不折不扣的谋杀案，是因为我们手中掌握着丰富而扎实的证据——那卷缠裹在凯莉嘴巴与鼻子上的布基胶带、凯西在案发后编造的一系列谎言以及对女儿“意外死亡”事件毫无心肝的冷血反应、轿车后备箱内令人作呕的腐尸异味、凯莉的头发、寻尸犬在轿车后备箱及安东尼住宅的异常兴奋的表现，六项证据均将矛头指向凯西——这几乎是一桩铁案，种种证据面前，她难以抵赖、罪责难逃。

虽然我深信凯西难逃一级谋杀罪的指控，但是显而易见，陪审团对上述证据却选择了视而不见。有些人认为，控方针对该案提及的证据足以认定一级谋杀罪的成立，这极可能导致最后的死刑判决，而陪审团不愿意看到这位年轻美丽的女士走上电椅，因此只好宣布被告无罪。如果你认为这是问题的症结所在，请恕我不敢苟同，虽然某种程度上我对陪审团的做法表示理解。理由很简单，如果换作对较轻罪名的指控的认定，也就是说换作对不可能判处极刑的罪名的指控，陪审团是否对凯西的犯罪事实做出了认定呢？答案是否定的，他们不仅没有认定被告的一级谋杀罪，甚至连过失杀人罪、虐童罪也没有认定——正是这点令我万分沮丧。

随着案件的宣判，各地公众的指责也接踵而来。一些人认为州检察官不应将该案定性为一级谋杀案，因为人们均有恻隐之心，陪审员也不例外，在安东尼夫妇受到外孙女夭折的沉痛打击后，陪审员不愿意再次在他们的伤口上撒盐，夺走他们女儿的性命。这种推论建立于如下逻辑之上：陪审团拒绝了对被告一级谋杀罪的指控，是因为这项罪名可能引起死刑判决；他们更青睐于对二级谋杀罪指控的认定——起码它不会导致死刑判决。也就是说，假如他们确实认为凯西是有罪的，却又不愿看着她走上电椅，二级谋杀罪一样可以传达他们对凯西行径的谴责与惩罚。但是，指责者们大错特错了，问题的关键并非陪审团出自量刑方面的考虑，而是他们根本不认为凯西有罪。于我而言，最痛苦的并非凯西未被认定犯有一级谋杀罪，而是她居然能够在庭审完毕后大摇大摆地走出监狱。

说到底，我对陪审团的判决完全难以理解：他们如何能够忽视种种证据，否定凯西在这桩死亡案件中扮演着极其重要角色的事实？请看一眼我们在庭审过程中出示的一项项铁证吧，它们再清楚不过地证实了凯西对女儿的死亡负有难以推卸的责任，无论是出于蓄意还是过失。

事实上，从一开始接手此案，我就知道这桩案件绝不是一揽子的买卖。它需要我们与控方证人的共同努力，当然，更需要陪审团的积极配合。我们期待着陪审员能够利用自己的常识与经验对本案进行分析，继而做出独立、理性的判断。遗憾的是，早在 5 月第一次开庭时，陪审团进入法庭的那一刻，我已经注意到他们个个心不在焉，并且在庭审过程中始终没有形成独立、坚定的意见。我记得当时曾经向琳达与弗兰克表达了自己的忧虑，现在回想起来，这些担忧不无道理。

另外，陪审团的成员组成也是我深感遗憾的一件事——我们在该程序中所犯的错误不可饶恕，这与最终的判决结果具有直接的关系。如前所述，陪审团一再要求获知小凯莉的确切死因，而我们手中的每一份间接证据均无法独立地解释他们的质疑，因此他们做出了无罪的判决。我此处并非质疑裁决本身的荒谬性，而是关注着它所承载的陪审团对此案的某种态度。判决做出后，全美舆论群情激愤，认为凯西犯下如此重罪却侥幸逃脱，这是国家检控官的耻辱，更是反映了整个司法体系的荒诞与脆弱。但他们并未对审判的过程产生疑问——整个评议过程中，没有一位陪审员向法庭要求提取任何涉案证据以资探讨，更没有一位陪审员向法官先生提出任何关于法律与程序的问题要求解释。而且，如果陪审团主席向媒体所做的陈述属实，他们对整个案件的评议过程仅仅历时 13 个小时，12 名陪审员中有 10 名均认为陪审团只需要 90 分钟的审查就可以做出结论，并轻而易举地驳回我们控方花费了近 4 周时间整理出来的关于这桩一级谋杀案的各项证据。而在剩下十一个半小时的时间内，他们所做的无非是游说另外两位持不同见解的同伴，并成功地使他们屈服于多数意见。

詹妮弗·福特，这是唯一的一位在公众面前暴露自己真实身份的陪审员，在面对媒体采访时一再强调“无人能够告诉我们凯莉的确切死因”。我倒想问问这位陪审员，在短短 90 分钟的时间里，你们提出过任何调取证据以资核实的申请了吗？你们提出过任何调取被告与律师、警探及父母的谈话录音的申请了吗？连这些基本的工作都不屑于去完成，你们又凭何期待得到小凯莉的确切死因？陪审团的基本职责是将所有的涉案信息聚拢在一起，然后凭借自己的常识与经验来断定被告有罪还是无罪。很明显，本案陪审团并不愿意花费少得可怜的时间与精力去履行自己的义务。因而，某种程度而言，审判伊始，我们已经输了这场官司。

在这里，我必须声明一点：我首先是一名律师，对我们的刑事司法运作规则抱以十分的尊重与信任——我们拥有世界上最为先进的审判系统，而该系统是建立在陪审团的重要功能之上。它的正常运作需要陪审员们根据自己的良心、经验、道德感、价值观做出独立的裁判，而不屈服于任何外来压力与威胁。如果做不到这一点，整个审判系统便毫无价值可言。另一方面，陪审员们也均站在庄严的法庭上手捂胸口，庄重地发过誓，自己将忠于法律，诚实、公正地审理案件。我们期待他们果真能够如誓言所述谨慎、严肃地履行职责，并对他们履行此项职责的能力充满信心。

此案中，陪审员是否遵循了法律规定我们不得而知，也不便评论——我并没有机会进入陪审员室，聆听他们对案件的评议细节。但是佩里法官曾提醒他们，贝兹关于凯莉落水而亡的观点不能作为凯莉死因的证据。他们果真遵循了佩里的指令而否定了该项证据的有效性吗？同样，佩里法官提示过他们，辩方律师的开庭陈述由于没有提供任何证据也不能作为定案依据，如此，他们本应该忽略辩方开庭陈述的绝大部分内容。另外，我很想知道他们是否驳回了凯西证词的有效性——据凯西所述，其父乔治曾在她八岁开始就对其进行性侵。当然，如果没有相反证据证明，我倒是宁愿相信他们遵守了法官的告诫。

三名陪审员曾经接受了媒体的采访，其中两位继续保持匿名，另一位则透露了真实身份。根据他们接受采访时的表现，我很欣慰地看到他们在事实上遵从了法庭的指令，并没有采纳那些未经证实的辩方主张。

而且，辩方律师试图利用罗伊·克罗做替罪羊，将凯西涂抹为一个完全无辜的受害者，这一企图对陪审团而言也是徒费精力——陪审员中无人认为罗伊·克罗卷入了这桩谋杀案，他仅仅发现了小凯莉的尸体而已。

如果陪审员们确实遵循了法庭指令，那么问题的症结就落在所谓的“合理怀疑”的基础之上。我们已经向陪审员们解释过，举证责任的承担就是为了排除合理怀疑，但具体定义这个法律词汇是个十分费事的过程。合理怀疑并非是一种凭空想象的、虚构的或者被迫产生的怀疑，排除合理怀疑意即对被告行为构成犯罪的坚定不移的认可。陪审员们必须谨慎运用自己的常识、良心以及遵照人们在这个世界生活的基本规则来做出最后的裁决。

也许陪审员们认为，一位母亲对“失足落水”的亲生女儿不采取任何救援措施的行为乃人之常情；也许陪审员们认为，这位母亲随后将女儿的尸体裹着毛毯塞进垃圾袋并丢弃在沼泽里的行为合情合理。如果陪审员们果真认为这些行为符合人类行为的标准，当然他们完全有权利这样做，那么，我们也完全有权利对此观点表示唾弃与谴责。我一再声明，当陪审员们传阅那叠照片，看见小凯莉的口鼻均被胶带紧紧地缠裹的惨状时，如果他们不能产生与我一样的愤怒与心痛，那么我就真的无话可说，也只好顺其自然了。但是无论如何，这一铁证永远不会被各种各样的无耻谎言所摧毁，它彰示着发生了一桩可以排除任何合理怀疑的谋杀案，针对它的任何法庭辩护均会显得苍白无力。而对于那些陪审员们，他们在判决后的采访中将永远不敢触碰，也永远难以解释这一令人心碎的事实。当然，我无法对陪审团的最终裁决进行谴责，无论我此刻的心情是多么的愤怒与迷惑。

在连续数周的审判中，我原本认为，单单是“为小凯莉伸张正义”这一单纯的信念就完全能够打动陪审员，促使他们付出努力并且认真思考何为人类的怜悯与同情心。开庭陈述阶段，当琳达向陪审团出示小凯莉惨死状态的照片时，我曾经刻意观察过陪审员们的表情。遗憾的是，我发现这一举措在其中并未激起多大的情绪波动。我当时模糊地意识到，若要使得这群铁石心肠的人来关注受害者本身，将是一件十分困难的工作。现在，我十分后悔，也许我们当初应当采取一些措施来激发陪审员对受害者本身的同情与怜悯，这样可能会引起他们对本案足够的重视。但是，这一念头只是很模糊地一闪而过，我对此一直未得要领。

这就是本案最令人痛心之处。直到案件审结，很少有人真正关注过这个可怜的孩子。判决宣布后，凯莉那双清澈的大眼睛彻底消失了，消失在母亲凯西匆匆追寻“美好生活”的道路上，消失在外祖母辛迪为了庇护凯西而选择的沉默中，消失在陪审员们冷酷无情的草草判决里。

在我的职业生涯中，曾经目睹过许多判例，陪审团在缺少直接证据的情况下认定谋杀指控成立——有时被害者的确切死因难以查明，甚至连尸体也下落不明。这些判决来源于陪审员在履行义务时基于不同生活经验的“内心确信”，来源于他们根据自己的直觉与良知对案件做出的斟酌与判断。我确实认为本案的判决很大程度上受到了公众舆论的影响，以至于不得不在另一个城市内对陪审团成员进行遴选。我清楚地记得，在确定陪审团名单时，我们就选择奥兰多本地还是外地的陪审员产生了争论，我当时大声说道：“你们尽可以选择无论哪个区域内的陪审员，但最终结果可能并非如我们大家所愿。”我想，在奥兰多会发生的情形，在派内拉斯郡也好不到哪儿去，也许我们应当走得更远，到月球上去审判这桩故意杀人案。

9 月，乔治与辛迪夫妇接受了法庭判决后的第一次电视采访，他们应邀参加了菲利普博士的采访秀节目。望着节目上侃侃而谈的夫妻俩，我突然想起了不久前与二人见面时的情形——当时，狱中的凯西突然提出了对父亲的性侵及故意杀人罪的指控，夫妻俩闻讯匆匆来到检察署办公室，我通过律师向他们简要介绍了情况。

我至今仍然清楚地记得当时乔治脸上的表情，着实是肝胆俱焚、黯然神伤——无论是对这项指控本身，还是对女儿居然能产生如此令人蒙辱的指控的想法。辛迪随后俯下身子，轻声安慰丈夫："亲爱的，看来我们的女儿是疯了。"她似乎对这桩惨案牵扯进一个又一个自己所爱恋的家人大为吃惊，也对女儿如此荒诞不经的指控内容恼羞成怒。这是我们第一次听到辛迪如此评价自己的女儿。我对这对夫妇深表同情，不仅因为他们永远失去了自己的外孙女，更是因为他们最终不得不面对自己的女儿堕落到何种地步的事实。

那天在办公室里发生的事情似乎改变了所有一切，又似乎什么都没有改变。事后，乔治对我们的态度有所好转，辛迪却依然保持着一如既往的仇视。数月后，这对夫妇的貌合神离愈演愈烈，逐渐分道扬镳，菲利普的采访秀节目则忠实地记录了这一过程。任何一位收看节目片段的观众都能注意到，夫妇俩对该案的意见不再统一，而是发生了微妙变化。辛迪像以往一样对凯西的任何指控均坚决否认，甚至提出了一个全新的理由来为女儿开脱罪责——她指的是之前发生的剥夺凯西对凯莉监护权的事件，认为正是其导致了凯西最终的抉择以及她对凯莉的监护能力的削弱。与辛迪相反，就乔治迄今为止的一系列声明与陈述判断，他最终不得不承认三年来他一直刻意回避的明显事实——他确实认为凯西与凯莉的死亡有关，虽然他无法确切地指出案件的关键所在。

重温三年来我们与这对夫妇打交道的种种情景，我不得不对他们的表现感到失望，他们在本案庭审过程中所起的负面作用在很大程度上影响了最终的裁判结果。当然，他们也确实处境艰难，夫妇俩谁都不应承受凯西为他们带来的这场灾难。我真的无法想象，换作任何一对其他父母，将会如何应对类似的家庭悲剧。无论安东尼夫妇对女儿的罪行持有怎样的见解——到底是坚决否认还是默默承认，我都真心地希望他们能够在未来的岁月中治愈心灵的创伤，想个法子重新振作起来。也许，在不久后的将来，甚至连辛迪也会拥有足够的毅力与勇气重拾关于小凯莉的点点滴滴往事。

坦率地说，作为一名检察官，我最不愿意面对的便是法庭上的败诉结果。我向来锋芒毕露、求胜心切，尤其是面对这样性质恶劣的案件，其结局令我无法接受。现在想想看，当初是我对该案抱的期望太高，因此也摔得更惨。

陪审团的决议宣布之后，民众们对该案判决结果均感到沮丧与震惊，短短半个月，该案就在全国范围内引起了强烈反响，这是令我始料不及的。一方面，我感到十分欣慰，我知道自己不是唯一对判决结果的正确性表示怀疑的人；另一方面，它也暗示着每一个人对同一桩案件的看法由于观察角度的不同而大相径庭。虽然我对人们要求为凯莉伸张正义的热情表示支持，也必须意识到，虽然结果不尽如人意，但整个审判过程仍然没有脱离刑事司法系统运作的正常轨道。通常而言，我们对该系统抱有十分的信任，而它亦在大多数情况下不会令你失望，终将赋予你所追求的正义与公平。特殊情况下，一些案件的处理会将该系统固有的缺陷暴露出来，但这并不意味着整个系统的运作失灵，正像我们不能总是简单地屈服于自己的意愿。

展望未来，像我一样对此案的结局深表愤怒与沮丧的人们，究竟如何行动才能稍感释怀？我们应当如何对待藏在内心深处的小凯莉？原谅这桩令人发指的罪行？绝对不可能。忘掉这个催人泪下的惨案？更是做不到。

回答上述问题并不容易。但是，作为一名出庭律师，多年来的教训告诉我，我们必须接受法庭的判决，除此别无他法。既然法律赋予陪审团权利，他们做出了凯西无罪的裁判，我们就必须寻找特定的理由来接受它、消化它。未来的岁月里，我们所能做的就是将心中的愤怒化作其他积极的举措。过去的 30 年里，每逢遇到败诉的结果，我总是努力地将自己的牢骚与沮丧通过办理其他案件加以发泄。之所以这样做，不仅是因为期待另辟战场取得胜利，更重要的是我需要为自己的挫折感寻找到积极正面的转化阀。我想，这也正是我们为了纪念小凯莉唯一可做的事情。亲爱的读者，请将你的愤怒与疑惑转化为一切积极的行动吧——紧紧地拥抱你的爱人与孩子，认真地告诉他们你的爱与依恋；热情地帮助困境中的路人，让他们不再感到惶恐失落。要知道，正义的实现并非仅存于法庭之上，也不是可以被一纸判决所轻易展现与诠释的，它是一种对待我们自己与他人的生活态度。而最重要的一点，这才是我们纪念小凯莉的最有意义的方式。

译后记

2008年6月，美国佛罗里达州一名两岁多的女童凯莉·玛丽·安东尼失踪。一个月后，凯莉外祖母的报警电话使该案件浮出水面。警方搜集的证据显示，女童的母亲凯西·安东尼系该案唯一的犯罪嫌疑人。2008年10月，该案大陪审团聆讯程序正式启动。同年12月，失踪幼童尸骸被发现，州检察院随后向法庭提交了对被告的死刑量刑建议。2011年5月，此案进入小陪审团听证程序。7月5日，陪审团经审议后做出裁决，驳回检方的三项重罪指控（一级谋杀罪、加重过失杀人罪、重度虐待儿童罪），仅认定被告向警方虚假陈述等四项轻罪。由于被告凯西·安东尼案发伊始即已被拘捕在狱，因此宣判后不久，她便重获自由。宣判做出后，全美舆论哗然。

本书作者杰夫·阿什顿先生，系“凯西·安东尼杀女案”的主控检察官。这部“办案实录”式的作品忠实地记录了美国当代刑事司法的实体规则与程序标准，生动、真实地再现了美国刑事司法审判的全景。作者不惜花费大量笔墨对刑事案件在侦查、起诉、审判过程中的司法规则与标准进行阐释，并融入自己多年的办案经验与感想，面对读者娓娓道来，用语准确、逻辑严密。阅读本书，我们可以十分轻松地对美国刑法文化产生更为直观、真切的感悟，对美国刑事司法制度做出更为实时、准确的解读。另外，作者对控辩双方在法庭上交叉质证的过程也进行了生动、细致的描述，情节精彩纷呈、高潮迭起，将美国刑事证据规则之特征展现得淋漓尽致。结合美国刑事司法的陪审团文化、出庭律师对业内行规的规避技巧、媒体对公众舆论强大的引导力量、公众对死刑的矛盾态度等内容进行综合思考，相信读者会有十分别样而深刻的感受。

另外，不得不提的是，本书作者对前沿证据科学抱有一种近乎痴迷的执着之情。阿什顿先生是世界首位将 DNA 技术引入刑事司法界的检察官。20 世纪 80 年代，在“汤米·李·安德鲁强奸案”中，阿什顿大胆利用当时十分罕见的 DNA 技术检测结果作为定性证据，有力地说服陪审团，进而将被告送入监狱。这一案例开启了司法证据界的新篇章。由于“凯西·安东尼杀女案”引起了全美公众的高度关注，遇害幼童尸骸又呈现高度腐烂状态，因此联邦各大技术实力雄厚的科研机构纷纷介入此案。诸如联邦调查局的证据勘验部门、橡树岭国家实验室、田纳西州“尸体农场”等均为受害者的遗骸鉴定等工作提供了有力的协助，研究人员们利用最先进的科学技术为此案证据的采集与固定付出了艰苦不懈的努力。本书中，阿什顿先生不厌其烦地向读者介绍了大量涉案证据学知识，内容涵盖气味学、植物学、毒物病理学、人类学、水文地理学等领域，为我们提供了宝贵的研究资源。可以说，上述关于证据学的诸多实证分析也是本书的一大看点。

毋庸置疑，翻译本书的过程是琐碎而辛苦的。当大量前沿证据学的专业词汇以章节形式涌现于屏幕时，着实令我捉襟见肘，不得不翻阅诸多工具书，认真求证，谨慎校对。关于美国刑法诉讼程序中专业词汇的通译方法，我也向各位专家教授频频求教，并获得了老师们的悉心指点。另一方面，翻译此书留给我的收获颇多。夜深人静，于电脑前录入着一个个字符，书中的情境亦在我脑海中一一呈现，这些画面或令人疑惑，或令人愤怒，或令人感慨，或令人释然。如今，案件已结，虽然判决结果引起了较大争议，但纵观整个审理过程，其中包孕着极典型的美式司法元素，侦查、起诉、审理均未脱离美国司法系统的常规运作轨道——一般说来，大家对该系统抱有十分的信任，而它在大多数情况下也不会令民众失望。我们亦应意识到，正义的实现并非仅存于法庭之上，也不是可以被一纸判决所轻易展现与诠释的。通过对此案的关注与解读，我们每个人都在对自己的良心、经验、道德感、价值观进行着全面的检视。正是就此意义而言，这是一场仍在继续进行的审判。

刘春园

2013 年 8 月 28 日于山西大学法学院

Imperfect Justice: Prosecuting Casey Anthony

By Jeff Ashton with Lisa Pulitzer

Published by arrangement with William Morrow, an imprint of HarperCollins Publishers.

图书在版编目（CIP）数据

未完成的审判：震惊美国的凯西案/（美）阿什顿等著；刘春园译．—北京：中国人民大学出版社，2013.8
ISBN 978-7-300-17907-0

Ⅰ.①未… Ⅱ.①阿… ②刘… Ⅲ.①刑事犯罪-案例-美国 Ⅳ.①D971.24

中国版本图书馆 CIP 数据核字（2013）第 193343 号

未完成的审判：震惊美国的凯西案

[美] 杰夫·阿什顿 莉萨·普利策 著

刘春园 译

Weiwancheng de Shenpan：Zhenjing Meiguo de Kaixi'an

出版发行	中国人民大学出版社		
社　　址	北京中关村大街 31 号	**邮政编码**	100080
电　　话	010－62511242（总编室）		010－62511398（质管部）
	010－82501766（邮购部）		010－62514148（门市部）
	010－62515195（发行公司）		010－62515275（盗版举报）
网　　址	http://www.crup.com.cn		
	http://www.ttrnet.com(人大教研网)		
经　　销	新华书店		
印　　刷	北京中印联印务有限公司		
规　　格	160 mm×235 mm　16 开本	**版　　次**	2013 年 10 月第 1 版
印　　张	29	**印　　次**	2013 年 10 月第 1 次印刷
字　　数	337 000	**定　　价**	58.00 元